步兵班排战术手册

黄子豪 编著

台海出版社

图书在版编目（CIP）数据

步兵班排战术手册 / 黄子豪编著. -- 北京 ：台海
出版社，2023.11
　　ISBN 978-7-5168-3637-8

　　Ⅰ．①步… Ⅱ．①黄… Ⅲ．①步兵－战术学－手册
Ⅳ．① E271.104-62

中国国家版本馆 CIP 数据核字（2023）第 169358 号

步兵班排战术手册

编　　著：黄子豪

出 版 人：蔡　旭　　　　　　　　　　　责任编辑：戴　晨
装帧设计：杨静思　　　　　　　　　　　策划编辑：王云欣

出版发行：台海出版社
地　　址：北京市东城区景山东街 20 号　　　　邮政编码：100009
电　　话：010－64041652（发行，邮购）
传　　真：010－84045799（总编室）
网　　址：www.taimeng.org.cn/thcbs/default.htm
E－mail：thcbs@126.com

经　　销：全国各地新华书店
印　　刷：重庆长虹印务有限公司
本书如有破损、缺页、装订错误，请与本社联系调换

开　　本：787毫米×1092毫米　　　　1/16
字　　数：488千　　　　　　　　　　印　　张：27.5
版　　次：2023年11月第1版　　　　　印　　次：2024年1月第1次印刷
书　　号：ISBN 978-7-5168-3637-8

定　　价：129.80元

目　录

.

编制与职责

步兵可在各类地形和天气条件下作战，利用其快速战略部署能力及早夺取主动权，夺占或控制地形，并通过集中火力阻击敌人。步兵在城市地形中可以快速穿插，并快速绕到敌军后方，因此在城市作战中尤为有效。

步兵排和班的主要任务是通过火力和机动接近敌人，并通过火力、近战和反击来摧毁、俘获或击退敌人。

步兵排的编制与职责

步兵步枪排是机械化步兵和斯特赖克步兵排编制的基础模板，也是大多数美国陆军步兵旅级战斗队（IBCT）的基本作战分队。每个步兵旅级战斗队下辖 3 个步兵营以及骑兵中队、野战火炮营、旅工兵营、后勤保障营等，每个步兵营下辖 3 个步兵连和 1 个武器连，每个连下辖 3 个步兵排。

一、步兵排的编制

步兵步枪排和班可以单独进行任务组织[①]，也可以视 METT-TC[②] 情况作为联合兵种部队。一个基础的步兵排由 3 个步兵班和 1 个武器班组成。步兵步枪排的战斗有效性可以通过与其他支持要素的协同得到提升。所谓的支持要素包括坦克、布雷德利步兵战车（BFV）、斯特赖克步兵运载车（ICV）、工程兵等。作为联合兵种部队时，步兵排和步兵班可以充分利用部队下属各分队的优势，同时最大限度地减少他们自身的局限性。

尽管左图中没有体现，但一般情况下，步兵排部署时排中还会配

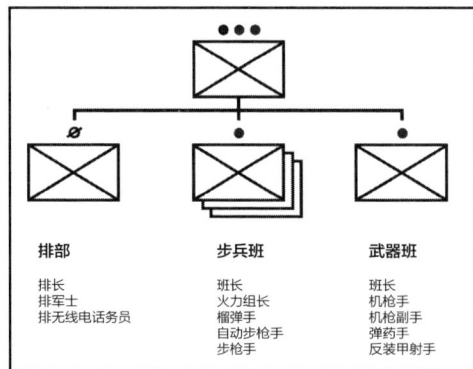

步兵排和步兵班（ATP 3-21.8《步兵排和班》）

排部
排长
排军士
排无线电话务员

步兵班
班长
火力组长
榴弹手
自动步枪手
步枪手

武器班
班长
机枪手
机枪副手
弹药手
反装甲射手

① 任务组织指为完成特定任务临时组合部队（参见ADP1-02）。
② 即任务（Mission）、敌人（Enemy）、地形和天气（Terrain and Weather）、可用部队和支援（Troops and Support Available）、可用时间（Time）、民事考虑（Civil Considerations）的缩写。

属 1 名前进观察员（FO）和 1 名排军医，前进观察员还会配属一名无线电话务员。

二、步兵排指挥部人员的职责

排指挥部由排长、排军士和排无线电话务员（RTO）组成。按照美国陆军 ATP 3-21.8《步兵排和班》手册要求，即便各级领导岗位人员缺失，该岗位的使命与职责也必须有人来完成，以确保单位能够按照上级指挥官的意图（Commander's Intent）完成任务。

（一）排长

排长应以身作则领导他的士兵，对全排完成或未能完成的一切事项负责，对下属拥有绝对的权力。他必须准备好在没有具体指导的情况下，在其连长的意图范围内发挥主动性。具体来说，步兵排排长应承担以下职责：

·领导步兵排支持上级下达的任务，根据发布的任务以及上级指挥官的意图和方针采取行动。

·执行部队领导程序。

·组织各步兵班和各战斗分队进行机动。

·协同各班的行动。

·提前规划全排下一步行动。

·请求、控制和同步各类后勤支持资产。

·使用班和排掌握的任务指挥（Mission Command）系统。

·与班长做好确认，保证前、后、左、右以及上方三维空间的安全。

·与控制关键武器系统部署的武器班班长进行核对。

·发布准确、及时的报告。

·待在完成任务最需要的地方。

·为各班分配明确的任务和目的。

·从两个级别（连和营）了解任务和指挥官的意图。

·在计划阶段接收排中士和班长的可用装备状态报告[①]。

[①]　单位将其编制内应有的装备与在72小时内可实际掌握的任务必需装备的数量进行比较，形成相应报告（陆军条令AR 220-1）。

- 协调并协助制定障碍计划。
- 监督并对资产管理负责。

（二）排军士

排军士是全排最有经验的军士，也是全排的"二把手"，应协助排长领导全排，并管理全排的纪律、训练和福利。他应该是一个全方位的榜样人物，通过维护标准和全排纪律来协助排长。排军士除排长指定的职责外没有固定职责，但一般应承担以下职责：

- 确保全排准备好完成其任务，包括监督战前检查。
- 及时向排长提交报告并按上级需求进一步上报。
- 准备接替排长的角色和责任。
- 在战术行动期间负责排下辖的任务组织分队，包括但不限于驻扎分队、袭击或攻击行动中的支援分队以及警戒巡逻。
- 监控全排的士气、纪律和健康。
- 处于最能帮助交战的位置（既可以在基准火力分队也可以在冲击分队）。
- 接收班长的行政、后勤和维修报告，并向上级申请口粮、水、燃料和弹药。

（三）排无线电话务员

排无线电话务员负责与上级指挥部（一般为连级）的联络。在作战中，排无线电话务员应承担以下职责：

- 保持持续的通信。如果与排的上级分队失去联系，无线电话务员应立即通知排长或排军士，并重新建立联络。
- 处于静止位置时，根据单位的标准操作程序与上级进行无线电检查。如果无法按要求进行无线电联系，无线电话务员应通知排军士或排长。
- 精通近距离作战攻击、呼叫非直瞄火力、医疗撤出等的无线电流程和报告格式，以及各种战地临时天线的使用方法。
- 在排所有士兵都知道的位置上公布他的频率和呼号。
- 协助排长进行信息管理。
- 协助排长和排军士使用数字任务指挥系统。
- 在作战之前确定他的战斗负荷并在作战期间管理电池使用情况。

（四）前进观察员

前进观察员和其配属的无线电话务员是计划和执行步兵排间瞄火力的专家。前进观察员为步兵排指挥部提供与各种火力支援装备相关的建议。火力支援装备包括配属的连属迫击炮、营属迫击炮、野战火炮等。他负责选择和定位目标，呼叫并对间瞄火力进行校射，以及呼叫近距离空中支援。前进观察员还需要选择观察所，操作数字信息系统并与连和营级火力支援官保持通信，以便更好地支持全排行动。

（五）排军医

战斗军医按照每个排 1 名战斗军医和每个连 1 名资深战斗军医的方式分配

间瞄火力申请格式

间瞄火力申请格式
1.观察员身份 ·呼号
2.预先号令（Warning Order，WARNO） ·校射 ·效力射 ·压制 ·立即压制/立即烟雾
3.目标位置 ·地图坐标 ·从已知点位移 ·极坐标
4.目标描述 ·类型 ·行为 ·数量 ·防护程度 ·大小和形状（长宽/半径）
5.交战方式 ·校射方式 ·危险距离 ·标记 ·弹药 ·分布
6.射击和控制方式 ·射击方式 ·控制方式

Format 15. Close Air Support 9-Line Briefing

Do not transmit line numbers. Units of measure are standard unless briefed. Lines 4, 6 and restrictions are mandatory readback (*). JTAC may request additional readback.

JTAC: "_____ (Aircraft Call Sign) this is _____ (JTAC Call Sign)"

"Type _____ (1,2, or 3) Control"

1. IP/BP: "_____"
2. Heading: "_____" (Degrees Magnetic, IP/BP-to-Target)
   Offset: "_____" (Left / Right, when required)
3. Distance: "_____" (IP-to-Target in nautical miles/BP-to-Target in meters)
4.* Target Elevation: "_____" (In feet MSL)
5. Target Description: "_____"
6.* Target Location: "_____" (Lat/Long or grid to include map datum offsets or visual)
7. Type Mark: "_____" Code: "_____" (WP, Laser, IR, Beacon) (Actual Laser Code)
8. Location of Friendlies: "_____" (From target, cardinal directions and distance in meters)
   Position marked by: "_____"
9. "Egress: _____"

Remarks (as appropriate):
(Restrictions*, Ordnance Delivery, threats, final attack heading, hazards, ACAs, weather, target information, SEAD, LTL/GTL (degrees magnetic), night vision, danger close [with commander's initials])

Time on Target: _____ " or
Time to Target: _____ "

"Stand by_____ plus_____ready, ready HACK" (minutes) (seconds)

NOTE: When identifying position coordinates for joint operations, include map data. Grid coordinates must include 100,000-meter grid identification.

IP: Identifiable Geographical Point
BP: Battle Position
Deg: Degree
MSL: Mean Sea Level
Lat: Latitude
Long: Longitude
JTAC: Joint Terminal Attack Controller
IR: Infrared
WP: White Phosphorous
FAH: Final Attack Heading
ACA: Airspace Coordination Area
SEAD: Suppression of Enemy Air Defenses
Tgt: Target
LTL: Laser Target Line
GTL: Gun Target Line

近距离空中支援申请格式

给步兵连。战斗军医可能会到伤员的位置，也可能是伤员被转移到战斗军医所处的伤员集中点。

步兵班的编制与职责

美军步兵班编制自第二次世界大战后经历了多次且反复的改革。二战的经验表明，1名班长即便在副班长的协助下，也无法实现对8人以上的有效控制。同时，即使是12人制的步兵班，仍无法单独实施火力与运动（Fire and Movement）战术，实战中必须由两个班相互配合才能完成。但反过来，只需9人就足以完成班在排级火力与运动战术中需承担的任务，同时还能预留一定人员以便在承受伤亡时仍能有效运作。因此美国陆军在1946年召开的步兵会议上决定将步兵班编制缩减为9人，并在朝鲜战场上加以运用。

然而由于早已落后于时代的勃朗宁自动步枪（BAR）的糟糕表现，美国陆军的新编制并不能有效模仿二战德军围绕MG42机枪组建的步兵班。再加上美国陆军对实现班一级火力与运动战术的持续追求，以及海军陆战队3个火力组的班编制在朝鲜战场上更优秀的表现，于是于1956年形成了以BAR为核心的两个5人火力组构成的11人步兵班架构。

在1964年的美国重组陆军师（ROAD）中，随着M60机枪、M79榴弹发射器，以及更先进的通信设备陆续入列，步兵班又缩减为10人编制，由一个4人火力组和一个5人火力组再加1名班长组成。然而在20世纪70年代展开的"步兵步枪单位研究"（IRUS）依照越南战争中的经验，建议美国陆军恢复11人编制的步兵班并得到采纳。

到了20世纪60年代末，由于美军进

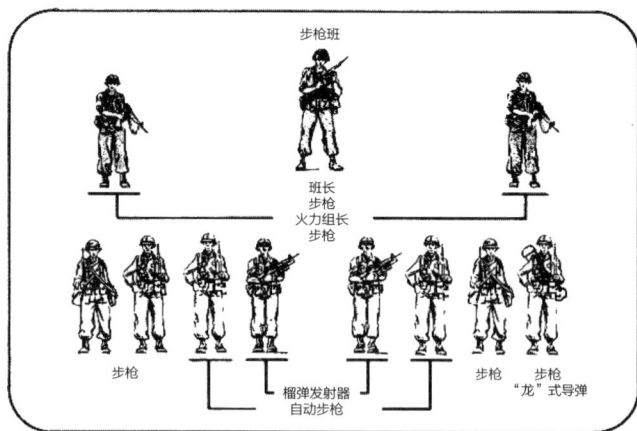

1980年版《步兵排和班》中展示的11人编制步兵班

行了大幅裁军，并从义务兵制转为志愿兵制，陆军师编制内的人员数量，尤其是步兵的数量必须相应缩减。同时由于美军认为，M203 榴弹发射器、M249 班用自动步枪（SAW）等新武器，能够使相同数量的步兵拥有远大于以往的火力。因此尽管意识到 9 人步兵班的自持力有限，从 1978 年的"师重组研究（DRS）"项目开始，就有多项研究建议将步兵班缩编为两个 4 人火力组加 1 名班长的 9 人架构。直到1983 年"卓越陆军"（Army of Excellence）研究项目，相关意见最终得到采纳。不过美军在后来的研究中发现，美军这种方式并不意味着可以缩减编制——因为敌方很快会想办法补足技术的劣势，但美军并未因此再对编制再做出调整。随着美军在 20 世纪 90 年代再次大规模裁军，以节省人力为主要目的而诞生的 9 人"班 - 火力组"架构延续至今。

一、步兵班的编制

现阶段美国陆军只有 9 人步兵班一种类型的步兵班。虽然步兵排的任务组织可能会发生变化，但步兵班的编制一般不会有变化。步兵班是各类战术任务组织的模板。每个步兵班由 2 个火力组和 1 名班长组成。

步兵班在实施火力与运动战术时既可以统一作为机动分队或作为基准火力，也可以由一个火力组作为基准火力，掩护另一个火力组向下一个有利位置前进。

步兵班的火力组是最基层的独立作战分队。火力组由火力组长、自动步枪手、步枪手、榴弹手组成。自动步枪手为火力组提供基准火力，能够对区域目标实施持续的压制性轻武器火力。步枪手对点目标实施准确、致命的直瞄火力，也可能会配备肩射弹药（SLM）[①]也就是单兵火箭。榴弹手为点目标和区域目标提供间瞄高爆（HE）火力。火力组长则以身作则领导他的团队。

除步兵班班长、火力组长、自动步枪手、榴弹手、步枪手外，步兵班还会指定一名士兵成为精确射手。一般由射击水平较高、心理素质较好的步枪手承担这一职责，装备专门的瞄准具并接受额外的训练。另外，每个火力组一般还会指定

---

① 肩射弹药（Shoulder-Launched Munitions, SLM）包括M136A1 AT4 combined space (AT4CS)，M136 AT4，M72A2/A3轻型反坦克武器（LAW）及其改进型M72A4/5/6/7，以及M141 反碉堡弹药（BDM）。所有肩射弹药都是轻型、独立、单发的一次性武器，发射非制导自由飞行、尾翼稳定、火箭式弹药，装在一次性伸缩发射器中，发射器也可用于作为储存容器。

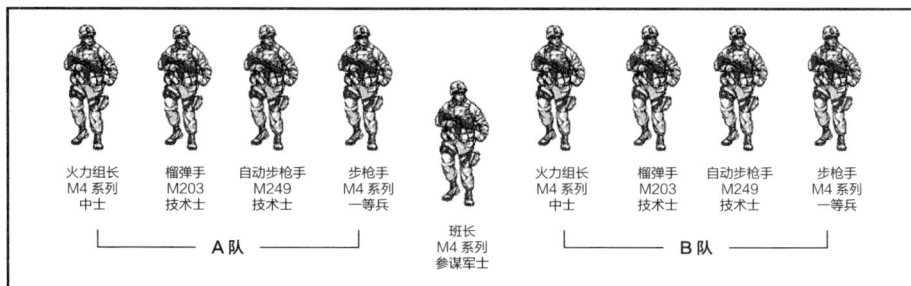

步兵班（ATP 3-21.8《步兵排和班》）

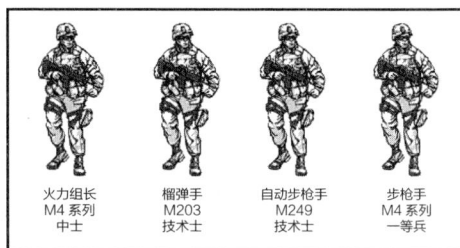

一人成为战斗救生员，接受额外的急救训练并配备战斗急救包。

步兵旅级战斗队中的步兵班没有固定的车辆，需要依赖旅级车辆池提供机动能力。

火力组（ATP 3-21.8《步兵排和班》）

二、步兵班各岗位职责

（一）步兵班班长

步兵班班长指挥火力组长并以身作则。他对下属拥有绝对权力，并对下属的行为负全部责任。权力集中使他能够在保持部队纪律和团结的同时果断行动。在近距离作战态势不断变化的情形下，即使没有上级指挥部持续指导，班长也应完成指定的任务。班长对全班完成或未能完成的一切事项负责，同时还要负责照顾全班士兵和维护武器、装备。具体来说，美国陆军对步兵班班长有以下要求：

· 精通战斗和个人操练。

· 精通全班编制内武器和支持资产的使用。

· 了解各类武器的效果、地表危险区域和所有弹药的风险预估距离。

· 有效使用直瞄、间瞄火力和战术运动的控制措施。

· 控制班的运动及其火力频度和分布（包括呼叫火力和校射）。

· 指挥两个火力组和可用的辅助武器，通过火力与运动进行近距离战斗（Close Combat）。

· 选择火力组的大致位置和防御时的临时火力区分。

·及时、准确地传达态势报告（SITREP）和现场报告，包括：包含 SALUTE[①]
信息的现场报告（SPOTREP）；向排长上报本班位置和进度、敌人情况、已消灭敌
人情况和安全态势；向排军士上报弹药、伤亡和装备状况。

·使用班、排掌握的数字任务指挥系统。

·在所有环境中作战，包括城市环境。

·执行部队领导程序。根据需要承担排军士或排长的职责。

·了解上两个级别（排和连）的任务和指挥官的意图。

（二）火力组长

火力组长的职责与班长类似，但要低一个层级。火力组长同样要以身作则，
对下属有绝对权威并对他们的行为负责。集中权威使他能够在保持部队纪律和团
结的同时果断行动。在近距离作战不断变化的情形下，即使没有上级指挥部持续
指导，火力组长也应完成指定的任务。同时由于火力组长在战斗中所处的位置，
要求火力组长的行动迅速且准确。火力组长的具体职责包括以下内容：

·精通火力组所有武器和值勤岗位，以及班一级的全部战斗操练。

·带领火力组实施火力与运动。

·控制火力组的运动以及火力的频次和分布。

·使用班、排掌握的数字任务指挥系统。

·确保火力组作战地域的安全。

·根据需要协助班长。

·准备承担班长和排长的职责。

·执行战地纪律和预防医学措施。

·确定火力组的战斗负荷并根据需要管理其可用的补给类别。

·了解上两个级别（班和排）的任务。

（三）自动步枪手

自动步枪手的主要武器目前是 5.56 毫米 M249 轻机枪。2022 年 4 月，美
国陆军决定选择西格绍尔公司的 XM250 替换 M249，第一批新枪预计于 2023

---

① SALUTE 报告是规模（Size）、活动（Activity）、位置（Location）、单位（Unit）、时间（Time）和设备（Equipment）的
英文首字母缩写的组合，缩写便于记忆，用于向上级汇报敌人活动情况。

西格绍尔的 XM250
（上）和将替换 M4
卡宾枪的 XM7（下）

年下半年到位。

自动步枪手为单位提供了对地域目标的密集持续性直瞄压制火力。自动步枪手利用他的武器系统压制敌方步兵和掩体，摧毁敌方自动步枪和反坦克部队，为其他班和火力组的行动提供便利。

自动步枪手使用全自动火力与敌人员、车辆、掩体的门或射击孔以及敌方地点交战，对这些目标提供压制性火力，以便其队友可以接近并摧毁敌人。自动步枪手也应当熟悉战场应急射击辅助工具（比如瞄准桩），以提高武器的有效性。

一般自动步枪手是火力组中资历较深的士兵，他应当能够完成榴弹手和步枪手的全部职责，并准备好接替火力组长和班长的职责。

（四）榴弹手

榴弹手目前装备的是 M203/M320 武器系统，包括 M16 系列或 M4 系列步枪 / 卡宾枪和附带的 40 毫米榴弹发射器。榴弹手为火力组提供了高抛弹道和向 350 米范围内投射榴弹弹药的能力，其火力能够与火力组以低伸弹道发射普通弹药的各类武器形成互补。榴弹发射器让榴弹手能够发挥三种作用：一是使用榴弹弹药或高爆两用弹药（HEDP）压制和摧毁敌方步兵和轻型装甲车辆；二是为全班的火力与运动提供遮蔽和掩护；三是使用照明弹来增强全班的视野并标记敌人的位置。

榴弹手还要承担步枪手的全部职责，同时准备好接替自动步枪手和火力组长的职责。

（五）步枪手

步枪手是所有步兵的基本标准，是火力组不可或缺的一部分。步枪手应精通武器的使用并能够向敌人精确射击。在作战中，步枪手负责向目标进行精准射击。同时步枪手也应懂得如何操作全班的各类武器，并准备好承担队友的职责。

步枪手应懂得构筑一个临时射击阵地并从中射击。他必须知道如何在各类环境中占据有掩蔽和隐蔽的位置，免受直瞄火力武器的影响，并且在使用夜视设备时同样能够胜任这些任务。

在需要组建特殊任务组时，步兵班可以派出步枪手担任其成员，执行人员搜查、急救和担架、爆破、排雷、剪线等任务。

武器班的编制与职责

一、武器班的编制

武器班为全步兵排的机动提供基准火力。武器班由 2 个机枪组、2 个近战导弹系统（CCMS）[①]组和 1 名武器班班长组成。

中型机枪[②]组由 1 名射手和 1 名副射手组成。机枪组可以在白天、夜间和各种恶劣天气条件下为步兵排提供最远 1100 米范围内的区域压制。

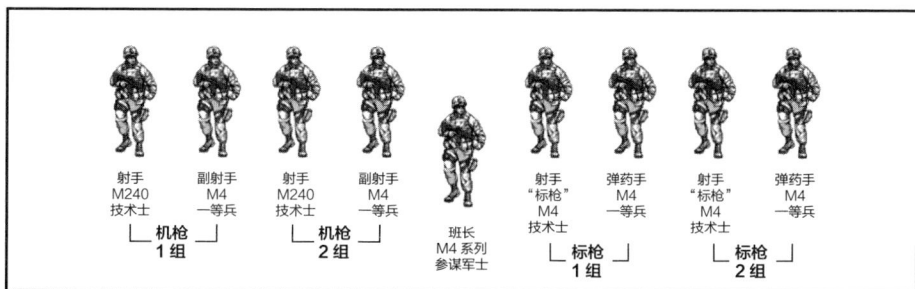

射手	副射手	射手	副射手	班长	射手	弹药手	射手	弹药手
M240	M4	M240	M4	M4系列	"标枪"	M4	"标枪"	M4
技术士	一等兵	技术士	一等兵	参谋军士	M4	一等兵	M4	一等兵
					技术士		技术士	
└ 机枪 ┘		└ 机枪 ┘			└ 标枪 ┘		└ 标枪 ┘	
1组		2组			1组		2组	

武器班（ATP 3-21.8《步兵排和班》）

---

　　① 近战导弹系统（Close Combat Missile Systems, CCMS）包括"标枪"、陶式等导弹，主要用于摧毁主战坦克等装甲目标，对于碉堡、建筑等目标也有一定效果。步兵单位的武器班一般使用的是"标枪"导弹系统。

　　② 手册中所指中型机枪均为M240系列机枪。

近战导弹系统组由 1 名射手和 1 名弹药手组成。单兵携带的"标枪"导弹能够为步兵排提供极其致命的直接攻击和顶部攻击能力，可以击毁敌方装甲车辆并摧毁 2000 米以内的防御工事。

二、武器班各岗位职责

（一）武器班班长

与步兵班班长类似，武器班班长应以身作则，同时对下属有绝对权力，并对下属的行为负全部责任。权力集中使武器班班长能够在保持部队纪律和团结的同时果断行动。在现代战争不断变化的情形下，即使没有上级指挥部持续指导，武器班班长也应完成指定的任务。

武器班班长通常由仅次于排军士的最有经验的班长担任，并能够承担步兵班班长的全部职责。

· 控制火力并制定火力控制措施。

· 向排长建议如何部署和使用中型机枪。

· 直接与排长协调机枪基准火力的效果，并据此进行计划。

· 监控弹药使用情况。

· 直接与排长协调部署"标枪"导弹系统，在防御时要尽可能覆盖敌装甲接近路，在攻击时则要位于合适的监视位置。

· 使用班、排掌握的数字任务指挥系统。

· 根据需要执行排军士的角色。

· 执行部队领导程序。

· 了解上两个级别（排和连）的任务。

（二）机枪手

机枪手一般是机枪组中资历较深的士兵。在作战时机枪手应对机枪副手和机枪组的装备负责，熟知 FM 3-22.68《5.56 毫米和 7.62 毫米需成员操作的机枪》中规定的条例。在被配属到步兵班时，机枪手负责操作中型机枪，并向步兵班班长建议使用中型机枪的最佳方式。

机枪手应了解武器针对不同目标的效果，当在机枪组战术部署时执行战地纪律，协助武器班班长并准备好承担其职责。机枪手也应当了解上两个级别（班和排）的任务。

（三）机枪副手

机枪副手是机枪组中的第二名成员，他应随时准备接替机枪手的职责。作战时，机枪副手负责为机枪提供弹药；观察弹着点并向机枪手提供修改弹道的建议；经常向武器班班长报告弹药情况以及中型机枪的情况；观察目标两侧、射击位到目标间的情况。如果其他士兵有 7.62 毫米弹药，机枪副手还需要向他们索要弹药。同时机枪副手也应当了解上两个级别（班和排）的任务。

机械化步兵排和班的编制与职责

每个美国陆军机械化步兵排装备了 4 辆布雷德利战斗车辆系统。重型装备的加入使得步兵排成为更加通用、多面的作战分队。步兵既可以乘车作战，下车与步战车配合作战，也可以独立于步战车进行作战。步战车使得机械化步兵能够在远距离发现和杀伤敌人，同时步兵可以在步战车的支援下在近距离作战中消灭敌人。但与此同时，布雷德利步兵战车使得机械化步兵排在渡水作战时需要考虑配属车辆的性能，战车也容易受到敌反装甲火力、攻击直升机、反坦克地雷、反装甲导弹的攻击。战车发出的噪音也使得机械化步兵排更容易被发现。

在美国陆军装甲旅级战斗队（ABCT）中，一般编有 2 个装甲营，每个装甲营各下辖 1 个机械化步兵连，另有 1 个机械化步兵营下辖 3 个机械化步兵连。每个机械化步兵连下辖 3 个机械化步兵排。

机械化步兵排通常都是作为更高一级编队的一部分参与行动（相对于独立作战来说），能够得到装甲、火炮、迫击炮、近距离空中支援（特指固定翼飞机的对地支援）、近距离战斗攻击（指旋翼机的对地支援）、防空和工程兵的支援。理论上，机械化步兵排仅靠自身就可以提供压制火力，实现击退敌人

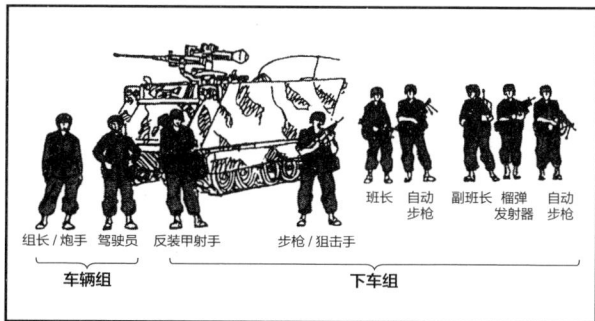

1985 年版 FM 7-7《机械化步兵排和班》中展示的 2+7 编制的机械化步兵班，此图展示的仍是 M113 装甲人员输送车

并支援本单位机动的目的。

在 20 世纪 80 年代中期布雷德利步兵战车装备之初，由于车辆最多只能搭载 6 名成员，因此 3 名车组成员连同 6 名乘车步兵，共同组成了一个 9 人机械化步兵班。实际参与下车作战的只有 6 名乘车步兵。理论上，步兵战车将作为基准火力，由 6 名步兵作为机动分队，共同完成班一级的"火力与运动"战术。

但实际上，由于需要将排指挥部塞入各辆车中，每个班配一辆布雷德利的设

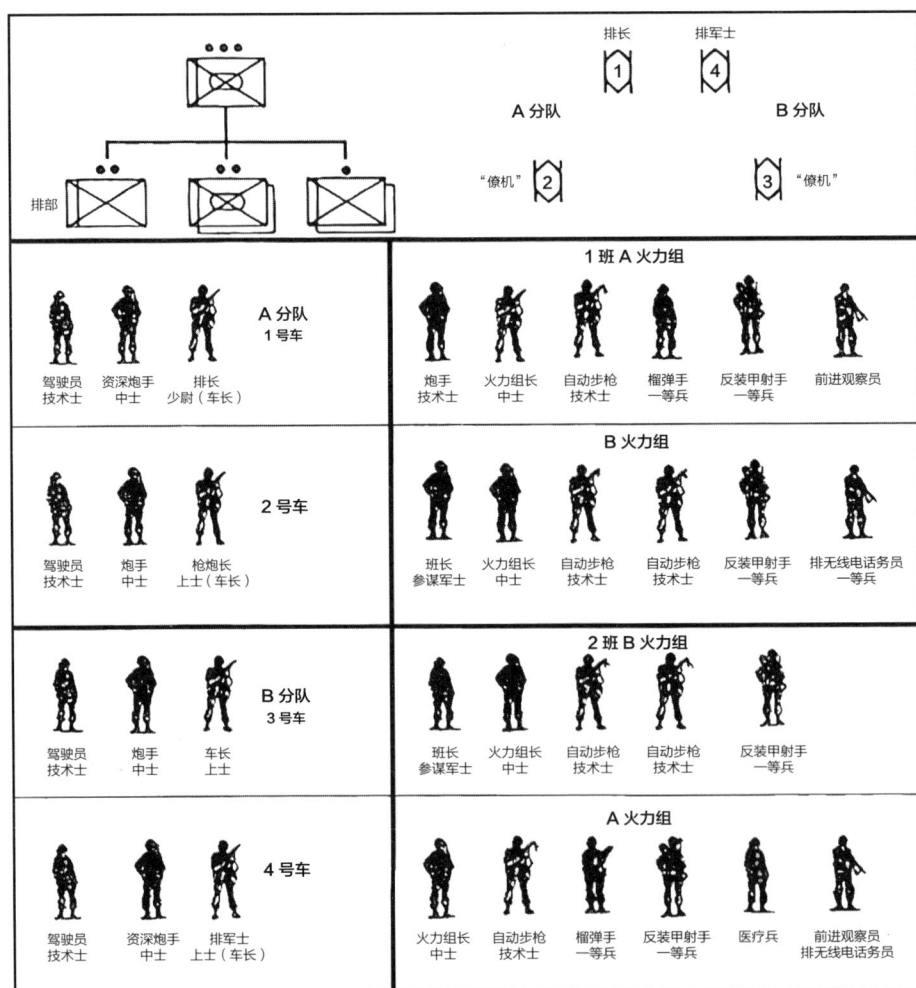

排长	排军士
1	4

A 分队　　　　　　　　　　B 分队

"僚机" 2　　　　　　　　3 "僚机"

排部

A 分队 1 号车	1 班 A 火力组

A 分队 1 号车

驾驶员 技术士　资深炮手 中士　排长 少尉（车长）

1 班 A 火力组

炮手 技术士　火力组长 中士　自动步枪 技术士　榴弹手 一等兵　反装甲射手 一等兵　前进观察员

2 号车

驾驶员 技术士　炮手 中士　枪炮长 上士（车长）

B 火力组

班长 参谋军士　火力组长 中士　自动步枪 技术士　自动步枪 技术士　反装甲射手 一等兵　排无线电话务员 一等兵

B 分队 3 号车

驾驶员 技术士　炮手 中士　车长 上士

2 班 B 火力组

班长 参谋军士　火力组长 中士　自动步枪 技术士　自动步枪 技术士　反装甲射手 一等兵

4 号车

驾驶员 技术士　资深炮手 中士　排军士 上士（车长）

A 火力组

火力组长 中士　自动步枪 技术士　榴弹手 一等兵　反装甲射手 一等兵　医疗兵　前进观察员 排无线电话务员

1993 年版的 FM 7-7J《机械化步兵排和班（布雷德利）》中的机械化步兵排编制

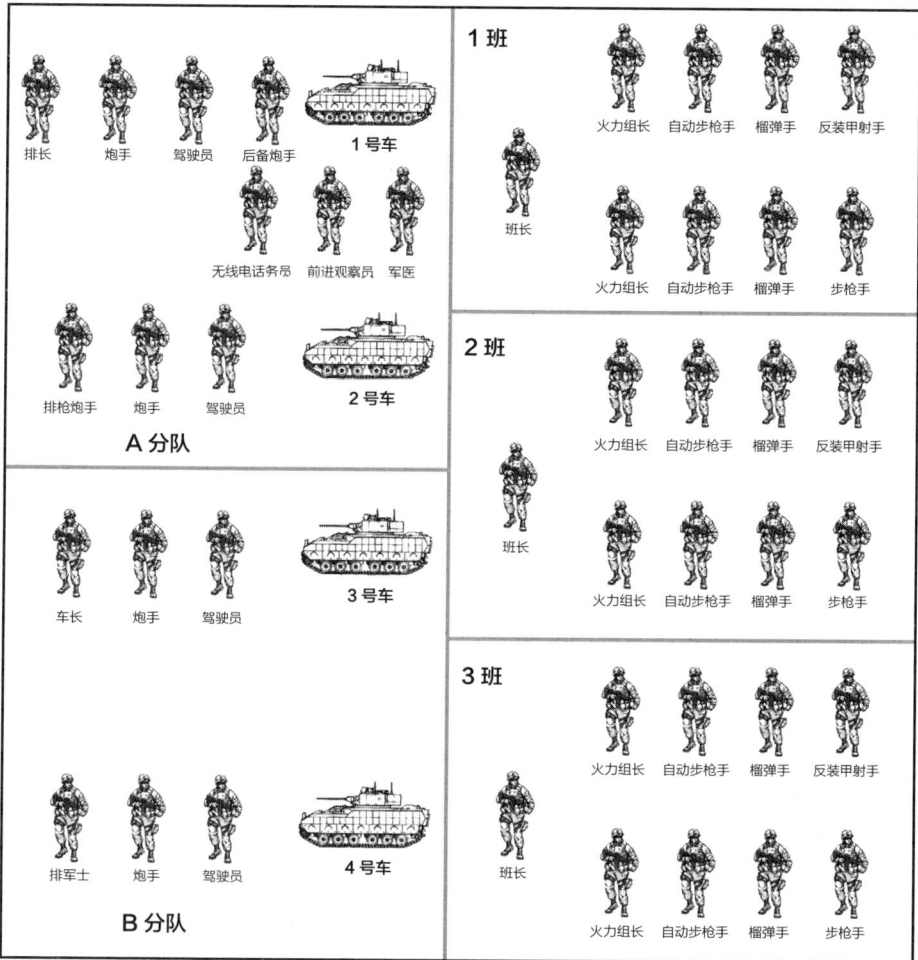

目前的布雷德利机械化步兵排编制（ATP 3-21.8《步兵排和班》）

想根本无法实现。因此，1988 年美国陆军对机械化步兵排进行了重组，把 3 辆车的 6 个下车步兵班改为 2 个下辖 2 个 4 人火力组的 9 人班，车组成员不再算作班成员。每个火力组乘坐 1 辆布雷德利步兵战车，每辆车空出的座位用来搭载排部等其他人员。

到了 20 世纪 90 年代末，美国陆军再次对机械化步兵排编制进行了调整。为了增强下车分队的力量，下车分队从 2 个 9 人步兵班增加到 3 个 9 人步兵班。尽管 M2A2 ODS 及以后的改进型可以容纳 7 名乘车步兵，但仍然导致三个班中的一个不仅无法乘坐同一辆车，甚至要分乘两个分队（Section）的布雷德利步兵战车。如果满编排需要配属无线电话务员、前进观察员、军医等其他人员，一些步兵甚至需要乘坐连的其他车辆，为这些人员腾出位置。这使得机械化步兵排的下车操练变得极为复杂，机械化步兵排排长可能会选择在距离目标更远的地方，提前让这个跨分队的步兵班下车。这一做法严重拖慢了机械化步兵的作战节奏。

随着美国陆军改革的推进，未来机械化步兵连或将被装甲冲击连取代。装甲冲击连中在保留 2 个布雷德利步兵战车排之外，将增加 2 个装甲冲击排。装甲冲击排将为 6 车结构，且不携带徒步步兵，负责在机械化步兵排进入火力支援阵地（Support by Fire Position）期间，为其提供有效的火力压制，摧毁大多数敌人威胁。由于装甲冲击排不携带徒步步兵班，其载员舱可能被用于装载机器人作战车辆（RCV）小组。

一、机械化步兵排和班的编制

机械化步兵排大体上可以分为乘车分队和下车分队。乘车分队又可细分为 2 个分队。排长担任 A 分队长搭乘 1 号车，2 号车作为所谓的"僚机"配合分队长作战；排军士担任 B 分队长搭乘 4 号车，3 号车担任"僚机"。

与步兵步枪排相比，机械化步兵排没有编入武器班。每个机械化步兵班与步兵步枪班相同，下面分为 2 个火力组并由 1 名班长领导。火力组同样也是由火力组长、自动步枪手、榴弹手、步枪手组成。但与步兵步枪班不同，机械化步兵班中有一名步枪手经过专门的反装甲训练，可以操作"标枪"导弹发射近距离作战弹药，另一名步枪手则经过精确射手训练，担任班属精确射手。

二、机械化步兵排和班各岗位职责

相较于普通的步兵步枪排，机械化步兵排由于加入了布雷德利步兵战车，相对应的在排内也就多了枪炮长、分队长、车长、炮手、驾驶员等岗位。下面将着重展示与步兵步枪排内有所区别的岗位职责。

（一）排长和排军士

机械化步兵排排长和排军士除了需要完成步兵排排长和排军士的职责之外，

由于机械化步兵排的特点，还需要承担以下职责：

- ·排长通常在形势需要全排下车时一同下车。
- ·排军士在排长下车时负责指挥乘车分队，或者在 METT–TC 需要时一同下车。
- ·乘车时担任各自座车的车长。

（二）排枪炮长（Platoon Master Gunner）

枪炮长也被称为"Mike Golf"，是炮术和炮塔武器系统的技术专家。机械化步兵排的排枪炮长在排长下车时负责指挥 A 分队。在战斗或野战演习期间，排枪炮长应承担以下职责：

- ·就布雷德利步兵战车的武器效果、能力和安全性向排长和排中士提供建议。
- ·向排长提供有关火力控制措施和准备的建议。
- ·在排中士的日常监督下，担任乘车分队的首席技术培训师。
- ·帮助排长设置炮兵训练任务。
- ·负责维修 25 毫米"蝮蛇"链式机关炮。

（三）布雷德利步兵战车车长

排长、排军士、分队长都要同时作为其座车的车长，而当排长下车时，其车上的炮手就要承担车长的职责。因此排长车上还会有一名候补炮手，以便当炮手担任车长时接替炮手的位置。车长需要承担以下职责：

- ·获取目标。
- ·指挥车辆。
- ·控制车辆火力。
- ·确保成员的福利。
- ·保持车辆在全排队形中的位置。
- ·发出开火命令。
- ·维护布雷德利步兵战车的车体、炮塔和武器系统。
- ·监控指挥官的战术显示器，了解车辆位置等各种数字信息。
- ·无论是否使用精密寻路系统都能做到正确寻路。
- ·根据要求或在车辆接敌时发送情况报告。
- ·训练士兵使用武器。

（四）分队长

排长和排军士在乘车时将承担分队长的职责。但当排长和排军士下车时，分队内资历更深的车长就要承担分队长的职责，协助排长部署乘车分队并为排长提供建议。分队长的职责包括：

· 战术性地部署和维护分队内的布雷德利步兵战车，以及车组成员的训练。

· 监控座车和分队车辆在全排队形中的位置以及各种数字信息。

· 无论是否使用精密寻路系统都能做到正确寻路。

· 根据要求或在车辆接敌时发送情况报告。

（五）炮手

炮手的首要任务是观察战场并发现敌人，在车长的指挥下操作炮塔武器与目标交战并将其消灭。车内只有炮手和驾驶员时炮手应承担车长的职责。同时炮手还需要负责本车炮塔和武器的维护，协助寻路并操作无线电。

（六）驾驶员

驾驶员的职责显而易见，首先就是在车长的指挥下按照驾驶程序驾驶车辆，同时尽可能选择能够隐蔽车体的位置。驾驶员还需要协

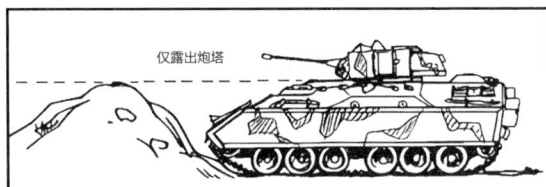

仅露出炮塔

车体隐蔽位置

助发现目标，负责观察弹药落点，通过观察里程表和地形协助车长寻路，同时还需要负责本车行走系统（车体）的维护。

三、机械化步兵排的战场作用

布雷德利步兵战车为步兵排提供了更为致命的火力，大大提升了步兵的战场生存能力，同时也使得步兵排有了更强的自持力和机动性。为了最大化发挥布雷德利步兵战车的作用，一般在作战中机械化步兵排会承担以下任务：

· 冲击敌人阵地。

· 通过轻武器和间瞄火力进行冲击将步枪班输送到有利的战术位置。

· 使用布雷德利步兵战车上的 25 毫米机炮和 7.62 毫米机枪有效压制和摧毁敌人步兵。

· 夺取和占领关键地形。

· 执行乘车或者徒步巡逻或作战以支援警戒行动。

· 通过侦察和近距离作战推动事态发展。

· 在敌重要地形或侧翼位置建立据点，实现对敌拒止。

· 渗透敌阵地。

· 监视和清理战术障碍物。

· 通过近距离作战击退敌攻击。

· 参与空中突击（Air Assault）作战。

· 使用布雷德利步兵战车的直瞄火力消灭敌轻装甲车辆。

· 使用 25 毫米机炮牵制、压制或干扰 2500 米内敌人车辆和反坦克系统的运动。

· 使用"陶"式反坦克导弹消灭 3750 米内的敌人坦克和战斗车辆。

· 使用"标枪"反坦克导弹消灭 2000 米内的敌人坦克和战斗车辆。

· 在化学、生物、辐射和核沾染环境下作战。

斯特赖克步兵排和班的编制与职责

斯特赖克（Stryker）步兵排和班指的是装备了斯特赖克步兵运载车辆的步兵排和班，也是斯特赖克旅级战斗队（SBCT）的主要组成部分。截至 2018 年 9 月，美军 31 个旅级战斗队中，有 7 个为斯特赖克旅级战斗队。每个斯特赖克旅级战斗队下辖 3 个斯特赖克步兵营，以及骑兵中队、野战炮兵营、工兵营、后勤保障营等。每个斯特赖克步兵营下辖 3 个斯特赖克步兵连。每个斯特赖克步兵连除连指挥部外，下辖 3 个斯特赖克步兵排、1 个机动火力系统（MGS）排、1 个迫击炮分队和 1 个狙击组。

由于美国陆军对于机动火力系统的火炮和自动装弹系统并不满意，因而机动火力系统已于 2022 年退役。美国陆军将代之以中口径武器系统（MCWS），并打算在步兵运载车辆上加装"通用遥控武器

斯特赖克步兵运载车辆（2021 年）

站—标枪"（CROW-J），使其能够发射"标枪"导弹，以增强和丰富斯特赖克旅级战斗队的杀伤能力。

斯特赖克步兵排从属于连并执行连相应的任务，即通过火力和机动抵近、消灭和抓捕敌人，通过火力、近距离作战和反击击退敌人的冲击。

针对斯特赖克步兵排和班的更为具体的战术运用可参考美军《斯特赖克步兵步枪排和班》（ATTP 3-21.9）手册。

一、斯特赖克步兵排和班的编制

每个斯特赖克步兵排装备有4辆斯特赖克步兵运载车辆并下辖3个步兵步枪班，另外还配属了武器班。武器班装备有2挺M240系列机枪。由于每辆斯特赖克都搭载了"标枪"导弹系统，因此武器班并不包括近战导弹系统组，而是由每个步兵班的1名步枪手兼任反坦克导弹射手。

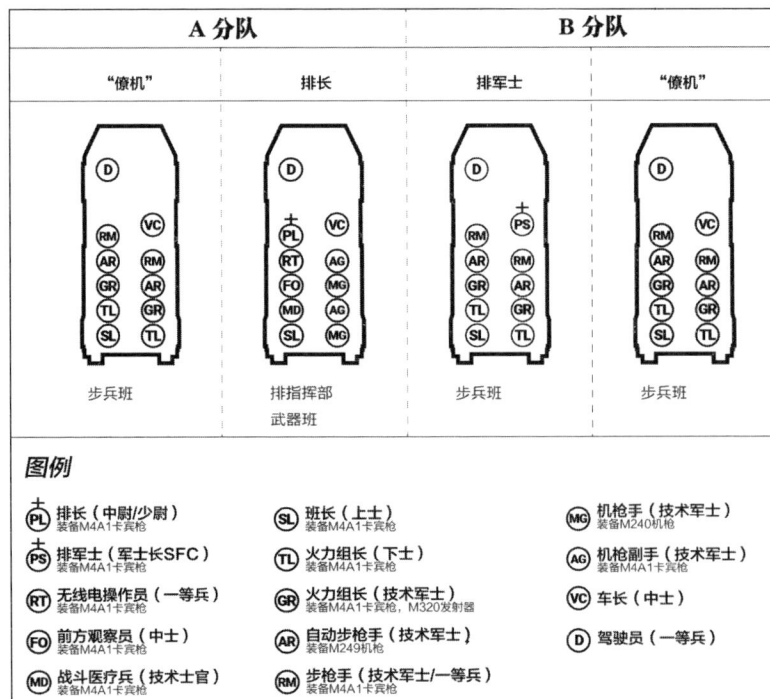

A 分队		B 分队	
"僚机"	排长	排军士	"僚机"

步兵班 | 排指挥部 武器班 | 步兵班 | 步兵班

图例

- **PL** 排长（中尉/少尉）装备M4A1卡宾枪
- **PS** 排军士（军士长SFC）装备M4A1卡宾枪
- **RT** 无线电操作员（一等兵）装备M4A1卡宾枪
- **FO** 前方观察员（中士）装备M4A1卡宾枪
- **MD** 战斗医疗兵（技术士官）装备M4A1卡宾枪
- **SL** 班长（上士）装备M4A1卡宾枪
- **TL** 火力组长（下士）装备M4A1卡宾枪
- **GR** 火力组长（技术军士）装备M4A1卡宾枪，M320发射器
- **AR** 自动步枪手（技术军士）装备M249机枪
- **RM** 步枪手（技术军士/一等兵）装备M4A1卡宾枪
- **MG** 机枪手（技术军士）装备M240机枪
- **AG** 机枪副手（技术军士）装备M4A1卡宾枪
- **VC** 车长（中士）
- **D** 驾驶员（一等兵）

斯特赖克步兵排编制和乘车座位排布

　　根据 METT–TC 情况，斯特赖克步兵排可能会得到从连属机动武器系统排调配的车辆，反过来每个斯特赖克步兵排也可能会各派出 1 个班归属机动武器系统排，使得全连形成 4 个可供支配的机动分队。

　　斯特赖克步兵排在作战时的组织较为灵活。每个步兵班班长可以同时控制下属的 2 个火力组以及本班的座车；或者在步兵下车作战时，全排的斯特赖克以分队为单位前进。斯特赖克步兵排也可以将全排分为分队，每个分队包含车辆和下车步兵；或者 1 个分队下车作战，1 个分队的步兵仍然乘车机动。

　　每个步兵班除了标准步兵步枪班的 2 个火力组以及班长外，还编入了 1 名斯特赖克车长和 1 名驾驶员，实际上将斯特赖克步兵班分成了 2 个火力组和车组，一共 3 个分队。斯特赖克车长在班长下车时负责部署车辆，搜索目标，操作车上的武器和数字系统，平时还需要负责保养车辆。驾驶员顾名思义就是负责在车长指示下驾驶车辆通过各种地形和障碍物，将步兵运送到战场上合适的位置。此外，与机械化步兵班类似，每个斯特赖克步兵班的 2 名步枪手还要分别承担反坦克导弹射手和精确射手的职责。

　　乘车时排长与武器班同乘一辆车，并与另一个步兵班和车辆组成 A 分队。排军士担任 B 分队其中一辆车的车长，并与另一个步兵班和车辆组成 B 分队。各班长和火力组长一般位于车尾门口处，以便快速下车指挥部队展开和观察后方情况。与机械化步兵排类似，排长在乘车时担任 A 分队指挥官，排军士担任 B 分队指挥官。排长下车时由资历更深的车长担任 A 分队指挥官，排军士一般不下车。

二、斯特赖克步兵排的特点

　　斯特赖克步兵排的特点与斯特赖克步兵运载车的性能有着直接联系。斯特赖克步兵运载车辆具有很高的机动性，最高速度可达 90 千米 / 小时。以 60 千米 / 小时速度巡航时，最远航程可达 531 千米。其搭载的遥控武器站使得斯特赖克能够抵近和摧毁敌人轻型载具，同时下车步兵可以在斯特赖克的支援下，在近距离作战中消灭敌人。

　　在作战中，斯特赖克步兵排更多参考步兵步枪排的作战模式，通过火力与机动抵近和消灭敌人。斯特赖克步兵运载车辆可以加入基准火力，在作战中使用其搭载的 M2HB .50 口径机枪或 MK–19 40 毫米榴弹发射器作为支援火力，协助步兵班向前推进。由于遥控武器站精确度较高，因此斯特赖克可以提供精确的长距离压制火力。斯特赖克也可以加入机动分队，通过发挥其优秀的机动性，快速将步兵输送至有利位置。

02

计划

美国陆军将作战分为计划、准备、执行、评估等阶段。

计划是指将单位指挥官的思路转化为可以进行准备和执行的行动流程（Course of Action，COA）的过程，主要回答了"如何达成预定目标"这一问题。计划首先要对作战环境中的各种条件进行分析，尤其是注重分析敌情。这就要求指挥官能够理解和梳理手头的问题，并勾勒出构成理想的最终状态的各种条件。在上级指挥官的指导下，排级指挥官应当在计划阶段形成一个或者多个能够达成任务的行动流程。按照实际需要，在准备和执行阶段也可能会继续进行计划。在环境与部队领导程序不匹配时，排长要依靠直觉做出决策，通过与下属指挥官的直接沟通，重新整合全排的行动。

准备，即各单位为提高其执行能力而进行的活动。准备工作包括但不限于计划细化、演练、情报收集、协调、检查和运动。

执行是将计划付诸行动，运用战斗力完成任务，利用态势理解（Situational

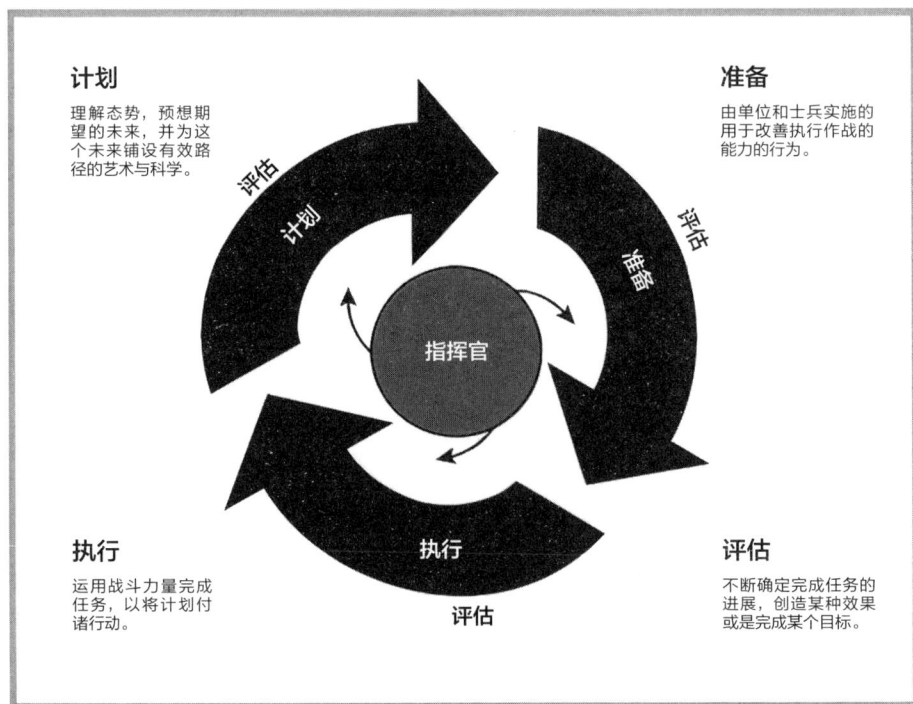

计划
理解态势，预想期望的未来，并为这个未来铺设有效路径的艺术与科学。

评估

计划

准备
由单位和士兵实施的用于改善执行作战的能力的行为。

评估

准备

指挥官

执行
运用战斗力量完成任务，以将计划付诸行动。

执行

评估

评估
不断确定完成任务的进展，创造某种效果或是完成某个目标。

作战流程的各个阶段（ADP 5-0《作战流程》）

Understanding） 来 评 估 进 度 并 执行或调整决策。

评估是指持续监测和判明当前形势，特别是敌情，以及行动的进展。评估先于并指导、总结每个作战阶段，其本质是将预期的结果与实际事件进行比较。评估具体涉及三项任务：

·持续评估敌人的反应和弱点。

·持续监控作战情况和进度，以达到指挥官期望。

·运用有效性和表现两个指标对作战进行评判。

排长靠部队领导程序独立或与团队合作解决战术问题。例如，排中士、班

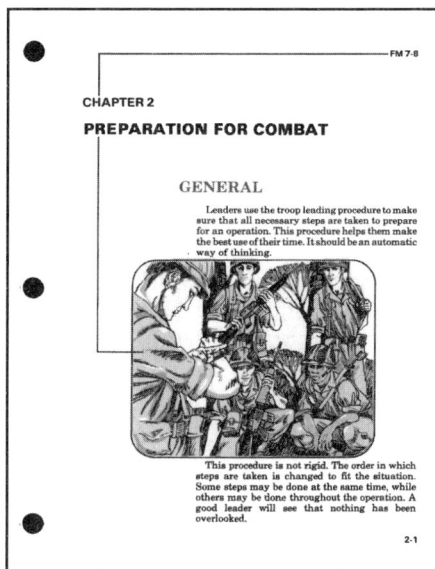

1980 年版 FM 7-8《步兵排和班》手册

长和前进观察员可能会在排长执行部队领导程序时进行协助。从上级传递到下级的信息的类型、数量和及时性将直接影响下级单位指挥官的部队领导程序。

随着时代的发展，美军在编制相关出版物时逐渐重视部队和作战的管理科学化，《步兵排和班》手册各版本数十年的更新中，相关内容的篇幅不断增加，1980年版 FM 7-8《步兵排和班》手册关于部队领导程序的描述仅 4 页，但 2016 年的ATP3-21.8 手册中，计划相关的内容已经增加至 40 页。在版本更新过程中，美军尤其注重整个部队领导流程中 METT-TC 分析的细化，手把手教基层指挥官如何计划一次作战行动。本章主要讲解计划的总体思路，后续章节我们还会根据进攻、防御等任务的特点来进行具体说明。

并行计划

当两个或多个级别的单位大约同时计划同一个作战行动时，就可以进行并行计划。排长不需要等连长完成全部计划再计划本单位的任务，在收到信息后即可开始制定计划，并在获得更多信息时不断充实他的任务。上级单位应当通过不断与下属单位共享有关下一步作战的信息，帮助实施并行计划。

营级军事决策过程	连级部队领导程序	排级部队领导程序
受领任务 Ⓦ	受领任务	受领任务
任务分析 Ⓦ	发布预先号令	发布预先号令
制定行动流程	制定暂行计划	制定暂行计划
行动流程分析	启动运动	启动运动
行动流程比较	进行侦察	进行侦察
行动流程批准 Ⓦ	完成计划	完成计划
形成命令 Ⓞ	发布作战命令	发布作战命令
	监督和完善	监督和完善

Ⓦ 预先号令
Ⓞ 作战命令

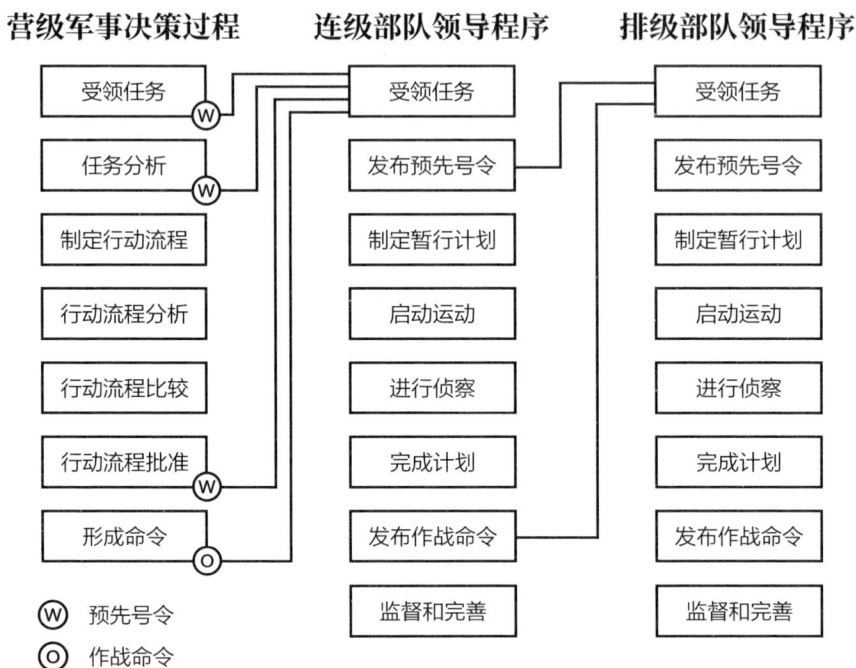

并行计划流程

　　排长的计划工作始于确定本单位的任务，说明其意图，并确保其意图能够反映其直接上级和再上一级指挥部的作战构想（Concept of Operation，CONOPS）。他选择最有可能分配给其单位的具体任务[①]，并根据收到的信息制定任务说明。在各个层面，制定和描述指挥官的作战构想都需要时间、解释和持续的澄清。所有指挥官都应当清楚，上级指挥官的作战构想仍将会不断完善，并行计划将在最终执行前持续进行。上图说明了一个营的军事决策过程（MDMP）与连、排级部队领导程序是如何并行进行的。

　　通常部队领导程序的前三个步骤（受领任务、发出预先号令和制定暂行计划）是按顺序进行的。但后续步骤的顺序是根据情况而定的。某些情况下，发起运动和进行侦察可能会发生多次。但最后一步监督和完善，应当贯穿始终。

---

　　① 美军的话语体系中对部队应当完成的事项分为Mission和Task两种，后者属于前者的一部分。由于中文中两者都可简单译为"任务"，这里我们将Mission译为"任务"或"总任务"，而Task译为"具体任务"，以示区分。

在执行当前作战和规划未来作战之间存在着矛盾，但基层单位的指挥官必须在两者间取得平衡。如果处于作战状态，则用于部队领导程序的时间就会比较少。但如果处于战斗间隙、过渡阶段或正位于集结区域，指挥官就有更多时间执行部队领导程序。时间等因素可能会限制指挥官执行全部的部队领导程序，必要时可以省略制定备用计划。

排长在收到暂行预先号令或受领新任务后启动部队领导程序。随着后续命令的到来，排长不断修改他的评估，更新暂行计划，并继续监督和评估准备工作。安全考虑或时效等因素可能使排长不会收到或发出完整的预先号令序列。由于下属需要有足够的信息来计划和准备他们的任务，所以指挥官做出不给出预先号令的决定前必须慎重考虑。在其他情况下，指挥官应在收到预先号令之前，就根据现有计划和命令（应急计划或准备好的任务）以及下属的态势理解开始部队领导程序。

并行计划的关键是要在接收或处理信息的同时将信息分发出去。下级指挥官在接到其单位的任务之前不可能完成他们的计划。如果每个连续的预先号令都包含足够的信息，上级指挥部的最终命令将与下级指挥官业已完成分析并纳入他们的暂定计划的目标相吻合。在其他情况下，上级指挥部的命令可能会改变或修改下属单位的具体任务，因此需要额外的计划和侦察。

部队领导程序

部队领导程序为基层单位指挥官提供了一套分析任务、制定计划和准备作战行动的框架。排长收到任何预示可能将有作战任务的信号时，就应当启动部队领导程序，并且部队领导程序将贯穿作战全程（计划、准备、执行、评估）。部队领导程序由一系列能够帮助指挥官合理运用可用时间，高效发出指令并执行作战任务的行动组成。

部队领导程序不是一套硬性规定。某些操作可能会同时执行或以不同于后文所示的顺序执行。在运用时，部队领导程序应服务于排长及其下属指挥官所处的实际情况和自身经验。如前所述，部队领导程序中的某些动作（例如发起运动、发出预先号令和进行侦察）所涉及的具体任务可能会重复多次。最后一个动作（与监督和完善计划相关的活动）则需要贯穿整个部队领导程序以及任务执行的过程。

以下关于部队领导程序的介绍都是基于基层指挥官在时间紧迫的情况下进行计划的假设，但即便如此，所有步骤以简化的方式也应当全部履行。

第一步：受领任务

指挥官确定其单位的任务，并评估其可用于完成相应任务的时间（注意不是完成总任务需要的时间）。指挥官可以使用 METT-TC 的框架来对命令进行初步分析，但应当在下达预先号令后再进行基于 METT-TC 的详细的总任务分析。一般上级很少会等到第三次预先号令后或者直接发布作战命令时才给下级指挥官发布总任务，因此在并行计划时基层单位指挥官一般已经能够推断出总任务的情况。

指挥官一般以预先号令的形式接收命令。如果上级如上文所述希望等待更多信息，上级也有可能放弃下达预先号令而直接下达作战命令，甚至有可能在指挥官正执行前一次任务时，由于情况发生变化而收到新的任务。在这种情况下，

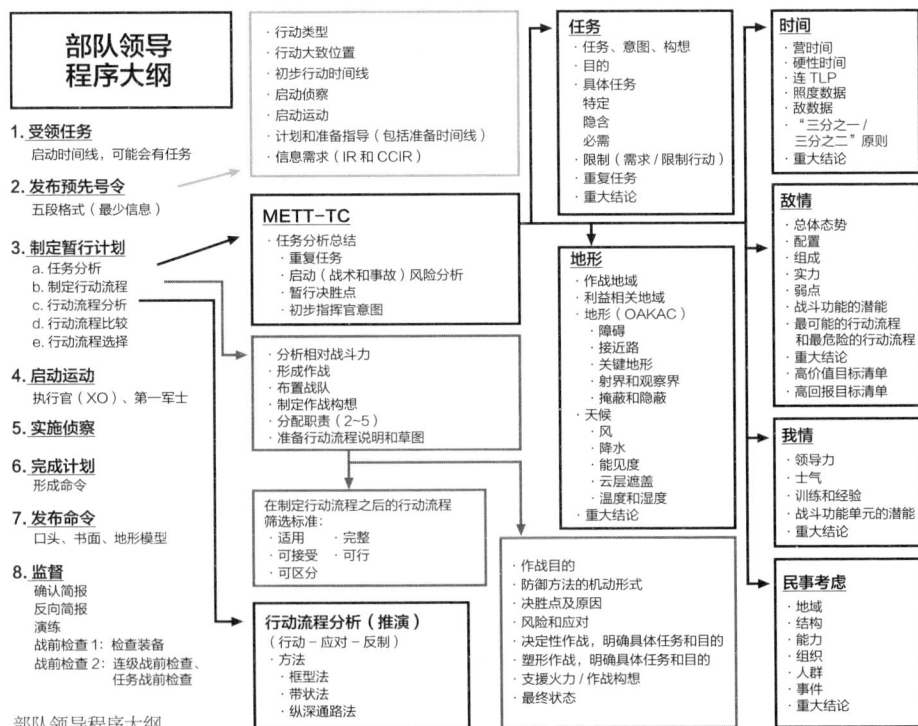

部队领导程序大纲

- **1. 受领任务**
  启动时间线，可能会有任务
- **2. 发布预先号令**
  五段格式（最少信息）
- **3. 制定暂行计划**
  a. 任务分析
  b. 制定行动流程
  c. 行动流程分析
  d. 行动流程比较
  e. 行动流程选择
- **4. 启动运动**
  执行官（XO）、第一军士
- **5. 实施侦察**
- **6. 完成计划**
  形成命令
- **7. 发布命令**
  口头、书面、地形模型
- **8. 监督**
  确认简报
  反向简报
  演练
  战前检查 1：检查装备
  战前检查 2：连级战前检查、任务战前检查

- · 行动类型
- · 行动大致位置
- · 初步行动时间线
- · 启动侦察
- · 启动运动
- · 计划和准备指导（包括准备时间线）
- · 信息需求（IR 和 CCIR）

METT-TC
- · 任务分析总结
  · 重复任务
  · 启动（战术和事故）风险分析
  · 暂行决策点
  · 初步指挥官意图

- · 分析相对战斗力
- · 形成作战
- · 布置战队
- · 制定作战构想
- · 分配职责（2~5）
- · 准备行动流程说明和草图

在制定行动流程之后的行动流程筛选标准：
- · 适用   · 完整
- · 可接受 · 可行
- · 可区分

行动流程分析（推演）
（行动 - 应对 - 反制）
- · 方法
  · 框型法
  · 带状法
  · 纵深通路法

- · 作战目的
- · 防御方法的机动形式
- · 决胜点及原因
- · 风险和应对
- · 决定性作战，明确具体任务和目的
- · 塑造作战，明确具体任务和目的
- · 支援火力 / 作战构想
- · 最终状态

任务
- · 任务、意图、构想
- · 目的
- · 具体任务
  特定
  隐含
  必需
- · 限制（需求 / 限制行动）
- · 重复任务
- · 重大结论

地形
- · 作战地域
- · 利益相关地域
- · 地形（OAKAC）
  · 障碍
  · 接近路
  · 关键地形
  · 射界和观察界
  · 掩蔽和隐蔽
- · 天候
  · 风
  · 降水
  · 能见度
  · 云层遮盖
  · 温度和湿度
- · 重大结论

时间
- · 营时间
- · 硬性时间
- · 连 TLP
- · 照度数据
- · 敌数据
- · "三分之一 / 三分之二" 原则
- · 重大结论

敌情
- · 总体态势
- · 配置
- · 组成
- · 实力
- · 弱点
- · 战斗功能的潜能
- · 最可能的行动流程和最危险的行动流程
- · 重大结论
- · 高价值目标清单
- · 高回报目标清单

我情
- · 领导力
- · 士气
- · 训练和经验
- · 战斗功能单元的潜能
- · 重大结论

民事考虑
- · 地域
- · 结构
- · 能力
- · 组织
- · 人群
- · 事件
- · 重大结论

部队领导程序大纲

指挥官还需要：

- ·评估可用于准备和执行任务的时间。
- ·为计划和执行总任务准备一个初步时间表。
- ·进行暂行"计划—时间"分析。
- ·确定计划和准备所需的总时间。
- ·随着计划的继续，细化初步的"计划—时间"分析。
- ·分析他指挥的单位可用的时间。

指挥官的预先号令中最重要的元素就是计划的初步时间表。在预先号令中，指挥官还会传达其他的指示或信息，帮助下属为即将到来的任务做准备。

第二步：发布预先号令

预先号令是对后续命令或行动的预先通知。虽然细节没有完整的作战命令丰富，但预先号令有助于推进并行计划。在指挥官接到新的总任务并评估可用于计划、准备和执行总任务的时间后，他们会立即向下属发出预先号令。这样一来，在本级制定作战命令的同时，下级可以开始计划和准备自身的行动。当指挥官获得更多信息时，他们会发布新的预先号令，尽可能多地向下属提供他们所知道的信息。

指挥官在收到上级指挥部的初步预先号令后立即向其下属下达预先号令。在他们自己的初步预先号令中，应包含上级指挥部的初始预先号令中已给出的相同信息。如果可行，指挥官可以在现地当面向下属指挥官介绍情况。情况不允许时，也可使用地形模型、草图或地图。

预先号令采用作战命令的五段格式，其中至少应包含下列信息：

- ·作战类型。
- ·作战的大致位置。

作战命令的五段格式

1.态势	·利益相关地域
	·作战地域
	·敌情
	·加强和分遣
2.任务	·何人
	·何物
	·何时
	·何地
	·何由
3.执行	·作战构想
	·下级单位具体任务
	·协同指示
4.后勤	·物资
	·人员服务支持
	·陆军健康系统支持
5.指挥和信号	·指挥
	·控制
	·信号

· 启动作战的时间线。

· 启动作战前的侦察。

· 启动作战前的运动。

· 计划和准备说明。

· 信息需求。

· 指挥官关键信息需求。

第三步：制定暂行计划

在时间受限的情形下排长一般只制定一份行动流程，但在时间允许的情形下，排长会制定尽可能多的行动流程以便进行比较。在发出其预先号令并收到连的第三次预先号令后，或者在收集到足够的信息后，排长随即进行部队领导程序的第三步，而不是在收到最终的作战命令后再开始制定暂行计划。

排长收到任务后要进行任务分析。在分析任务时排长需要：

· 复述任务。

· 进行初步风险评估。

· 找到暂行决胜点（Decisive Point）。

· 确定其自身的意图。

通过任务分析，排长逐步拓展其思路，确定完成任务需要进行的动作。在基层单位，指挥官通过评估 METT–TC 来进行任务分析。他们就影响任务的地形，以及敌情、我情进行推演，并向下属强调这些推演的重要性，以及推演对单位作战的影响。任务分析能够有效发挥作用的关键在于找出并利用机会。任务分析没有标准的时间，指挥官根据需要进行安排，但仍应当遵守"三分之一 / 三分之二"原则[①]。任务分析应该能够回答下列问题：

· 任务是什么？

· 目前的形势是怎样的？

· 该如何完成任务？

---

① "三分之一/三分之二"原则是指指挥官应利用执行任务前可用时间的三分之一进行计划，同时将剩余的三分之二分配给下属进行同步准备。

·有什么风险？

对 METT-TC 的分析应是一个持续的过程。从计划到执行的整个过程，指挥官会不断收到新的信息。他们必须不断评估新的信息是否会影响其作战行动，并根据新的形势调整作战计划，并发出合理的补充命令（FRAGORD）。对 METT-TC 的分析并不需要遵循特定的顺序，指挥官根据收到信息的时间和自身的经验与偏好来决定何时以及如何进行分析。

（一）任务分析

任务指的是指明需完成的行动和相应理由的具体任务和目的。通常对于基层单位，任务是分配给个人或单位的使命或事项。任务是指挥官需要考虑的头等因素，也是最基本的问题：我被告知要做什么？这样做的原因是什么？

各级指挥官应当理解上两级的任务、意图和作战构想，这样才能够有效发挥主观能动性。在修订后的任务说明中应当体现指挥官对其单位应完成事项的理解。对上级指派的任务进行充分分析需要弄清楚五个方面：

再上一级指挥部（上两级）的任务、意图和作战构想。指挥官应了解再上一级指挥部的作战构想，识别任务和目的，以及他们的直接上级是如何为这场战斗做出贡献的。

上级指挥部的任务、意图和作战构想。指挥官应弄清直接上级的任务和目的，以及本单位对这场战斗的贡献。他们必须通过作战命令清楚地了解直接上级的意图。此外，他们还应确定指挥部下所有相邻机动分队的任务、目的和部队配置情况。

单位的目的。指挥官通过直接上级的作战命令中展现的作战构想来识别本单位的目的。作战目的通常与直接上级的目的相吻合或能够达到直接上级的作战目的。

约束条件。约束条件包括不允许某些行为（禁止性）或是必须采取某些行动（强制性）两种。指挥官应识别出作战命令中对其单位任务执行能力的所有约束。

指定的、隐含的、必需的具体任务。指定具体任务由上级指挥部专门分配给一个单位，并贯穿整个行动命令。指定具体任务也可以在附件和覆图中找到，例如"夺取目标 FOX""侦察路线 Blue""协助 B 连 1 排前进""派两名士兵协助装填弹药"等。

隐含具体任务是未在上级指挥部的命令中说明，但为完成特定具体任务有必要执行的具体任务。隐含具体任务来自对上级命令的详细分析，也可能来自敌情、行动流程、地形以及条令和历史知识。通过分析部队现地与未来作战地域的联系，以及完成指定具体任务相关的条令要求，或许可以揭示隐含具体任务。例如，如果指定具体任务是"夺取目标 FOX"，而新情报表明目标 FOX 被加固障碍物环绕，则该情报将衍生出"破坏目标 FOX 附近的加固障碍物"的隐含具体任务。

必需任务是达成总任务目的必然需要完成的具体任务。必需任务连同排的作战目的，通常在上级指挥部的作战命令中的"作战构想"或"机动分队有关事项"中进行分配。

<u>复述任务</u>。指挥官以复述任务作为任务分析的结尾，在复述中指挥官应回答五个"W"，即何人（Who）、何事（What）、何时（When）、何地（Where）、何由（Why）。

（二）敌情分析

任务分析之后需要考虑的第二个因素是敌情。指挥官需要分析敌人的配置、组成、优势、条令、装备、能力、弱点、可能的行动流程等因素。有时敌方战斗人员和平民非战斗人员之间的界限并不明确，因此指挥官还需了解战争法、交战规则和当地情况。

分析敌情实际上在回答"敌人在做什么？为什么？"这一命题又可以再细分成四个问题：敌军的构成和实力如何？敌军武器和其他系统有什么能力？敌人当前和可能的阵地在哪儿？敌人最可能采取的行动是什么（防御、增援、攻击、撤退还是迟滞）？

指挥官必须不断增进其对敌情的理解，当有新信息或动向时及时更新敌情分析，其在敌情分析中对于敌人的想定应与上级指挥部的想定保持一致。上级指挥部一般会向排长提供战场情报准备（IPB）的成果供其使用。美国陆

完整态势模板范例（ATP2-01.3《战场情报准备》）

军专门制定了《战场情报准备》(ATP 2-01.3) 手册来训练其参谋人员。如在敌情分析过程中得出可能对营和连的计划产生积极或消极影响的推论或重大结论，应立即与营、连指挥官和 S-2[1] 共享。

指挥官必须搞清楚敌人将何时、何地以及如何使用其资源，而不仅仅是知道敌人有多少人，几辆什么型号的车辆，或是有什么武器。上级参谋部会向指挥官提供态势模板(Situation Template)，描绘出敌人在敌方条令规定的理想状态下的作战方式。指挥官要进一步结合地形和天候分析，判断出敌人可能的战斗方式。

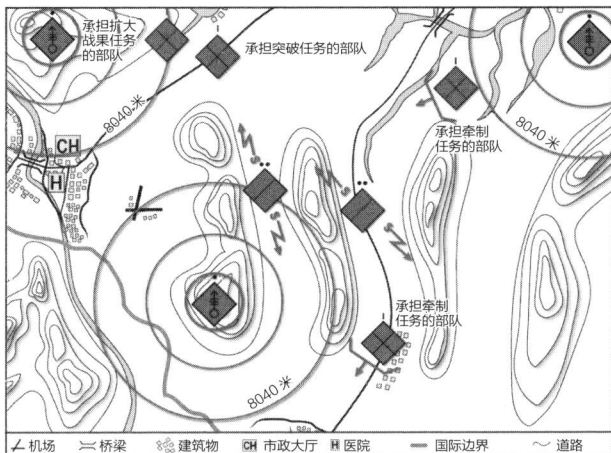

敌军进攻具体任务态势模板（ATP2-01.3《战场情报准备》）

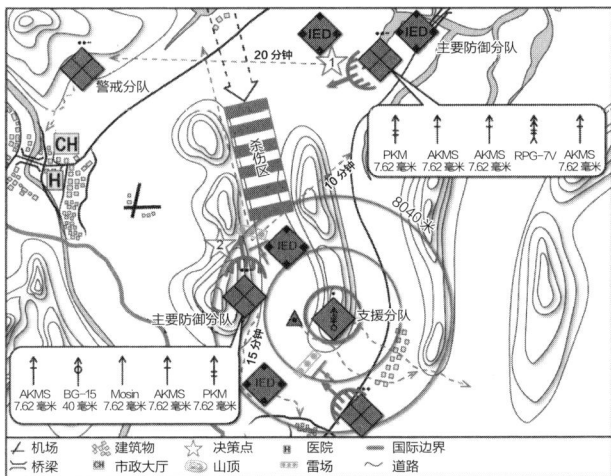

敌军防守具体任务态势模板（ATP2-01.3《战场情报准备》）

人可能的战斗方式。他要判断出向某一地形运动的敌人是侦察部队还是突击部队，或者支援附近友军的部队，以及敌部队任务性质对敌作战方式的影响。排长会按照自己对敌人将如何在特定条件下作战的理解，对上级提供的态势模板继续细化，形成排级态势模板。

---

[1]　指参谋部负责情报与安全的人员。

每级指挥官的态势模板都要描绘出更下一级敌军单位的情况，比如排级态势模板就要包括敌班一级部队的相关情况。指挥官一般在模板中会标注出敌主要/次要和后续阵地、交战区、车辆、障碍物、战壕、观察和指挥所，或者是敌进攻队形、前进轴线（Axis of Advance）、交火线、目标等信息。

随着全球格局的变换，美军经常要与恐怖分子等没有固定条令的敌人作战。此时就要依靠营级以上侦察和监视单位提供的信息，以及其所属营的作战地域内敌军作战形态的分析和演绎。必要时还需要根据人性和当地文化做出合理推断。

无论如何，态势模板以及结合地形和天候分析得出的结论终究只是指挥官的推断，在作战中指挥官不能将推断理所当然地视作事实。因此指挥官必须制定战术上优良且具有很高灵活度的作战流程，同时将其意图清楚明白地传达给下级，以便各下级单位充分发挥主观能动性和判断力应对多变的战场环境。

（三）如何分析地形和天候

在分析地形时，指挥官会考虑人为特征以及这些特征对自然地形特征和天候的影响，以及人为特征和自然特征的共同作用对敌我作战的影响。通常来说，除非一方预先做了准备，或对某种天候更为熟悉，否则天候并不只对一方有利或不利，但地形确实会有利于防守或进攻。对地形的分析需要回答"地形对作战有什么影响"这一命题。在分析地形时，指挥官可以使用 OAKOC[①] 的框架。

从上级指挥部修改后的聚合障碍物覆图（MCOO）中，指挥官已经可以了解地面的大致情况和天候的影响，但各指挥官仍需独立进行详细分析，确定地形和天候对其本单位的任务和将面对的敌人产生什么独特影响。指挥官不能仅仅是把MCOO 传给下级指挥官，或是笼统地说"这是个高地"或者"这是条小溪"。他们必须明确地形和天候将如何影响敌人及其单位，并在为敌军及其单位制定假想的行动流程时用上这些结论。连以下单位指挥官要画出类似于 MCOO 的图形地形分析覆图，点明与军事作战相关的地形特征。它不仅有助于计划，也有助于向下属通报情况。

1. 地形分析

---

① 指障碍物（Obstacle）、接近路（Avenue of Approach）、关键地形（Key Terrain）、观察和射界（Observation and Field of Fire）、掩蔽和隐蔽（Cover and Concealment）五个方面的首字母缩写。

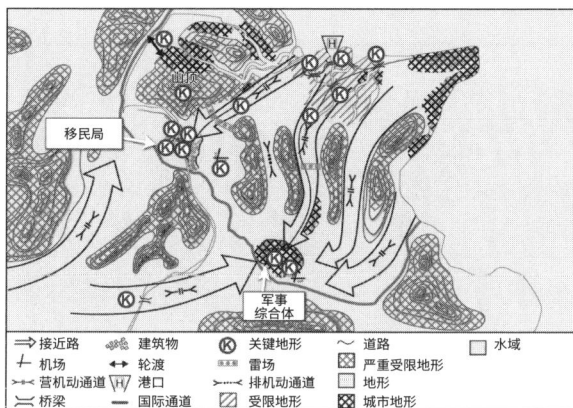

MCOO 范例（ATP2-01.3《战场情报准备》）

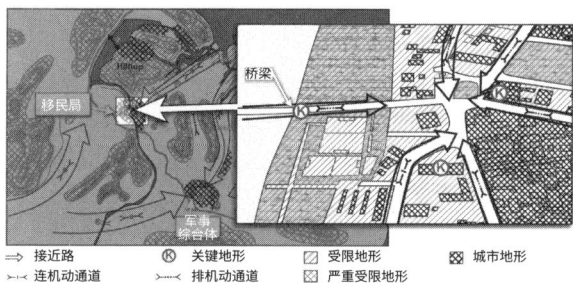

城市地区 MCOO 范例（ATP2-01.3《战场情报准备》）

明确作战环境。 指挥官必须首先确定一个作战环境，也就是作战地域和利益相关地域，作为指挥官进行地形分析的出发点。作战地域由上级指挥官通过边界来划分。明确各连各排的作战地域，有助于各级单位发挥主观能动性支撑去中心化的作战执行。利益相关地域则稍大于作战地域，这个地理区域包含所有构成作战环境并对完成任务形成重大影响的威胁力量或其他要素。

列出地形分析要点。 有限的计划时间迫使指挥官必须在地形分析中分清主次。例如在进行攻击时，排长可能会优先考虑分析紧邻其目标的区域，然后是排阵地指向目标的轴线。如果还有富余的时间，他们再来分析排的剩余作战地域和利益相关地域。

运用模型辅助进行地形分析

视觉辅助。指挥官可通过图像的方式帮助自己和下属理解地形和天候对任务的影响。图像可以是照片、地图加上覆图或是地形模型。指挥官可以借此展示地形的机动性分级、关键地形、通视线、已知障碍物、接近路和机动性走廊。

OAKOC。这一框架主要用来分析地面情况，其顺序可以根据需要变化。指挥官借此来判断地形对友方和敌方部队的影响，并直接影响友方或敌方的行动流程。即使时间紧迫，指挥官也应该分配尽可能多的时间，从目标区域开始分析。

（1）**障碍物**：指挥官确定限制其行动区域的机动性的现有障碍（地形本身固有的，自然或人为的）

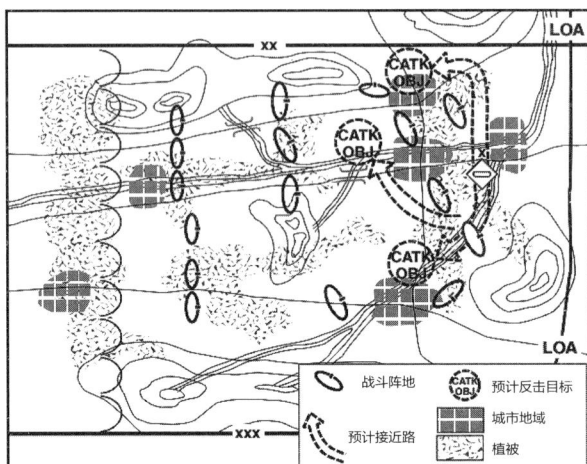

预判敌方行动流程：敌人可能发动反击（MCTP 2-10B《海军陆战队空地特遣队情报生产与分析》）

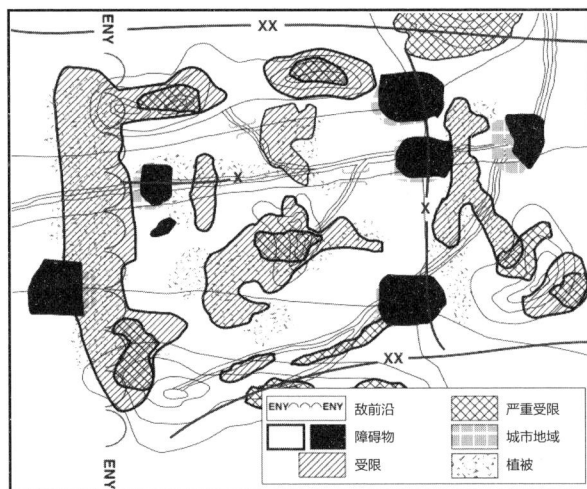

障碍物分析（MCTP 2-10B《海军陆战队空地特遣队情报生产与分析》）

和加强障碍物（战术性或保护性）。加强障碍物是由军事力量建造、设置或引爆的，例如雷场、反坦克壕沟、铁丝网等。指挥官会根据障碍物情况将地形分为不受限、受限和严重受限三类。

（2）**接近路**：是攻击部队通往目标或关键地形的空中或地面路线。接近路按其上通行的最大单位的类型（车辆、徒步、空中或地下）、编队和速度进行分类。

互相支援的机动走廊可以被集合成为一个接近路，如果不存在互相支援的机动走廊，那么一个单独的机动走廊也可成为一个接近路。识别出接近路后，指挥官还需评估各通道的重要性。

（3）关键地形：是夺取、占据或控制将对战斗任意一方都具有显著优势的位置或区域。具体哪里是关键地形一般要在分析敌情和制定行动流程之后得出，而不是从观察中得到的结果。

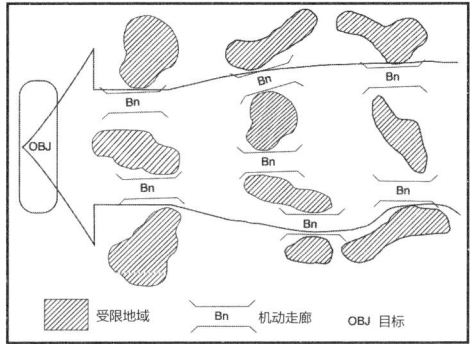

数个机动走廊共同组成一个接近路（MCTP 2-10B《海军陆战队空地特遣队情报生产与分析》）

俯瞰接近路的山顶可能是也可能不是关键地形。即使这座山提供了优良的观察点和射界，如果敌人可以轻松绕过它，或者如果敌人选定的行动流程并没有经

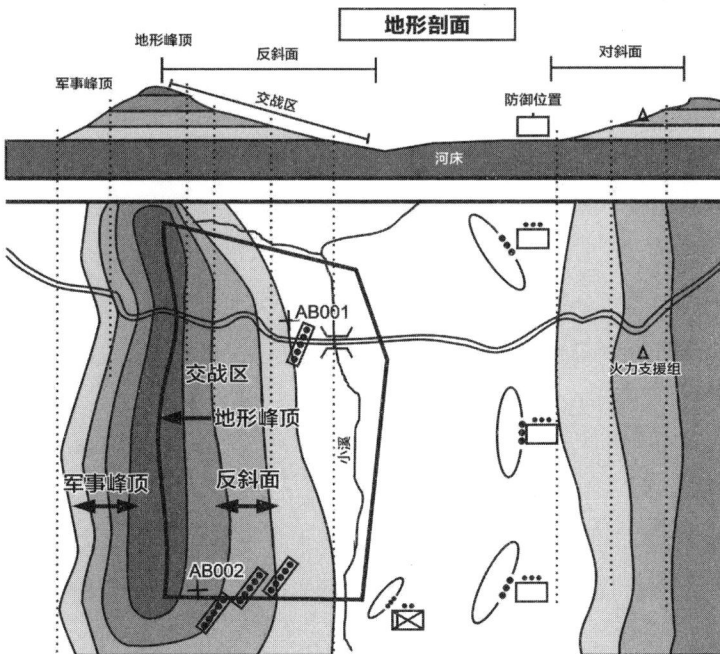

反斜面防御（ATP3-21.91《斯特赖克旅级战斗队武器部队》）[1]

① 军事峰顶指山丘或山脊的前坡或后坡上刚好在地形峰顶下方的区域，从该区域可以获得斜坡向下至山谷或山峰底部的最大观察视野和最佳直瞄火力覆盖。

过这条接近路，那么这个山顶也发挥不了作用。但如果它面向多条接近路或唯一可行的接近路提供掩蔽和隐蔽、观察和良好的火力射界，那么它就为其控制者提供了明确的优势。

指挥官必须评估哪些地形对完成任务至关重要，比如可俯瞰敌反斜面防御的高地，就是排和班级进攻战斗中的典型关键地形。控制这一区域对于建立火力支援阵地保护破障部队至关重要。

（4）观察和射界：指挥官需要确定各条接近路沿线能够为攻防双方提供清晰观察和射界的位置，分析关键地形、目标、交战区域和障碍物周围的区域。指挥官可通过确定通视线（可以隐藏装备或人员无法观察的山脊或地平线）评估进攻部队监视或通过直瞄火力支持移动的能力。

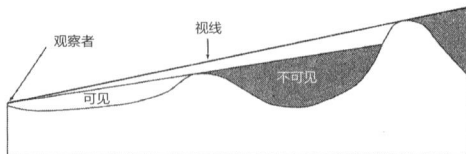

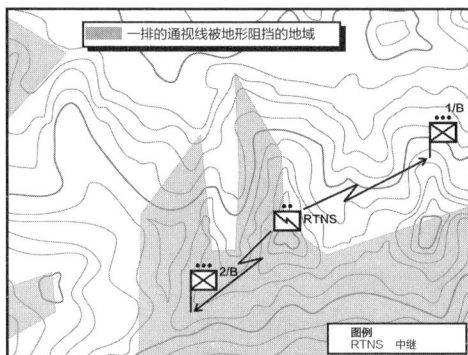

部分地形可能会影响无线电通信，因此必须设置无线电中继站（ATP 3-21.50《步兵小单位山地和寒冷气候作战》）

指挥官可以通过射界分析了解敌我部队覆盖接近路或关键地形（尤其是用直瞄火力）的能力。由于炮兵观察员需要观察炮弹落点和效果，指挥官也可以借此找出观察员可以用来呼叫间瞄火力的合适位置。指挥官还需要分析植被是否会遮蔽目标或在其顶部形成遮盖，从而影响"标枪"导弹或60毫米迫击炮的部署或弹道。

（5）掩蔽和隐蔽：指挥官分析接近路沿线、目标或关键地形周围的地形、植被、建筑等各种特征，识别出能够提供掩蔽和隐蔽的位置。这里掩蔽指的是能够免于直射或间瞄火力影响，隐蔽则是免于被观察。暗堡是典型的既能提供掩蔽也能提供隐蔽的场所，灌木丛一般只能够提供隐蔽，而防弹玻璃可能是少数只提供掩蔽而不提供隐蔽的设施。

掩蔽和隐蔽对射击来说同等重要。在防御作战中，武器应处于能够对敌产生最大杀伤的位置，同时也应能保障士兵的生存。掩蔽和隐蔽可以是原有环境的一部分，也可能是组织防御时建立的。

地形分析的结论。总体而言，一次有效的地形分析应当为作战计划得出以下结论：

· 战斗阵地、火力支援阵地、火力突击阵地的位置。

· 交战区和伏击地点。

· 直瞄和间瞄目标。

· 敌指挥所或弹药库等资产的位置。

· 集结地域（Assembly Area）。

· 观察所。

· 火炮射击阵地。

· 防空火炮系统位置。

· 侦察、监视、目标获取位置。

· 前线补给和加油点。

· 登陆或降落点。

· 破障位置。

· 渗透通路。

2. 天候的五个方面

天候主要在能见度、风力、降水、云层掩蔽、温度和湿度五个方面对军事作战产生影响。通过分析天候，指挥官应当得出天候对其单位以及敌人的能见度、机动性、生存性的影响，并将相应的结论运用在制定己方和敌方行动流程上。

能见度。指挥官应考虑光照数据、雾霾、战场烟雾、尘土等因素，得出晨昏蒙影、日出日落、月出月落以及照度等关键结论。此外指挥官还可以试着回答下面几个问题：日出是在己方进攻部队的背后还是会直射进眼睛？己方该如何利用低照度环境？对敌我双方获取目标有何影响？夜视设备何时能够起作用？

风力。较强的风产生的扬沙扬尘或降水可能会对下风处的作战单位产生影响，一般处于上风处的单位会有更好的能

降雨降雪将对步兵的运动速度产生影响

见度。生化放射和核环境下的作战一般也会倾向于上风处。而扬沙扬尘、降水降雪可能会影响雷达和其他通信系统的工作。强风则会增加指向性天线的抖动，同时影响空降、空中突击以及其他空中行动。

降水。降水会影响路面的可通过性，对电子设备也会产生影响。强降雪还会影响弹药、空中打击、通信设备等的效果。评估降水时指挥官需要收集类型、降水量、持续时长等信息。

云层遮蔽。云层遮蔽将影响环境照度，同时由于光照减少，目标获取受到影响，红外制导弹药以及大多数空中行动的效率会打折扣。较厚的云层将使航空器的接近路受到很大限制。但部分掩蔽的云层会产生眩光，反而有利于攻击机掩蔽其接敌通道。

温度和湿度。极端的温度和湿度会降低人员和设备的能力，并且可能需要使用特殊的庇护所或额外的设备。空气密度随着温度和湿度的增加而降低，对飞机的有效载荷也会产生负面影响。当目标的温度和背景温度几乎相等时会发生"温度交叉"，降低热目标获取系统的有效性。"温度交叉"的时间长短取决于气温、土壤，以及植被类型、云量等因素。

（四）可用部队和支援分析

指挥官通过分析其任务组织确定其可用的部队和支援的数量、种类、能力以及状态。我情分析实际上和敌情分析遵循的是类似的逻辑。通过能力和优劣势分析，指挥官应当对其下两级单位有所了解。可用部队和支援分析实质上是在回答"有什么资源可用于完成任务"这一命题。

在分析己方实力时一定要务实且客观，不仅要考虑可用的资源，还需要将训练水平和近期战斗造成的局限性也纳入分析。而当情形超出其自身能力范围时，指挥官就应考虑如何获取帮助了。因此除了上面关于资源的命题外，指挥官还会考虑另一个命题，那就是"我该如何获得帮助"。

（五）时间分析

关于时间的分析涉及计划、准备、执行、评估等许多方面。指挥官在分析时间时应考虑计划和准备、执行、上级时间表、敌人时间表四个方面。

指挥官在每个阶段都需要将关键时间、无法使用的时间、完成活动所需的时间、运动所需的时间、工作的优先级和作战的节奏等要素纳入考量。能见度和天候数据，以及上级指挥部的具体任务和事前演习，对于时间安排也非常重要，因此也需纳入分析。时间分析隐含的是指挥官对事件的优先排序以及对各个动作的排序。

虽然在 METT–TC 中时间分析排序靠后，但经常是指挥官首先考虑的要素。除了考虑可用时间，他还需要将时间合理分配给计划、准备、执行等各个阶段，并从时间的角度考量敌我双方的行动。随着行动的推进，指挥官应及时调整时间安排，并判断时间安排的变化对作战的影响，然后将相应的信息传达给下属。

（六）民事考虑分析

民事考虑包括人造基础设施、民事机构，以及行动地域内民事领导人、民众和组织的态度、活动对军事行动的影响。民事考虑通常侧重于平民对正在进行的行动的直接影响，反过来也要考虑军事行动对民众的影响。上级指挥部为指挥官提供影响下一级单位有关任务的民事考虑，并用 ASCOPE[①] 来辅助记忆。

地域。指定行动地域内的人口可能由不同种族和政治群体组成。指挥官应了解每个群体对于国家和军队，以及在当地开展行动的特定部队的看法。这些信息对于该和谁加强合作而和谁终止关系，该在何处投入作战力量等问题上极为重要。需要考虑的因素包括政治边界、政府中心的位置、不同类型的飞地、采矿或农业等特殊区域、贸易路线以及可能的定居点等。

建筑。具体包括传统的高回报目标、受保护的文化遗址和具有实际应用的设施，要将建筑的位置、功能和能力与使用这些建筑的成本和后果进行比较，依此进行分析。

能力。按照拯救生命、后勤或改善生活水平的顺序评估相应的能力。能力可以指地方当局提供基本功能和服务的能力。

组织。指挥官应将作战地域内的所有非军事团体或机构纳入考量。这些机构可能是当地内生的，也可能来自第三国或是本国机构。他们会与民众、部队和彼此互动并产生影响。这些组织的当前活动、能力和局限是建立相应态势理解所必需的信息。

民众。民众是描述军事力量在作战地域遇到的所有非军事人员的通用术语，

---

① ASCOPE是地域（Area）、建筑（Structure）、能力（Capability）、组织（Organization）、民众（People）、事件（Event）的首字母缩写。

同时还包括其行为、意见或政治影响可能会对任务产生影响的行动区域之外的人员。指挥官要找到能够影响民众的重要沟通者以及相应的正式和非正式的流程。此外，指挥官还要注意历史、文化和社会因素对民众的看法、信念、目标和期望的塑形。

事件。对组织、人员和军事行动产生重大影响的常规、周期性、计划或自发活动，包括季节、节日、假期、葬礼、政治集会，以及农作物／牲畜的市场周期和发薪日。其他会影响民众的态度和活动，例如灾难和军队引发的事件，也为部队增加了保护流离失所平民的道义责任。

民事考虑对于在城市地区开展打击恐怖分子或叛乱势力的行动非常重要，大多数恐怖分子和叛乱分子都是利用平民的支持或中立来伪装他们。因此指挥官在计划时需要识别出会对其任务产生影响的民事考虑，具体可能包括：民族动力学；有影响力的组织、领导人和意见领袖；行为模式；经济环境等。

民族动力学包括一个群体与其他群体相异的宗教、文化、习俗、迷信、价值观等各种因素。指挥官通过分析民族动力学，找到各群体间的"最大公约数"，并集中力量让其单位达成这个"最大公约数"。

指挥官要能够看到社会的权力分配，找出具有影响力的组织和个人。对这些组织和个人的分析有助于确定其对友军作战的贡献或者影响，也有助于管理当地。

每一种文化或群体都有行为模式。无论是祈祷、购物还是通勤的固定时间，人们都遵循相应的模式。了解这些模式有助于指挥官计划和执行信息收集、作战行动和后勤补给等任务。学习当地文化历史也有助于指挥官理解和解释当地人在前次战争中的战斗方式。

资金和资源推动繁荣和稳定。指挥官通过确定其行动地域的经济生产基础，可以在域内开展所谓的"军民运动"，提高当地人的经济福利，具体包括重建基础设施、创造就业机会和教育等。基层军官可以尝试为此地区恢复供水或提供食品和衣物。

（七）风险评估

风险评估即识别和评估危害，以便指挥官能够采取措施控制潜在危害，保护其部队并更好地完成任务。指挥官须考虑战术和事故两种风险。

战术风险指由敌人带来的风险。战术风险的后果有两种主要形式：敌人行动造成风险，例如敌人在友军力量薄弱的位置发动攻击；失去战机，例如穿越严重限制移动速度的地形，影响部队集中作战力量的能力。

事故风险包括除战术风险之外的所有操作风险，包括与友方人员、设备情况和环境有关等方面的风险，典型例子就是友军误击。

被美军摧毁的英军 FV-107 "弯刀" 侦察车

指挥官必须根据其任务分析的结果识别风险。一旦确定存在某种风险，就必须采取措施加以控制。例如友军误击被归类为事故风险，指挥官可通过设置目标识别点和阶段线（Phase Line）等措施来减少这种风险。当指挥官决定他愿意承担哪些风险时，他仍然须在他的行动流程中决定如何将风险降低到可接受的水平。

（八）找出暂行决胜点

决胜点可以是一个地理位置、特定的关键事件、重要因素或功能，当对其采取行动时，可以使指挥官对敌获得明显优势，或能为任务成功起到重大作用。

找出暂行决胜点并在制定行动流程期间对其进行验证，是整个部队领导程序中最为重要的部分。指挥官可以通过将一个有效的决胜点可视化来决定如何成功达到其目的。指挥官从决胜点开始制定行动流程——如果没有确定有效的决胜点，就谈不上制定有效的或战术上合理的行动流程。决胜点可能取决于地形、敌人、时间或以上因素的组合。决胜点可能是该单位集结战斗力对敌施加影响的位置和方式，也可能是部队最终且不可逆转地实现其目的，与地形、敌人或时间，以及发扬战斗力相关的事件或行动。

决胜点不是简单地重申单位必需的具体任务或目的，它要定义单位将如何、在何处或何时实现其目的。部队的决定性作战（Decisive Operation）始终要围绕决胜点，始终要完成部队目标。指定一个决胜点对于指挥官谋划如何发扬战斗力来实现目标、如何对部队进行任务组织、如何用他的塑形行动支持决定性行动，以及决定性行动如何完成部队的目标等至关重要。这个暂定的决胜点构成了其计划以及制定和传达行动流程的基础。指挥官要清楚地向下属说明何为决胜点，以及为什么是决定性的——这与指挥官的意图都有助于下属发挥主观能动性。

（九）制定行动流程

制定行动流程的目的是确定以一种或多种方式来完成与直接上级意图一致的任务。行动流程要描述部队将如何在决胜点对敌人产生压倒性的战斗力，同时使友方伤亡最少。指挥官制定的每个行动流程都必须足够详细，能够清楚描述他将如何使用他的所有装备和有利因素来实现其完成总任务必需的具体任务和目的。

在制定行动流程时，指挥官要首先聚焦其单位在决胜点的行动，然后逆推到行动的起始点。指挥官应集中精力制定至少一个行动流程，如果时间允许则可以制定多个。行动流程的结果将在作战命令的第三段中体现。行动流程应为部队未来作战提供指引，为执行阶段可能出现的不可预见事件预留灵活调整的空间，并尽可能为下属留出最大的行动自由。

筛选行动流程有以下几个标准：

适用。执行行动流程应能够完成与上级指挥官的构想和意图一致的任务。

可行。该单位拥有完成行动流程的技术和战术技能，并具有足够的时间、空间和资源。

可接受。通过执行行动流程获得的军事优势必须证明资源成本的合理性，尤其是人员伤亡。这种评估在很大程度上是主观的。

可辨别。如果制定了多个行动流程，各个行动流程都必须与其他流程有足够的区别。

完整。行动流程应涵盖人员、内容、时间、地点和方式等作战因素，并说明部队完成任务的整个流程。例如在进攻防守之敌时，行动流程要表明部队将如何运动、部署、冲击敌人并巩固目标位置。

接下来，指挥官通过分析战斗力对比形成行动选项，分配部队，制定作战构想，分配职责，并准备一份行动流程说明和草图。

1. 分析战斗力对比

制定行动流程的第一步是要分析相对战力，确定己方是否有足够的战斗力击败敌方。通过对比己方与敌方的战斗力，指挥官要找到可利用的敌方弱点、有利于利用敌方弱点的友方优势、需要削弱的敌方优势、需要保护的友方弱点四个方面。

战斗力对比不是简单计算和比较友军和敌军武器数量或单位数量以期达到数量优势，而是运用前述任务分析阶段的各项结果，将敌我双方的优劣势进行比较。指挥官要找到在特定地形、部署方式、部队编成情况下，能够最大化其单位机动、火力、保护、领导力、信息效果的时机和方式。同时还需考虑如何避开敌方优势。简单来说，指挥官要努力确定部队形成战斗力（火力、保护、机动、领导力、信息效果）的能力在何处、何时以及如何可以压倒敌人产生战斗力的能力。

2. 形成行动选项

大多数总任务和具体任务可以通过不止一种方式完成。这一步的目的就是要更快地找出这些方式。首先，指挥官从条令、部队标准流程、以往战例中考虑是否已经存在类似战术问题的解决方案。如有，指挥官的工作就是根据现有情况对解决方案进行修改，否则指挥官就要从头制定一个解决方案。第二，领导确认任务的决胜点，然后以条令要求为指导，将作战目的和具体任务分配给决定性、塑形和保障行动。条令为指挥官制定行动流程提供了一个框架。例如条令指出，进行破障行动需要安排攻击组、支援组、破障组、警戒组，并且可能还需要预备队。

从任务分析中确定的决胜点开始，指挥官确定决定性行动的具体目的，以及塑形和保障行动的具体目的。决定性行动的目的是嵌套在其单位的总目的中的，并且将在决胜点上实现。指挥官为决定性行动的成功设定相应前提，并由此确定塑形行动的目的。保障行动则通过提供保障、作战地域警戒、运动控制、地形管理和基础设施，服务于决定性行动和塑形行动的目的。随后指挥官根据决定性行动、塑形行动、保障行动的目的确定达到各个目的需要完成的战术具体任务。

3. 分配部队

根据上一步形成的行动选项，指挥官确定完成每项任务需要的士兵、武器和其他系统的组合。也可以说这一步是将部队分配给每个具体任务。指挥官基于其面临的 METT–TC 做出对部队分配的判断。指挥官应根据各下属部队分配到的任务，对部队进行任务组织，决定完成每项具体任务需要的班与武器的数量和种类，以及必要的火力支援。他应首先分配能够确保决定性行动成功所需的资源，并按重要性降序确定塑形行动所需的资源。

4. 制定作战构想

作战构想描述了作战是如何在指挥官的设想中逐步展开，从开始再到结束的状态。一次作战涉及许多的行动、事件和具体任务,作战构想的作用就是描述行动、事件和具体任务之间的关系,并解释了各具体任务将如何最终完成上级部署的总任务。火力支援是作战构想的重要组成部分。指挥官要制定必要的图形控制措施,传达和增强下属对作战构想的理解,防止友军误击。指挥官制定作战构想的本质是厘清利用可用地形和部队优势对抗敌人弱点的最佳方法。

5. 分配职责

指挥官要将每项具体任务的责任分配给下属。指挥官要尽可能依赖现有的指挥链,避免破坏各单位的完整性。一般要将其直接领导的单位维持在 2~5 个,并确保他指挥的每个单位都发挥作用,所有资产都附属到部队,并且每个单位都得到足够的任务指挥。指挥官必须避免不必要的复杂任务指挥结构。

6. 准备行动流程说明和草图

基层单位的指挥官主要使用行动流程说明和草图来描述作战构想,同时也构成了作战命令的第三部分。前述的 1~3 步构成了行动流程说明的大部分内容,包括本单位的作战将如何支持上级的行动,明确决胜点及具体缘由,机动或防御的形式,决定性、塑形和保障行动的具体任务和目的,作战的最终状态等。作战流程草图是一幅或一系列通过战术任务图形和控制措施,帮助指挥官描述作战将如何展开的示意图。

7. 行动流程分析

如前所述,指挥官不仅要制定友军的行动流程,还要制定敌军的假想行动流程。在行动流程分析中,指挥官要分析敌我行动流程的优劣势,将战斗流程图像化,找出加强协同的必要条件,深入理解在决胜点要采取的行动。

指挥官通过将友军行动流程与假想的敌军行动流程进行对抗,或者说战争推演(Wargame),来进行行动流程分析。在战争推演的过程中,

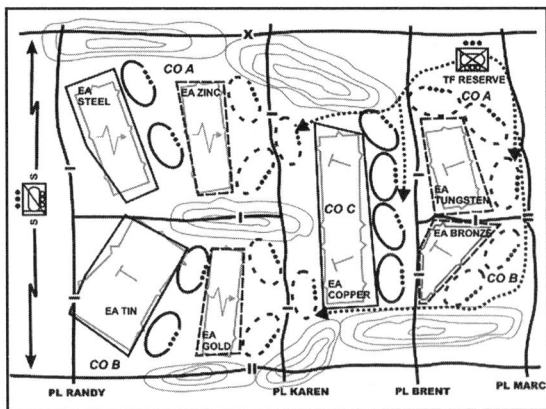

行动流程草图案例(FM 3-21.21《斯特赖克旅级战斗队步兵营》)

指挥官将敌我行动流程在实际地形上进行模拟，将战斗展开的过程图像化。战争推演是"行动—反应—再反应"的持续循环的过程，可以解答许多"假如"的问题，为可能出现失误的情况找到对应措施。战争推演在计划过程中是关键性的一步，指挥官要给这一环节分配相对其他步骤更多的时间。最

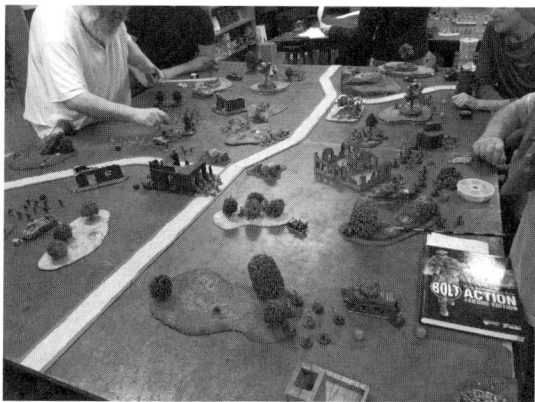

战争推演和模型相结合就成了战棋游戏

终，战争推演应能够验证计划中间瞄直瞄火力支援、遮蔽物、防空等的时间、空间和触发条件，增加计划的灵活性，补充必需的控制措施和协同说明，并且预估可能的后勤消耗和友军伤亡。

8. 比较和筛选行动流程

如果指挥官制定了多个行动流程，那么就需要比较每个流程的优劣势，进行筛选。指挥官可能要综合单位达成目的的情况，对地形的利用情况，对敌人的毁伤情况等因素作出判断。

第四步：开始运动

指挥官开始继续任务准备或是进入任务执行姿态所必要的运动，这一步可以在整个部队领导程序的任意时间进行。运动包括进入集结区域、战斗阵地，或是进入新的作战地域。

第五步：进行侦察

为了保证速度和突然性，指挥官应权衡是否亲自侦察，还是参考营信息系统提供的信息。他需要现实地考虑现地侦察的危险性，以及进行侦察所耗费的时间。如果时间允许，指挥官可以对上级提供的情报进行实际验证，找到能够支撑其前期制定出的暂行计划的关键情报。关键情报一般涉及对敌情的假定或关键事实，可能包括实力、位置尤其是假定开进位置，以及地形等。例如指挥官可能需要验

证支援阵地是否能够有效压制敌人，或者接近路的可通过性。

指挥官应尽可能让下属指挥官一同加入侦察，让下属尽可能多地看到地形和敌人，也可以帮助其深入了解上级指挥官对行动的理解。

排长侦察可能包括移动到或前出到出发线（Line of Departure）外对作战地域进行侦察，或从战斗区域最前沿沿着敌人可能的接近路步行向回穿过本排的作战地域或战斗阵地。

除了指挥官亲自侦察，步兵排还可以开展额外的侦察行动，例如由下级单位监视一个区域，通过巡逻确定敌人的位置，以及建立观察哨等。侦察的性质，包括它涵盖的内容和持续时间，取决于战术情况和整体可用时间。指挥官应使用制定行动流程的产出来确定部队侦察行动的信息和安全需求。当行动流程因为侦察结果而发生变化时，指挥官应及时传达给下级，且充分考虑传达过程需要的时间。

第六步：完成计划

指挥官进一步完善筛选出的行动流程，形成完整的作战命令。具体包括准备作战覆图，细化间瞄火力清单，完善后勤和任务指挥要求，根据侦察得到的最新信息更新暂行计划，最后还要准备好向下级传达作战命令的场所和必要的材料。

指挥官用作战命令的五段格式帮助阐释行动的各个方面，包括地形、敌情、我情、单位总任务、执行、支援、任务指挥等，也可以将其视作一个检查清单，避免指挥官遗漏重要信息。

第七步：发布作战命令

作战命令应简洁准确地展示指挥官的意图，解释其部队将如何完成总任务，同时省去不必要的信息。指挥官应迅速、自信地下达作战命令，并且让下属能够理解其中指挥官的意图，了解全排各单位如何协同工作以完成任务，以及行动将如何支撑上级单位的意图，而不是仅仅停留在文字层面。

指挥官必须能够在发布作战命令时激发下属对计划的信心，并承诺将尽最大努力实现计划。只要有可能，排长必须亲自当面下达命令，确保每个人都了解任务和各单位必须实现的目标。

每个下级指挥官应能够复述全排的总任务和意图，直属上级指挥官的意图，他自己的任务和目的，同时明确向其下属单位发布作战命令的时间。这个"确认"的过程也是提出关切和问题的机会。

在发布五段组成的作战命令格式时，如果在之前的预先号令中已经有了充分阐释，他可以简单地说"没有变化"，或者提供必要的更新。指挥官可自由地以最有效的方式将作战命令传达给他的下属。

第八步：完善和监督

这是部队领导程序的最后一步，也是最重要的一步。在发布作战命令之后，排长和下属指挥官需要确保必要的行动和特定任务在总任务开始执行前及时有效地完成。监督是指挥官最重要的职责。指挥官和军士至少应对下列对完成总任务至关重要的事项进行检查：

·要多次听取排和下属单位对作战各方面情况的复述。

·确保每个单位的"二把手"准备好在其主要指挥官缺位的情况下执行任务。

·听取下属单位的作战命令。

·观察下属单位的演练。

·检查装载计划以确保它们只携带任务所需的物品或作战命

作战命令的五段格式

1.态势

· 利益相关地域
· 作战地域
　　　　－地形和天候
· 敌情
　　　　－最新情报
· 我情
　　　　－上两级
　　　　－直接上级
　　　　－邻近友军
· 配属和分遣

2.总任务

· 何人
· 何事
· 何时
· 何地
· 何由

3.执行

· 指挥官意图
· 作战构想
· 运动与机动计划
（Scheme of Maneuver）
　　　· 全流程解释
· 下级单位具体任务
· 协同指示
　　　－时间安排
　　　－指挥官关键信息需求（CCIR）、优先信息需求（PIR）、友军信息需求（FFIR）、友军信息必备要素（EEFI）
　　　－风险减除控制措施
　　　－交战规则
　　　－环境考虑
　　　－作战部队保护

4.后勤

· 物资：
　　　－维修保养
　　　－运输
　　　－战地勤务
　　　－人员服务支持
　　　　　· 战俘处理
　　　－陆军健康系统支持
　　　　　· 医疗后送
　　　　　· 预防性药品
　　　－陆军健康系统支持

5.指挥与信号

· 指挥
　　　－各级指挥官位置
· 控制
　　　－指挥所位置
· 信号
　　　－无线电频率
　　　－密码/口令
　　　－烟火信号

令指定的物品。

· 检查武器的状态和适用性。

· 检查下属单位的维修保养活动。

· 确保维持直接警戒。

（一）演练

演练是为了即将到来的行动或事件做好准备而进行的练习，其对于彻底地准备、协调和理解指挥官的计划和意图至关重要。指挥官永远不应该低估演练的价值。

演练需要排长和排中其他士兵在时间允许的情况下模拟需执行的特定任务，最好是在尽可能接近实际作战预期的条件下进行。参演者在操纵他们的实际车辆或使用车辆模型的同时，用语言表达他们单位的动作。演练的重点是让各单位练习各自机动计划中规定的动作。演练不是讨论实际作战时可能发生什么，而是指挥官通过演练检查各下属单位能否依靠自身推进演练，从而确定下属指挥官是否充分理解了计划。演练根据实际情况可采取全装演练、地形模型演练、草图演练、通信网络演练等多种形式，地形模型演练是最常见的形式。

（二）战前检查

战前检查是指挥官的职责，不能下放给火力组长以下的士兵。战前检查要确保士兵已准备好执行支持总任务所需的个人和集体具体任务，不存在可能影响士兵生命和任务执行的缺陷。

战前检查的项目因单位和任务而定，每次总任务巡逻的检查清单都有不同。每个任务分队都有特定的检查清单，但每个分队内的排的检查清单应当相同。武器排一般另有与普通步兵排不同的检查清单。

第三章

03

运动

战术运动指战斗条件下，受领任务的作战单位在不与敌人发生直接地面接触时的运动。在预计会和敌人进行早期地面接触（无论是在途中，还是在抵达目的地后的短时间内）的情形下应采取战术运动。接敌后或者当作战单位抵达其目的地时，运动结束。运动不是机动。机动指的是单位在接敌后，为获得对敌人的优势位置，将运动和直瞄火力相结合的战术动作。由于战术运动具备进攻行动的许多特点，因此战术运动的作战地域组织方式和其他进攻行动类似。本章将讨论部队运动，以及战术运动的基础和队形。

部队运动

部队运动指通过任何可用的手段，让部队从一个地方运动到另一个地方。为决定性作战或者塑形作战部署军队的能力，取决于通过快速有序的运动在决定性的地点和时间集中战斗力的能力。运动将部队和装备在恰当的时间送至各自的目的地，为战斗做准备。部队运动的三种类型分别是行政调动、战术道路行军以及接近行军（Approach March）。

一、部队运动的方法

部队运动依靠组合各类战斗车辆、交通工具，以及陆路、航空、铁路以及水路等各种方式，进行徒步和乘车行军来实现。应根据拟进行运动部队的情况、规模、人员构成、运动距离、所处环境、执行的紧迫性，以及不同种类交通工具的可用性、适用性和承载能力决定运动采用的方法。远距离运动要充分考虑后勤情况。必要时，可以通过强行军来加快徒步和乘车行军的速度。

徒步行军是部队和装备的一种运动形式。当需要隐秘行动、行程距离较短、交通条件或燃料有限，或者周围情况不允许使用大批车辆时，可采取徒步行军。徒步行军的优点是战斗准备性高，可在无须下车、易于控制、适应地形，且独立于现有道路网络的情况下，立即反击；其缺点是运动速度慢，而且不适合携带重物在远距离和海拔变化较大的情况下行军，否则会加重人员疲劳。

乘车行军是部队和装备通过战斗、战术车辆进行的一种运动。此类行军速度更快，可伴随运动的补给数量更多。步兵排没有配备成组织的卡车资产，需要增加运输分队才可以进行乘车行军。远距离乘车行军需注意以下事项：

· 道路网络能够支撑多少、多大、多重的战斗车辆或是支援单位运动的车辆。

· 加油和维修地点，以及人员休息区域。

· 回收和撤离物资。

· 泄漏控制工具、人员保护装备，以及溢油清理和废物处置设备。

空运是涉及使用通用旋转翼和货运旋转翼资产，执行空袭之外任务的作战行动。空运可用来运送部队和装备，安置系统，以及运送弹药、燃料和其他高价值物资。空运和空袭作战的规划注意事项相同。

如果作战地域内有铁路和水路交通，可以使用铁路和水运来进行部队运动。

出于战术需要的强行军可以加快运动的速度，因此可以更快抵达目的地。强行军要考虑速度、主观能动性，以及车辆每天行进或行驶的额外时长三方面。士兵无法长期进行强行军。在强行军期间，作战单位可能不会像建议的那样经常性或长时间为了维修、休息、进食和燃油补给而停下。指挥官应知道，在一次长途快速行军之后，士兵和战斗车辆的状况会暂时恶化，作战单位的战斗力和凝聚力也会暂时下降。强行军计划必须考虑到士兵掉队的情况，还应解决故障增加的问题。

二、行政调动

行政调动是指在预计没有敌人地面干扰的情况下，安排部队和车辆加快其运动速度，并节省时间和精力的一种运动。行政调动应仅在安全地域内进行。

三、战术道路行军

战术道路行军是用于在作战地域内重新部署作战单位，以进行战斗准备的一种快速运动方式。尽管预计不会和大量敌地面部队发生接触，作战单位仍要对敌空袭保持警戒，并准备好对敌伏击采取立即行动。如果运动中的作战单位预计将和大量敌地面部队发生接触，那么该部队应将战斗队形和运动方法结合起来使用。

战术道路行军的首要考虑是快速运动。然而，即使在预计不会和敌地面部队发生接触的情况下，运动中的部队也要采取警戒措施。进行道路行军的作战单位可以选择按照联合兵种编队进行组织。在战术道路行军期间，作战单位要时刻准备好在敌人攻击时立刻采取行动。

（一）战术道路行军的组织

战术道路行军的组织形式是行军纵队（March Column）。一个行军纵队包括在单次运动中使用同一路线，且受一名指挥官控制的所有人员。行军纵队包括侦察、宿营组 / 前卫、本队（Main Body），以及后卫四个分队。

以正在进行战术道路行军的旅作为行军纵队的示例。行军纵队的下属作战分队是行军序列（March Serial）和行军单位（March Unit）。行军序列是行军纵队的一个主要分支，由一名指挥官组织、规划、管理和控制。举例来说，营级序列构成了旅级规模的行军纵队。行军单位是行军序列的分支。行军单位在一名指挥官的控制下，根据其使用的声音和视觉信号进行运动和驻止。行军单位的例子是营级规模的行军序列中的一个连。

行军纵队能提供出色的速度、控制力和灵活性；可以部署部队到纵队前方，但牺牲了侧翼安全。当速度至关重要，且不太可能接敌时，可使用行军纵队。然而，应将功能性和多功能性的支援人员（例如防空和工程兵）和整个纵队分隔开，以便他们保护和支援运动。

（二）图形控制措施

通常指挥官使用覆图或者航路地图，以图形方式向下属描述有关战术道路行军路线的关键信息。覆图或者航路地图通常会显示出行军路线、起始点、解散点、检查点、关键点（例如桥梁）、灯火线，以及交通管制站。其他图形控制措施包括集结地域和阶段线。其术语定义如下：

· 起始点是路线上的一个位置。行军人员从此处起开始受指定的行军指挥官的控制。

· 解散点是路线上的一个位置。行军人员从此处起从集中控制状态中解散。

· 检查点是沿路的一个指定地点，用以协助行军部队遵守时间表。

· 关键点是一个标示出哪里可能会发生干扰运动的行为的地点。

· 灯火线是一条指定的阶段线，从此处开始向前，要求车辆在能见度有限的条件下采取灯光管制措施。

· 要在路线沿途设立交通管制站，以防出现拥堵和混乱。这些位置可由宪兵或作战单位人员驻守。当每个车队、行军纵队和行军序列抵达其位置，并完成穿行时，这些驻守的士兵应向相应地域的运动控制机构报告。

· 运动走廊是为了保护和实现沿地面路线运动而建立的一片指定地域。

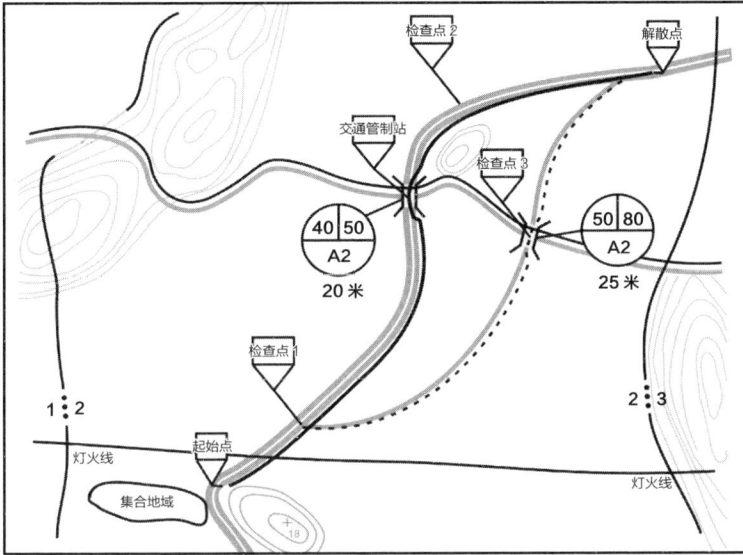

带有路线控制措施的覆图（ATP 3-21.8《步兵排和班》）

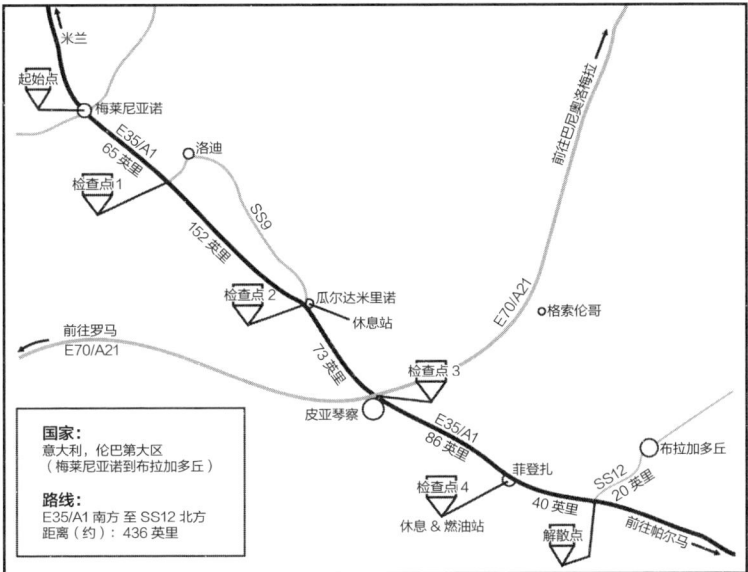

航路地图（ATP 3-21.8《步兵排和班》）

（三）战术行军方法

战术道路行军有疏开纵队、密集纵队，以及渗透三种方式。每种方式都应使用预先安排的短停来控制和维持道路行军。车辆和徒步人员之间的标准距离应依照 METT–TC 进行调整。

在运动期间，纵队内人员可能会同时遇到许多不同类型的道路和障碍物。因此纵队内的不同部分可能会以不同的速度运动，这可能会导致不良的连锁反应。运动顺序确立了行军顺序、行军速率、作战单位之间的距离或时间间隔、纵队间隔，以及最大的追赶速度。除非指挥官出于安全考虑，指示人员不要这么做，否则行军部队通过每一个控制措施后都要进行报告。在整个运动过程中，要保持对空和地面警戒。

1. 疏开纵队

疏开纵队是最常用的战术行军方法，它能在保持合理控制的同时提供最大的安全保障。通常在白天使用疏开纵队；但在有红外光源、黑光灯，或者被动夜视装备的情况下，在夜间也可以使用这种方法。使用疏开纵队会使纵队的长度加倍，因此相比密集纵队来说，在相同的运动速度下，疏开纵队通过一个点需要花费两倍的时间。

车辆之间应保持 50~100 米的距离，必要时距离可能更远。徒步士兵之间应保持 2~5 米的距离，以便有舒适的行军空间。当徒步士兵之间的距离超过 5 米时，会增加纵队的长度并影响控制。在疏开纵队中，车辆的密度为每千米 15~20 辆车。一个单独的步兵连，在各排之间保持间隔的情况下，大概占据公路或小路上 1000 米的长度。

2. 密集纵队

通常来说，在黑暗且有灯火管制的驾驶条件下，或在受限地形中行军时，可采用密集纵队。这种行军方法最大限度地利用了路线的交通容量，但分散程度有限。车辆之间的距离为 20~25 米。车辆之间要保持在每个司机可以在夜晚看到前车经过遮光处理的车灯的距离。通常来说，在一个密集纵队中，路线上的车辆密度为每千米 40~50 辆车。

对于徒步分队来说，与密集纵队等同的战术行军方法是低能见度行军。每名士兵之间的距离要降至 1~3 米，以保持接触，便于控制。低能见度行军，其特点是编队密集、难以进行任务指挥和侦察、行军速度缓慢，但同时具有良好的隐蔽性，能防止敌人观察和空袭。

3. 渗透

　　渗透能提供最理想的被动防御，防止敌人观察和攻击。当对时间、空间、安全性、欺骗和分散程度都有要求时，可采用渗透。在渗透期间，车辆以小群或不规则间隔的形式出发，以能让交通密度保持在较低水平的速度行驶，并在运动过程中防止过度聚集。

　　渗透的缺点是完成运动需要花费更多时间，而且几乎不可能进行纵队控制。与密集纵队和疏开纵队相比，跟随分队通过渗透的方式修复故障车辆花费的时间更长。此外，直到最后一辆车抵达目的地以前，作战单位都无法保持完整，这使得作战单位向前部署变得复杂。需要注意的是，部队运动期间的渗透，不应和本书后文中讨论的作为机动形式的渗透相混淆。

　　在长途道路行军中，经常需要让人员、服务车辆停下休整，并调控运动时间。行军顺序或者作战单位的标准作业程序应当规定何时驻止，并为不同类型的驻止（例如维护、安全警戒，以及意料之外的驻止）设置相应行动标准。在驻止期间，通常来说，每个作战单位要清理行军路线，并运动到一片事先挑选的集结地域，以防止路线拥挤，并避免成为"大肥羊"目标。作战单位要建立警戒，并采取各种措施来保护部队。

　　在车辆运动中，应在每 2~3 小时的运动之间安排一次短暂驻止，驻止时长最多 1 小时。在超过 24 小时的行军中应安排长时间驻止，但时长不能超过 2 小时。不应在夜晚进行长时间驻止，而是要给夜间运动留出尽可能多的时间。作战单位的指挥官应将计划外驻止的时间和大致时长等信息迅速告知上级指挥官。

四、接近行军

　　接近行军是指在预计会直接接敌的情况下，作战部队的前进行动。然而与战术部署相比，这种类型更强调速度。在已知敌人大致位置时可采用接近行军，因为它能让军队以更快的速度、更少的实际警戒或分散程度来进行运动。在接近行军中，作战单位按任务进行组织，使其能够在不进行重大组织调整的情况下，过渡到"按命令执行"或"事先准备好"的任务状态。接近行军结束于行军目标处（例如一个攻击阵地、集结地域，或者突击阵地），也可用来过渡到攻击状态。

　　运动的关键是为每种情况选择战斗队形和运动方法的最佳组合。指挥官要基于 METT-TC 选择最佳路线以及合适的编队和运动方法。指挥官的选择必须让运动中的作战单位保证通信顺畅，保持凝聚力和前进势头，并提供最大限度的安全，能让士兵与敌人的接触维持在平稳地过渡到攻击或防御行动中的状态。

不谨慎的运动通常会导致接敌发生在敌人选定的时间和地点。为了避免这种情况，指挥官必须了解在他们的作战地域内的部队运动、地形和武器系统之间时刻变化的相互关系。这种了解是决定采用何种战斗队形和运动方法、选择路线和寻路、穿越危险地域，以及警戒的基础。

选择路线和寻路

在规划和准备战术运动时，指挥官要从两个方面分析地形。一是要分析地形如何分别为敌我提供战术优势。二是指挥官要观察地形，确定它能辅助寻路。指挥官要辨别其接近路上的主要地域特征或地形特征，它们将成为潜在的中期和最终目标。

指挥官要确定沿途有利于寻路，并有利于在接敌时摧毁敌军力量的良好地貌。如果指挥官希望避免接敌，他应选择能够隐藏部队的地形。如果指挥官希望和敌军接触，他要选择那些比较容易检视和观察敌军的地形。在其他情况下，指挥官可能需要地形具备秘密行动或快速行动的条件。无论是何种要求，指挥官都必须确保在他选择的路线上，绝大部分地形能够提供某些战术优势。

有了科技的帮助，选择路线和寻路变得更加轻松。最新的任务指挥系统能增强步兵排和班的能力，确保他们在正确的时间出现在正确的地点，并确认邻近部队的位置。当然，士兵应当精通陆上寻路，他们不应总是仅依赖科技。

一、寻路辅助

寻路辅助有线性和点状两种。线性是指例如小路、溪流、山脊线、林木线、电力线、街道，以及等高线等地形特征。点状包括山顶，以及主要建筑。寻路辅助通常配有控制措施，以便在运动中进行沟通。通常来说，线性会被标记为阶段线，而点状会被标记为检查点或者集结点（Rally Point）。线性和点状寻路辅助一般有显著特征、"扶手"、寻路攻击点三种具体形式。

（一）显著特征

显著特征是超越路点或控制措施的明显地形特征，它可以是线性或点状的。总体思路是，如果作战单位越出了目标、前进极限（Limit of Advance）或者检查点，显著特征可以警示该单位，他们已经走得太远。

（二）"扶手"

"扶手"是平行于建议路线的线性特征。部队可以依靠"扶手"帮助朝着正确的方向前进。依靠"扶手"的引领可以加快作战单位的速度，同时还可以将"扶手"当作一种显著特征。

（三）寻路攻击点

"攻击点"是定向越野中的常用语。为了与类似的术语作区分，这里称为寻路攻击点。寻路攻击点是目标、前进极限，或者检查点附近的能够帮助寻路的一个很容易就能找到的明显地标。在即将抵达寻路攻击点时，作战单位要从粗略寻路状态（地形关联或总体方位寻路法）过渡到点式寻路状态（航位推测法）。寻路攻击点通常被标记为检查点。

二、路线规划

在进行路线规划时，必须将战术运动特有的具体任务纳入考虑，这些具体任务能让整体作战更加便利。战术运动通常包含以下具体任务的部分或全部内容：

- ·利用寻路技能，使用全球定位系统的路点或检查点来规划运动。
- ·前往和通过友军防线的运动。
- ·前往目标集结点的运动。
- ·前往部署阶段线的运动。
- ·前往前进极限的运动。
- ·与另一个作战单位会合。
- ·前往巡逻基地或集结地域的运动。
- ·返回并重新进入友军防线的运动。

指挥官应首先确定想要结束运动的地方（目标或前进极限），然后倒推回到目前所在的位置，确认所有与路线相关的关键信息和必要行动，比如寻路辅助、战术阵地、已知的和假想的敌阵地，以及友军的控制措施。指挥官利用这些信息，将自己的路线划分成可管理的"路段"（直译过来叫"腿"）。最后，指挥官要汇总各类信息，在路线图上画出草图。在规划路线时，指挥官要做出三个决策：

- ·所使用的寻路方法（或组合）。

·每个路段上的路线类型。

·每个路段上的起始点和结束点。

指挥官要评估他提议的作战地域内的地形。除了标准陆军地图以外，指挥官可能还有来自上级单位的航空照片和地形分析覆图，或者也可以和熟悉该地域的人聊一聊。

指挥官可使用前进轴线、攻击方向（Direction of Attack）、渗透通道、阶段线、预计部署线、检查点（路点）、最终协调线、集结点、集结地域，以及路线等方式来控制运动。

三、寻路方法的类型

寻路方法有地形关联法、总体方位法，以及点式寻路法三种。指挥官应使用最能适应当下环境的寻路方法或多种方法组合使用。

（一）地形关联法

地形关联法依靠地图上的等高线间距来识别地面上的地形特征。指挥官要使用 OAKOC 元素来分析地形，并在他的前进轴线沿线上识别主要的地形特征、等高线变化，以及人造建筑。当部队运动时，指挥官利用这些特征来引导作战单位的方向，并将地图上的地点和实际位置联系起来。地形关联的主要优势是它能迫使指挥官持续评估地形。这能帮助识别战术优势地形，并将地形转化成作战单位的优势。

（二）总体方位法

指挥官使用此种方法时，要选择线性的地形特征，然后在保持地图朝向和总体方位的同时，以地形特征为引导进行运动。总体方位法的优势是能加快运动速度、避免疲劳，而且由于作战单位是跟随地形特征前进的，通常能简化寻路。其缺点是它经常将部队引导至

士兵在陆上寻路演习中使用罗盘（2018 年）

自然漂移线上。这种方法和地形关联法的结束方式相同，当作战单位抵达一个显著特征处，或一个寻路攻击点时就停下，然后转为点式寻路法。

（三）点式寻路法

点式寻路法，也被称作航位推算法，是通过从一个已知的点开始，严格遵循事先确定的方位和距离来完成的。由于在运动过程中，即使轻微的偏差也能引起寻路错误，因而这种寻路形式要求指挥官具有高水平的控制力。这种方法使用徒步罗盘员与配速员计算出的距离（乘车时则是某辆车上的里程表），沿着一条预定路线前进。点式寻路法要求指挥官遵循以下步骤：

·使用罗盘保持方向。

·使用配速员的步速或者汽车里程表来衡量每个路段或每部分路线的行程距离。

·查看路线计划的书面说明，防止寻路错误。

注意：不要在车辆内部读取罗盘读数。在使用透镜磁罗盘时，要远离车辆。

点式寻路法虽然很耗时，但如果运用得当，这是一种非常可靠的方法。最好是当寻路的精确性需求压倒了利用地形的重要性时，才使用这种方法。当身处沙漠、沼泽和茂密森林，不存在可辨认的地形特征，或地形特征距离太远无法起作用时，点式寻路法尤其有用。在长途运动中长时间使用点式寻路法，会给罗盘员很大压力，建议及时替换他。点式寻路法的另一个劣势是要越过严重受限的地形或危险地域。

（四）组合

指挥官可以将这三种寻路方法相互结合。地形关联和总体方位法能让指挥官设定一个大致的罗盘方位，并在态势允许的前提下尽可能快速地向一个显著特征或寻路攻击点运动。抵达后，指挥官可以转用点式寻路法，将注意力集中在细节上，花费尽可能多的时间去分析环境，并找到他们的点位。地形关联和总体方位法允许在运动中具有一定的灵活性，且不需要像点式寻路法那样高的控制力。另一方面，点式寻路法能让指挥官精确定位他们的目标或点位。

（五）乘车陆地寻路

乘车陆地寻路的原则基本上和徒步情况相同。主要区别在于行进的速度。为了让乘车陆地寻路更有效，就必须考虑行进速度。在准备运动时，必须确定地形对于寻路车辆的影响。乘车运动将会以很快的速度经过很长的距离，所以必须培养出估算已行驶距离的能力。使用车上的里程表可以帮助计算行程距离，但由于转弯和上下坡等原因，可能会在地图上形成误导。在寻路时，机动性是一种优势。如果迷失方向，机动性能让你更容易地运动到某个点，重新定位自己的方向。在选择路线时，还要考虑到车辆的性能，绝大多数军用车辆在爬坡角度和地形种类方面都有限制。沼泽地、密林地域，或者比较深的小溪可能不会给徒步士兵带来麻烦，但同样的地形可能会难住乘车的士兵。

（六）稳定炮塔对准寻路

一辆带有稳定炮塔的载具，一种方法是将炮塔对准你希望前往的方位，然后将炮塔稳定系统打开。无论你将车辆转向何方，炮管都会指着你的目的地。这种方法已经得到验证，它很管用，而且对稳定系统并无害处。不过由于其受到稳定漂移的影响，因此在重新设置以前，不要使用它超过 5000 米的距离。

四、路线的类型

指挥官可以从三种路线中进行选择：沿着线性地形特征的路线；遵循指定等高线间隔的路线；以及横跨各域的路线。地形关联法可在所有三种路线类型中使用。总体方位法可在等高线和地形特征式路线中使用。点式寻路法主要用于横跨各域的路线。

（一）地形特征

跟随地形特征就是沿着诸如山脊、山谷和街道等线性特征运动。这种方法的优点是，作战单位是跟着地形在运动。这通常是物理负担最轻的方法。缺点是跟随地形特征也就意味着跟随自然漂移线，因此偶然接敌的可能性会更大。

（二）等高线法

等高线法（整个路段保持同一高度）遵循某条假想等高线，这条等高线可能围绕一座山，或沿着某条山脊线。等高线法有两个优点。首先，它能防止过多的攀爬或下坡。其次是可将等高线当成"扶手"或显著特征来辅助寻路。等高线法的缺点是物理负担较重。

（三）横跨各域

横跨各域即严格遵循某个事先确定的方位运动，通常意味着要对抗地形。这种方法的优点是它提供了该路段或该路线上，从起始点到结束点的最直接的路线。这种路线类型有两个主要缺点。首先，这种方法会让物理负担较重。其次，作战单位可能会将自己暴露在敌人的观察之下。

五、形成一个路段

管理路线最好的方式是将其分隔为被称作路段的片段。指挥官通过将一整条路线切分成几段更短的片段来方便细致规划。通常来说，路段只有单一的距离和方向。方向的改变通常会让一个路段结束并开启新的路段。

一个路段必须有着明确的开始和结束，并标有诸如检查点或阶段线之类的控制措施（在使用全球定位系统时，这些点被视作路点）。如果有可能，起始点和结束点应和寻路辅助方式（显著特征或者寻路攻击点）相对应。

为了形成一段路段，指挥官首先要确定最适用于当下情况的寻路和路线类型。然后指挥官要确定从起始点到结束点的距离和方向。此后要确认与特定路段相关的关键 METT–TC 信息。最后，指挥官要汇总相关信息，在路线图上画出草图。

路段草图示例

路段	方位/距离	关键信息
路段1：起始点到检查点1。停在林木线内，在山脚东侧。	008°/500米	观察范围：受限。 接近路线：HWY 1。 关键地形：矗立在路段西侧的山峰。 障碍物：无。 掩体和隐蔽：良好。
路段2：检查点1到检查点2。停在泥质二级公路南边。继续朝检查点2的大教堂运动。	030°/1800米	观察范围：不受限。 接近路线：泥土小路。 关键地形：路段东南的18号高地。 障碍物：无。 掩体和隐蔽：无。
路段3：检查点2 到 解散点。停在25号山的东侧。继续朝解散点的大圆石运动。	319°/450米	观察范围：不受限。 接近路线：泥土小路。 关键地形：路段西侧的25号山。 障碍物：无。 掩体和隐蔽：无。

六、执行路线

指挥官利用在计划和准备过程中做出的路线和寻路相关决定，指挥各自下属执行其路线。除了执行计划之外，指挥官还要确定并保持准确的位置并指定集结点。

（一）定位

在运动时，指挥官必须时刻清楚其部队的位置。没有准确定位，作战单位就不能指望收到来自支援部队的帮助、整合后备力量，或者完成他们的任务。为了确保定位准确，指挥官要使用包括运用常用技能，指定罗盘员和配速员，使用任务指挥系统在内的多种方法。

1. 常用技能

所有步兵，特别是指挥官，必须精通陆地寻路方法。常见的重要寻路任务包括：
- 使用平面直角坐标定位一个点。
- 在日 / 夜间使用罗盘。
- 使用后方交会、交会点，或者修正的后方交会方式确定位置。
- 解读地形特征。
- 测量距离和海拔。
- 使用任务指挥系统。

2. 罗盘员

罗盘员通过确保先头火力组长始终保持在路线上来协助寻路，因此应当对路线的情况非常了解。罗盘员的指令必须包括一个起始方位，必要时还要提供后续方位。排长或班长还应另外指定一名候补罗盘员。指挥官应使用全球定位系统设备来确认巡逻队的寻路作业。

3. 配速员

配速员应始终保持准确的配速。排长或班长应指定一名配速员报告配速的频次。配速员还应在每个路段结束时报告配速。排长或班长还应另外指定一名候补配速员。

4. 全球定位系统

全球定位系统从卫星或陆基发射器中接收信号，通过军用直角坐标以及经纬度来计算并展示使用者的位置。在计划阶段，指挥官将他们的路点输入到全球定位系统中。输入完毕后，全球定位系统可以展示例如从一个路点到另一个路点的距离和方向等信息。在执行任务期间，指挥官使用全球定位系统来确定他们的准确位置。

指挥官需要记住，全球定位系统和数字显示器并不是他们唯一可以使用的寻路工具。全球定位系统或者数字显示器主要用于在运动期间确认作战单位的位置。

地形关联法和读图技能仍然必要，过度依赖全球定位系统和数字显示器，可能导致指挥官忽略地形影响、行进速度超过环境所允许的速度、错失机会，或者在必要时无法修正路线。

（二）指定集结点

集结点是一个由指挥官指定的地点，当作战单位分散时，可以运动到这里进行集合和重整。它也可以是一个进行短暂驻止的地点，用来进行重整并准备对目标发起行动、从友军防线处出发，或者重新进入友军防线。在战术运动中，计划内和计划外的集结点是常用的控制措施。计划内的集结点包括目标集结点、起始集结点，以及重新进入集结点。计划外的可能有沿途集结点、近端集结点，以及远端集结点。无论是哪种集结点，采取的行动通常都是相同的。

在出发之前，指挥官要指定临时集结点，并确定将在那采取什么行动。一旦占领集结点，指挥官要使用环形防御来确保全方位的安全。那些用来在某些事件后重新集合部队的集结点很可能会发生混乱的场面，因此需要刚好抵达的士兵立即采取行动。下表列出了这些行动和其他注意事项。

集结点处的行动

集结点	士兵在集结点处的行动	其他注意事项
应选择具备以下特征的集结点： ·易辨认。 ·面积足够让作战单位集结。 ·有短时间防御能力。 ·远离常规运动路线和自然漂移线。 ·通过以下三种方式中的其中一种来指定一个集结点： ·短时期内实际占据。 ·使用手势和手臂信号（从远处经过或步行穿过）。 ·无线电通信。	·建立警戒。 ·重新建立指挥链。 ·清点人员和装备状态。 ·决定在继续执行任务之前，或者在后续集结点处进行会合之前，要等待多长时间。 ·完成最后的指令。	·行程的时间和距离。 ·所需的机动空间。 ·邻近部队的协调需求。 ·通信设备的视线和范围要求。 ·土壤的可通行性和道路承载能力（尤其在有车情况下）。 ·防止被敌人奇袭的能力。 ·士兵的精力消耗，以及他们在运动结束时的状态。

战斗队形

这一部分主要说明步兵火力组、班、排徒步和乘车作战的队形。排长使用战斗队形有以下几个目的：一是将各班加以联系；二是按照直瞄火力计划的需要布置火力；三是在各班建立作战地域警戒职责；四是帮助执行战斗操练。排长根据其对可能接敌的情况的判断，以及连长关于接敌反应的计划，根据各种队形适用的任务和态势布置战斗队形。

每个班每个士兵在队形中都有可以目视到各自火力组长的标准位置，火力组长则可以目视到各自的班长。班长通过手臂信号和班/火力组间通信控制各自单位。

队形可为部队提供360°警戒，并可在预计接敌时将其火力最大施加给侧翼或正面。

队形不需要像阅兵一样必须精准站位，排和班要保持根据态势变换队形的灵活性。队形能够使士兵更快执行战斗操练，也让他们知道其队友和指挥官会在正确的位置执行正确的具体任务。

各级单位的队形根据METT-TC的情况也未必保持一致，比如各排可能是在连级的V字队形中分别以楔形队形行进，但排长要和同单位的其他分队沟通协调各自的队形。

需要注意的是，本章中的示意图只是举例说明，不能够展示具体态势或情形。指挥官必须准备好根据特定的态势选择队形，并使自己位于最适合控制队形的位置。

一、主要队形

衡量战斗队形有两个变量——正面宽度和纵深——一个变量的优势对于另一个变量来说就是劣势。指挥官权衡适宜其所处态势的正面宽度和纵深来决定最适合的队形。除了简单的横、纵队，还有其他五种队形——箱型、V形、楔形、菱形、梯形——在正面宽度和纵深两个维度上各有优缺点。

这七种战斗队形可以分成两个大类：有一个先头分队的队形和有多个先头分队的队形。一般来说，有多个先头分队的队形更适合实现正面火力优势，但相对更难控制。反过来说，只有一个先头分队的队形更容易控制，但在实现正面火力优势方面就不那么有效。

士兵在训练中排成楔形队形（2017年）

指挥官要尽量使队形保持灵活，以便遇到敌情时做出反应。横队、梯队、纵队是七种队形中比较缺乏灵活性的；横队集中于正面因而侧翼非常脆弱；梯队针对侧翼的威胁进行了优化，但部队本身应尽量避免侧翼威胁；纵队在支援接敌的分队时有一定困难。指挥官在使用这些队形时应考虑采取措施减少缺乏灵活性带来的风险。

各队形的特点及优/劣势

名称/队形/信号（如有）	特点	优势	劣势
横队	·所有分队排成一排 ·大部分观察和直瞄火力均指向前方 ·各下属单位必须扫清各自的前进道路 ·指定其中一个下属作为基准，其余参照他进行运动	·能够对正面有最大火力优势 ·能够清理大片区域 ·分散 ·能够过渡为掩护跃进、基准火力或突击	·在低能见度环境下或狭窄地形控制难度增加 ·较难确定一个机动分队 ·可能会很慢 ·截面很大
单纵队	·只有一个先头分队 ·大部分观察和直瞄火力放在两翼，正面最少 ·单位只受单个路线上的障碍物影响	·最易控制的队形（只要指挥官能与先头分队保持通信） ·能够发展出一个机动分队 ·安全的侧翼 ·快速	·削弱了达成正面火力优势的能力 ·只能清理有限的区域且部队相对集中 ·不易过渡为掩护跃进、基准火力和突击 ·纵深较大，因而是近距离空中打击和机枪的良好目标
V字队形	·有两个先头分队 ·后续分队在两个先头分队中间行进 ·当正面可能接敌时使用 ·相当于倒过来的楔形 ·单位需要两条向前的通路	·能够对正面形成火力优势 ·能够形成一个机动分队 ·警戒侧翼 ·分散 ·能够过渡为掩护跃进、基准火力或突击	·在低能见度环境下或狭窄地形控制难度增加 ·可能会很慢
箱型	·有两个先头分队 ·后续分队跟随先头分队行进 ·全方位警戒	·与V字形相同	·与V字形相同
楔形	·只有一个先头分队 ·后续分队在两翼成对并排排列 ·在态势不明时使用	·能够在低能见度、受限地形实现控制 ·能够将跟随分队过渡为基准火力或突击分队 ·正面和侧翼都有警戒 ·易过渡为横、纵队	·后续分队需要扫清各自的前进道路 ·经常需要在受限地形转换为纵队
菱形	·与楔形队形相同 ·第四个分队跟随先头分队	·与楔形队形相同	·与楔形队形相同
梯形	·各分队以对角线向左或右展开 ·对一侧和正面有观察和火力 ·各下属单位必须扫清各自的前进道路	·能够划分同时包含正面和侧翼的火力区分	·各下属之间难以维持联系 ·另外一个侧翼非常脆弱

二、火力组队形

火力组队形即单兵在火力组内的相对位置，包括楔形和单纵队两种且各有优缺点。无论使用的是哪种队形，每个士兵都要知道自己和火力组长以及自己和其他士兵的相对位置。火力组运动时，每个士兵负责一个区域的观察和直瞄火力。每个士兵负责的区域各有交叉，以便提供无死角的保护。火力组长要时刻知晓本组的火力区分，并随时根据需要进行修正。

火力组队形的常用情形及运动特点

运动队形	常用情形	运动特点			
		控制	灵活性	火力和限制	警戒
火力组楔形队形	基本的火力组队形	简单	好	可以立刻向各方向开火	全方位
火力组单纵队形	封闭地形、低能见度、植被茂密	最简单	灵活性不如楔形队形	可以立刻向两侧开火，大多数向后方的火力被遮挡	最少

在运动中，火力组长根据需要调整火力组的队形。士兵的间距要根据任务、威胁性质、地形受限程度、能见度等多种因素进行调整。总体来说，单位要在可控范围内尽可能散开，尽可能覆盖最大的面积，让火力组的运动难以被发现，也使得火力组在受到敌地面和空中打击时不那么脆弱。

（一）火力组楔形队形

楔形队形是火力组的基本队形，士兵的间距通常在 10 米左右，但会根据地形进行延伸或收缩。在崎岖地形、低能见度等会使楔形队形难以控制的情况下，火力组会减小士兵的间距，以便全部成员都能看到火力组长，而火力组长仍能看到班长。楔形队形的两翼可以向内收缩，最终成为单独的一列纵队。当地形不再崎岖，控制相对容易时，士兵会重新散开或回到其原位置。

在这种队形中，火力组长处于领头位置，其余人员向两侧斜向在其身后展开。除火力组长外，其余人员的具体位置

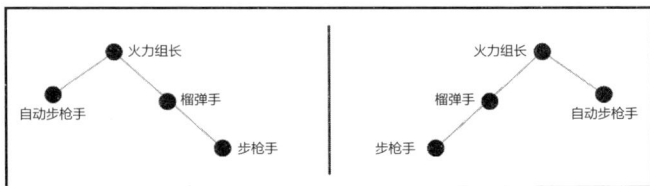

火力组楔形队形（ATP3-21.8《步兵排和班》）

不固定。这种简单的队形方便火力组长以身作则，火力组长常用的命令是"依照我的行动行事"。当火力组长向右行进，他的士兵也应向右行进；他开火时，他的士兵也应当开火。因而在火力组长以身作则时，保证士兵能够看到他就很有必要了。

（二）火力组单纵队队形

当不能将火力组按楔形队形部署时，火力组长可以使用单纵队队形。最为常见的是在需要穿过建筑物、茂密的丛林的情况下，以及在能见度

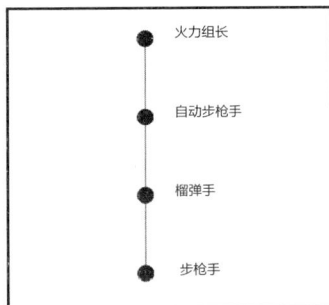

火力组单纵队队形（ATP3-21.8《步兵排和班》）

低等环境受限的地形使用。单纵队中士兵的间距应根据态势情况进行调整，尤其是在城市作战时。

三、班队形

班队形就是火力组的相对位置，包括班纵队、班横队、班单纵队等。

班队形的常用情形及运动特点

运动队形	常用情形	运动特点			
		控制	灵活性	火力和限制	警戒
班纵队	主要班队形	好	有助于机动，两侧和纵深有较好散布	允许向两翼倾泻火力，但正面火力有限	全方位
班横队	对正面发挥最大火力	不如纵队	机动性受限（两个火力组都要交战）	对正面有最大的立即火力	对正面最好，两翼和后侧较少
班单纵队	封闭地形、低能见度、植被茂密	最易	最难进行机动的队形	对两翼有最大的立即火力，对前后的火力大部分被遮挡	最少

与火力组队形类似，班长在运动中可根据需要，运用后文所述的三种运动方法，对班队形进行调整。班长主要通过两个火力组长行使任务控制，并在队形中最能实现控制的各个位置间运动。班长要保证各火力组的火力区分能够相互支援，确保全方位的警戒，在接敌时也要能让全班快速做出应对。

班长将两个火力组的其中一个作为基准火力组，由班长控制这个火力组的运动速度和方向，另一个火力组和加强给这个班的其他人员参照基准火力组确定自

身的运动。这一方法无论是否接敌都适用。

武器班的机枪或"标枪"导弹在作战或运动中可能被加强给步兵班。这些高价值装备需要位于有良好保护且可以在需要时快速加入交战的位置。理想情况下，这些装备应都部署在两个火力组之间。

（一）班纵队

除准备发起突击以外，班纵队是班在运动时的主要队形，能够提供良好的纵深和两翼的分散，有利于机动而又不会牺牲控制。先头的火力组是队形的基准火力组。崎岖地

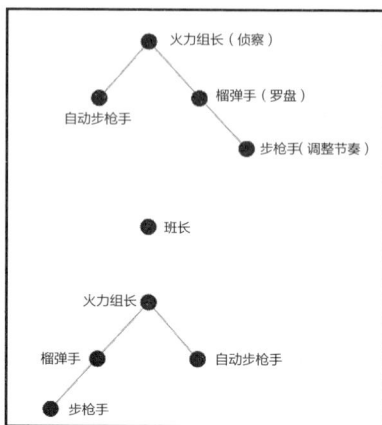

班纵队，火力组排成楔形队形（ATP3-21.8《步兵排和班》）

形、低能见度等因素可能会迫使步兵班对班纵队进行调整，改变为单纵队以便增强控制。一旦地形允许，士兵便回到原位。

（二）班横队

班横队能对正面提供最大的火力，一般用于突击或突击准备。班长同样需要指定一个火力组作为基准火力组，

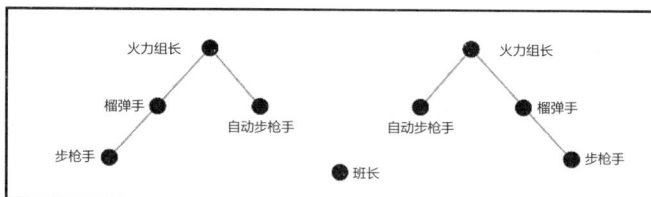

班横队（ATP3-21.8《步兵排和班》）

另一个火力组参照其进行运动。在这种队形下，班长可以使用火力与运动战术，或是使用三种运动方法。

（三）班单纵队

班单纵队与火力组单纵队性质类似，即在受限或封闭地形使用。使用班单纵队时，火力组也排成单纵队。此种队形应对接敌的情况并不理想，但能够为班长提供最大限度地控制。当班长位于最前或第二的位置时，其对

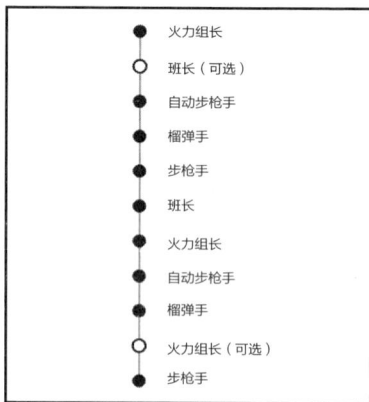

班单纵队（ATP3-21.8《步兵排和班》）

全班的控制能力最强。他的位置越靠前，控制能力越强，同时也能提振部队士气并快速做出决策。将一个火力组长置于队伍最后能够对队形后部提供额外控制。

（四）武器班队形

武器班不能按照普通步枪班对待。在战术运动时，排长有

单纵队队形通过受限地形（2014 年）

两种布置武器班的方式，一是将武器班作为独立分队进行运动，或是将其拆分并穿插在整个队形中。保持武器班的独立性可以让武器班在班长领导下快速形成支援火力，并获得火力优势，但这种形式使得整个队形太满而显得不太灵活。反过来，将武器班拆分并穿插在各步枪班之间，可以为整个队形提供掩护，但这样一来武器班班长就不能作为一个统一的任务指挥单元，而且重新集结武器班也需要时间。

当武器班以分散的方式行进时，他们可以加强给某个班，或是直接受排长、排军士、武器班班长等指挥官控制，并没有标准做法。排长在布置武器班时主要参考两个标准，一是能否快速产生火力优势，另一个是对这些高价值资产能否有足够的保护。

与步枪班类似，武器班在以班为单位行进时，采用纵队或横队行进。在班队形中，两个分队可以是纵队也可以是横队。

四、排队形

在排战斗队形框架下，班队形和火力组队形有许多有用的组合，因此需要进行长时间的训练。再加上运动方法、及时反应战斗操练等技战术要求对队形的各种调整，排长显然需要一些简化的方式。通常这些方式会写入本单位的战术操作标准流程（SOP）。

（一）排长的职责

与班长类似，排长主要通过下属实现任务控制，并在队形内最能实现这一目标的各个位置间运动。在排长的指导下，班长和火力组长在自身能力范围内执行战斗队形和运动方法。排长要保证各下属单位的火力区分能够相互支援，确保全方位的警戒，在接敌时也要能让全排快速做出应对。在运动中，排长要运用三种运动方法根据具体任务的结果、威胁的性质、地形的封闭性、能见度等因素对队形进行调整。

（二）排指挥部

排长还需要决定如何分散其指挥部（包括他自己、他的无线电话务员、他的翻译、前进观察员、排军士、军医等）。这些单元在队形中并没有固定的安排，而是要位于最有利于完成任务的位置。排长应位于最能实施接敌后动作，监督寻路

排队形的常用情形及运动特点

运动队形	常用情形	运动特点				
		控制	灵活性	火力和限制	警戒	运动
排纵队	主要运动队形	在机动时良好（火力与运动）	两侧和纵深有较好散布	允许向两翼倾泻火力，但正面火力有限	各方向警戒极为有限	好
排横队（班横队）	对正面发挥最大火力	困难	最小	对正面有最大的立即火力，两翼和后侧较少	缺乏纵深因此不如其他队形，但能够为更高一级单位提供所朝方向的警戒	慢
排横队（班纵队）	当排长不希望全员排成横队，但需要准备好接敌时，或是穿越目标附近的出发线时	相对排纵队（班横队）更容易，但比排横队（班横队）要困难	最难进行机动的队形	对前后方有良好的火力；两翼相对较弱，不如排纵队，但优于排横队（班横队）	全方位有良好的警戒	相对排纵队更慢，但比排横队（班横队）快
排V字形	敌情不明，预期正面接敌	困难	两个班在前方提供正面的立即火力，一个班在后方，当侧翼接敌时用于机动	对正面和两翼有猛烈的立即火力，但对后方火力极少	良好的前方警戒	慢
排楔形	敌情不明但不预期接敌	困难但优于排V字形和排横队（班横队）	允许排长在接敌时保留两个班用于机动	可向正面和两翼提供猛烈火力	良好的两翼警戒	慢，但较V字形快
排单纵队	地形、植被、光线导致能见度低	最容易	最难以开展机动的队形	向两翼提供立即火力，但遮挡了向前后方的火力	整体警戒极为受限	对徒步单位来说速度最快

作业和与上级沟通的位置。前进观察员则应位于最能观察战场并与排长、营火力支援官沟通的位置——通常情况下在排长附近。排军士则应作为排长的补充位于排长不在的位置，比如排长在队形前部，那么排军士就应位于队形后部。鉴于排军士的丰富经验，他应有足够的自由了解态势，并对排长提出建议。

（三）基准班

排长将下属的一个班指定为基准班，其他班参照这个班进行运动。排长通过控制这个班实现对整个排的运动速度和方向的控制。

（四）作为更大编队的一部分行进

步兵排和班经常作为更大编队的一部分行进，由排的直接上级单位分配其在队形中的位置。排长根据态势安排下属单位排成合适的队形，并采用合适的运动方法。无论排在队形中处于什么位置，它都应做好接敌的准备，或是准备好通过运动或火力支援其他分队。

连级队形在行进中也同样适用基准单位的概念，由连长指定一个排为基准排，其他单位以该排为参考调整自身行进方向和速度。一般会指定基准排队形内位于中间的班为基准班，非基准排的单位则将与基准排邻近的班指定为基准班。

（五）主要的排队形

排队形包括排纵队、排横队（班可为横队或纵队）、V字队形、楔形队形、单纵队等。排长需要根据任务和METT-TC分析来决定使用何种队形。

1. 排纵队

领头班为基准班。一般只用于行进。

2. 排横队（班横队）

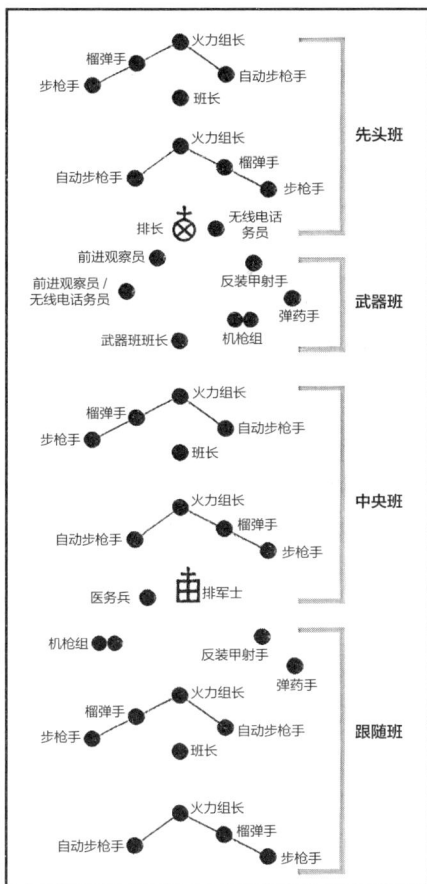

排纵队（ATP 3-21.8《步兵排和班》）

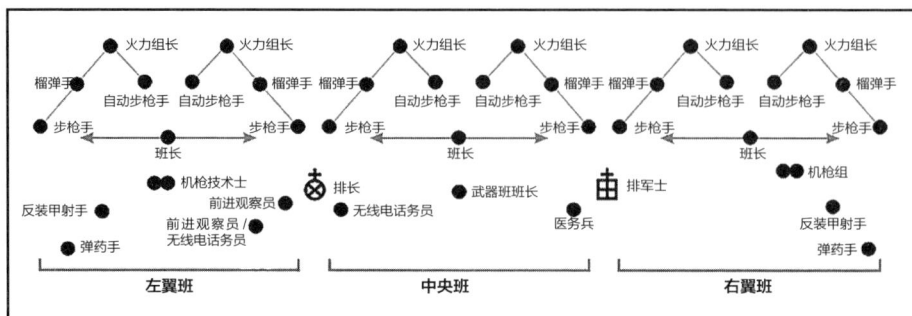

排横队（班横队）（ATP 3-21.8《步兵排和班》）

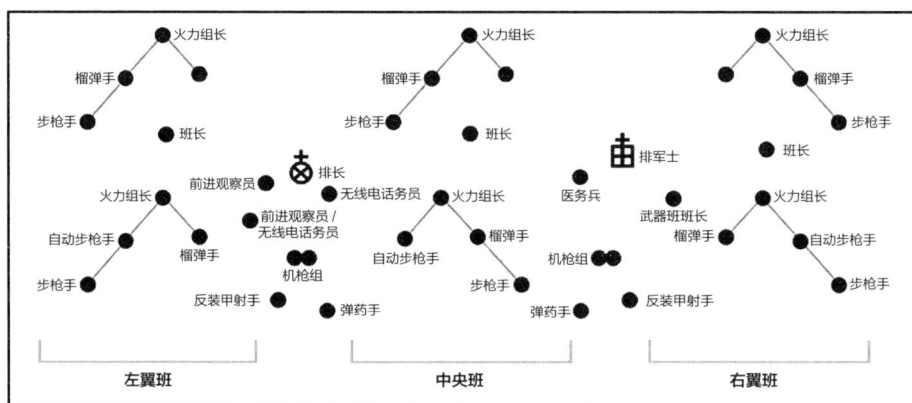

排横队（班纵队）（ATP 3-21.8《步兵排和班》）

中间的班为基准班。一旦排成这种队形就很难再转换成其他队形。这是基础的排突击队形，能够让排的火力和震慑效果最大化。

3. 排横队（班纵队）

较难转换为其他队形。

4. 排 V 字队形

这个队形实际上是将两个班置于前侧，当接敌时以便提供即刻的猛烈火力。位于后方的一个班跟随前方，或是承担掩护监视（Overwatch）的角色。排长指定位于前方两个班中的一个作为基准班。

5. 排楔形队形

这个队形实际是一个班在前领头作为基准班，两个承担掩护监视的班在后，

排 V 字队形（ATP 3-21.8《步兵排和班》）

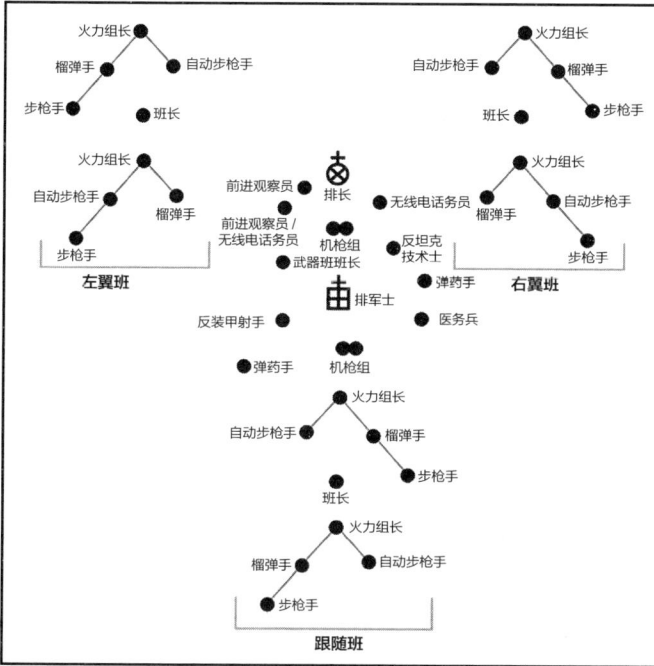

火力组长　榴弹手　自动步枪手　步枪手　班长　火力组长　自动步枪手　榴弹手　步枪手

左翼班

前进观察员　排长　无线电话务员　前进观察员/无线电话务员　机枪组　反坦克技术士　武器班班长　反装甲射手　排军士　医务兵　弹药手　机枪组

火力组长　自动步枪手　榴弹手　班长　步枪手　火力组长　榴弹手　自动步枪手　步枪手

右翼班

火力组长　自动步枪手　榴弹手　步枪手　班长　火力组长　榴弹手　自动步枪手　步枪手

跟随班

火力组长　自动步枪手　榴弹手　班长　步枪手

先头班

火力组长　榴弹手　自动步枪手　步枪手　班长

前进观察员　排长　无线电话务员　前进观察员/无线电话务员　机枪组　反装甲射手　武器班班长　弹药手　排军士　反装甲射手　医务兵　机枪组　弹药手

火力组长　榴弹手　自动步枪手　步枪手　班长　反装甲射手　火力组长　自动步枪手　榴弹手　步枪手

左翼班

火力组长　自动步枪手　榴弹手　班长　步枪手　火力组长　榴弹手　自动步枪手　步枪手

右翼班

排楔形队形（ATP 3-21.8《步兵排和班》）

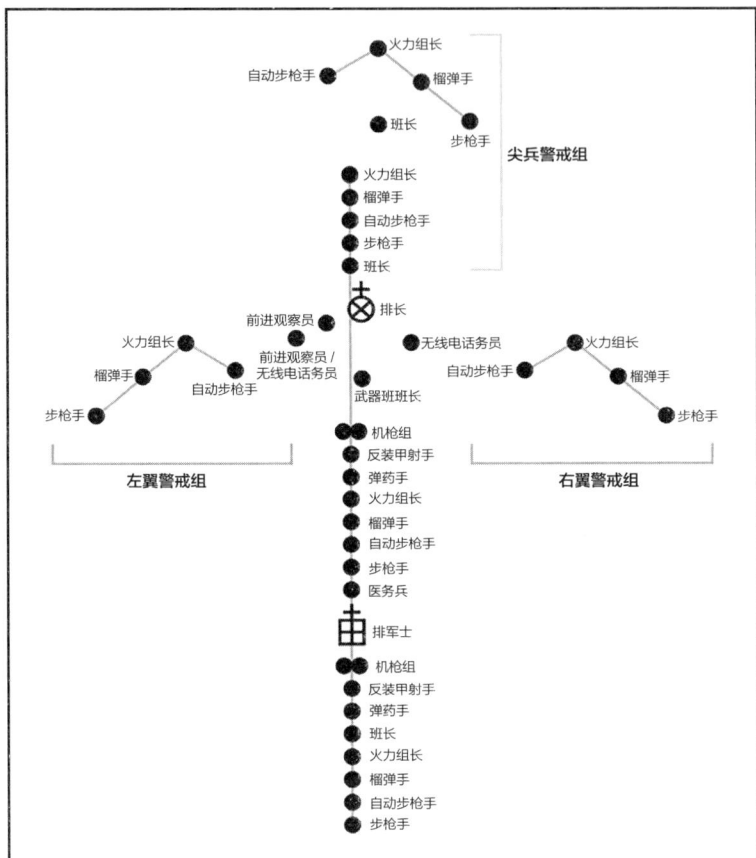

排单纵队（ATP 3-21.8《步兵排和班》）

火力组长
自动步枪手　　　榴弹手
班长
步枪手
火力组长
榴弹手
自动步枪手
步枪手
班长

尖兵警戒组

前进观察员　　　排长
无线电话务员
火力组长
前进观察员/
无线电话务员
火力组长　　　　　　自动步枪手　榴弹手
榴弹手　　　自动步枪手
步枪手　　　　　　武器班班长　　　　　　　　步枪手
机枪组
反装甲射手
左翼警戒组　　　弹药手　　　右翼警戒组
火力组长
榴弹手
自动步枪手
步枪手
医务兵
排军士
机枪组
反装甲射手
弹药手
班长
火力组长
榴弹手
自动步枪手
步枪手

在行进或掩护行进时都可以使用，也可以快速转换为掩护跃进。

6.排单纵队

这种队形可以通过多种方法组成。一种是三个排成单纵队的班挨个跟随前一个班，也可以是一个班排成单纵队，但前方和两翼应各有一个警戒分队。士兵的间距要比平常小，以便信息可以在队列中前后传递。排单纵队与班单纵队和火力组单纵队类似，一般只在行进中使用。

（六）乘车运动队形

排长通过队形将车辆或班的位置相互联系，并根据直瞄火力计划布置火力。他要通过队形和直瞄火力计划在各车辆或各班分配警戒职责，并协助执行战斗操典或行动流程。

乘车时，步兵排可根据 METT-TC 排成纵队、楔形、横队、梯队、环形和鱼骨形等队形。

各种标准乘车队形的优缺点

队形	控制	火力		警戒
		正面/背面	两翼	
纵队	易	有限	极好	总体有限
交错纵队	易	较好	较好	总体较好
楔形	易	极好	较好	较好，尤其两翼
横队	难	极好	差	最不安全
梯队	难	极好	对梯队朝向的一侧极好	对梯队朝向的一侧较好

1. 纵队和交错纵队

排在快速运动、沿特定路线通过受限地形、预计不会接敌时使用纵队队形。一般各车紧跟前车行进，但态势需要时，各车会适当左右散开以保证安全，这便是交错纵队。

交错纵队由一个分队作为领头，另一个分队跟随其后提供掩护监视。交错纵队能够对前方和两翼

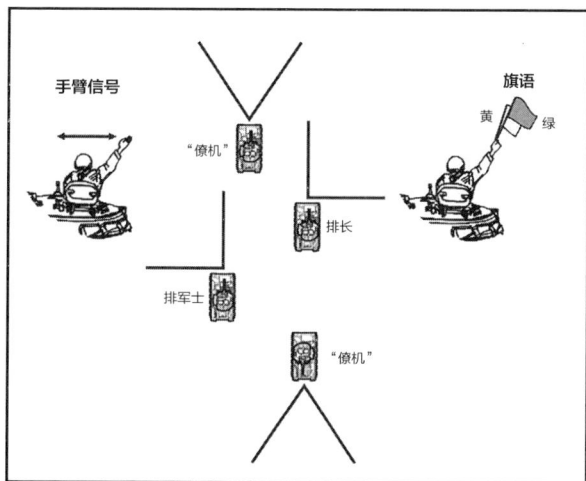

车辆排成交错纵队（ATP 3-21.8《步兵排和班》）

提供良好的火力。一般在需要速度，周边不允许向两侧散开，或可能接敌时使用。

2. 楔形队形

楔形队形能够对正面和两翼（尤其是正面）提供良好的火力。在排成楔形队形时，排长能够比较容易地控制各车辆并快速转换为其他队形。一般在敌情不明时使用。排长和排军士分别指挥各自的"僚机"向两翼展开并将武器指向两侧。

排长根据 METT-TC 决定哪一侧需要更强的火力，并据此调整自己的位置。

3. 横队

当排突击较弱的敌防御目标，穿越开阔地带，占据火力支援位置时，以及排与敌人之间没有构成干扰的地形，且反坦克系统已经被压制或是单位正暴露于敌炮火下必须快速前进时，主要使用横队队形。与徒步时类似，排可以在突击时使用横队来最大化排的火力和震慑效果。

4. 梯队

当连需要一个排对某一侧进行警戒或观察时采用梯队，当排独立行动且预计不会接敌时也可以采用梯队。梯队根据朝向可分为左梯队和右梯队。

5. 环形和鱼骨形

当连队处于静止状态且需要全方位警戒时，排一级可以排成环形和鱼骨队形。

当排处于静止时，环形能够提供全方位的

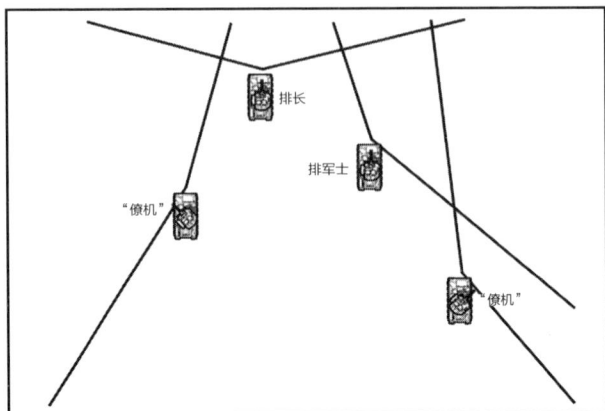

车辆排成楔形队形（ATP 3-21.8《步兵排和班》）

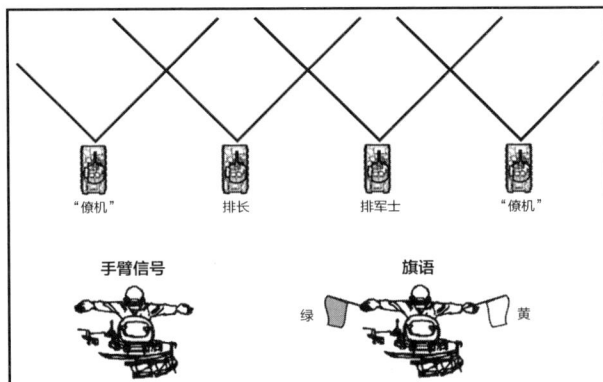

车辆排成横队队形（ATP 3-21.8《步兵排和班》）

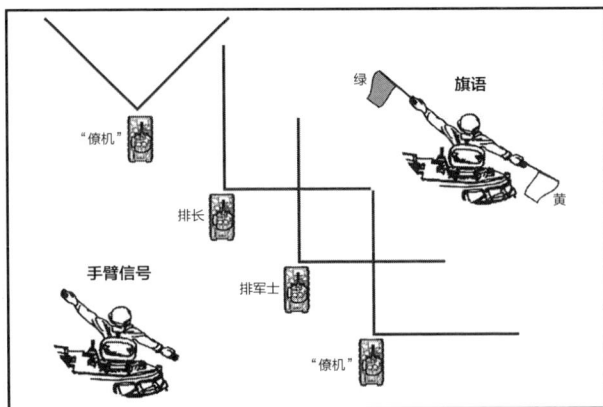

车辆排成梯队队形（ATP 3-21.8《步兵排和班》）

警戒和观察，在补充油料、物资和下达排命令时非常有用。排成环形时，车辆的炮塔需要有成员操作，斯特赖克则需要布置"空中守卫[①]"，同时有下车火力组在周围进行警戒。

车辆进入阵地，步兵下车进行警戒。

车辆从行进队形排成环形队形（ATP 3-21.8《步兵排和班》）

在使用纵队队形行进遇到需要分散的情况，例如当车队遭遇空袭，或是必须在行进中短时驻止时，可以采用鱼骨队形。车辆应在没有指挥官的详细指导的情况下，自行驶下道路或驶离开阔地，进入有掩蔽和隐蔽的位置，建立全方位的警戒，如需要还可以调整车辆位置以便最大化掩蔽、隐蔽和射界。火力组应下车建立警戒。

运动方法

运动方法区别于固定的队形，特指基于任务、敌情、地形、能见度等影响控制的因素，导致士兵、

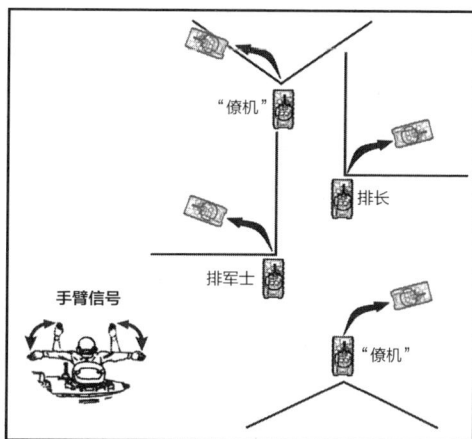

车辆排成鱼骨队形（ATP 3-21.8《步兵排和班》）

火力组、班之间的间距不断变化。运动方法共有一般行进、掩护行进、掩护跃进三种，要基于对敌情的判断和对速度的需求来选择，一般可以从控制、分散、速度、警戒四个维度分析这三种运动方法。

---

① 空中守卫（Air Guards）指处于车辆舱门口，为下车步兵提供掩护和在行进时警戒周边的士兵。

三种运动方法的常用情形及特点

运动方法	常用情形	特点			
		控制	分散	速度	警戒
行进	不太可能接敌	中等	低	最快	最少
掩护行进	可能接敌	低	中	慢	中
掩护跃进	预计接敌	最大	最大	最慢	最多

一、班运动方法

排长决定和指导班在运动时采用的方法。

（一）班一般行进

通常在不太可能接敌时使用一般行进。

（二）班掩护行进

掩护行进时，加强给班的武器要靠近班长并受其直接指挥，以便快速部署。步枪班一般以纵队或楔形队形运动。理想情况下，运动时先头火力组至少要领先其余分队 50 米。

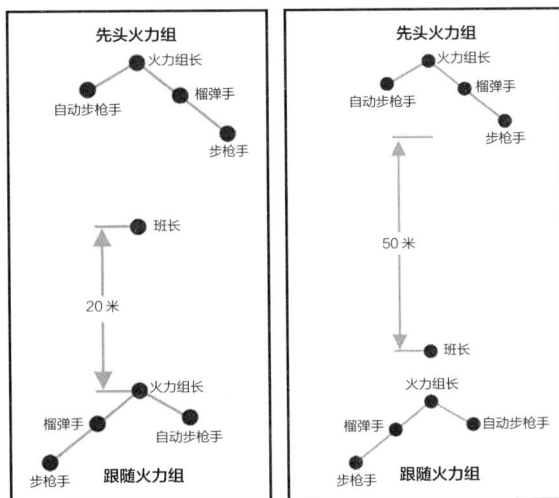

班一般行进（ATP 3-21.8《步兵排和班》）

班掩护行进（ATP 3-21.8《步兵排和班》）

（三）班掩护跃进

当班长根据运动、噪音、反射、垃圾、新鲜的踪迹，甚至凭直觉判断敌人在附近，或是必须穿越大片开阔的危险区域时，可采用掩护跃进。先头火力组进行掩护监视，搜索敌人位置。班长一般留在掩护组。跟随的火力组首先跃进，并在完成跃进后向班长示意已准备好为另一个火力组提供掩护监视。

两个火力组长必须清楚班长将与哪个火力组一起，掩护组必须清楚跃进组将要采取的路线和目的地。跃进组除了本组需要采取的路线和目的地，还需要清楚敌人可能的位置，抵达目的地后将要采取的行动，以及掩护组的位置。跃进路线上的掩蔽和隐蔽决定了跃进组士兵的运动。

火力组可以逐次跃进也可以交替跃进。逐次跃进更好控制，交替跃进则相对较快。

A 组长："刚在右前方100 米林线看到敌人，现在看不到了。"

班长："A 组原地掩护监视，让所有武器对那片地域有干净的射界。"

班长："B 组向右跃进穿过河边的灌木，到大约 75 米外的大石头处。建立掩护监视，准备好向 A 组说的可疑位置开火。我会伴随 A 组掩护监视你们的运动，直到你给出信号。然后我会与 A 组跟上。"

掩护跃进（ATP 3-21.8《步兵排和班》）

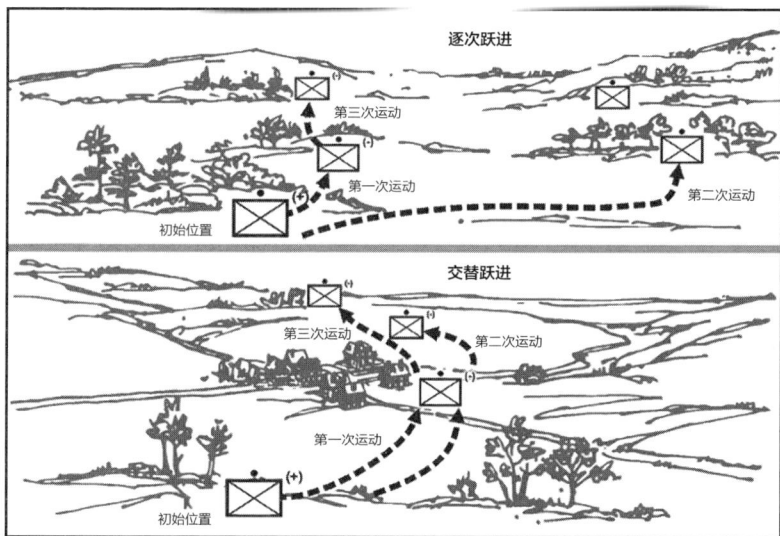

逐次跃进和交替跃进（ATP 3-21.8《步兵排和班》）

二、排运动方法

指挥官在运动时常将其部队分为本队和警戒分队两个部分。大多数情形下，步兵排和班的规模并不足以将部队按这个方式进行划分，但可以通过运动方法实现警戒的功能。

当接敌的可能性逐渐增加，排长就需要根据情况调整运动方法，以提供更多的警戒。与班运动方法一样，排运动方法的核心变量就是跟随分队对先头分队提供支援的能力。在运动中，班长要能目视到下属的火力组长，排长要能目视到领头班的班长。

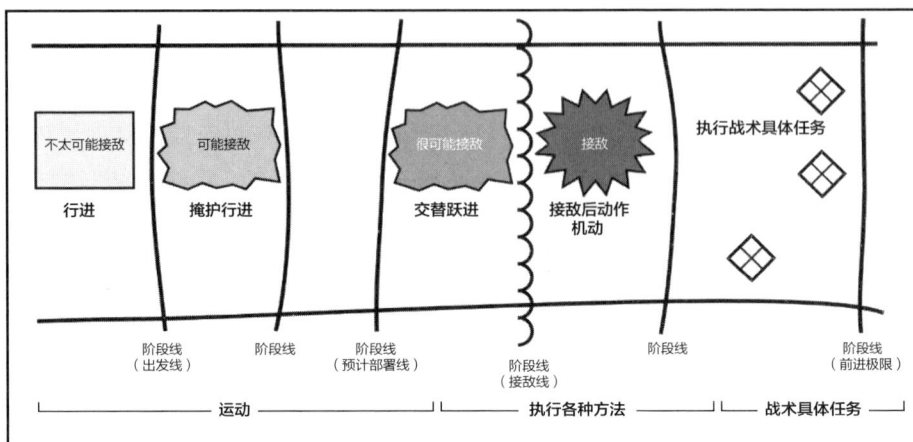

根据接敌可能性调整运动方法（ATP3-21.10《步兵连》）

（一）排一般行进

在不太可能接敌且需要速度时，通常采用排一般行进。行进时，所有分队的所有士兵以适当的速度持续运动，同时保持警惕。在行进时，除非受地形限制，一般不调整队形。

（二）排掩护行进

掩护行进是一般行进的延展，即先头分队持续行进，但跟随分队需要经常性变换运动速度，偶尔还需要停止为先头分队提供掩护监视。一般在有一定接敌可能性，但并不预计接敌，需要谨慎但更倾向于速度时使用掩护行进。

掩护行进时，跟随分队要保证时刻能够向先头分队提供立即的压制火力。跟随分队

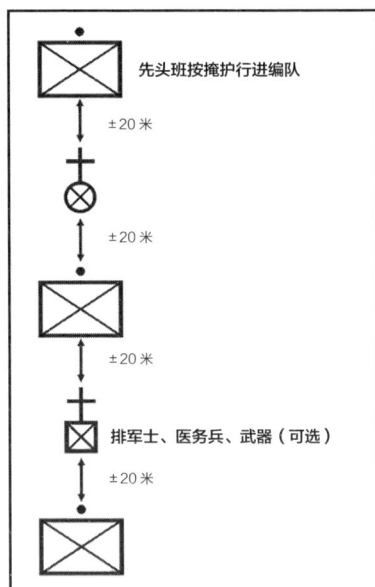

排一般行进队形（ATP 3-21.8《步兵排和班》）

根据地形决定自身运动，目标是确保能在一定距离外提供掩护监视，并随时提供火力或者机动支援。掩护行进的意图是通过在领头单位和跟随单位间保持足够距离，维持单位纵深，为全排提供灵活性。这样一来，即使在先头分队接敌交战时，

跟随分队仍能够进行机动。

掩护行进需要指挥官控制下属分队的间距，是一个持续不断地集中和分散的过程。确定间距的首要考虑是形成相互支援，两个重要的变量是武器射程和地形。步兵排和班的武器射程决定了各单位间距不应超过 300 米。在分割地形中，这个距离会更近，但在开阔地可以更远。

（三）排掩护跃进

排级掩护跃进与火力与运动战术类似，即一个单位掩护监视另一个单位的运动，其区别在于掩护跃进时没有实际接敌。指挥官在预计接敌时使用掩护跃进，其关键是合理利用地形。具体分解来看，排掩护跃进可分为四个部分。

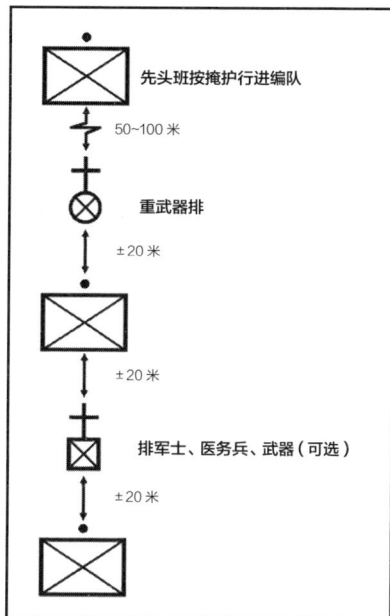

排掩护行进队形（ATP 3-21.8《步兵排和班》）

1. 一个班跃进

一个班向前跃进到选定位置后，如果沿途未接敌，那么到位后这个班随即成为掩护监视分队。跃进班内可以使用掩护行进、掩护跃进，或是单兵运动方法（高低姿态匍匐，以火力组或以两人组为单位进行 3~5 秒冲刺等）。

跃进的目的地要根据是否适于掩护监视下次跃进来决定，排长具体会考虑：任务需求；敌军可能的位置；前往下个掩护监视位置的路线；掩护监视分队装备的武器的能力；排其他部分的反应能力等。

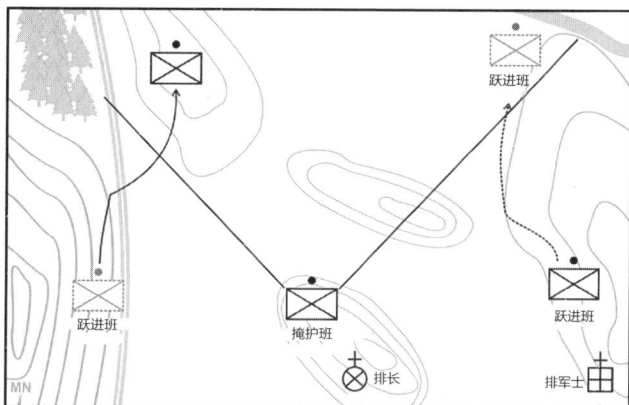

排掩护跃进（ATP 3-21.8《步兵排和班》）

排长在掩护跃进时的命令案例（ATP 3-21.8《步兵排和班》）

2.一个班掩护监视

一个班在有掩蔽的位置掩护监视跃进班。这个班可从其所处位置目视并压制可能的敌人位置。排长和排属中型机枪一般伴随担任掩护监视的班。

3.一个班待命

根据态势，一个班应待命，以期在排长指挥下进行部署。排军士和该班班长应位于排长附近等待命令。当接敌时，该班应准备好支援掩护监视分队，机动以协助跃进班，或根据排长的评估运动到另外的位置。

4.武器班

中型机枪一般有以下两种部署方式：一是配属给掩护监视班，或是整个武器班支援掩护监视班；二是等待命令（与排军士）一同运动，或作为跃进班的一部分。

5.跃进分队的任务指挥

理想状况下，掩护监视分队要时刻能目视到跃进分队。但在数字化作战条件下，掩护监视分队现在有能力通过数字化手段跟踪跃进分队的位置，而无须保持目视接触。这为跃进分队提供了更大的选择掩蔽和隐蔽前进路线的自由。在跃进前，排长从掩护监视位置向下属班长下达命令，具体包括：敌人方向和位置（如已知）；掩护监视班的位置；下一个掩护监视位置；跃进班的路线；跃进班抵达下一个位置后的行动；跃进班宣布准备好掩护监视时应发出的信号；各班将如何接收下一个命令等。

三、乘车运动方法

步兵在乘车时的运动方法同样分为一般行进、掩护行进、掩护跃进三种，主要区别是运动的各分队从徒步变成了乘车。相比徒步行进，排在乘车行进时由于

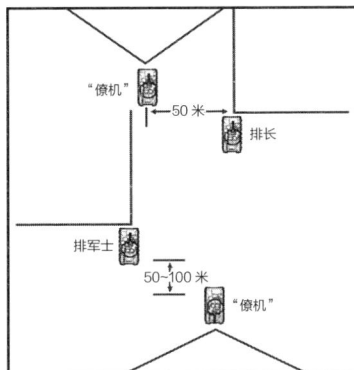

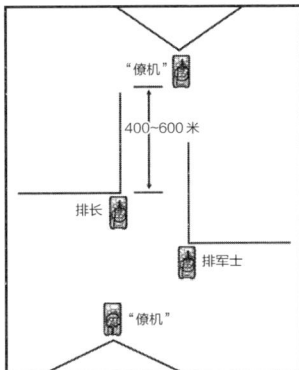

（左图）排乘车一般行进
（ATP 3-21.8《步兵排和班》）

"僚机"

50 米

排长

排军士

50~100 米

"僚机"

"僚机"

400~600 米

排长

排军士

"僚机"

（右图）乘车掩护行进（ATP 3-21.8《步兵排和班》）

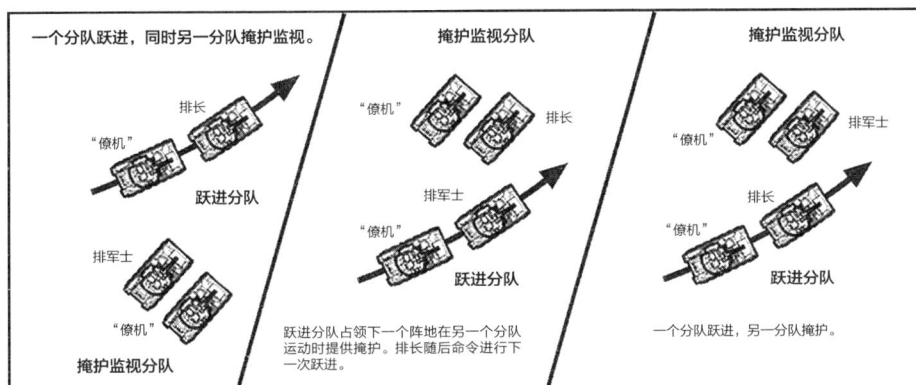

一个分队跃进，同时另一分队掩护监视。

掩护监视分队

掩护监视分队

排长

"僚机"

跃进分队

排军士

"僚机"

掩护监视分队

"僚机"

排长

排军士

跃进分队

跃进分队占领下一个阵地在另一个分队运动时提供掩护。排长随后命令进行下一次跃进。

"僚机"

排长

跃进分队

一个分队跃进，另一分队掩护。

乘车掩护跃进（ATP 3-21.8《步兵排和班》）

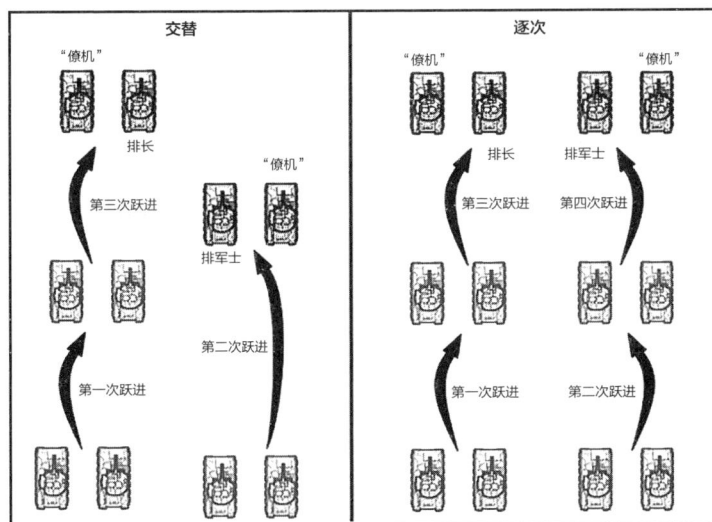

交替

逐次

"僚机"

排长

"僚机"

"僚机"

第三次跃进

"僚机"

排军士

排长

排军士

第三次跃进

第四次跃进

第二次跃进

第一次跃进

第一次跃进

第二次跃进

乘车跃进的方法（ATP3-21.8《步兵排和班》）

速度更快，更容易出现掉队的情况。排长或掉队的分队可以通过 GPS 系统、红外或热成像等技术手段重新建立联系。同时由于车辆一般配有通信设备和观察设备，因此车辆可以保持相比徒步行进更大的间距行进。

四、掩护跃进时的有关考虑

掩护跃进实际上就是火力与运动战术在未接敌情况下的运用。火力与运动战术历史悠久，美军早在二战前就有使用。这种战术将单位分为基准火力和机动两个分队，正好对应掩护行进和掩护跃进中的掩护监视分队和跃进分队。

（一）掩护监视（基准火力）分队

排的部分分队（一般是一个分队，武器班，布雷德利步兵战车或是斯特赖克步兵运载车）通过在静止状态压制或摧毁敌人分队为跃进分队提供保护。机械化步兵排的徒步分队可以在作为基准火力的布雷德利步兵战车的保护下进行机动，然后建立新的基准火力。

机动本质上是去中心化的。排长通过地形分析确定他需要建立基准火力的时间和地点，在接敌时根据情况调整机动计划。机动相关的决策一般由现地指挥官做出，他更了解什么敌人可能与机动分队交战，也清楚什么友军部队能够担任基准火力。

基准火力应尽量选择有优良掩蔽和隐蔽、清晰的视野和射界的位置。排长通常只指定基准火力的大致位置，由分队的指挥官确定具体位置。在向既定位置运动或就位后，基准火力分队指挥官仍应持续寻找能够为机动分队提供更好支援的其他位置。到位后，基准火力分队应压制已知、可能或疑似的敌人分队，同时搜索其所属作战地域，找出未被发现的敌人并使用直瞄和间瞄火力将其压制。基准火力分队使得跃进单位在即使敌人能够目视到甚至可以向其开火的情况下，仍能够夺回战斗的主动权。

布雷德利步兵战车连通常会加强一个坦克排，或者将布雷德利步兵战车排加强给坦克连。在这种情况下，布雷德利步兵战车连就有坦克排作为基准火力，或者在坦克排跃进时担任基准火力。

（二）跃进（机动）分队

机动本质上是危险的，敌人武器、未知地形等作战因素都增加了机动的危险性。

在跃进时排长需要考虑以下因素：

· 跃进分队必须尽可能利用地形提供的任何掩蔽和隐蔽。

·跃进班的所有士兵必须时刻进行全方位警戒，不断扫视分配给他的作战地域。

· METT-TC 决定了跃进的距离，但跃进分队首先不能超越基准火力分队能够提供有效火力压制敌人可能位置的最远距离。通行做法是跃进距离要限制在支援武器有效射程的三分之二以内。

· 在严重受限地形的跃进距离要小于开阔地形。

· 跃进分队必须聚焦其最终目的，即获得位置优势。一旦处于有利位置就应利用优势以直瞄火力和徒步步兵突击消灭敌人。

（三）徒步步兵

在机动过程中让步兵下车对于排长是一个重大决策，他必须权衡徒步步兵与车辆的脆弱性、速度、敌人火力的有效性，做出合理的判断。在开阔地形，存在有良好掩蔽和隐蔽的乘车运动路线，敌方反装甲火力不强，或是机动距离较远时，排长一般选择让步兵留在车内。当环境存在适合步兵的掩蔽和隐蔽，敌人存在有效反装甲火力，或是存在不适于乘车运动的地形和障碍等情况时，排长可能选择让步兵下车。

与战斗车辆共同运动

当部队有配属车辆时，排长有以下选择：

·将车辆用于支援步兵步枪班。

·将车辆单独部署，提供重型直瞄火力或反装甲火力。

·将车辆留在藏匿阵地上。

·将车辆转移到安全的地方。

一、战斗车辆和步兵班编队

METT-TC 可指导指挥官选择战斗车辆和步兵的编成。在选择让战斗车辆同步兵一起运动的战斗队形时，那些步兵战斗队形的原则也同样适用。排长可以将战斗车辆展开为纵队、横队、梯形、V 形和楔形队形等基本战斗队形，来满足其任务需求。当指挥官将乘车人员和步兵人员合并为一个战斗编队后，他有责任确保实施恰当的通信和火力控制措施，以最大限度提高杀伤力，并防止友军误伤。

确定战斗车辆和步兵的战斗编成后，指挥官要确定以战斗车辆、步兵，或是两者结合作为先头部队。默认的方法是让步兵打头。

（一）步兵作为先头部队

出现以下情况时，步兵更适合带领整个战斗编队：

·穿过受限的城市或乡村地形的路线。

·需要隐秘行动。

·预估有敌反坦克雷场。

·预估有敌反坦克小组。

注意：坦克发射的高速穿甲弹和脱壳弹会对步兵构成威胁。徒步士兵应当位于火线左右两侧300 米以外的位置，距离正在射击的坦克前方至少1300 米。任何在这片危险地域之内的步兵，在其身后都必须有足够的掩护。

（二）坦克作为先头部队

出现以下情况时，步兵指挥官可以选择让坦克打头阵：

·受到装甲或坦克威胁。

·穿越几乎没有掩护或隐蔽物的开阔地形。

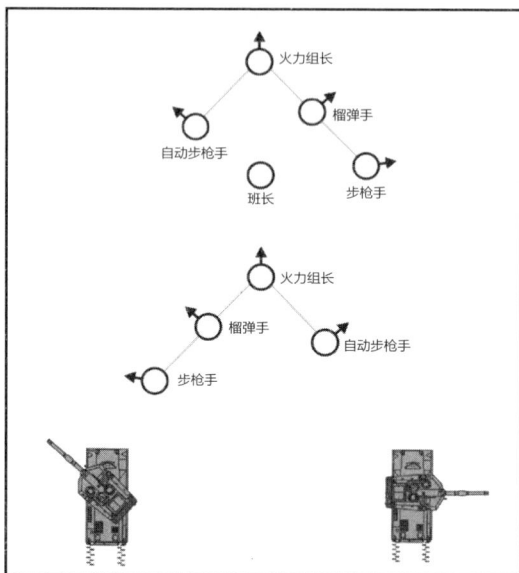

步兵作为先头部队（ATP 3-21.8《步兵排和班》）

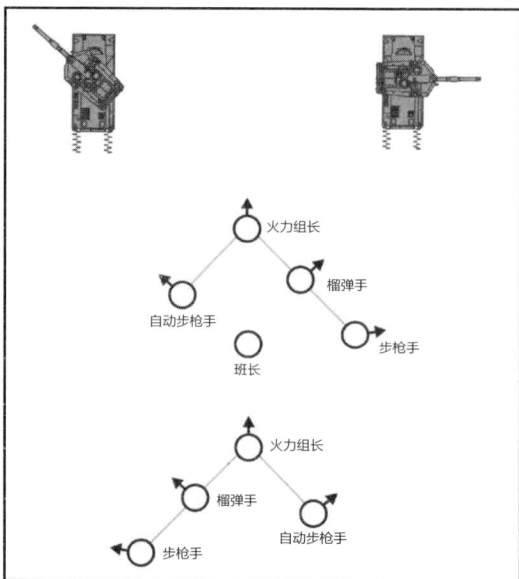

坦克作为先头部队（ATP 3-21.8《步兵排和班》）

·有确定的敌军位置／方向。

·预估有敌防步兵雷场。

注意：M1系列坦克的排气温度可能超过1700华氏度（927摄氏度）。跟在坦克后面的徒步士兵必须站在排气管的两侧。如果士兵们位于车辆正后方，就要站在安全距离以外。坦克排应随时准备好排气罩，解决这个问题。

（三）坦克和步兵班共同作为先头部队

出现以下情况时，步兵指挥官可以选择让坦克位于自己编队的中心：

·需要灵活性。

·不知道敌军位置。

·敌军的徒步反坦克小组威胁很大。

·需要能够在所有方向上快速聚集战斗车辆的火力。

二、战斗车辆和步兵排编队

步兵排也可以将自己的编队和战斗车辆的编队合并。选择排战斗编成的原则，和班战斗编成的原则相同。步兵排可以和一个排的战斗车辆（通常是4辆），或者一个分队的战斗车辆（通常是2辆）一起进行战术运动。右侧两图详细介绍了一些基本的步兵排级编队和战斗车辆排级编队。

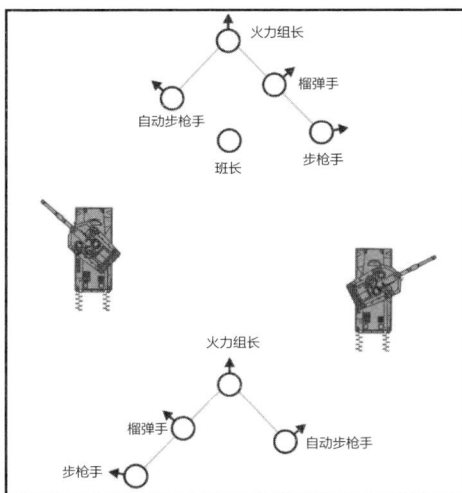

坦克和步兵班共同领队（ATP 3-21.8《步兵排和班》）

战斗车辆呈楔形，步兵排呈菱形（ATP 3-21.8《步兵排和班》）

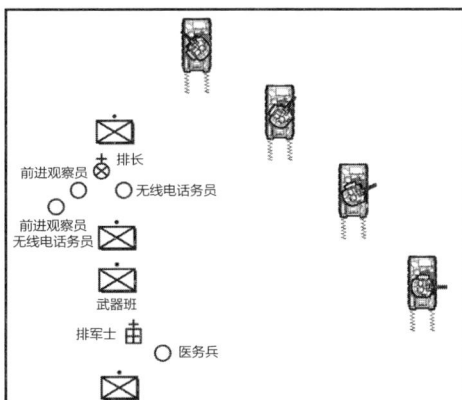

战斗车辆呈右侧梯形，步兵排呈纵队（ATP 3-21.8《步兵排和班》）

三、乘车运动

乘车运动和徒步运动类似。根据车辆类型的不同，一个排可能会有一个装备多辆车的班。如果一个作战单位拥有 4 辆以上的车，就应当考虑将这些车辆拆分成两个或更多的分队，并按照班控制火力组的方式来控制这些分队。

配备了 4 辆及以上车辆的作战单位，可以在三种运动方法的基础上使用七种基本队形的任何一种，并应在过渡至机动状态时，准备好实施即时行动相关操典。当乘车部队驻止时，要使用环形和鱼骨形队形来保障安全。

在乘车进行逐次跃进时，车辆要维持其在纵队内的相对位置。在从一个观察点运动到另一个观察点时，第一辆和第二辆车要作为一个分队进行作战。第二辆车停在一个隐蔽位置（如有必要，车上人员应下车），掩护第一辆车前往观察点的运动。第一辆车抵达该点时，车上的人员要观察和侦察，如有必要也可以下车。在确认该地域已被肃清后，应发出信号示意第二辆车上前。

第一辆车的指挥官要观察前方地形，寻找敌军踪迹，并选择下一个停车点。然后第一辆车再次开动，并重复上一个过程。先头车辆的运动距离不要超出第二

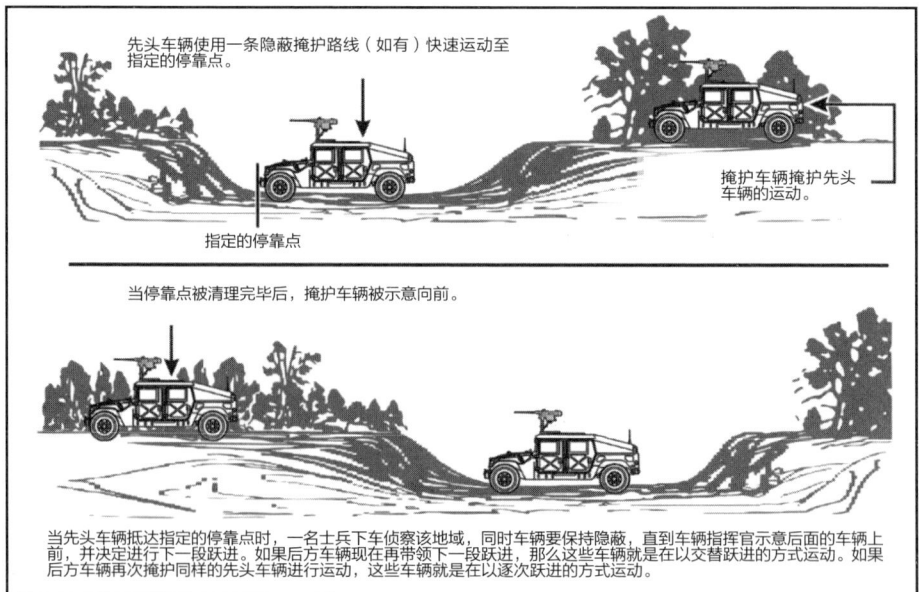

进行跃进运动的先头车辆（ATP 3-21.8《步兵排和班》）

辆车的观察极限或直瞄火力支援范围。要经常更换先头车辆和人员，以便始终保持警惕。纵队内的其他车辆同样应通过跃进，从一个隐蔽位置运动到另一个隐蔽位置。每辆车要和前一辆车保持视线接触，但不要靠近。车辆必须成对作业，第一辆车永远不要离开第二辆车的支援范围。

在乘车交替跃进中，除前两辆车外，所有车辆都要保持他们在纵队中的相对位置。在每次跃进中，前两辆车交替作为先头车辆。一辆车要掩护另一辆车的跃进。与逐次跃进运动相比，这种方式能提供更快的前进速度，但没那么安全。车辆指挥官为每名士兵分配一个观察方向（前方、侧翼，或者后方），让每辆车都既能提高警戒水平，防止来自任意方向的突然射击，又能与前后车辆保持视线接触。

（一）防地雷反伏击车的任务和目的

防地雷反伏击车（MRAP）的角色在很多方面和"斯特赖克"战车类似。防地雷反伏击车为小型作战单位提供了受保护的机动性和车载火力。班和排使用防地雷反伏击车来进行和支援乘车和徒步任务。

设计防地雷反伏击车的目的就是为了加强对士兵的保护，使其免受轻武器射击、地雷或简易炸弹爆炸等的伤害。当METT–TC条件使风险上升时，通过加强防护，防地雷反伏击车可以增加对潜在威胁的抵御能力，或是穿越潜在的危险地域。

（二）防地雷反伏击车的性能和局限

作战单位在部署中应充分考虑防地雷反伏击车的性能和局限，并将防护与标准的训练、周详的计划、精明的战术和精心预演过的操练相结合。

防地雷反伏击车可在所有天气和地形条件下运行，在能支撑车身重量的坚实土地上进行越野作业。但在没有路肩的单行车道或陡坡乡村道路、路肩较软的道路，或者涵洞周围有冲蚀的道路，尤其是与运河、灌溉渠或池塘等水体接壤的道路上行驶时，需要格外小心。大多数防地雷反伏击车辆翻车，都是由于道路、路肩或桥梁引道在防地雷反伏击车辆的重量和高重心下垮塌。

即便一些防地雷反伏击车的变种车辆上有台阶和尾门，在遭遇伏击时想要从车上撤离人员，以及往车上装载或卸下装备和伤亡人员仍然比较困难。作战单位必须对单兵和小组进行训练和演练，以精简在不同情况下（特别是紧急情况）的上下车流程。

对士兵来说，装甲车窗的视野范围有限，将导致视线盲点和较差的整体能见度。

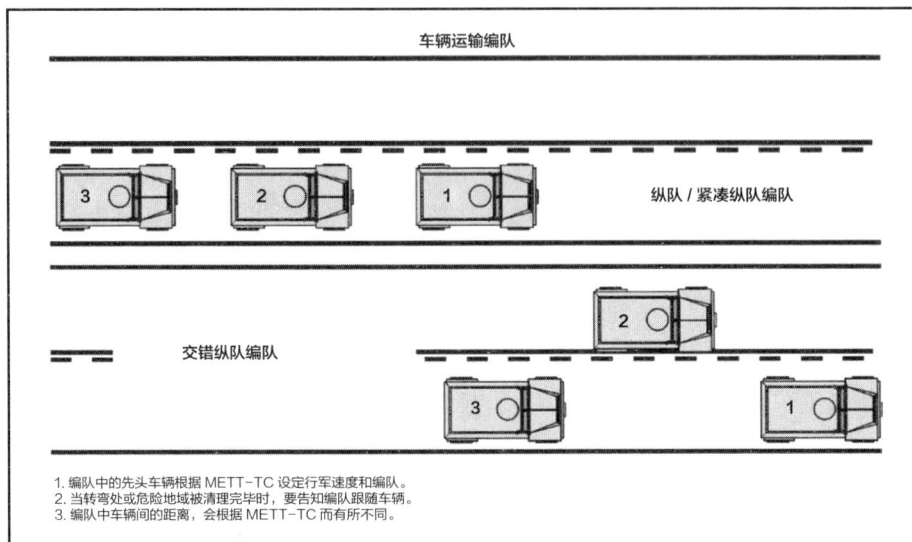

车辆运输编队

纵队 / 紧凑纵队编队

交错纵队编队

1. 编队中的先头车辆根据 METT-TC 设定行军速度和编队。
2. 当转弯处或危险地域被清理完毕时，要告知编队跟随车辆。
3. 编队中车辆间的距离，会根据 METT-TC 而有所不同。

防地雷反伏击车的纵队或交错纵队编队（ATP 3-21.8《步兵排和班》）

驾驶防地雷反伏击车辆的指挥官和士兵必须掌握道路的车辆通行能力，以便在他们的风险管理和战斗规划过程中，将特定作战地域的道路车辆通行能力和地形限制纳入考虑范围。

上图展示了纵队 / 紧凑纵队、交错纵队等防地雷反伏击车辆可能的乘车运动方式。指挥官要根据信息和情报、上级指挥官的意图，以及 METT-TC 来决定使用哪种乘车机动方法。

四、车队

车队是出于控制和有秩序运动的目的而组织起来的一组车辆，无论有没有护送保护，他们都在同一时间运动在同一条路线上，由同一名指挥官指挥。

排经常乘坐卡车或装甲防护车辆实施摩托化行军。一些特殊的注意事项可能包括：

·保护措施。在无地雷防护装备的卡车底部放上沙袋。确保由合格的炮手来操控需成员操作的武器。

·观察。确保士兵面朝外坐，去除卡车上的金属框和帆布，以便 360° 进行观察和快速下车。

·检查。检查车辆和驾驶员的状态，确保他们准备就绪。在预防性维护检查和服务（PMCS）之前中后都要检查。确保驾驶员了解路线、速度和车队距离。

·装载。在登车时要保持火力组、班和排的完整性。火力组和班的编制在同一辆车上要保持完整。同一个排的车辆要在同一个行军序列中。排长和排军士要和关键武器和装备一起，交叉安置在不同车辆上。

·演练。对接敌（近距离和远距离伏击、空袭）时的即刻行动进行演练，确保驾驶员知道怎么做。

·空中守卫。为每辆车部署"空中守卫"，并特别注意需成员操作的武器的位置。

在危险地域中的行动

危险地域指的是路线上可能会让排暴露在敌人的观察或火力之下，或者两者兼而有之的地域。当排长在部队领导程序中，使用 METT–TC 来分析地形时，可能会遇到危险地域，他要在规划路线时在覆图上标出。如果有可能，排长应计划避开危险地域，但有时候他无法做到。如果作战单位必须穿越一片危险地域，士兵们要尽可能快速和谨慎。在计划时，指挥官要指定近端和远端集结点。如果某排遇到了意料之外的危险地域，则要将最靠近危险地域的沿途集结点当成远端和近端集结点。典型危险地域包括：

·开阔地。应将该排隐蔽在近端，然后观察该地域。注意设置警戒岗发出预警。派遣一个作战分队穿越地域清理远端。清理完毕后，让排内其余人员在最短的暴露距离内，尽快穿越该地域。

·公路和小路。在拐弯处、狭窄地点，或者低地处及其周边穿越公路和小路。

·村庄。在下风处穿越村庄，并要远离村庄。避开可能暴露部队存在的动物（尤其是狗）。

·敌军阵地。从下风处穿过（敌方可能有侦察犬）。警惕绊网和预警装置。

·雷区。如有可能就应完全绕开雷区，哪怕需要改变一大段路线。只有在必要的情况下才清理出一条穿越雷区的道路。

·溪流。挑选一个可以在两岸都提供隐蔽的狭窄地点。仔细观察远端。为提前预警部署近端和远端的安全警戒措施。清理远端，并快速且安静地穿越。

·铁丝网障碍物。避开铁丝网障碍物（敌方会用观察和火力覆盖障碍物）。

一、穿越危险地域

无论危险地域的类型如何，当某排必须独自穿越，或者作为更大编队的先头分队穿越一片危险地域时，它必须做到以下内容：

·当先头组发出"危险地域"信号（在整个排内传递）时，该排停下。

·排长向前运动，确认危险地域，并决定该排将使用哪种方法穿越。排军士也向排长处运动。

·排长将当下情况、近端和远端集结点的信息告知所有班长。

·排军士指挥部署近端的警戒措施（通常由跟随班执行）。当该排停下，并向后传递危险地域的信号时，这两个警戒组可能要跟着排军士上前。

·排长对危险地域进行侦察，选择能提供最佳掩蔽和隐蔽的穿越点。

·近端警戒人员要观察侧翼，并监视穿越过程。

·近端警戒人员就位后，排长指挥远端安全警戒组穿越危险地域。

·远端安全警戒组清理远端。

·远端安全警戒组组长在已清理地域前方建立观察哨。

·远端安全警戒组向班长发出该地域已清理的信号。班长将这一信息传递给排长。

·排长选择该排穿越危险地域时要使用的方法。

·该排快速而安静地穿越危险地域。

·一旦越过危险地域，该排要开始缓慢地朝着所需方位运动。

·由排军士控制的近端安全警戒组，从该排穿越的位置穿越危险地域。他们要尝试掩盖该排留下的痕迹。

·排军士要确保排中每个人都已穿过危险区并报告。

·排长确认清点情况，并让运动恢复到正常速度。

当一个规模更小的作战单位（例如一个班）穿越一片危险地域时，要使用和上述相同的原则。

排长或班长要根据现有时间、作战单位的规模、危险地域的规模、可覆盖该地域的射界，以及他可以部署的警戒数量来决定部队如何穿越危险地域。一个步兵排或班可能会让所有人同时穿越，或以双人小组的形式，或者每一次让一名士兵穿越。大型作战单位通常一次只让一个分队穿越。当每个作战单元穿越时，该作战单元要运动到一个监视位置或者远端集结点，直到被告知继续运动。

二、排穿越线性危险地域

线性危险地域是一片能让排侧翼暴露在相对狭窄的火力区分之下的地域，典型例子包括街道、公路、小径，以及溪流等。排应以排长指定的队形和地点穿越线性危险地域。

三、穿越大型开阔地域

如果大型开阔地域过于广阔，而该排受完成任务的时间限制，无法绕过该地域，

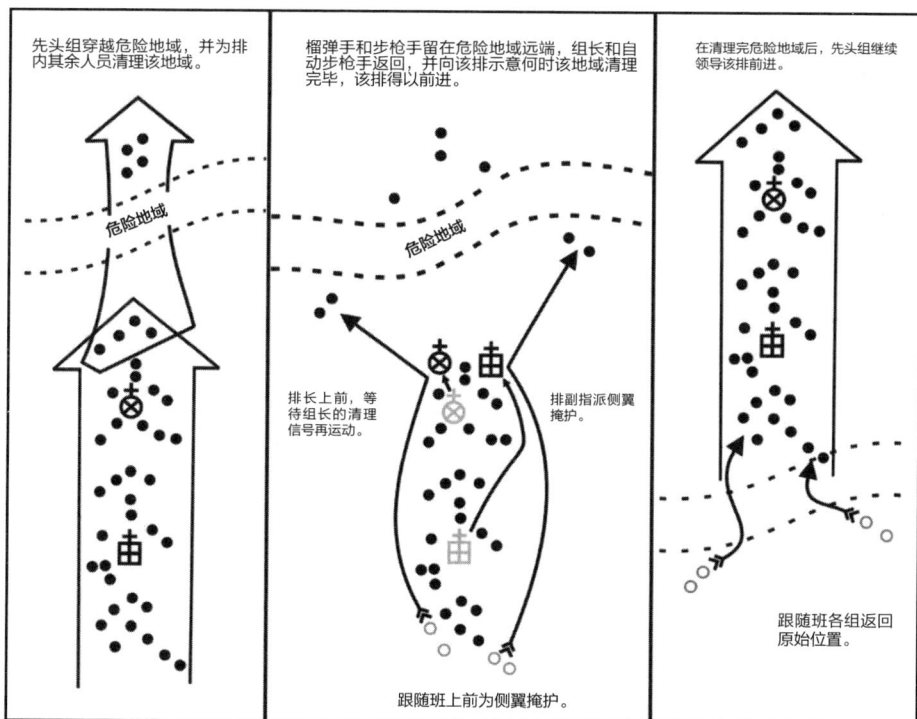

先头组穿越危险地域，并为排内其余人员清理该地域。

榴弹手和步枪手留在危险地域远端，组长和自动步枪手返回，并向该排示意何时该地域清理完毕，该排得以前进。

排长上前，等待组长的清理信号再运动。

排副指派侧翼掩护。

跟随班上前为侧翼掩护。

在清理完危险地域后，先头组继续领导该排前进。

跟随班各组返回原始位置。

穿越线性危险地域（ATP 3-21.8《步兵排和班》）

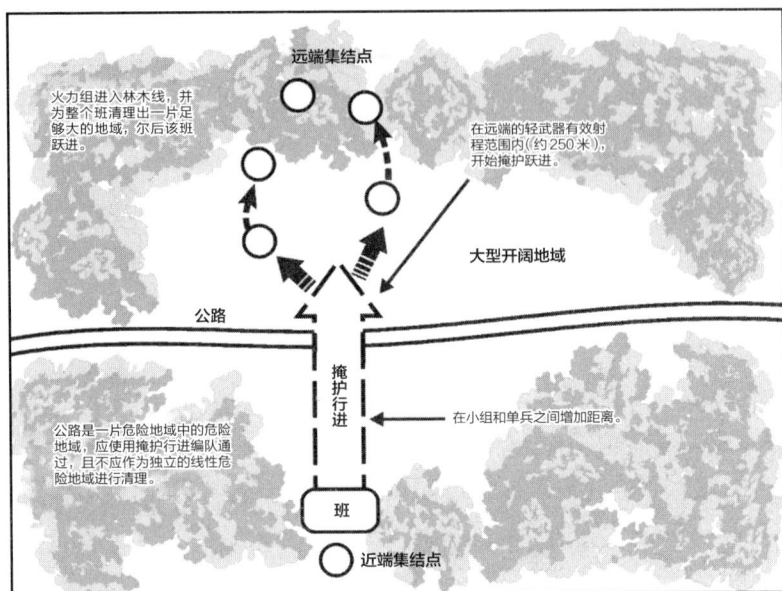

穿越大型开阔地域（ATP 3-21.8《步兵排和班》）

可使用掩护行进和掩护跃进相结合的方式穿越。掩护行进方法可节省时间。班或排遇到开阔地域中任何一个预期会发生接敌的地点时，使用掩护跃进方法运动。班或排进入远端敌人的轻武器射程范围内（大约250米）时，也可以使用该方法。越过开阔地域后，班或排应重整，并继续执行任务。

四、穿越小型开阔地域

小型开阔地域指面积较小，足以在任务所允许的时间内绕过它的空地。可以使用两种方法。

（一）围绕开阔地域的边缘行进

指挥官使用运动方位角指定一个位于远端的集结点。然后在考虑到距离、地形、掩护和隐蔽后，要决定围绕开阔地域的哪一侧边缘行进，并围绕开阔地域周围运动。指挥官要将林木线和植被作为掩护和隐蔽。当班或排抵达远端的集结点后，指挥官将方位恢复到目标地域，继续执行任务。

（二）迂回绕开

班或排向右或左转90°角绕开开阔地域，然后朝着行进方向运动。一旦

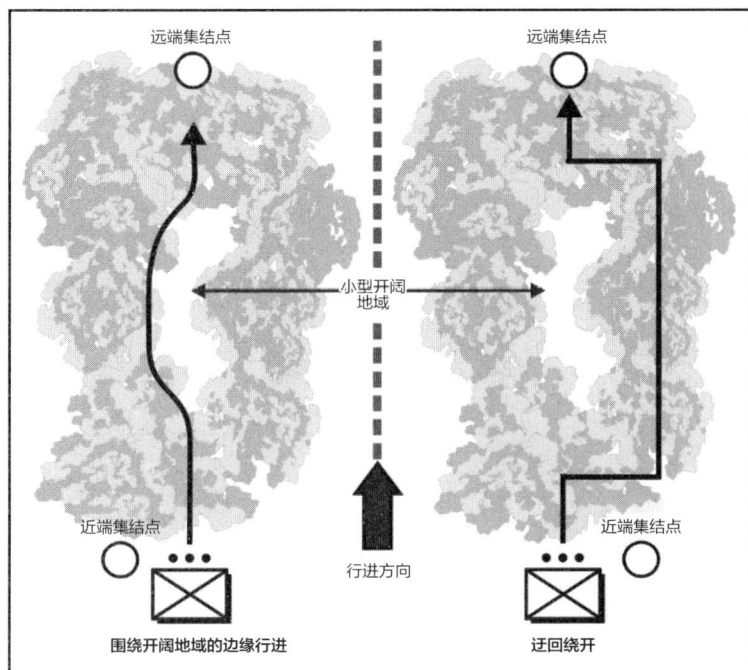

穿越小型开阔地域
（ATP 3-21.8《步
兵排和班》）

排或班完全经过了危险地域，该作战单位要往反方向转 90°，并抵达远端集结点，然后继续执行任务。为了迂回绕开而多走的路段步数，不会加到原计划的路线距离中。

五、乘车在危险地域中的行动

步兵排和班必须准备好乘车穿过危险地域。指挥官可能会发现自己处于各式各样的场景中，因此这里只有比较笼统的表述。

当乘车进行运动时，作战单位通常会行驶在公路、小径，以及不受限制的地形中。通常来说，乘车的作战单位在有利于步兵的地形种类（例如受限和封闭地形）中容易受到攻击。此外，诸如桥梁、道路交叉口、隘路，以及（看不见转弯后情况的）弯道等地域也被视作危险地域。当指挥官确定了一处危险地域，就要确定采取适当的运动方法（一般行进、掩护行进、掩护跃进）。然后，指挥官让自己的步兵班下车徒步清理该地域。

如果时间和地形允许，作战单位应要么绕过一片危险地域，要么让步兵下车侦察并清理该地域。然而，有掩蔽和隐蔽的位置之间的距离可能会让这些方式变得不切实际。如果时间限制使这些选项无法进行，该作战单位要使用掩护行进和掩护跃进相结合的方式来穿过危险地域。与在危险地域中的徒步行动一样，指挥官必须准备好快速过渡到机动状态，以防作战单位接敌。

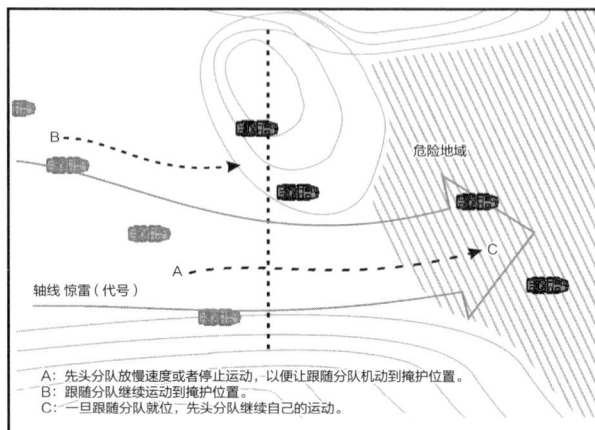

A: 先头分队放慢速度或者停止运动，以便让跟随分队机动到掩护位置。
B: 跟随分队继续运动到掩护位置。
C: 一旦跟随分队就位，先头分队继续自己的运动。

乘车的掩护行进（ATP 3-21.8《步兵排和班》）

（一）乘车掩护行进

先头分队继续沿着能为其提供最佳防护，保护他们免受潜在敌观察和直瞄火力攻击的有掩蔽和隐蔽路线运动。跟随分队使用不断变化的速度运动，提供连续不断的掩护，同时与先头分队保持联系，并定时停下脚步，以便获得更好的观察。跟随分队要留在距离先头分队足够近的地方，确保能相互支援。但他们又必须足够靠后，保持机动自由，以防敌军和先头分队交战。

（二）乘车掩护跃进

在掩护跃进中，总要有一个分队停下来提供掩护火力。执行掩护跃进行动的作战单位，应使用逐次或交替的跃进方法。

（三）下车并清理地域

当先头车辆指挥官遇到障碍物或其他危险地域时，他应该马上通知排长。必要时士兵应下车，并利用周遭可用的掩蔽和隐蔽物来侦察该地域。车辆应尽量驶离道路，进入有掩蔽和隐蔽的位置。车载武器应掩护徒步分队前进。在车载武器的掩护下，由指定的士兵侦察这些地方。应尽量标记并绕开障碍物，如果无法绕开，应小心地挪开它们。

要对与前进道路交会的侧路进行侦察。一辆车上的士兵负责为道路交会点提供警戒，另一辆或另两辆车侦察侧路。负责侦察侧路的人员数量取决于指挥官对当下情势的了解。侦察侧路的士兵在运动时不要超出本队的支援范围。

六、隘路

隘路是一条限制士兵运动的狭窄过道，是理想的伏击地点。如果一条隘路迫使某排要以单一车辆队列运动很长一段距离，那么排长可能要选择让徒步步兵领队。对机械化排来说，常见的隘路包括穿越溪流、

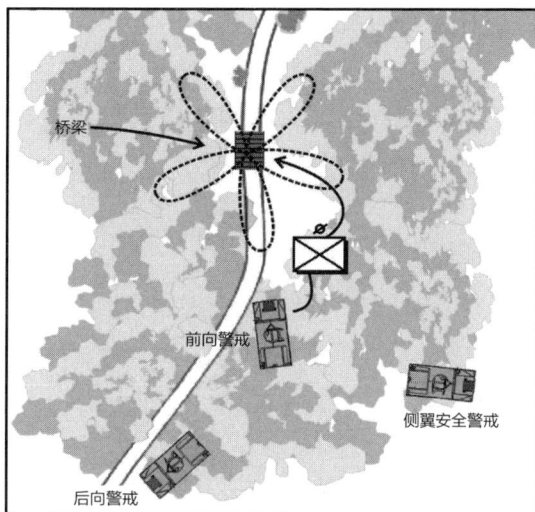

下车并清理地域（ATP 3-21.8《步兵排和班》）

沼泽地或茂密森林的公路或小径，或者狭窄的盘山路或多山地形的公路或小径。在清理隘路时，徒步人员要从阻塞点开始，向两侧足够远的距离清理道路，确保没有埋伏。还要检查地表，看是否有地雷或简易炸弹的痕迹。由于隘路上可能会遭遇敌人，先头班应使用掩护跃进。

七、在危险地域接敌

接敌时，持续改善的态势感知能帮助排长对排进行控制。如果该排在危险地域之中或者附近接敌，则应运动到指定的集结点。根据接敌的方向，指挥官指定远端或近端的集结点。在能见度有限的情况下，指挥官

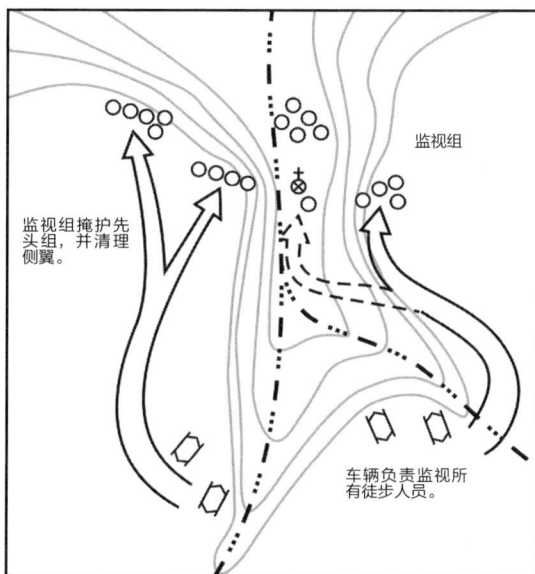

清理隘路（ATP 3-21.8《步兵排和班》）

也可以使用他的激光系统指出一段距离以外的集结点。如果该排难以在集结点会合，第一名抵达的人员应使用红外光源标记集结点。这有助于引导排内剩下的人抵达该位置。在运动到集结点的过程中不断更新各自位置，能让分开的人员确认彼此的位置，辨认敌友，帮助他们在集结点会合。

原地换防

原地换防是一种战术赋能任务，指的是在一片地域内，一个作战单位的所有或部分人员被换防的作战单位替换。被替换人员对于任务和所分配作战地域的职责，被转移到换防的作战单位，换防的作战单位按照指令继续作战。换防可用顺序换防、同时换防，或者交错换防三种方法实施。

·顺序换防：被换防部队的所有人员都按顺序（根据调度情况从右到左，或者从左到右）被替换。

·同时换防：所有人员被同时换防。

·交错换防：指挥官根据战术情况而不是地理方向来确定每名人员的换防顺序。

同时，换防的执行时间要最短，否则容易被敌人发现；连续或交错换防可能会花费相当长的时间。无论该作战单位参与的军事作战范围有多大，都可以使用这三种换防方法。

根据换防相关的计划和准备工作量不同，也可以将换防分为预有准备式或仓卒式，主要不同在于计划的深度和细节，以及执行时间。详尽的计划通过精准确定指挥官认为需要做什么，以及需要什么样的资源来完成任务，可以帮助缩短执行的时间，让指挥官和人员在潜在问题发生以前就确定、制定和协调解决方案，并确保在必要的时间和地点有可用的资源。

一、计划

接到原地换防命令后，换防部队指挥官就要与被换防部队指挥官联系。作战单位指挥所的配置也有助于实现必要的协调水平。如果被换防部队的前线人员可以保护作战地域，则换防部队从后方向前线进行原地换防，这有助于进行运动和地形管理。

在计划原地换防时，步兵排排长采取以下行动：

· 立即发布命令。

· 派遣关键指挥官或由其本人，带领排先遣队执行详细的侦察和协调行动。

· 作为换防部队，要尽可能采取与撤出部队相同的日常行动模式。

· 作为换防部队，要确定该排将何时交接职责，顶替被换防部队的位置。

· 作为换防部队，要和被换防部队的指挥部相互配合。

· 最大化作战安全，防止敌人发现换防行动。如有可能，应在夜晚或者其他能见度有限的情况下进行换防。

· 在战斗人员完成换防后，再制定勤务人员换防计划。

· 作为被换防部队，要制定计划将多余的弹药、铁丝网、石油、燃油，以及润滑油，以及其他具有战术价值的材料转移给换防的作战单位。

· 通过侦察、指定和标记路线，以及提供向导来控制运动。

二、协调

换防部队和被换防部队的指挥官要当面交换战术信息，对地域执行联合侦察，并完成其他必要的协调工作。两名指挥官要谨慎处理指挥权的交接，共同制定应急行动计划，应对换防期间的接敌情况。这个过程通常要协调以下信息：

· 车辆和单兵战斗阵地的位置（包括隐藏、预备和辅助阵地）。指挥官应使用常规地图和最新的可用任务控制系统来确认战斗阵地。

· 敌人情况。

· 被换防部队的战术计划，包括图表、连和排的火力计划，以及每辆车的作战地域草图。

· 直瞄和间瞄火力支援协调，包括支援火炮部队和迫击炮部队的间瞄火力规划和换防时间。

· 被替换的武器系统类型。

· 换防的时间、顺序和方式。

· 障碍物的地点和布置情况，以及指挥官交接职责的时间。

· 待转移的物资和装备。

· 运动控制、路线优先级，以及向导布置。

· 指挥和指示信号有关信息。在换防期间，作战单位通过被换防部队的无线电网络来指挥换防，以方便控制。

· 故障车辆的维修和后勤支援。

· 能见度相关注意事项。

三、实施换防

在实施换防时，被换防部队的指挥官保留对作战地域和任务的职责。他对换防部队的所有已经完成各自换防部分的下属人员具有作战控制权。当被换防部队的所有人员都被替换，且已经建立合适的通信时，职责转移至换防部队的指挥官身上。

（一）顺序换防

顺序换防是最耗费时的换防方式。换防部队运动到被换防部队后方的一片集结地域。每次只有一个下属分队进行换防。换防可以采用任何顺序，只要遵循以下整体顺序：

· 被换防和换防部队将各自的指挥部和分队安排在一起，以便指挥任务，并转移装备、弹药、燃料、水和医疗物资。

· 第一个被替换的作战分队（例如某个排）运动到它的预备战斗阵地或主阵地。与此同时，换防分队运动进入被换防分队先前的战斗阵地。换防分队酌情占据车辆和单兵战斗阵地。

· 换防分队和被换防分队完成装备和物资的转移。

· 被换防分队运动到阵地后方的指定集结地域。

· 被换防分队离开集合点前往集结地域后，换防分队随即前出。

（二）同时换防

同时换防是最快的方法，但也最不安全。由于换防部队通常会占据现有的阵地，包括主阵地，以及车辆和单兵战斗阵地，因此换防需根据以下整体顺序进行：

· 被换防分队运动到他们的预备战斗阵地，或者车辆和单兵阵地。

· 换防分队沿着指定路线，运动到被换防分队先前的战斗阵地。

· 作战单位完成装备和物资的转移。

· 被换防分队运动到指定的部队集结地域。

穿越防线

穿越防线行动是一种战术赋能任务，指的是一支部队为了进入或脱离与敌军的接触，穿过另一支部队的阵地向前或向后运动。当至少有一项 METT-TC 因素不允许部队绕过友军时，该部队通常进行穿越防线行动。穿越防线行动是一项综合作战行动，要求近距离的监视和详细规划、协调，以及执行穿越任务的部队和被穿越部队双方指挥官之间进行同步。穿越防线行动的首要目的是将一片地域的职责从一个部队（向前或向后）转移到另一个部队。

穿越防线行动基于两种基础情况发生。当某个作战单位在朝着敌人运动时，穿越了另一个作战单位的阵地，就是向前穿越防线。当一个作战单位在远离敌人时，穿越了另一个作战单位的阵地，就是向后穿越防线。

一、计划注意事项

拥有控制权的步兵连要负责计划和协调涉及步兵排和班的穿越防线行动。在某些情况下——例如某连使用了多条穿越路线（比如，每个排有一条单独路线）——连长要负责计划和协调该项作战行动的各个阶段。

在计划穿越防线行动时，要考虑以下战术因素和程序：穿越通道、欺骗战术的使用、战斗交接、障碍物、空中防御、勤务职责、任务指挥权、侦察与协调、向前的防线通道，以及向后的防线通道。

二、向前穿越防线

在向前穿越时，穿越部队首先运动到驻止部队后方的一片集结地域，或者某个攻击位置上。指定的联络人员上前和向导会合，并和驻止部队确认协调信息。然后，向导带领穿越人员通过穿越通道。

步兵部队通过部署战术运动来向前穿越。士兵要迅速运动，一有可能就使用合适的分散方法和队形，并尽量让无线电通信保持在最低限度。如有必要，要绕开故障车辆。除非指挥官已经和驻止部队协调过火力控制方式，否则穿越部队要避免射击，直到他们经过了战斗交接线或者指定的火力控制措施。一旦清理掉穿越通道上的限制后，该作战单位要在集结点或攻击位置集合，并根据命令进行战术运动。

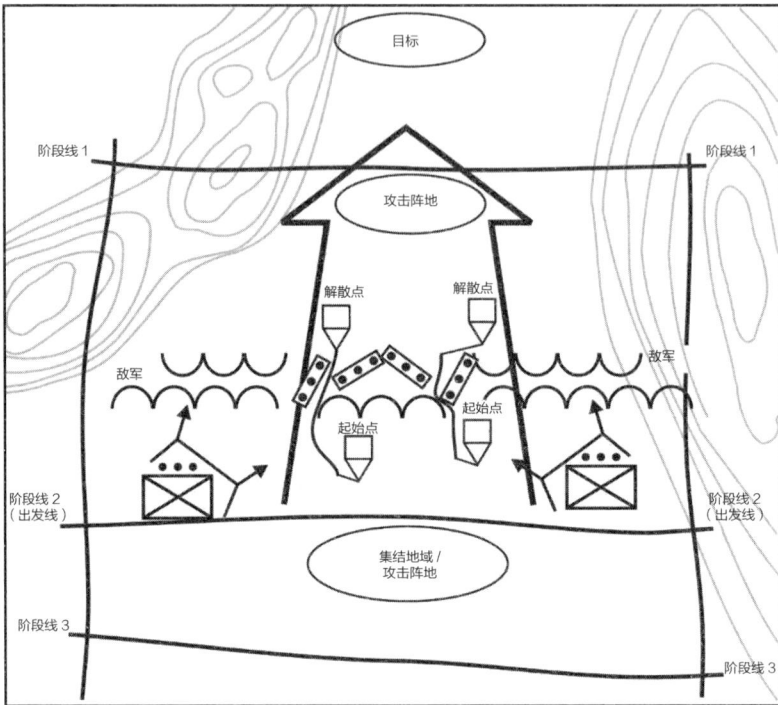

向前穿越防线
（ATP 3-21.8
《步兵排和班》）

三、向后穿越防线

由于在向后穿越时，友军误伤和误射的风险会上升，因此协调识别信号以及直瞄火力限制至关重要。演习和训练可以帮助降低友军误伤和友军误射的风险。在穿越部队还位于直瞄火力射程之外时，就要和驻止部队进行接触，并像前面讨论的那样进行协调工作。特别需要强调近距离识别信号和战斗交接线的位置。穿越部队和驻止部队都可以采取火力限制线之类额外的火力控制措施，尽可能降低友军误伤和友军射击的风险。

根据协调情况，穿越部队继续朝着穿越通道进行战术运动。穿越部队要对自身的安全负责，直到通过了战斗交接线。如果驻止部队提供了向导，穿越部队可以进行短暂驻止，以便和驻止部队会合并与之协调。穿越部队应快速穿过穿越通道，来到位于驻止部队后方的指定位置。

起始点 1　　　起始点 4　　　起始点 3

阶段线 1
战斗交接线

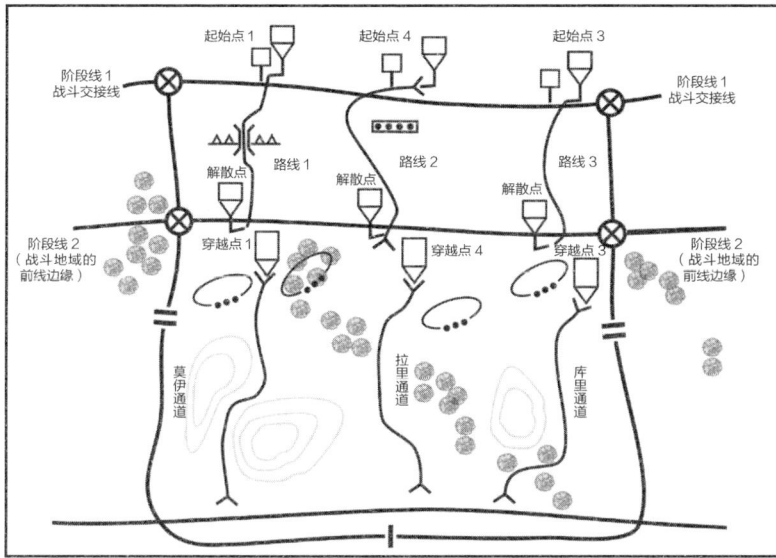

向后穿越防线
（ATP 3-21.8
《步兵排和班》）

阶段线 1
战斗交接线

解散点　　路线 1　　　路线 2　　　路线 3
解散点　　　　　解散点

阶段线 2
（战斗地域的
前线边缘）

穿越点 1　　　穿越点 4　　穿越点 3

阶段线 2
（战斗地域的
前线边缘）

莫伊通道　　拉甲通道　　库里通道

驻止部队和穿越部队的职责

驻止部队	穿越部队
· 清理通道，或者减少沿路的障碍物 · 提供障碍物和友军部队的位置 · 清理并维护通往战斗交接线的路线 · 为路线和通道的使用提供交通管制 · 为通往战斗交接线的通道提供安全保障 · 确定可用来作为穿越部队的集结地域和攻击位置的地点 · 根据自身能力，向穿越部队提供先前进行过协调的，或者紧急的后勤援助 · 控制所有火力支援穿越	· 可能需要帮助减少障碍物 · 提供运动顺序和机动方案 · 可能需要帮助维护路线 · 根据需要加强驻止部队的交通管制能力 · 维持保护措施 · 从自己当下的位置侦察其指定的集结地域和攻击位置 · 在抵达战斗交接线以前，对自己的勤务支持承担全部责任 · 部署火炮支援穿越行动

会合

　　会合指友军地面部队之间的相遇。会合可发生在各种情况下。当一支先头部队抵达一片先前被空降兵或空中突击部队夺取的目标地域；当一支被包围的部队突围并遇到友军；当一支部队为被包围的部队解围；当汇聚的机动部队相遇时，就可以会合。两支部队可能同时朝着对方运动，或者也可能有一支部队保持不动。只要有可能，在开始作战之前，会合部队要交换尽可能多的信息。

　　命令会合的指挥部要明确：

· 共同作战图景。

· 会合前、会合时和会合后的指挥关系和每支部队的职责。

· 会合前、会合时和会合后的直瞄、间瞄火力支援，以及控制措施的协调。

· 会合方式。

· 共同使用的识别信号和通信程序，包括烟火、袖章、车辆标记、炮管朝向、车身金属板、彩色烟雾、灯光，以及秘密口令和密码。

· 会合建立以后要实施的作战行动。

一、控制措施

发出会合命令的指挥官要为执行会合行动的作战单位建立控制措施：

· 为每个作战单位分配一片作战地域，划出左右边缘，同时将火力限制线作为前进极限。

· 在一方或双方作战单位周围建立禁射区，并在作战单位会合的地域之外建立一条协调火力线。

· 建立一片禁射区，以确保不明确的空射弹药或间瞄火力不会穿越火力限制线或边界，影响友军。

火力协调线能让可用的火力快速攻击接近会合地域的敌军目标。会合中的部队使用由指挥官建立的会合点相互进行实质性接触。考虑到敌人的行动可能会干扰主要会合点，因此指挥官要指定预备会合点。在作战过程中，要积极调整控制措施，提供行动的自由和控制。

二、执行

会合有两种方式。推荐的方式是运动部队在另一支部队附近确定一个前进极限，随后在事先确定的接触点实施会合行动。然后作战单位再协调其他的行动。另一种是运动部队持续运动，并通过无线电或其他措施进行远距离识别。只有当其和另一支部队进行实质性接触时，运动中的部队才停下。当处于敌军从一个潜在的包围圈逃跑，或者当其中一支会合部队处于危险中需要立刻增援等具有高流动性的机动作战情形时，指挥官可使用第二种方式。

三、会合的各个阶段

步兵排和班可独立或作为更大规模编队的一部分来执行会合行动。当处于更大规模的编队中时，某排可能会成为会合部队的先头排。会合包括三个阶段。以下行动对实施会合至关重要。

（一）阶段 1：远距离识别信号

在这个阶段，在抵达直瞄火力射程范围之前，实施会合的部队要建立无线电和数字通信。两支会合部队的先头分队都应监听另一支友军部队的无线电频率。

（二）阶段 2：协调

在开始运动到会合点之前，部队必须协调以下的必要战术信息：

· 已知的敌军态势。

· 任务指挥系统（如配备），过滤设置和通信簿共性。

· 友军车辆的种类和数量，以及配备了任务指挥系统的车辆数量。

· 驻止部队的部署情况（如果其中一支部队是驻止部队）。

· 通往会合点和集结点（如有）的路线。

· 直瞄和间瞄火力控制措施。

· 近距离识别信号。

· 通信信息。

· 后勤职责和程序。

· 会合点和集结点（如有）的最终位置。

· 特殊协调，例如机动指令或医疗支援请求。

（三）阶段 3：运动到会合点并会合

会合涉及的所有作战单位或人员要遵守严格的火力控制措施，防止友军误伤误射。运动或汇聚中的部队必须能轻易识别会合点和火力限制线。会合人员要采取以下行动：

· 使用无线电或任务指挥系统（如配备）进行远距离识别。

· 使用指定的信号进行近距离（邻近）识别。

· 完成前往会合点的运动。

· 在会合点建立直接警戒措施。

· 必要时执行额外的协调工作和会合行动。

警戒

保持警戒是战术运动的永恒主题。做好警戒能防止敌人奇袭。警戒作业要求每个人集中精力应对敌人——这在实际中并没有看起来那样简单。做好警戒需要指挥官和士兵都精通战术运动的基本内容。如果不够熟练，就会让注意力从敌人身上转移，直接降低作战单位的战斗能力。

在运动中，排和班通过以下方式来加强自身的警戒：使用有掩蔽和隐蔽的地形；使用合适的战斗编队及运动方法；在穿越危险地域时采取相应动作；执行噪音、灯光、无线电相关纪律；使用合适的单兵伪装方法。

在计划和准备运动时，指挥官要分析敌方情况，确定已知和潜在敌人的位置，并制定敌方可能的行动流程。在首先考虑敌人之后，指挥官再要确定战术运动中应部署哪些警戒措施。

一、敌方

指挥官必须决定己方是要通过激进的运动来接敌，还是靠隐秘行动避免接敌。无论哪种方式，指挥官都必须在整个过程中预测接敌情况。如果有可能，指挥官应避开带有明显危险地域（例如建筑密集地域、公路、小路和已知的敌人位置）的路线。如果无法避开这些地方，应进行风险管理，想办法减少这些地方对单位构成的危险。如果需要隐秘行动，路线需要避免接触本地居民，避开建筑密集地域和自然漂移线。

运动方法能帮助指挥官管理其部队在运动过程中的警戒等级。其中，一般行进是最不安全的，应在不太可能接敌时使用。当有可能接敌，但不是马上接敌时，可使用掩护行进。当马上要接敌时，使用掩护跃进。指挥官要建立预计部署线，以指示应在何处从掩护行进过渡到掩护跃进。在接敌时，作战单位从运动状态过渡到机动状态（开火并运动），同时指挥官要采取接敌后行动。

二、地形

在规划运动时，指挥官必须在考虑 METT-TC 的同时，思考地形将如何影响警戒。某些任务可能要求作战单位在没有掩蔽和隐蔽的路线上运动。指挥官可能无法阻止己方被发现，但他可以确保己方在敌方毫无准备的时间和地点，在战场上运动。特别是在开阔地带运动时，指挥官必须避免可预测性，并持续利用地形作为自己的优势。

三、伪装、噪音和灯光纪律

指挥官必须确保其士兵使用的伪装符合地形和季节。排的标准作战程序规定了噪音和灯光纪律内容。

如果在运动过程中，士兵需要比图像增强器在红外模式下所能提供的光源更强的照明，他们应该使用额外的红外光源。该组合应当足以提供所需的光线，并将被敌方发现的风险降到最低。在使用红外光时，指挥官必须考虑到敌方的夜视能力和红外能力。例如，具有夜视能力的敌方可以发送红外光信号，而且可以集中直瞄和间瞄火力，对准正在使用红外光的某排。

四、警戒驻止

进行战术运动的作战单位经常会暂时停下。这些驻止单位时间上有长有短。对于短暂驻止，排使用雪茄形状的边界来保护部队，同时保持继续运动的能力。当排长决定不会马上恢复战术运动时，他应将排过渡到环形防御状态。环形防御状态用于长时间驻止，或者战斗间隙期间。

（一）雪茄形边界

当作战单位停下时，如果地形允许，士兵应离开路线，面朝外，各自覆盖他们在运动时被分配的同一片火力区分，给编队中央留出通道。这就形成了一个雪茄形状的边界。无须指挥官发出命令，下属指挥官及其士兵就应采取行动。士兵根据需要重新进行部署，以更好地利用掩体、隐蔽物和火力区分的优势。

（二）环形防御

在独立作战时，排在长时间驻止、补给、发布排命令或战斗间隙期间，使用环形防御。通常来说，作战单位首先形成一个短暂驻止编队。然后，在对该位置进行完指挥官侦察，并建立了警戒措施以后，作战单位再通过运动形成环形防御。

五、乘车的警戒驻止

当处于静止状态时，排采用环形、鱼骨形和 Y 形三角形队形来保持

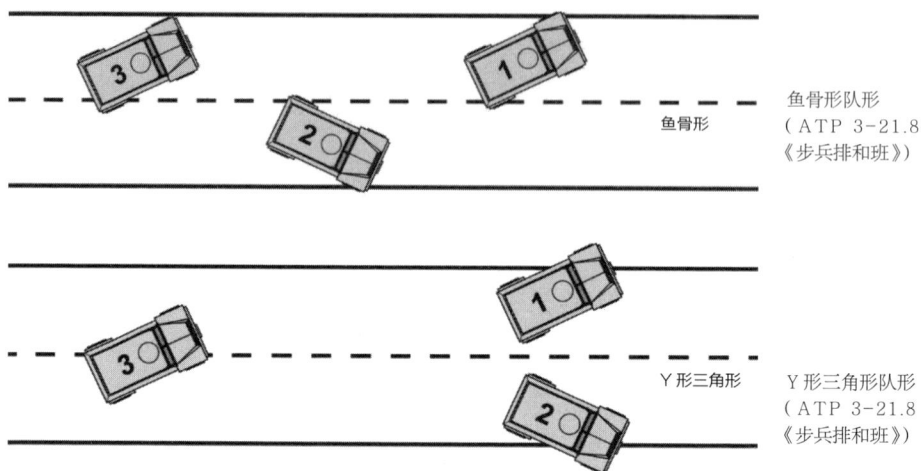

鱼骨形

鱼骨形队形
（ATP 3-21.8
《步兵排和班》）

Y形三角形

Y形三角形队形
（ATP 3-21.8
《步兵排和班》）

360° 安全警戒。

当排静止时，环形队形能提供全方位的警戒和观察。巡逻队也在战术加油、补给，以及发布巡逻命令时使用环形队形。在环形队形中，指挥官要设置警戒哨。

在临时驻止时，或者驶离道路以让另一支部队通过时，巡逻队长可使用鱼骨形和三角形队形。这能让巡逻队运动到道路或开阔地域以外的有掩蔽和隐蔽的位置，并在没有发布详细指令的情况下，建立起全方位警戒措施。卡车指挥官要根

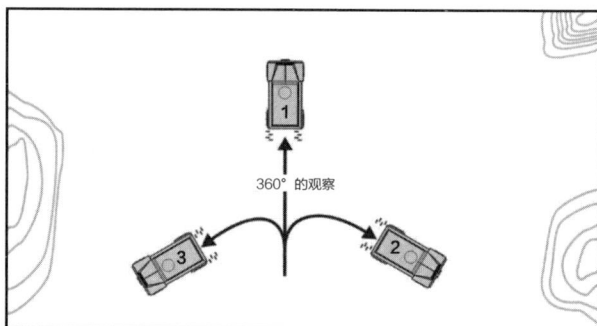

360° 的观察

环形队形（ATP 3-21.8《步兵排和班》）

远处车辆排成 Y 形队形（2011 年）

据需要重新部署自己的车辆，以最好地利用掩体、隐蔽物和射界的优势。火力组成员要下车并建立警戒措施。

六、驻止时的行动

下表列出了驻止时士兵、班长和排长要采取的标准行动。

驻止时的行动

士兵（或车辆）的行动*	班长（或分队长）的行动	排长的行动
· 运动到最近的有掩蔽和隐蔽的位置。 · 目视检查并清理自己周围的环境（其所在位置周围大约5~25米的范围）。 · 为其分配的武器建立火力区分（使用12点作为士兵面朝的方向，则该士兵的火力区分范围是10点到2点）。 · 确定他的观察和火力区分范围。确定其火力区分内的死区。 · 识别障碍物，并确定敌人的接近路线（包括乘车和徒步情况）。 · 确定其所处环境周边的优势地形。 · 和自己左右两侧的士兵（或车辆）协调行动。（*这些行动都发生在没有指挥官指示的情况下。）	· 当出现以下情况时，要调整其边界： 如果独立作战，班长要建立360°地空警戒措施。 尝试找到能锚定其阵地的地形。 如果作为排的一部分进行作战，班长要根据排长的指示，安排自己的组以最佳方式融入排长的防御计划中。 · 目视检查并清理（如有需要）班所在位置的周围环境（大约35米，手榴弹范围内）。 · 确保班内单兵的火力区分相互重叠，火力覆盖无缝隙。 · 确定自己的死区，并相应调整他的M203榴弹手。 · 识别障碍物和可能的敌接近路（包括乘车和徒步情况）。 · 确定其作战地域的优势地形。 · 与左右两侧的作战单位协调职责和范围。	· 当出现以下情况时，要调整其边界： 如果独立作战，排长要建立360°的地空警戒措施。 如果作为另一个组织的一部分作战，排长要安排自己的班以最佳方式融入控制指挥官的防御计划中。 监督武器班的武器系统部署情况。 · 派遣一个作战分队（通常是一个火力组）去目视检查和清理该排周遭的环境（根据地形，大约是一片100~300米的轻武器射程范围的地域）。 · 确保各班的火力区分相互重叠，火力覆盖无缝隙。 · 确认没有覆盖到的死区，并请求间瞄火力支援以监视作战地域内的死区。 · 识别障碍物和可能的敌接近路（包括乘车和徒步情况）。 · 确定其作战地域的优势地形。 · 与左右两侧的作战单位进行协调。

其他运动情况

运动是为了重新部署作战单位、人员、补给、装备，以及其他关键的战斗元素，以支援当下或将来的作战。其他运动形式包括空运、水运，以及低能见度时的运动。

一、空运

空运作战包括空投和空降。空运计划和其他任务的计划类似。然而，除了正常的计划过程之外，空运计划必须包括空中渗透和撤出的特殊要求：

· 与支援的航空兵部队进行协调。

· 如有可能，在任务前计划并和支援航空兵部队进行演练。如果作战中伴有武装护送，排长、连长，以及突击或一般支援航空兵部队，都应确保机组人员参与到计划和演练中。

·尽可能多地收集信息（比如敌人的情况），为任务做准备。

·计划并协调联合压制敌人的防空措施。

作战单位还应该计划不同的出入路线，要包括以下内容：

·进入点和撤离点。

·紧急撤离集结点。

·失去通信时的撤离点。

撤离点和紧急撤离集结点都需要通过沟通证实先前计划的带离时间，或协调一个紧急集合时间窗口。计划必须包括当上级指挥部与作战单位失去通讯时如何实施撤离的具体安排。失去通讯时的撤离点指的是，当渗入组连续两次错过通讯窗口后，要运动到紧急撤离点，并等待最多 24 小时由航空器带离。

二、水运

排要尽量避免穿越水障。必须穿越时，指挥官应找出游泳能力较弱，或者不会游泳的人，并让他们与班内熟悉水性的人结对。

当排或班必须进入、横渡或离开河流、湖泊、溪流，或者其他水体时，他们要将水障视作一片危险地域。在水中时，该排暴露在外且易受攻击。为了弥补不利情形，排应当：

·在低能见度时运动。

·保持分散。

·靠近岸边运动，减少被发现的机会。

当进行运动的船不止一艘时，该排应当：

·保持战术完整性和自给自足。

·交错装载重要的士兵和装备。

·确保指挥官带着无线电。

如果没有船，可使用其他几种方法，例如：

·游泳。

·雨披筏子。

·气垫。

·防水袋。

·一条直径为 7/16 英寸（约 1.11 厘米）的绳子，作为半潜式单索桥，或者安全索。

·浮水圈（用一条裤子制成）。

三、在低能见度时运动

夜晚或者能见度很差时，排必须能够像在白天一样运转。它必须有能力在夜晚，或能见度有限时进行控制、寻路，以及保持警戒、运动和跟踪。

（一）控制

当能见度很差时，可用以下方式帮助控制：

·使用夜视设备。

·红外化学光源。

·指挥官更靠近前方。

·排降低速度。

·在头盔后部贴两条发光胶带，这样后面的士兵也能看见前方部队。

·指挥官应缩短士兵之间，以及作战单位之间的间隔，以确保可以相互看见。

·每隔一段时间，以及每次驻止后，指挥官都要清点人头。

（二）寻路

为了帮助在低能见度时进行寻路，指挥官可使用以下方式：

·地形关联（大致的行进方向，加上识别显著的地图和地面特征）。

·航位测算，罗盘方向，以及特定的距离或路段（在每条路段的末尾，指挥官应确认他们的位置）。

·平行于可识别地形特征的运动路线。

·向导或标记路线。

·任务指挥系统。

（三）夜间警戒

为了在夜间运动时保持隐秘性和安全，班和排应当：

·指定一名尖兵以保持警觉，由先头组长寻路；一名配速员计算行程距离；同时指定候补的罗盘员和配速员。

·确保良好的噪音和夜间纪律。

·无线电收听保持静音。

·对士兵和装备进行伪装。

·利用地形避开敌人监视或夜视设备的探查。

·时常进行监听驻止。

·用炮火射击掩盖运动的声音。

进攻

进攻是战争的决定性形式，是指挥官将他的意志强加于敌人的终极手段。排长和班长必须理解进攻的原则、战术、手段和程序，领会其在更高层级作战中和独立作战中的角色，知晓各类机动和支援要素对其自身能力的补充和加强作用，理解开阔和受限地形对其作战的影响。排开展进攻行动的目的包括剥夺敌方资源、夺取重要地形、欺骗敌方或使敌方转向、收集情报、牵制敌方等。本章主要讲解排和班在进攻时的基本原则、在计划进攻时的常见考虑、接敌动作、接敌运动，以及过渡等内容。

进攻的实施

指挥官在进行进攻作战时要夺取、维持并充分利用主动权。即便在以防御为主的作战中，也需要通过以歼灭敌人或占领地形为目标的进攻行动来从敌人手中夺取主动权。

一、进攻的特点

进攻作战中，步兵排和班应在整个作战地域夺取和维持主动权，对敌人持续施加压力。要正确运用进攻的下列特点才能克敌制胜。

果敢。果敢地执行简单的行动计划能够激励士兵克服逆境和危险，增加战斗的突然性，因此是所有进攻行动的关键组成部分。果敢行动根植于指挥官发现行动时机，抓住时机进行决策，并承担必要风险的能力。指挥官要清楚何时何地可以承担风险，并果敢地进行计划和执行。

集中。即压倒性地集中作战力量来达到单一的目的。指挥官要在集中力量聚集作战效果与分散力量避免形成于敌有利的目标之间达到平衡。地面推进、空中机动、目标获取和远距离精准火力都有助于攻击方积聚作战效果。任务指挥系统能够提供可靠的信息，协助指挥官决定何时集中作战力量积聚作战效果。步兵排和班可通过谨慎的计划和协同确定主要进攻方向并分配相应资源，依靠连续的信息流、运用远距离精准火力，或是通过机动集中火力等途径来达到积聚的目的。

突然。在进攻中，可通过在敌未能预料的位置和时间，或以敌未做准备的方式发起攻击，实现突然性。预判敌指挥官的意图，削弱其获得全面及时的态势感知，增加己方的不可预测性并果敢行动，也有助于实现突然性。在步兵排和班一级，可通过全面的信息收集和反侦察措施获得信息主导权、在敌未能预料的时间从敌未能预料的方向打击敌人、快速变换行动的节奏，来实现进攻的突然性。

节奏。指己方在军事作战的一段时间内相对敌人作战的速度和规律。控制和改变节奏能够夺取作战的主动权。较快的节奏能够使进攻方快速突贯障碍和防御，在敌人做出反应前摧毁敌纵深力量。指挥官在战术态势，后勤需求或作战机会允许时可以对节奏进行调整，在不贻误战机的前提下保证各单位间的协同。快速的节奏需要快速的决策，不断创造有利的进攻机会，让敌人无法休整。

二、进攻的具体任务

进攻可分为接敌运动、攻击、扩大战果、追击四个具体任务。

（一）接敌运动

接敌运动的目的是发展态势，建立或重新与敌人接触，为后续的战术行动创造有利条件。指挥官在敌情不明或现有信息不足以组织攻击时进行接敌运动。部队在进行接敌运动时，要力争以最小的友军力量与敌人发生接触。接敌运动可能导致遭遇战，即移动中的部队在未能预料的时间和地点与敌人交战的作战行动。一旦接敌，指挥官有五种选择：攻击、防御、绕过、迟滞、撤退。接敌运动有"搜索和攻击"以及"封锁和搜索"两种方法。

（二）攻击

可消灭或击垮敌力量，夺取和占领地形，或二者兼有。攻击是在直瞄和间瞄火力支援下的协同运动的集合，基于地形、计划、准备的可用时间，可分为仓卒或预有准备的塑形作战或决定性作战。在 METT-TC 允许时，指挥官也可以仅通过火力发起攻击。攻击与接敌运动的区别在于攻击中敌人本队的布置至少是部分已知，允许指挥官有更多的协同性，可以更有效地集中攻击部队积聚作战力量效果。

（三）扩大战果

在攻击并破坏纵深之敌的组织后可扩大战果，利用预见或突现的战术机遇，进一步瓦解敌人迫使其投降或撤退。通常师级以上指挥部负责制定扩大战果的计划，步兵排和班一级可作为牵制或打击力量参与其中。

（四）追击

追击指以消灭敌人为目的，抓住欲逃跑之敌或切断其退路的进攻具体任务，通常在扩大战果之后。如果敌人抵抗已经完全崩溃，并正在溃逃出作战地域，那么就需要部队转入追击。追击有运动快速、分散控制、作战意图清晰等特点。

三、机动的方式

指挥官根据 METT–TC 决定机动的方式，并将全部战斗功能的效果同步到选定的机动方式上。一次作战可能包含多种进攻机动，比如通过正面攻击清理敌人警戒分队，然后通过突贯在敌防御上创造空隙，紧接着通过包抄消灭敌反击力量。步兵排和班没有独立完成全部机动方式所需的作战力量，但可以作为更高级组织的一部分参与机动。机动方式共有包抄（Envelopment）、迂回运动（Turning movement）、正面攻击（Frontal attack）、突贯（Penetration）、渗透（Infiltration）、侧击（Flank attack）等。

（一）包抄

包抄指攻击部队绕开敌主要防御，通过夺取敌防御后方的目标，使敌人在其当前位置被消灭的机动方式。一般由旅级战斗队以上的单位实施包抄。在战术层面，包抄注重夺取地形，消灭特定敌力量，截击敌撤退路线，其决定性作战注重攻击敌有弱点的侧翼（如果没有就创造一个），避开敌火力和障碍效果较强的正面。通常在指挥官意图降低攻击部队伤亡，同时保持消灭敌人的最大机会时，会采用包抄而不是突贯和正面进攻。此外，包抄还会对敌人造成强大的心理冲击。包抄

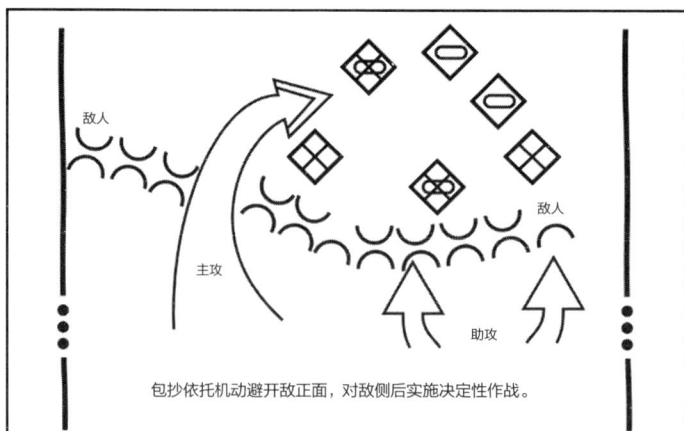

包抄依托机动避开敌正面，对敌侧后实施决定性作战。

包抄（ATP 3–21.8《步兵排和班》）

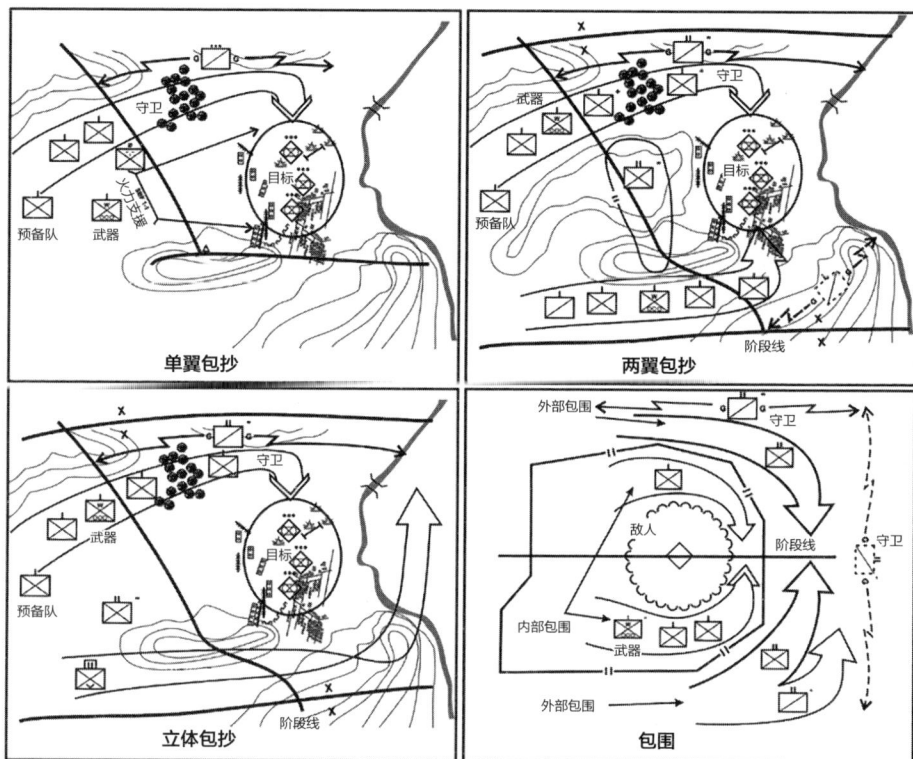

营级包抄作战要图（ATP3-21.20《步兵营》）

可以细分为单翼包抄、两翼包抄、包围、立体包抄（以空中突击的形式）等。

（二）迂回运动

迂回运动指攻击部队绕开敌主要防御，夺取防御后方目标的机动方式。但与包抄不同，迂回运动要迫使敌人离开当前位置，或是分兵应对友军对其施加的威胁。指挥官依靠迂回运动在敌本队撤出或得到增援前，夺取敌支援地域中的重要位置。一般由师级部队执行迂回运动。

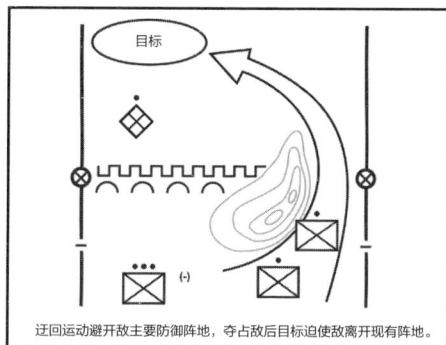

迂回运动避开敌主要防御阵地，夺占敌后目标迫使敌离开现有阵地。

迂回运动（ATP 3-21.8《步兵排和班》）

（三）正面攻击

正面攻击一般适用于消灭较弱之敌或在宽大正面对敌进行牵制的情况。指挥官一般将正面攻击作为其他机动形式的塑形作战共同使用。

（四）突贯

突贯指攻击部队在较窄的正面撕裂敌方的防御战线，破坏敌方防御体系的机动方式。突贯通过破坏敌方防御的连续性，为后续扩大战果的友军逐步孤立和击垮敌人创造条件。当敌方防御正面过长、没有薄弱的侧翼、没有发现敌方防御弱点，或是时间不允许包抄时，指挥官可选择采取突贯。

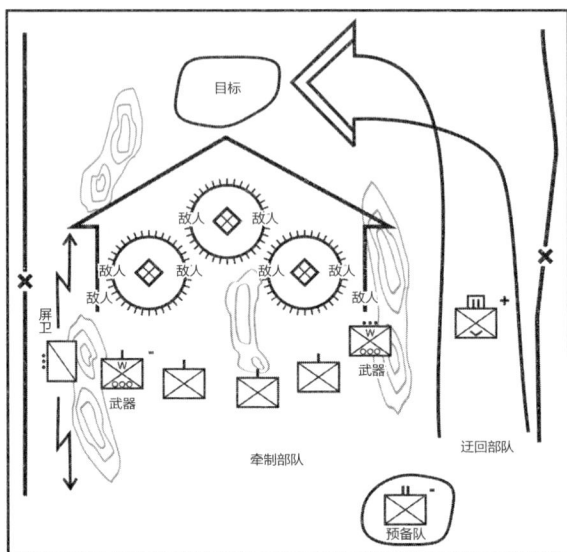

营级迂回运动作战要图（ATP3-21.20《步兵营》）

（五）渗透

指攻击部队通过隐蔽运动进入或穿过敌控制区，其目的是占领敌阵地后方有利地形，同时尽可能不暴露于敌防御火力之下。渗透的途径可以是地面、水面、空中，

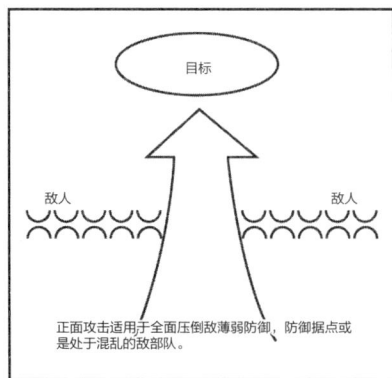

正面攻击（ATP 3-21.8《步兵排和班》）

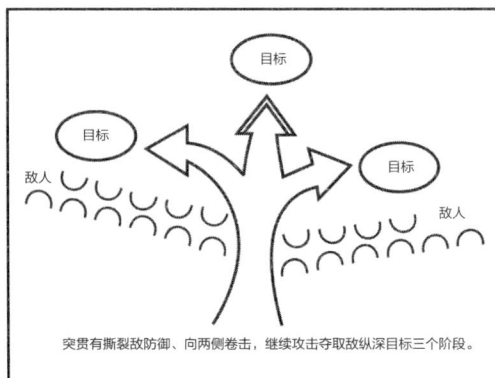

突贯（ATP 3-21.8《步兵排和班》）

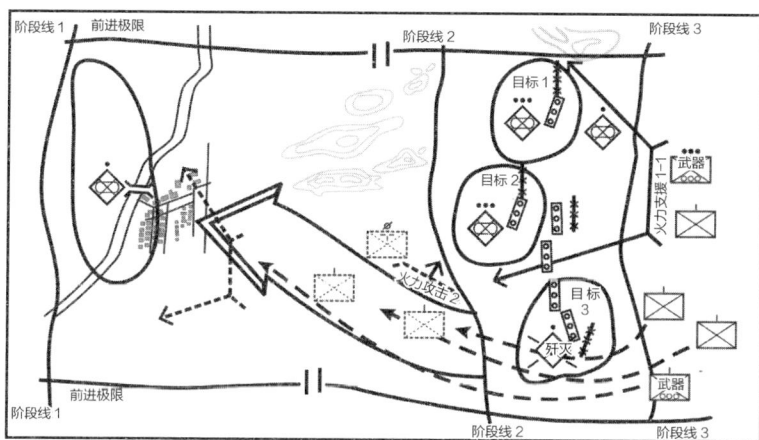

营级突贯作战要图（ATP3-21.20《步兵营》）

或者是以上的综合。渗透时，部队要避免与敌人交战或被敌人发现。部队隐蔽运动和集结穿过敌位置需要花费大量时间，因此渗透部队的规模和实力都会受到限制，仅仅依靠渗透部队很难击垮敌军。因而渗透常与其他形式的机动共同使用并为其提供支持。

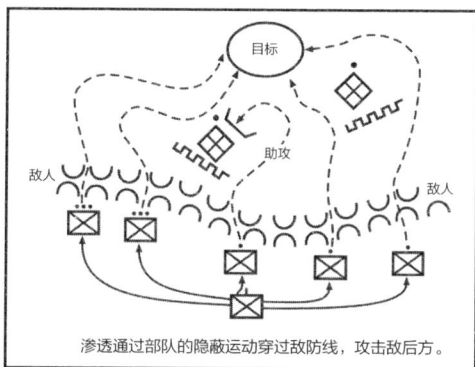

渗透（ATP 3-21.8《步兵排和班》）

（六）侧击

指针对敌阵形左右两侧的进攻机动形式。敌侧翼一般相对正面更为薄弱。侧翼可以通过攻击方成功的突贯或火力创造出来。侧击与包抄类似，但总体上纵深更浅。其目的是在最小化敌正面作战力量效果的同时击垮敌人。一般在敌人正面会部署支援力量以火力和机动与敌人交战，分散敌人向侧翼的注意力，主要攻击力量则向敌方侧翼机动。侧击常用

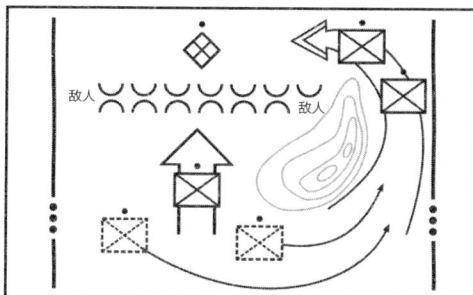

侧击（ATP 3-21.8《步兵排和班》）

于需要速度和简单的仓卒作战或遭遇战，以便维持作战的节奏，保持主动权。

四、常用的进攻控制手段

更高一级指挥官决定本级指挥官的意图并建立控制手段，为分散执行和最大化排长自主权创造条件。一般在进攻中常用的控制手段有：

· 突击阵地。

· 突击发起时间。

· 火力攻击阵地（Attack by Fire Position）。

· 攻击阵地。

· 前进轴线。

· 战斗交接线（Battle Handover Line）。

· 攻击方向。

· 最后协调线（Final Coordination Line）。

· 前进极限。

· 出发线。

· 目标。

· 出发点（Point of Departure）。

· 预计展开线（Probable Line of Deployment）。

· 集合点。

· 火力支援阵地。

· 攻击发起时间。

作战地域决定了下属单位实施进攻的位置。各单位在指定作战地域遂行各自任务，营或更高一级单位可能需要使用侦察资产对域内没有单位的地域进行侦察，其他单位对各自作战地域进行侦察。作战地域和目标参考点（TRP）都能避免友军误击。目标参考点也有助于在发现敌人后进行反应。目标和检查点能够帮助引导下级单位的运动，让指挥官更好控制其组织。

地形要素作为控制手段时一般有线、点和面三种形态。各种线,即山脊线、山谷、溪流、输电线、街道等主要的天然或人造的连续要素；点则通常能通过特定元素加以识别，比如山顶和显眼的建筑等；面要素要比点大得多，需要结合地图坐标和地形共同确定。

五、进攻的次序

进攻任务通常按照五步走的次序执行，依次为：获得并保持与敌人接触、干扰敌人、牵制敌人、机动、后续跟进，且每一步与上下步都有交叉重合。其中前三步为塑形作战，机动则是决定性作战，后续跟进则一般基于实际情况选择计划的一个分支执行。当然，这并非唯一执行进攻任务的方式。

计划进攻作战时的常见考虑

步兵步枪排、机械化步兵排、斯特赖克步兵排在计划、协同时的要求和程序是一致的，但机械化步兵排和斯特赖克步兵排需要将车辆和徒步士兵的速度差异、车辆的额外火力、车辆带来的快速战斗力投送能力以及更强的通信和协同能力等纳入考虑。

一、任务指挥

在步兵排中，排长是任务指挥的核心人物，也是整合各战斗功能所必需。任务指挥要尽可能激发下属的作战自由，向他们赋权，与之分享能够推动分散执行的信息，让他们能够自主发展态势，应对态势并在排长的作战意图指导下，通过有纪律的主动性果断行动。

任务指挥要传达指挥官的意图和对 METT-TC 的分析，并着重说明以下内容：

· 敌位置、规模、各项能力。

· 任务及目标，包括各下属单位的具体任务和目的。

· 指挥官的意图。

· 各下属单位的作战地域，并说明采取的控制措施。

· 作战起始时间。

· 机动计划。

· 需要在总任务中完成的特殊具体任务。

· 风险。

· 完成任务的其他选项。

除了上述任务指挥发挥战斗功能的具体任务，任务指挥还有五种额外的具体任务：

· 实施军事欺骗。

· 实施民事行动。

· 安装、运行和维护通信网络。

· 实施空域管理。

· 实施信息保护。

二、战术具体任务

描述的是指挥官需要达成的结果或效果，回答了计划环节任务分析的"何物""何由"两个问题。"何物"即要达到什么可测量的效果，"何由"即任务的目的。

下面是步兵排可能会收到的与进攻相关的战术具体任务。

1. **破障（Breach）**：在攻击时步兵排可能需要穿越敌防御、障碍物、雷场、工事或建立安全的穿越通路，因而需要执行破障任务。步兵排可以参与仓卒突破或在更高级单位中执行预有准备的破障。

2. **击垮（Defeat）**：当步兵排使敌人暂时或永久失去战斗的手段或意志时即可称已将敌人击垮。被击垮的敌人不愿或不能继续执行其既定的行动流程，也不能显著干扰友军的行动，从而受到友军指挥官意志的支配。

3. **消灭（Destroy）**：当步兵排物理上使敌人除非重建则不能有效作战时即可称已将敌人消灭。步兵排可通过埋伏且使敌人整建制进入杀伤区、对交战区使用突然的直瞄和间瞄火力、对目标协同使用直瞄和间瞄火力、集中对无准备之敌使用间瞄火力等方式消灭敌人。

4. **夺占（Seize）**：当步兵排物理上占领目标且敌人无法再对目标施加直瞄火力时即可称已夺占目标。步兵排在进攻或防御作战时均可夺取目标，例如在连级破障任务中夺取障碍物远侧；在连级预有准备的攻击中夺占敌部分防御阵地；预先夺占关键地形避免为敌所用等。

5. **压制（Suppress）**：当步兵排或班使敌人不能阻止友军完成任务时，即可称敌人已被压制。压制是临时性手段，可通过直瞄火力或呼叫间瞄、遮蔽火力实现。处于支援和火力攻击阵地的单位一般使用压制火力完成其任务。在进攻中实

施压制能够让友军行进得更
远；通过压制相互支撑的敌
阵地实现对目标的孤立；掩
护徒步突击分队从出发线
向目标运动等。

三、行进和机动

排长通过机动避开敌方
优势位置并创造增加战斗力
效果的机会。通过敌方不能

士兵使用 M240L 机枪在实弹演习中进行火力压制（2018 年）

预料的机动，快速改变现有作战的节奏，避开敌人观察，使用欺骗手段和程序等
途径，可实现作战的突然性。排长应通过利用一个或多个敌人不能预料的行动，
例如在敌方侧翼等有利位置与敌方防御部队交战，在敌人有时间以有组织的形式
做出反应前击垮敌人。

排长通过机动接近敌人，并通过近距离作战和突击的效果消灭敌人。近距离
作战指的是地面上在直瞄、间瞄、空中火力支援下的直瞄火力与运动，最终击垮、
消灭敌方力量或夺取和控制地域的作战。

四、情报

指挥官在制定计划时会使用事件模板、态势模板、敌行动流程、民事考虑分
析等情报成果。排长也可通过连情报支援组请求营参谋回应排级信息需求。

指挥官通过研究地形确定敌方通向目标的主要接近路、敌方主要防御可能占
据的最有利地形、敌方开展反击的可能路线，以及前述的 OAKOC 等。由于指挥
官很可能不具有对敌方意图和实际行动的全面感知，因此攻击单位在战斗中也要
持续收集信息。

五、火力

排长必须根据 METT-TC 对间瞄火力进行良好规划，确保能覆盖到可能的接
敌位置，并将他的规划纳入连级间瞄火力计划。在制定火力计划时要同步制定机

动计划。旅级战斗队和营级单位一般采用自上而下的火力支援计划模式，然后再自下而上地对计划进行完善。连指挥官根据任务需求完善上级的火力支援计划，并确保其补充的内容纳入上级计划。

一个清晰给定的作战构想可以让排长和前进观察员精准描述他们希望间瞄火力在作战各阶段该如何对敌产生影响。反过来，连火力支援官也可以让火力支援更好地下至班一级在完成连总任务时的行动。

六、勤务保障

进攻中，勤务保障的目标是协助全排保持攻势。排长会希望最大化利用战机，在发起进攻任务时尽可能避免提前惊动敌人。排军士和班长必须要准备好应对这种情况，保持支持进攻计划相应的灵活性。

进攻的关键因素之一是指挥官能否预估弹药、油料、水等支援补给随进攻一同向前推进的相关需求。应当尽可能向最前线提供补给，以便维持攻击的势头。

七、保护

进攻的快节奏和多变的本质对保护友军部队和装备提出了挑战。如果想要维持进攻任务必需的主动权同时确保友军的生存，指挥官就必须让下属单位不断向前运动保持快速的作战节奏，让敌人没有机会进行计划、准备、执行对友军进攻的反应。指挥官根据 METT-TC 情况，可以采用多路、分散的高机动单位来分割、孤立、歼灭敌人，并通过部队轮换避免过度疲劳，同时要灵活运用地形，以维持快速的作战节奏。

指挥官应采取措施保护下属部队，避免敌干扰进行中的作战，同时这也是指挥官的法定和道德义务。排长在计划、准备、执行过程中要确保制定下列条令要求的保护任务并持续进行评估：

· 实施作战地域警戒（Area Security）。

· 部署安全（包括防友军误击）措施。

· 实施作战安全。

· 为保护任务提供情报支持。

· 应用反坦克措施。

· 实施生存性作业。

· 实施核生化辐有关作业。

· 协调防空和反导。

八、其他计划考虑

在计划有装甲车辆参与的作战、空中突击作战，以及在城市、山地等地形进行进攻作战时，指挥官需要有一些额外的考虑。

（一）与装甲车辆共同作战

装甲车辆或是斯特赖克步兵运载车为单位提供了机动能力。装甲车辆还能够提供优秀的火力和防护，但代价是更为沉重的勤务负担，且在受限地形无法有效发挥其能力。斯特赖克步兵运载车提供了极佳的机动力和一定的火力，但在面对反装甲系统时缺乏防护。而装甲和斯特赖克步兵运载车都能在核生化环境下作战。有这些车辆的支持，如指挥得当，能有效使敌防御部队跌入劣势。

此类车辆能够以各种形式进行机动。装甲车辆更适合在开阔地形进行机动作战，而斯特赖克步兵运载车一般要通过机动避开直瞄火力，放下乘车步兵与敌人进行近距离作战。

（二）空中突击作战

空中突击属于高风险高回报的任务。在正确计划和积极实施后，这些任务能够让指挥官控制作战节奏，通过快速实施作战维持或夺取主动权。

空中突击作战在敌通信线路有限，缺乏制空权和有效防空系统的环境下最为有效。指挥官应避免将其用于时间较长的预有准备作战，但可以用于需要通过突然性、地形、威胁或机动性创造优势的态势，尤其是需要快速集中或

进行空中突击训练（2014 年）

128

转移作战力量，或是需要突然性、灵活性、机动性、速度的任务。

FM 3-99《空降和空中突击作战》对空中突击作战的计划有更为详细的说明。

（三）城市地形

城市地形的进攻任务同样是要将指挥官的意志强加于敌人，消灭或击垮敌人有生力量。但由于城市地形建筑稠密、人口众多，指挥官必须采取一些针对性的措施。指挥官应按照联合作战的方式实施城市进攻作战。ATTP 3-06.11《城市地形中的联合作战》对城市作战的计划有更详细的说明。

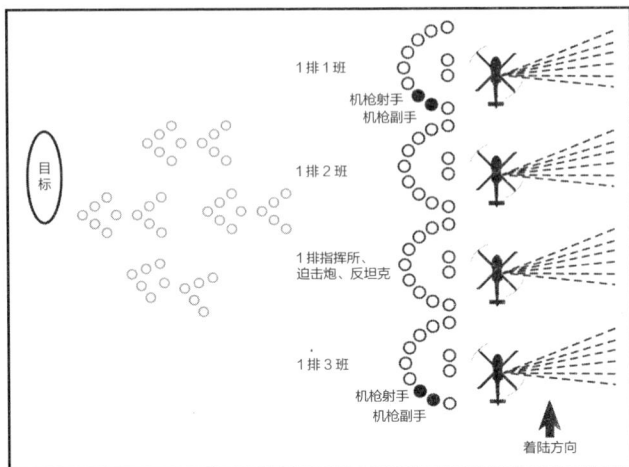

空中突击部队从单侧下机的队形安排（FM 3-99《空降和空中突击作战》）

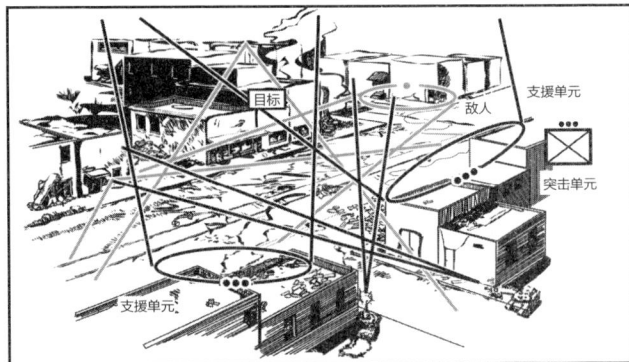

城市作战（ATTP 3-06.11《城市地形中的联合作战》）

（四）地下环境

城市中的地下环境包括地下停车场、地下通道、地铁线路、设备管道、下水道、排水管等，大多数情况下允许部队行进。在一些小城镇，下水道和排水管可能允许士兵在地下绕到地面敌军的后侧。地下设施的性质和位置等信息对于城市作战的攻守双方都至关重要。根据敌地面防御的实力和纵深，在地下环境沿线的攻击方甚至可以成为主要攻击力量。即便地下攻势没能立刻见效，也能迫使防守方在两个层面同时作战，能够进一步延展防守方有限的资源。

因此相对于进攻方，地下环境对于防守方更多的是一种劣势。当然，在全面侦察和控制后，地下环境有准备的防御位置能让一小群士兵击垮数量更多的部队。总体来说，地下环境：

·能够为增援部队运动或发动反击提供有掩蔽和隐蔽的路线。

·能够被用作通信路线、补给的运输线、伤员的撤离路线，或是成为前线连队进行补给的暂存点。

·极少为攻击方提供除黑暗外任何人为的掩蔽和隐蔽。

（五）山地

山地地形使得部队暴露在复杂的危险当中，对整支部队的身体和精神素质，耐力和技术娴熟程度构成了极大的考验。

一支有纪律有准备的步兵排和班应与联合作战的部队进行任务组织并受其支援，这对于小单位山地作战至关重要。在山地作战的单位要克服困难，衡量风险，利用各种机遇接近并击垮敌人。有准备的指挥官应预见、理解山地环境的各种物质需求并做出相应调整。在山地作战时，技术优势可能会被敌人简单非技术的行动抵消。

步兵单位在山地作战时要适应各种环境带来的挑战，还要巧妙地将其转化为对己方有利的条件。山地的地形和气候使山地作战有一些独特的特点，比如崎岖地形使得山地作战常以分散的小单位作战和近距离作战的形式出现，对于补给运输也提出了新的需求。

ATTP 3–21.50《步兵小单位山地作战》对山地作战有更详细的说明。

（六）隧道和洞穴

历史经验表明，隧道、洞穴、干枯水井都可被用作躲藏位置，储存食物和武器，充当指挥设施，或

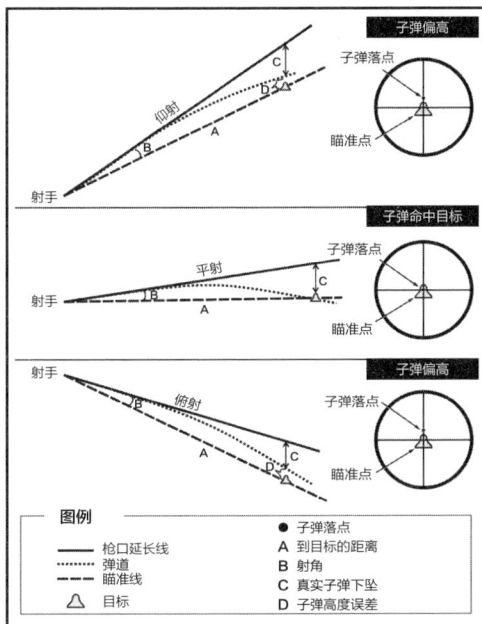

山地作战对轻武器射击也会有影响（ATTP 3–21.50《步兵小单位山地作战》）

是躲避空中打击和火炮。而一个完备的隧道系统同时具有储存和隐蔽空间，以及相互连接的防御阵地。隧道和洞穴是危险的障碍，作战地域内或附近如果有隧道系统，对于区域内的人员都是持续的威胁，无论何时都应保持警惕。

鉴于隧道设施都有精心布置的伪装，位置非常隐蔽，因此在搜索和摧毁作战时要留出足够的时间对整个区域进行全面搜索，以便找出全部的隧道和洞穴。雇佣当地人或依靠所在国的侦察兵对于确定隧道、洞穴、防御工事的位置、可能的伏击区等有极大的帮助。在山地地形中，洞穴、战壕、隧道等很容易融入地形，敌人也可能会引诱对方进入有陷阱或伏击的洞穴或隧道系统。

接敌动作

接敌动作是指一系列在接敌时常常同时实施的作战行为，目的是发展态势。指挥官应通过部队领导程序分析敌情，识别出在作战中可能出现的全部接敌态势。接敌动作和战斗操练中的"接敌反应"不同，战斗操练是单兵和小单位在与敌人遭遇时应采取的行动。通过部队领导程序计划和演练，指挥官和士兵应制定和完善接敌动作流程，应对可能的敌人行动。行动流程应是机动方案的基础。

一、接敌的形式

当步兵单位的成员在执行进攻和防御具体任务，需要通过致命或者非致命手段回应敌人时，即可称为接敌。接敌可能包含直接、间接、遇到敌障碍、核生化辐射、空中、视觉、电子战等一种或多种形式。与非敌人的平民发生接触也可参考相关流程。

二、接敌动作的五个步骤

步兵在接敌时应采取有逻辑、有组织的决策流程和行动，具体包括五个步骤：

·部署和报告。

·评估和发展态势。

·选择一个行动流程。

·执行选定的行动流程。

·向上级指挥官提出一个行动流程建议。

　　这个五步流程并非要形成一个僵化的应对方式，而是提供一个有条理的框架，以便让连内的各排各班能够在最初的接敌行动中生存下来，使用合理的决策和及时的行动完成作战。理想情况下，单位要在敌人发现自己前发现（视觉接触）敌人，然后执行既定的行动流程，按其选择的方式开始直接接敌。

　　遭遇障碍物时，单位要将障碍物视作接敌，假设障碍物的位置已经能够被敌火力覆盖。

　　单位的警戒分队可以通过接敌动作掌握节奏和主动权，既可获得和保持与敌人的接触，又不会陷入全面交战，从而形成战术优势。单位发展态势的速度与警戒分队直接相关，而单位的节奏与其能否熟练执行标准流程和战斗操练直接相关。

　　指挥官要清楚，排和班级单位执行接敌动作需要时间。一个排在发展态势时可能需要运动至敌侧翼，进行火力侦察，呼叫间瞄火力并进行校射，每项行动都需要时间。指挥官要平衡各下属分队执行接敌动作的时间需求，以便让营连级单位仍保持动能。

（一）部署和报告

　　连、排长在接到报告，或通过侦察等其他手段预计可能接敌时，全单位就应过渡到掩护跃进。这样一来单位将更可能以自主的方式与敌人建立目视或实际接触。一般是跃进分队或掩护监视分队与敌人接触，并启动全单位的接敌动作。在最坏的情况下，先前未发现的敌人首先与单位交战。此时排或班要执行战斗操练，确保自身生存，然后启动接敌动作。

　　如果排或班在行进或掩护行进过程中接敌，接敌的分队，或者整个排或班就要根据战斗操练进行部署，在接敌之初争取自身的生存。在未预料的情况下接敌时，排或班必须立刻报告。营情报官（S-2）形成态势理解和通用作战图景（COP）最高

士兵在演习中接敌（2019 年）

效的方式就是依靠各接敌单位的数字化报告。

（二）评估和发展态势

当步兵单位部署后，指挥官应评估并继续发展态势。指挥官应通过自身观察，但更多的是通过接敌的排和班的报告，以最快速度收集最多的信息并进行分析，决定关键的作战考虑。具体信息包括：

· 敌规模。

· 敌位置、组成、行动、朝向。

· 地形和障碍物的影响。

· 敌军能力。

· 敌可能的意图。

· 取得相对敌人的位置优势的方法。

· 友军态势（位置，实力，能力等）。

· 友军为达成特定最终状态可能采取的行动流程等。

当指挥官确定了遭遇的敌军规模，就应向排或者更上一级报告。但指挥官很有可能在评估态势后，发现自己没有足够的信息确认上述的作战考虑。此时指挥官要根据上级意图进一步发展态势来帮助确认，具体有几种途径：

· 部署步兵班、无人机系统、有光学辅助的狙击手等进行监视。

· 进行机动，包括绕到敌侧翼，从另一个角度对敌观察，获得额外信息。

· 间瞄火力。

· 火力侦察等。

（三）选定行动流程

在发展态势并确定有足以做出决策的信息后，指挥官选定一个能够满足上级指挥官意图要求且在其能力范围之内的行动流程。

（四）执行选定的行动流程

步兵单位在执行选定的行动流程时向机动进行过渡，并在整个执行过程中持续机动。机动可能本身就是战术具体任务的一部分，也可能是在接敌后前进到战场上能够完成战术具体任务的位置。单位可以在行动流程中布置多个战术具体任务，并在此前或此后伴以机动。战术具体任务可以是火力攻击、突破、绕过、清理、控制、反侦察、停止交战、渗透撤出、跟随和接替①、跟随和支援②、占领、维持、清理、夺取地域、火力支援等。

指挥官随着执行阶段的推进会得到更多的信息。根据不断出现的敌情具体细节，指挥官可能会选择在执行过程中调整其行动流程。例如当步兵排进行机动，试图消灭可能的徒步单位，但在途中发现另两个预有准备的敌军班时，指挥官就必须根据新的态势做出分析并发展态势，选择其他的行动流程，比如建立火力支援阵地以支援另外一个排进行机动，应对新发现的敌军。

（五）向上级指挥官提出一个行动流程建议

当排长选定一个行动流程后，由连长参照上级指挥官意图，根据行动流程对整个总任务的影响，决定采纳或否决选定的行动流程。但为了避免耽误时间，单位的标准行动流程可能会自动默许一些行动。

接敌运动

接敌运动是为发展态势，建立或重新与敌人接触的进攻具体任务。当接敌时接敌运动随即结束。在必要时，无论是防御、进攻还是维稳时，步兵排都可以执行接敌运动。排一般作为步兵连或更大编队的一部分来执行接敌运动。根据METT–TC情况，排也可能独立执行相关作战。

一、实施接敌运动

接敌运动有目的性和侵略性强、控制分散的特点，要从行军状态迅速部署成队形来实施进攻、防御或维稳具体任务。接敌运动应全力找到敌人，并用规模最小、机动性和自持力最强的部队与敌人建立最初接触，避免让本队在敌人选定的位置陷入全面交战，以便保护部队，让指挥官可以灵活发展态势。要对部队进行任务组织，运用运动队形向各方向进行部署和快速攻击。要将下属单位保持在能够相互支援的距离以便进行灵活反应。一旦接敌，无论预定行动流程如何，部队都应

---

① 一个单位跟随另一个执行进攻总任务的单位，并准备好在领头单位被牵制或损失严重，不能继续任务的情况下，继续该总任务的战术具体任务。

② 一个单位跟随和支援领头单位进行进攻作战的战术具体任务。

保持与敌人的接触。

二、部队的组织

接敌运动时，部队至少分为一个前方警戒分队、一个掩护分队或者前卫分队，以及部队本队本身。部队本队的一部分组成指挥官的勤务基地。根据 METT–TC 情况，指挥官可向掩护进攻的部队以及每个纵队的前卫调拨更多资源，增强部队的警戒。如需加强侧翼和后方的警戒，则可以布置屏卫（Screen）或守卫部队。

（一）警戒分队

主要作用是提供尽可能早的、准确的敌人和地形相关信息。纵深对于提供事先预警，为各级指挥官预留足够的反应时间至关重要。警戒分队能够让指挥官实施接敌动作，保持其上级单位运动和机动的自由。

（二）前卫

当排担任前卫时，其目的是保护本队不会受到突然袭击，并在本队展开投入行动时发展态势以提供保护。前卫的具体责任包括：

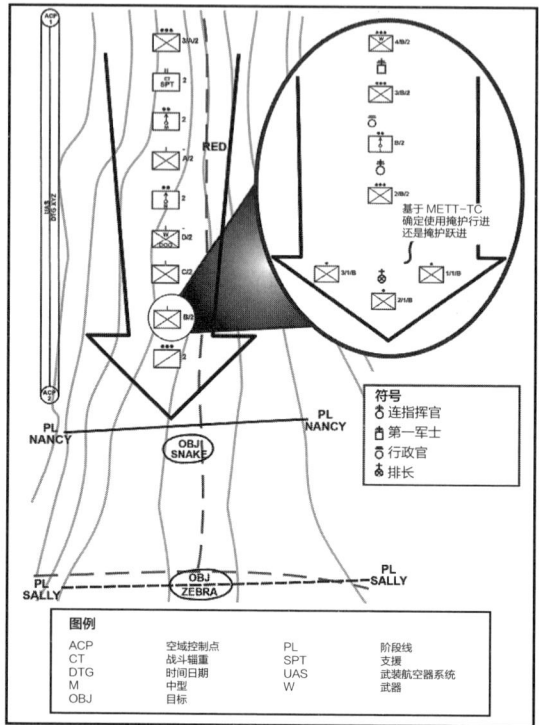

接敌运动（ATP3-21.10《步兵连》）

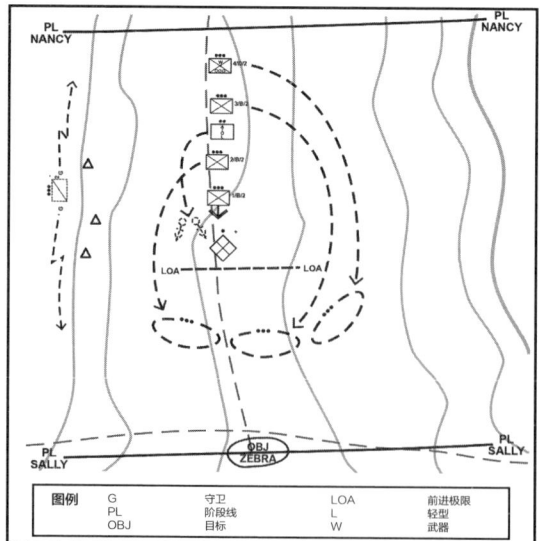

接敌运动时与敌遭遇（ATP3-21.10《步兵连》）

· 为本队提供警戒和预警，以便本队在前进中不被打断。

· 实施侦察，确定营前进轴线上敌军的位置。

· 执行接敌动作，为全营机动保留自由度。

· 呼叫间瞄火力干扰敌人。

· 消灭敌侦察分队。

· 寻找、牵制、击垮、消灭或遏制敌警戒分队，为全营机动保留自由度。

· 绕过并报告障碍物，或是在营级破障作战中担任支援或破障力量。

前卫的组织由 METT–TC 决定。在开阔地形,前卫可乘车运动,但在受限、封闭、复杂地形或是城市地形,由车辆提供掩护监视的徒步行进可能是更好的选择。工程兵、坦克或步兵连下属的排可能会被加强给前卫部队。迫击炮排或迫击炮分队也可能为前卫提供支援。

前卫是营本队投入战斗前营长可用的主要战斗力。在计划接敌运动时，每个决策点都应基于前卫的行动。

（三）侧卫

营本队下属连抽调出的排一级分队可以为本队提供在连级指挥下的运动的侧翼屏卫，也就是侧卫。这些分队与本队保持一定距离，以便为营本队预留向两翼机动的时间和空间，也可避免敌人通过直瞄火力对本队形成突然袭击。为增强安全警戒，也可以对两翼主要接近路制定间瞄火力计划。

（四）后卫

本队可抽调一个排担任后卫。但有时作战部队不能承担类似任务，营可能需要依靠快速运动，让敌人来不及反应或布置力量进行攻击。

（五）本队

本队的作战分队应做好准备，快速部署和机动到战场的关键位置消灭敌人。本队跟随前卫进行运动，随时关注其态势，当前卫交战时为其提供支援。

隶属本队的连或排可能需要承担以下任务：

· 寻找、牵制、击垮、消灭或遏制敌牵制力量及后续的突击部队，为旅级战斗队其余部分保持机动的自由度。

· 执行行动流程，击垮或消灭指定的敌本队。

在标准队形和战斗操练的辅助下，营长能够快速转换战斗力量。连长基于上级的意图和自身的态势感知，预估营指挥官对本队任务的决策，并进行相应的计划。排和班在连级队形中要使用正确的运动手段。

三、控制措施

接敌运动的实施一般始于出发线和作战命令指定的时间。指挥官通过阶段线、联结点、检查点等来控制部队的运动，用前进极限或者远端边界控制运动的深度。指挥官可以指定一个或多个目标来限制接敌运动的范围和部队的朝向。尽管接敌运动最终可能是占领了一个地形目标，但其主要目的是敌军部队。如果指挥官已经有足够的信息，能够确定敌军大部队的位置，那么指挥官应当计划其他形式的进攻行动。

指挥官使用正向控制、战斗操练和队形纪律控制机动的单位。在接敌运动中一般不会给排级单位分配单独的作战地域。

指挥官指定一系列的阶段线，每条阶段线在部队前进时逐次成为前方警戒单位的后方边界线，同时又是本队部队的前进极限。本队部队的后方边界线则为后卫部队确定了职责范围，同时这条线也随着本队的前进而变换。

四、接敌运动的计划

接敌运动是计划难度最高的任务之一。计划接敌运动的目标是避免与敌人面对面遭遇，尽可能保持灵活性并促进下属的主动性。计划始于制定作战构想，明确需要最终控制的目标，然后按照从目标反推至离开出发线的顺序进行计划。计划要发布明确的指挥官意图，制定的作战构想要简洁明了。还要确定一系列决策点，执行可能的机动选项。

步兵指挥官要着重根据上级优先信息需求，对敌实力、分布、活动进行富有侵略性但灵活的侦察，收集信息确定敌位置和意图，同时还要实施警戒作业以确保本队安全。这些行动可以通过有人或无人航空设备辅助完成，以便本队集中精力进行计划和准备。

排长在计划接敌运动时，可按下列阶段进行——实际上这几个阶段适用于大部分进攻任务：集结地域；侦察；运动至出发线；机动；展开；突击；巩固和整顿。下面按各个阶段具体说一说。

（一）集结地域

集结地域即单位为作战进行准备的地域。为使排能够为即将到来的战斗做好准备，排长要在集结地域计划、指挥和监督任务准备工作，让排和班进行战前检查、演练、勤务补给。排一般不单独占据一个集结地域，而是在连集结地域进行各项准备工作。

（二）侦察

所有指挥官都应侵略性地搜寻尽可能多的关于地形

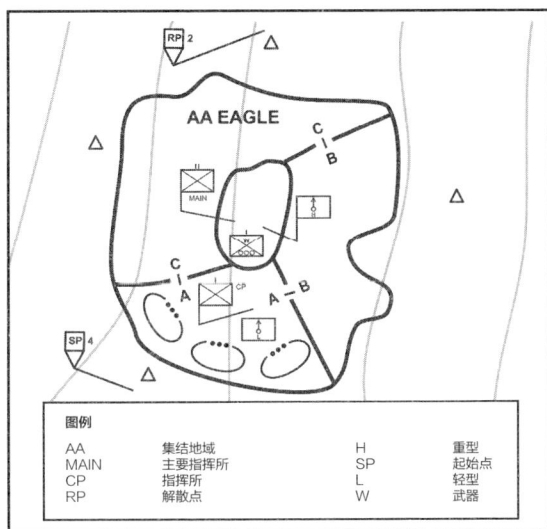

占领集结地域的案例（ATP3-21.10《步兵连》）

和敌人的信息。由于敌情和可用计划时间可能对单位进行侦察造成了限制，排一般根据连指挥官的关键信息需求实施侦察。指挥官提出的关键信息需求可能包含友军信息需求，优先情报需求和必备友军信息分队。一个例子就是侦察并计算从集结地域到出发线的时间。排也可以承担营侦察排的角色，回应关键信息需求。除现地侦察外，侦察还有图上 / 地形数据库侦察等。侦察在排和班进行计划、准备、执行任务的任何时间都有可能返回新的信息，因此排长必须准备好随时做出调整。

（三）运动至出发线

排和班从集结地域向出发线运动一般从属于连运动计划。连运动计划可能会要求排或班向一个攻击阵地运动然后等待命令跨过出发线。在这种情况下排长或班长就应对前往攻击阵地的路线进行侦察、计时、演练。分队长和班长应知晓其在攻击阵地的具体位置。攻击阵地就是一个攻击分队在越过出发线前的最后一个占据或经过的位置。

连长也可能会要求各排保持在连队形内，直接从集结地域运动至出发线上的出发点。出发点即单位跨过出发线开始沿一个方向或沿前进轴线运动的位置。此时先头排和跟随排都应对自集结地域到出发点的路线进行侦察、计时、演练，以便全连能够有效协同。为确保灵活性和协同性，每个排可能分别有各自指定的出发点。

（四）机动

排长要计划好接敌运动的路线、运动手段、队形、运动方式，以确保本排和对上级的协同、安全、速度和灵活性。他必须认识到接敌运动是战斗的一部分而不是运动的一部分，要随时准备接敌。在执行过程中，排长要展现出有纪律的主动性，不断根据情况调整排的队形、运动手段、速度，保证与其他排的协同。

（五）展开

当排展开并开始接敌运动时，要充分考虑并采用最合适的运动手段，以便在遭遇敌人前有最佳的战术姿态。

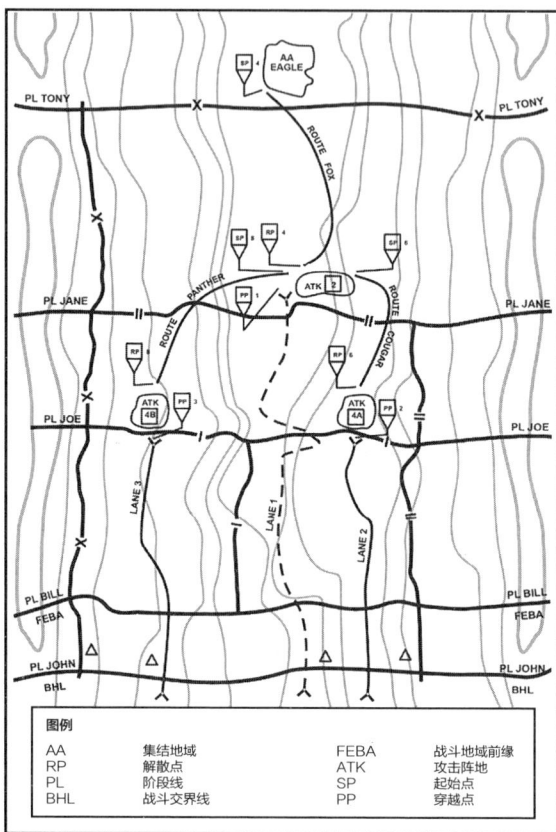

图例

AA	集结地域	FEBA	战斗地域前缘
RP	解散点	ATK	攻击阵地
PL	阶段线	SP	起始点
BHL	战斗交界线	PP	穿越点

接敌运动的控制措施（ATP3-21.10《步兵连》）

在地形、单位机动性、敌情允许时，排应以尽可能快的速度运动。常见的控制手段是预计展开线，一般用于能见度较低的情况。预计展开线属于阶段线的一种，是指挥官在发起突击前，意图使部队展开成突击队形的位置。

（六）突击

在进攻任务中，排的目标可能是以地形为导向，或是以敌部队为导向。以地形为导向的目标可能需要排夺取一个既定区域，常常需要与敌交战并穿过敌防线。以敌部队为导向的目标可能需要排将力量集中于敌实际位置。在目标位置的行动始于连或排开始对目标进行直瞄和间瞄打击之时，而此时排有可能仍在向突击阵地或预计展开线运动的中途。

（七）巩固和整顿

排和班根据态势和任务需要进行巩固和整顿。巩固即对新占据的位置进行组织和加固，使其成为有防御的状态。整顿即对单位内部资源进行再分配，增加其战斗效率的行为。整顿包括交叉补给，确保各必备的武器系统有人操作，关键领导岗位没有空缺等。根据连长指示，排可能会执行后续任务，继续攻击作战地域内的敌人。无论态势如何，排和班都应为持续的进攻任务做好准备。

五、准备

准备即排增强其执行作战能力的行为。排能否顺利完成任务，很大程度上取决于其准备工作。具体包括细化完善作战计划，进行演练，进行必要的运动、战前检查、后勤补给、下属确认简报和反向简报（即下属向上级复述简报）等。

（一）演练

排通过演练来帮助其理解在即将来临的作战中的角色，练习执行复杂具体任务，确保装备和武器能够有效发挥作用。在连级最终演练后，排还需要进行自身的最终演练，将连机动计划的调整纳入自身计划。

（二）检查

战前检查（PCI）是任务前的一次正式的、用时较长的检查工作，目的是确保士兵和车辆已完全准备好执行即将到来的任务。排长或排军士应监督每个班以及车组的战前准备，并对每个报告准备完毕的单位进行检查。排长通过战前检查确保排的战备状态。班长和火力组长还可以进行战前临检（PCC）。相对战前检查，战前临检没有那么正式，但对任务更有针对性。

六、执行

每个执行任务的分队要与邻近的部队以及支援部队进行协同，按照命令和单位标准作战流程的规定保持接触和协调。下面将按照前述的进攻各个阶段的顺序介绍接敌运动的执行。

（一）获得并保持与敌人接触

部队应使用全部侦察力量尽力确定敌部署并为步兵指挥官提供最新情报和相关战斗信息，确保友军能在最佳条件下投入战斗。排和班长应确保尽可能少的友军接敌，保持战斗力并隐藏友军的规模和能力。

（二）干扰敌人

一旦接敌，就要向敌人施加压倒性的火力，防止他们实施破坏性攻击或组织连贯的防御。警戒分队尽快进行机动，寻找敌防御漏洞。指挥官应收集尽可能多关于敌配置、优势、能力和意图的信息。当有足够的情报时，本队可发起攻击，摧毁或扰乱敌指挥控制中心、火控节点和通信网络。

（三）牵制敌人

遭遇战的成功取决于接敌动作。步兵指挥官应快速进行机动。同时警戒分队应牵制敌人，使其无法针对友军本队进行机动。指挥官在敌我双方同在运动时用来牵制敌人的战术，与敌军在交战期间处于静止时使用的战术不同。但无论何种情况，当警戒分队无法通过仓卒的正面攻击击垮敌人时，就需要部署部分本队。发生这种情况时，这个单位执行的就不再是接敌运动，而是攻击行动了。警戒分队的组织、规模和战斗力决定了在不部署本队的情况下部队可击垮什么规模的敌军。

（四）机动

如果警戒分队无法通过正面进攻击垮敌人，指挥官应迅速调动本队进行突贯或包抄，在敌军做出反应或在敌增援到来之前将其击垮。指挥官要尝试在击垮敌人的同时，仍然保持本队前进的势头。在攻击之后，本队指挥官继续进行接敌运动。如果敌人没有被击垮，则指挥官主要有绕过、过渡到更有准备的行动，或进行某种类型的防御三种选择。

如果指挥官决定进行正面攻击，则本队在接敌位置附近快速展开，在敌人展开或增援其处于交战状态的部队之前发起突击。当战斗处于关键时刻，快速行动极为必要。地形受限时，指挥官可以命令本队纵队的一个分纵队以行军纵队先行发起攻击，本队其他部分同时展开。指挥官也可以等本队大部展开完毕后发起攻击，避免添油战术。当实施包抄时，指挥官首先集中攻击敌侧后，然后准备反击敌类似行动。指挥官可使用警戒分队牵制敌人，并用本队进行机动，寻找可以利用的敌侧翼；也可以反过来用本队牵制敌人，用警戒分队寻找可以利用的敌侧翼。

（五）后续行动

如果敌人被击垮，部队就可以过渡回接敌运动继续前进。当部队抵达最终目标、前进极限或是转入预有准备的行动，例如防御或后撤之后，接敌运动随即终止。

七、评估

是对当前情况和作战进度的持续监控和判断，将预期结果与实际情况进行比较，确定部队部署的整体有效性。评估可以修正指挥官对战场的印象，保持准确的态势理解，有助于指挥官做出及时、准确的决策。通常通过效能和有效性两个指标来评判对敌行动的成功程度。

八、接敌运动的几种形式

1992 年版《步兵排和班》提出实施接敌运动有搜索与攻击和接近行军两种方式。但后续美军经过重新思考，将接近行军的一些特点，例如以最小单位接敌保持全单位灵活性等，回归成为接敌运动的整体注意事项。与此同时，美军 2016 年在更新《步兵排和班》手册时，大幅增加了城市维稳作战的内容，其中就在接敌运动部分新加入了封锁与搜索（Cordon and Search）的内容。封锁与搜索是城市作战中需要执行的战术具体任务，一般涉及对建筑物的搜索，并非野战环境下的进攻作战会遇到的情形。美军认为这种在一定区域内搜索敌人的任务，本质上也是与敌人建立接触，类似于接敌运动，因而将之纳入其中。

（一）搜索与攻击

部队通过实施搜索与攻击消灭作战地域内敌单位，使敌单位无法在给定区域内不受阻碍地进行作战；保护部队同时避免敌集中力量干扰或摧毁友方军事或民事行动、装备、财产和重要设施；收集敌情和地形信息，与战场情报准备得出的敌可能行动流程作比对。

搜索与攻击和区域肃清任务有许多共同特征，主要由步兵部队实施但常得到装甲部队支援。当敌人以小单位分散行动时，或者当任务是阻止敌人在给定区域内的运动时，指挥官会采用此种接敌运动形式。负责机动的营或连常执行搜索和攻击任务。

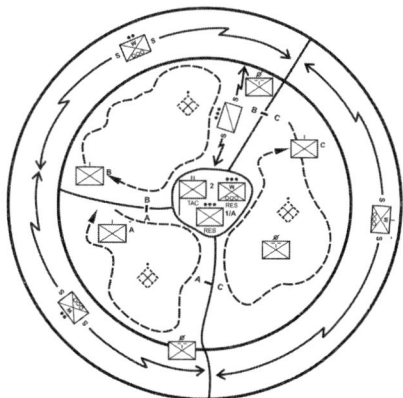

图例	
RES	预备队
S	屏卫
TAC	战术指挥所
W	武器

部队分散进行搜索
（ATP3-21.20《步兵营》）

图例	
RES	预备队
S	屏卫
TAC	战术指挥所
W	武器

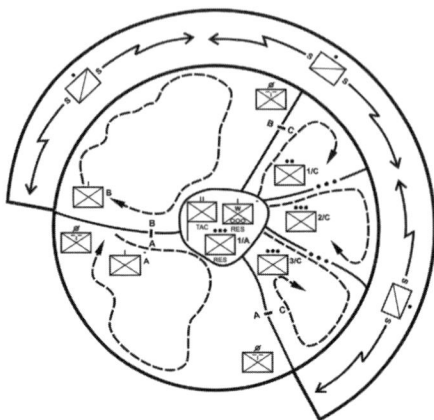

步兵连在指定区域内实施搜索与攻击（ATP3-21.20《步兵营》）

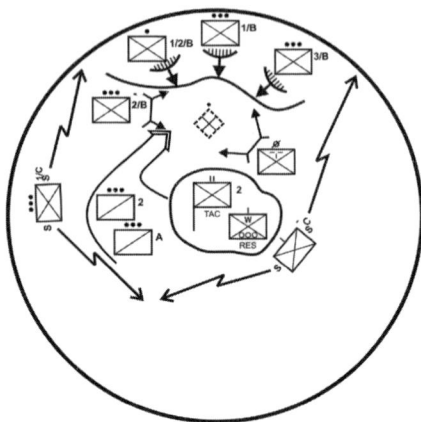

图例	
RES	预备队
S	屏卫
TAC	战术指挥所
W	武器

部队集中对敌发起攻击（ATP3-21.20《步兵营》）

1. 搜索与攻击的组织

指挥官将下属单位（排和班）组织成侦察、牵制和收尾（Finishing）部队，每个部队都有特定的目的和具体任务。侦察部队的规模取决于作战信息和情报表明的作战地域内敌军规模。有时受作战环境限制，步兵排需要在不连续的作战地域内实施搜索和攻击。

侦察部队对指定利益相关地域（Named Area of Interest）进行区域侦察。侦察部队的规模应尽可能小，以隐蔽自身，但要能够进行有效自卫，以便等待牵制和收尾部队到达。

基于指挥官的需求和 METT–TC 情况，牵制部队可以有两种发展态势的选项。第一种是阻断已知敌逃跑或增援路线。牵制部队始终与敌人保持接触，并运动到能够在收尾部队发起攻击前孤立和牵制敌人的位置。另一种是通过实施攻击将敌牵制在其当前位置直至收尾部队抵达。

收尾部队的目标是通过仓卒或预有准备的作战，最终消灭被发现和牵制的敌人。指挥官可以选择让收尾部队建立伏击区，由侦察部队或牵制部队诱敌深入。收尾部队必须有足够战斗力消灭排作战地域预期出现之敌。

2. 搜索与攻击的计划与准备

指挥官一般将收尾部队置于最能有效实施机动消灭敌人的位置，或者侦察识别出的重要设施附近。METT-TC 允许时，指挥官也可以将收尾部队置于搜索与攻击区域之外。根据敌部队的机动性和侦察部队暴露的概率，指挥官可能会选择让牵制部队先于侦察部队进入作战地域。指挥官要最大限度地发挥收尾部队的火力，并以此为目标制定工兵单位、直升机吊运等支援分队的优先任务。指挥官还需要制定侦察单位被敌人发现情况下的应急计划。

3. 搜索与攻击的执行

通过侦察部队的区域侦察以及其他手段确定敌位置后，牵制力量发展态势，按照前述的两种方式牵制敌人。随后由收尾部队通过仓卒或预有准备的作战消灭敌人；或是一部负责堵住敌人退路，由另一部实施攻击。也可以使用近距离空中支援或间瞄火力消灭敌人。

如果条件不适合使用收尾力量 / 本队攻击已发现的敌人，侦察或牵制部队可以继续侦察和监视。这种情况下，维持监视的部队都会非常谨慎避免被发现，或落入可能的敌人伏击。

收尾部队可能会运动到侦察和牵制部队后方，或待确定敌位置后，以空中突击的方式进入靠近敌人的着陆区。收尾部队 / 本队必须在敌人与侦察部队或牵制部队脱离接触前与敌人进行交战。营情报官可能会给指挥官一个敌人脱离现有位置的大致时间。为使收尾部队能在时间框架内及时动作，指挥官可能需要为收尾部队提供提升机动性的装备。

（二）封锁与搜索

封锁与搜索是在维稳作战时最常见的战术具体任务。顾名思义，封锁与搜索包含孤立并限制敌运动自由以及搜索建筑抓捕或消灭武装分子两个部分，但两个部分都有可能出现负面后果。因此，组织封锁与搜索需要对任务进行精细谋划，步兵指挥官应随时做好占领区发生内乱的准备。一般

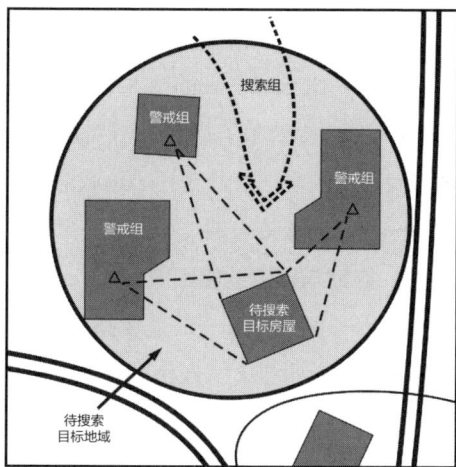

进入目标区域后对目标建筑物进行搜索（ATP3-21.20《步兵营》）

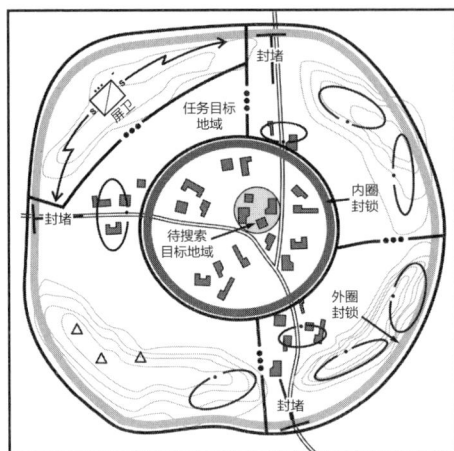

封锁与搜索行动（ATP3-21.20《步兵营》）

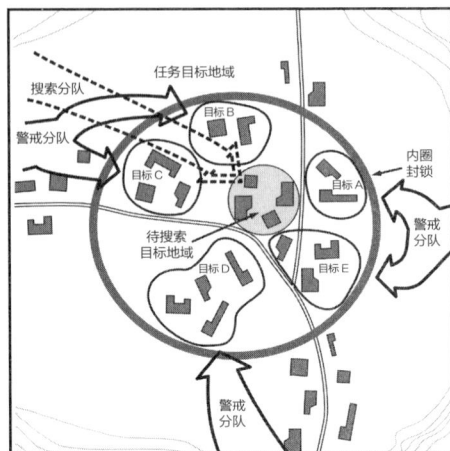

封锁与搜索行动中警戒组从多方位进入目标区域
（ATP3-21.20《步兵营》）

步兵排不具备单独进行封锁与搜索任务的资源，而是整体或部分作为更大规模部队的封锁或搜索分队，参与封锁与搜索任务。

封锁的目的是阻止交通进出作战地域，让搜索分队能够在区域内不受干扰地推进任务。除了抓捕和消灭武装分子，搜索也可能包括搜查武器弹药、信息、可疑人员，或是特定高价值目标等。

执行封锁与搜索时根据情况有两种具体方法，美军起了非常形象的名字，分别叫封锁与踹门（Cordon & Kick）和封锁与敲门 / 询问（Cordon & Knock/Ask）。踹门即最大化行动的速度和突然性，以求尽可能快地捕获目标。这种情况下，当地人对行动的看法、是否让当地政府军加入行动等就是次要考虑。敲门 / 询问相对客气一些，为保持当地政府和安全部队的合法性，可以适当牺牲速度和突然性。

1. 封锁与搜索的组织

封锁与搜索任务一般需要指挥、警戒、搜索、支援四个分队共同完成。警戒分队负责建立封锁，一般由内外两圈组成。搜索分队（海军陆战队称搜索 / 突击分队）是主要力量，负责清理并搜索目标疑似所在的建筑，将其捕获或消灭。支援分队可以作为预备，提供火力支援，也可以为其他封锁与搜索任务做好准备。

（1）指挥分队

是执行任务指挥的枢纽，也是向上报告和协同各资产的唯一节点。一般上级会分配一系列资产以便其完成任务。指挥官要对资产进行任务组织，保证他需要进行控制的分队保持在 3~5 个。指挥分队还要指定接替分队，在其不能作战时接替其功能。

指挥分队可能仅仅是指挥官本人和他的无线电操作员，也可能会包括执行警戒的车辆、翻译、所在国的官员、当地政府官员等。指挥分队要保持机动性，能够在封锁与搜索作战的各个位置运动，确保各分队和支持资产间的协同。当所在国部队或官员参与任务时，需将其纳入计划阶段并保持协同。

指挥分队的位置要便于控制下属各组以及协助进封锁与搜索的各类资产。为了更好观察搜索进展，指挥分队常位于封锁的内圈。观察和通信能力是确定指挥分队位置的关键因素。

指挥分队要确保所有行动都按要求记录在案，并在必要时遵守证据规则。如果有人被拘留，指挥分队会监控被拘留者的记录、安全和运输。指挥分队还要记录封锁和搜索期间造成的损坏，以便目标内居住者未来进行合法索赔。

（2）警戒分队

主要任务是通过火力或是物理手段，将待搜索目标地域[①]与外界隔离，限制敌人或平民在待搜索目标地域的影响，避免目标从封锁中出逃。为完成任务，警戒分队可以使用多个接近路，采取分散的方式作战。为孤立待搜索目标地域，警戒分队可能会建立多个路障和观察哨并实施巡逻。

警戒分队可能由乘车分队或排、翻译、捕俘组、人群控制组、观察哨、交通控制点或路障、当地国部队、合成航空资产、徒步班或排、女性搜查组等多个部分组成。

警戒分队在所有封锁和搜索任务中都会执行外圈封锁任务。外圈封锁的目的是隔绝敌人或平民的影响。这需要详细的规划、协调、整合和同步，以实现任务执行所需的致命和非致命合成兵种效果。实施外圈封锁需要考虑交通控制点和路障所需车辆，作战环境下火力规划与协同，掩护监视位置，观察目标区域并通

---

① 这里将"Objective Area"译作"任务目标地域"，"Target Area"译作"待搜索目标地域"。

知外圈封锁是否有车辆或人员逃脱的航空资产，被捕人员临时集中点，查获材料临时集中点等。

每个外圈封锁交通控制点或路障都应指定一个指挥官且有明确的任务和目的。为更好地实施外圈封锁，外圈封锁分队的指挥官应同时发展和保持其责任域内、内圈封锁、搜索分队的态势感知，以便预知威胁和控制直瞄、间瞄火力。为增强分队的态势感知，一般会部署航空资产、通信系统以及报告流程。

（3）搜索分队

搜索分队的任务非常明确，即在指定区域内进行搜索，抓捕、杀死、消灭目标个人或物资。当内外圈封锁就位后，搜索分队开始行动，并通过在待搜索目标位置建立立足点，清理全部敌人和非战斗人员，实施系统性的搜查完成其任务。搜索可能是有选择的(特定的房间 / 建筑 / 街区)也可能系统全面的(区域内的一切)。搜索分队务必清楚并遵守交战规则。

搜索分队有夺取、清理、搜索三个主要任务。搜索分队可进行任务组织，分成搜索、警戒、支援三组。每个组都应清楚其他组的任务，并准备好接替其他组继续他们的任务。

（4）支援分队

提供增援，并有能力完成单位本队的任务和目的。支援单位指挥官要非常熟悉封锁与搜索任务从计划到完成的各个阶段。在封锁与搜索任务中可能会分配给支援分队的具体任务有 :

· 增援内 / 外封锁圈。

· 清理建筑。

· 搜索建筑。

· 生物和法医相关搜集。

· 文件和媒体利用。

· 夺取、保全和护送平民或拘押人员。

· 夺取、保全获得的材料或装备。

指挥官要确定投入战斗条件作为决定支援分队何时投入战斗的参考依据。可能投入战斗的条件有 :

· 内圈封锁周边有敌人集结。

·本队损失。

·建筑内过多房间需要搜查。

·超过一定数量的拘押人员。

·敌与内圈封锁交战。

2. 封锁与搜索的计划

指挥官在计划封锁与搜索任务时同样采用部队领导程序。当封锁与搜索任务的目标是高价值目标时，从收到任务到执行可能只有极少的时间可用于计划。鉴于此类任务的复杂性，以及需要进行任务组织的资产众多，在计划封锁与搜索任务时，需要立刻与所有分队的关键领导者协作加速部队领导程序。METT-TC 的民事部分需要着重考虑，必要的时候要配备翻译。

在执行时，一旦在搜索区域内有重大收获或情报，导致在相邻地域展开了进一步的搜索，在目标区域内所用的时间就会远多于计划分配的时间。

整个战争范围内的所有行动都必须考虑到平民在战场 / 作战环境中的存在、基础设施损坏、对平民的伤害等。鉴于进行封锁和搜索的可能操作环境，平民是指挥官在计划时需要考虑的一个重要方面。

3. 封锁与搜索的准备与执行

搜索的目标可能是人、物、建筑或地形，需要士兵和警察共同参与。军事人员只在军管区域等合法区域内实施搜索。

士兵要记录并保管好扣押的违禁品、证据、俘获的敌人或被拘留者的文件、武器、物资、补给，要让扣押具有法律价值。在搜索过程中，搜索组应掌握禁止或控制分发的物品清单。该单位会在搜索开始前联系与民众合作的军队或民警，并考虑提前预警对其任务的影响。单位要有条不紊地进行搜索，同时也要足够快以防敌人做出反应。士兵只使用适当的武力消除遇到的阻力。

封锁和搜索任务包括隔离待搜索目标区域和搜索可疑建筑物两个部分，目的是抓获或摧毁潜在的叛乱分子和违禁品。封锁线旨在防止有关人员逃脱和叛乱分子增援，同时阻止外部干扰，保护行动中的部队，因此封锁对于搜索的成功至关重要。基于 METT-TC，步兵排可以建立内外两圈封锁线。外部封锁线可能更加以地形为导向，将注意力集中于进出目标区域的最可能通路。乘车排鉴于其机动性和武器装备，最适合建立外圈封锁线。出于安全目的，两个封锁分队都必须同时关注内外两侧。

内圈封锁线的任务是控制待搜索目标地域周边，防止任务目标逃跑并为搜索分队提供安全保障。如果封锁和搜索任务遭到敌人的抵抗，则内圈封锁线可提供火力支援，用直瞄火力压制敌军，让搜索分队机动到目标。

由于城市环境比较拥挤，直瞄火力控制措施可能很复杂。一种行之有效的部队领导程序是将建筑物编号、用字母标注建筑物的每个角，用数字标注楼层。这样一来，即刻直瞄火力压制请求可以更精细，避免连带伤害和友军误击。火力指令可以是"立刻压制，2个有武器人员，23号建筑A–B侧2楼第二个窗户，准备好就开火"。鉴于空间相对拥挤，此时火力应当追求精准。

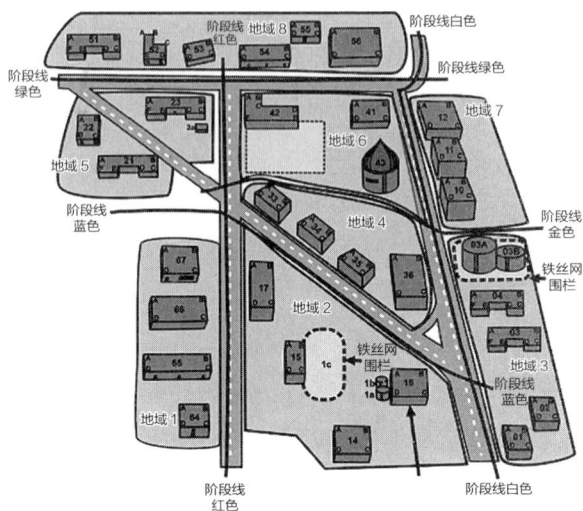

城市作战草图，注意建筑物上的编号（ATTP 3-06.11《城市地形中的联合作战》）

攻击

能够消灭或击垮敌人力量，夺取和掌握地形，是进攻任务的主要形式。当步兵指挥官决定发起攻击，或是在作战任务中出现了发起进攻的时机，就应在选定区域集中相对敌人压倒性的战斗力量，以敌人不能匹敌的节奏和密度执行攻击，而不是在战斗力相近的两方之间进行。攻击者要决心通过紧密的协同部署联合作战力量迫使敌人在攻击者选定的位置作战。

一、预有准备的作战和仓卒的作战

预有准备的作战与仓卒作战的主要区别是攻击部队的计划和准备程度。在最仓卒时，步兵单位可在一次交战后作为后续行动继续发动仓卒作战，充分利用战斗力优势先敌行动。而步兵单位也可在掌握敌情，进行适合攻击的任务组织，并进行全面演练后，从预备位置或集结地域实施预有准备的作战。大多数攻击处于这两种极端情况之间。

预有准备的作战一般在敌方位置难以靠仓卒作战击垮的情况下实施。这种作战要全面协调和运用一切可用资源对抗敌防御，其特点是高度密集的预有计划的火力，运用大规模支援攻击，将需要维持动能的资源前置，在敌方位置全纵深开展作战。预有准备的作战应有一个准备阶段，完成包含计划、侦察、协调、部署跟进部队和预备，以及部队和装备准备、演练、完善作战等一系列动作。

仓卒作战是在接敌运动中，作为防御的一部分，或是当敌处于劣势可依靠手头资源将其快速击垮时实施的行动。此类作战可能会使攻击部队丧失部分协同。为最小化风险，指挥官应尽可能使用标准队形，以及经充分演练和深入理解的战斗操典和标准程序。在连续作战中常采用仓卒作战，以便指挥官保持进攻的动能，剥夺敌人进行防御准备的时间。

二、部队的组织

当机动方案确定后，步兵指挥官对部队进行任务组织，保证其有足够战斗力完成任务。指挥官一般将部队分为警戒分队、本队、预备队三部分，并有后勤保障分队提供支持。指挥官要及时完成任务组织，以便单位与配属部队和资产实施演练。

（一）警戒分队

一般只有当攻击时有一个或多个侧翼，或是行进中的攻击部队的后方完全暴露时，才预留专门负责警戒的分队。在这种情况下，指挥官指派侧翼或后卫警戒，并根据 METT-TC 给其分配守卫或屏卫任务。由于大多数攻击都是从向敌面发起，因此攻击部队一般无须指派正面警戒分队。

（二）本队

步兵指挥官将本队任务组织成为联合作战编队，以便实施决定性作战和必要的塑形作战。决定性作战的目标是即刻完全摧毁敌力量和其抵抗意志，夺取地形目标，或破坏敌人的计划。机动计划指出了主要攻击方向的焦点。域内所有部队的可用资源都要用于保证主要攻击方向取得成功。实施决定性作战的单位或其下属单位配置在攻击过程中可能会发生变化。如指挥官意图在攻击时实施破障作业，就要分别指定突击、破障、支援力量。

如果不能预先决定作战梯队的主要进攻方向，例如在仓卒作战时，指挥官要通过形成纵深、保留强大预备队、维持长距离间瞄火力支援系统的集中控制等手段保持灵活性。当战术态势发展到一定程度，指挥官可以确定进攻的决定性时刻时，他再将可用的资源投入主要进攻方向，支援其达成其目标。

（三）预备队

指挥官利用预备队扩大战果，击垮敌反击，或是在陷入僵持时重新恢复进攻动能。在连级任务中，预备队通常是一个班。在营级任务中，预备队通常是一个排。一旦投入战斗，预备队的行动一般就会成为或加强梯队的决定性作战，步兵指挥官要尽全力在态势变化后，从可用的部队中组织另外的预备队。在何时何地何种情况下投入预备队，对于指挥官来说是最困难但也是最重要的决策。预备队不应预先投入交战，也不应成为"跟随—支援"的部队或是"跟随—接替"的部队。

在攻击时，分配给预备队多少战斗力量主要由对敌情的了解程度，尤其是敌可能的反击规模来决定。当手头有详细的敌人信息时，指挥官只需要部署小规模的预备队；而当态势相对明确，敌人能力有限时，预备队可能只由指挥部的一小部分人组成。但当态势不清晰时，预备队可能要包括步兵指挥官的大部分作战力量。

（四）勤务组织

指挥官要为勤务部门合理分配资源以便支持攻击部队。执行机动的营指挥官可将勤务部门支持和其他物流资产组织成作战和野战输送部队。与装甲旅级战斗队和斯特赖克旅级战斗队不同，步兵旅级战斗队中的营会配属前方支援连，专门负责营的勤务工作。上级指挥官会指定专人负责控制其梯队支援区域内的勤务作业。

三、攻击的控制手段

执行攻击任务的部队要在指定的作战地域内作战。无论攻击发生在连续还是非连续的环境中，该作战地域的指挥官一般都会为下属单位指定作战地域，作为出发线或接触线的阶段线、作战起始时间、目标等各种控制措施。

步兵指挥官也可以采取所有其他必要的控制措施来控制攻击。如果不指定出发线或接触线，指挥官可以指定集结地域和攻击阵地，作为部队为进攻做准备或是等待攻击发起条件成熟的位置。除了出发线或接触线，指挥官还可指定检查点、阶段线、预计展开线、突击阵地，以及直瞄间瞄火力支援协调措施等。在预计展开线和目标之间，可以指定最后协调线、突击阵地、火力支援和火力攻击阵地，以及突击时间等，便于控制攻击的最后阶段。如不实施扩大战果或追击，步兵指挥官还可以在目标之后设立前进极限。

四、各阶段顺序

排长制定攻击计划时，各个阶段将以如下顺序进行：

（一）从集结地域向出发线运动

行军队形由指挥官希望下属部队到达攻击阵地的战术态势和顺序决定。

（二）从出发线向预计展开线机动

部队快速运动通过他们的攻击阵地并穿过由友军控制的出发线。指挥官根据 METT–TC 选择最能平衡火力、节奏、安全和控制的战斗编队。

（三）在预计展开线 / 突击阵地的行动

攻击单位在到达预计展开线或在此之前，散开成一支或多支突击和支援部队。在突击部队穿过出发线之前，所有支持突击的部队都应抵达火力支援阵地。突击部队利用支援部队对目标敌人阵地的压制，针对敌人或围绕敌人进行机动。

（四）实施破障

必要时排进行联合武器破障。通过有防御的障碍进行战斗的首选方法是随着推进直接破障。但指挥官也要准备好实施预有准备的破障。

（五）对目标实施突击

指挥官使用一切直瞄和间瞄火力支援手段来摧毁和压制敌人并保持进攻的势头。实施攻击的单位应尽可能快地攻入并穿过目标。根据敌军的规模和准备情况，可能有必要按顺序孤立和摧毁部分敌人。

（六）巩固目标

突击后，攻击单位应立即寻找机会扩大战果，但也可能有必要巩固其现有收益。巩固任务包括重新部署部队和警戒分队到重新组织攻击部队，再到组织和细致加固防御阵地等。

（七）过渡

在夺取目标后,部队一般会转入其他具体任务,例如肃清余敌、追击,或是防御。过渡要在实施进攻任务前提出并做好预备和后续计划。

五、攻击的计划

攻击要迫使敌方处于容易被击垮或消灭的境地。指挥官要想办法让敌人处于不利位置,持续剥夺敌人的选择权。在攻击中,指挥官在其他战斗功能的支援下,将运动和机动的效果集中在试图阻止单位完成任务和夺取目标的敌人身上。部队领导程序能够帮助指挥官协同战斗力量。

（一）任务指挥

在计划过程中,指挥官要指明其决心实现的对敌方武器系统的火力效果,例如是压制或是摧毁。指挥官要向下属单位分配各自任务并做好协调,维持好整体作战控制所必要的控制措施。

指挥官通过运用事先制定的敌态势和武器模板,决定可能的接敌线和敌人的触发条件线。当指挥官部署下属单位构建战场态势时,友军武器系统要根据敌情况进行匹配,指挥官以此确定预计展开线。指挥官随后估计下属单位从出发线运动到预计展开线和各个火力支援阵地所需的时间,并决定在何时从何处进入敌直瞄火力范围。

在完成总任务之外,每个攻击计划都应包括扩大战果或利用作战中出现的全部战机的内容。指挥官应侵略性地实施计划,发扬下属单位指挥官主观能动性,运用能够快速执行战斗操典的单位等各种方式扩大战果。

（二）运动和机动

在制定攻击计划时,步兵指挥官要尝试通过选择敌人难以预料的方向、时间、方式、兵力实施进攻,并利用军事欺骗达到突然袭击的目的。突然性能够迟滞敌反应,使敌人指挥和控制过载和陷入混乱,在敌人中引发心理冲击,降低敌防御作战的协调性。指挥官通过在恶劣天气或穿越难以逾越的地形实施攻击、实施佯攻（Feint）、佯动（Demonstration）、维持高速、消灭敌力量、部署优秀的作战安全等方式,来获得战术突然性。指挥官可能会为塑形和决定性作战制定不同的攻击时间来误导敌人,也便于支援火力为各攻击梯队分别提供支援。但是同时发起攻击能够最大化突击的效果，防止敌集中火力对逐次攻击实施防御。

排长通常只是营连级火力的观察者或者执行者，而非计划者。但为确保机动计划与间瞄火力的有效协同，指挥官应对梯次火力配置概念有足够的理解。梯次火力配置的目的是，用估计风险距离（战时）或者最小安全距离（训练时）最优的投射系统，保持对目标的持续火力[①]。梯次火力配置为友军部队在运动和对目标实施突击时提供保护，迫使敌人寻找掩蔽阻止其观察或与友军突击部队交战，让友军不受阻碍地抵近的同时尽可能减少伤亡。

在计划从出发线向目标的运动时，步兵指挥官要着重注意路线、队形、寻路辅助等方面。遇到特定地形时，攻击部队需要变换战斗队形，运动方向，运动手段。部队可以在关键位置设立引导标志，以便维持对整个运动的控制。

（三）情报

指挥官和下级指挥官必须对敌方组织、装备、战术有细致的了解，清楚敌人的优劣势，才能正确做出战术部署。排长可通过连情报支援组从营参谋处获取信息，回应排的信息需求。

总体上，如果指挥官没有足够的情报，不清楚敌本队位置，就不能够实施预有准备的作战。攻击部队必须实施接敌运动、仓卒行动或收集更多的战斗情报。

（四）火力

计划过程要将部队的机动计划和间瞄火力的支援计划同步起来，找出步兵指挥官需要实现最大火力支援效果的时间和地点。指挥官将机动与火力相结合，集中效果形成突然性，消灭敌有生力量并达成决定性效果。

步兵指挥官要将火力集中在夺取主动权上。通过快速火力计划方法和优秀的标准操作流程，指挥官要制定出简单快速的直、间瞄一体化火力支援方案。指挥官要尽可能将火力资产在运动队形中向前布置，以便尽早进行部署。火力要集中在敌前方单位，以便我展开机动接近敌位置。

（五）勤务工作

勤务工作即物资供应、人员勤务、健康服务支援等维持作战至任务完成所必

---

① 一般是按从大口径到小口径的次序分阶段开火。

备的措施。指挥官和下属必须对支援和勤务工作进行计划，保证行动自由，拓展行动范围并保持行动的持久。

（六）保护

是为步兵指挥官提供保存部队完整性和战斗力的能力，使其能够采取措施做出应对或反击，事实上决定了潜在威胁对作战产生干扰的程度。在准备和后续的执行中应持续做好保护并逐步加大对保护的重视程度。保护是个持续的过程，也是守卫基地、路线、部队等各项能力的综合。

六、攻击的准备

即便是在持续变化的态势中，最好也是在集结地域内对攻击进行组织和协调。但如果指挥官决定需要快速行动，以便获得战术优势，那么他可能会放弃使用集结地域。细致的事前计划与数字通信、标准行动流程、战斗操典等可以弥补放弃使用集结地域的负面影响。

除非身处集结地域，攻击部队在准备阶段一般要以最大的隐蔽性运动至集结地域，一般是在夜间或是采用敌不能观察到的通路。攻击部队要以最快的速度占领集结地域，避免堵塞。随即各部队按各自的任务进行保护行动，例如展开警戒。

攻击部队在运动至攻击阵地前，在态势和任务允许的前提下持续进行其部队领导程序。准备工作包括但不限于保护部队、进行任务组织、实施侦察、完善计划、向部队传达计划、实施演练测试武器、输送物资和医疗支援、适当休息、为后续行动部署部队等。

作为部队领导程序的一部分，在不破坏作战安全且不对部队领导产生过多影响的前提下，各级指挥官应实施现地侦察。现代信息设备能够让指挥官在不能实施现地侦察时实施虚拟侦察。当计划低能见度攻击时，应在夜间实施现地侦察。

七、攻击的执行

一次攻击，实质上是攻击部队通过执行一系列的前进和突击动作，直至夺取和肃清最终目标的过程。各级指挥官必须发挥主动性，利用好战机和动能，在各单位间不断切换主要进攻力量，以期快速消灭敌人。攻击部队以最快速度进行运动，跟随侦察分队或自行寻找敌防御的空隙，或将其力量加强到既已取得战果的位置，并将战斗带入敌纵深。指挥官不会为了保持下属单位的位置整齐或是遵守预先制定的攻击计划而推迟攻击。

指挥官要避免过于执着于最初的计划而忽视战机，要做好放弃失败的进攻并利用未曾预料的战机或敌人失误的心理准备。面对发生变化的态势，指挥官可以指定其他部队实施决定性作战。执行攻击一般遵循以下步骤：获得和维持与敌人的接触；干扰敌人；牵制敌人；机动；跟进。下面对这几个步骤做详细说明。

（一）获得和维持与敌人的接触

进攻制胜的重要一点在于，当敌决定脱离接触时要获得和保持与之的接触。应注意，防守之敌常在其部队周边建立警戒区域，以便尽早与进攻的友军接触。

（二）干扰敌人

通过对敌人小面积或大面积实施干扰，可实现全面削弱敌人，使友军指挥官以非对称方式对其余之敌发起攻击。对干扰的目标、时机、程度的评估和判断尤为关键。

一旦以某种方式（即便仅是靠传感器设备）发现敌人，指挥官应考虑利用突然性实施塑形作战，对敌人实施打击，干扰其联合作战部队，以及敌方指挥官计划和控制部队的能力。干扰行动开始后将延续整个攻击过程。

（三）牵制敌人

牵制敌人的主要目的之一是孤立目标，阻止敌方增援拟被决定性作战摧毁之敌。步兵指挥员尽全力限缩敌可用选择，将其限于一隅或是单一的行动流程，抑或控制其运动，减少战场不确定性。

应以最少的力量实现对敌方的牵制。指挥官常将主要作战力量分配给决定性作战，而牵制作为塑形作战则要体现战争的经济性。因此，指挥官需考虑只对可显著影响战斗结果之敌实施牵制。

（四）机动

步兵指挥官通过机动实现位置上的优势，夺取、维持、利用主动权并避开敌防御主力，通过在侧翼或后方等防御相对薄弱的位置实施攻击来击垮敌人。其中重点在于打击要狠要快，对敌人形成压倒性优势，并快速向下一个目标或阶段过渡，在不减轻对敌压力的同时保持攻击的动能。机动的实例包括：

1. 从出发线向预计展开线机动

当部队越过出发线后，部队的运动就会过渡为机动。部队要以地形和敌情允许的最迅猛的方式，在火力支援下以适当的手段向前运动。火力与运动要密切整合和协调。攻击部队要尽可能使用可避开敌方防御位置的接近路，利用一切可用的掩蔽和隐蔽，并将部队部署在敌侧后。当没有现成的掩蔽和隐蔽时，部队要创造战场掩蔽隐藏其运动。

2. 在预计展开线、突击阵地、最后协调线的行动

攻击部队在接近预计展开线时要保持其前进的节奏，并在抵达预计展开线前分成一个或数个突击和支援分队。在突击部队跨过预计展开线前，所有支援突击的部队都应当已进入火力支援阵地。指挥官要做好进驻火力支援阵地的部队与受支援的攻击部队的机动协同，减少部队进驻时的脆弱性。指挥官要运用部队的战术标准作战程序、战斗操练、预先规定的信号、交战区、目标参考点等来控制这些支援阵地的直瞄火力，一般还要在有交集的部队之间设置限制开火线。

3. 破障作业

成功的破障作业需要排熟练运用压制、隐蔽、清理、削弱、突击等各种基本操作。支援部队负责创造条件，破障部队削弱、清理、标记所需的穿过敌方战术障碍的通路，为突击部队的机动提供支持。指挥官必须明确破障部队展开行动的前提，以免造成混乱。突击部队可利用支援部队压制敌方目标位置的行动，借机从预计展开线朝向或绕开敌人展开机动。

4. 在目标位置的行动

最终突击的特点是压倒性且同步地使用火力、运动、突击等行动的效果。猛烈的突击能够摧毁敌人，或是击垮敌人，将敌人从目标位置驱赶出去。小单位将在合适的梯队指挥位控制下实施最终的突击。

乘车作战的单位可以选择乘车或是徒步进行最终突击，乘车单位的排长和连长要对此加以明确。通常如果敌人处于受限地形，存在较强反装甲威胁，排就要以徒步形式实施突击。若目标是非受限地形且敌反装甲威胁较小，突击分队就可乘车实施突击。

·在乘车突击时，当布雷德利战斗车辆突击穿过目标后，步兵班应下车清理目标内的敌军。

·徒步突击时，排命令步兵班下车对目标突击，车辆运动至支援位置。如可能，

排徒步进入能够掩蔽和隐蔽敌观察和直瞄火力的区域，以便排进行集结并调整方向。下车点必须距离目标足够近，避免步兵班在向目标运动时过于疲劳。

无论乘车还是徒步突击，排长和连长可在目标前、目标上，或是目标后的位置确定下车点。

·下车点在目标前：优势在于车辆能够为徒步步兵提供保护；在徒步点能够有更好的控制；能在不对己方单位造成威胁的情况下对敌进行间瞄火力压制。劣势在于步枪班在向目标运动时将暴露于敌方直瞄火力和间瞄火力下；敌人可能会对徒步点使用间瞄火力。

·下车点在目标上：优势在于排可更快地向目标运动；为全排和步枪班向目标机动时提供更好的防护。劣势在于乘车时很难使步枪班向某特定位置或目标转向；难以在下车点实施控制；步枪班下车时，车辆易受短程手持反坦克武器攻击。

·下车点在目标后：潜在优势在于能够有效地在下车点实施控制；更容易让步枪班向特定地形和目标转向；能够迷惑敌人，使其在未预料的方向作战。但这一方式存在显著劣势：排易受敌方防御纵深和预备队的攻击；车辆易受短程手持反坦克武器攻击；很难控制直瞄火力，增加友军误伤的风险。

理想状态下，排的突击分队要在敌人未发现的状态下占领突击阵地。在突击阵地的准备工作包括准备爆破筒在内的各种破障用装备或爆炸物，安装刺刀，调整直瞄火力向左右或远近转移，或是准备发烟筒。

如果排在突击阵地附近被发现，应对目标实施间瞄火力压制，支援单位应加大火力密度。如果排决定加紧准备，那么就进占突击阵地。如果排决定不停止，那么就将突击阵地视为预计展开线，穿过突击阵地向目标发起突击。但有时排必须停下来完成必需的准备工作，或是与友军进行协调。一旦突击分队向突击阵地前方运动，突击就应继续。如果突击单位停止或是撤回，就可能会遭受较大的伤亡。

步兵指挥官要应用一切直瞄与间瞄火力支援手段消灭和压制敌人，保持攻击的动能。指挥官要细心协调间瞄火力和近距离空中支援的效果，增加攻击成功的可能性。火力应以波次或组进行计划，支援友军在地理目标及其附近针对敌方的机动。在指挥官将炮火和战场遮蔽从目标转移至其他打击位置时，突击部队快速越过目标。支援分队绝不能使其支援火力出现空当。支援火力要孤立目标，阻止敌增援或发起反击，同时消灭逃跑之敌或武器装备。

（五）跟进

步兵夺占目标后有两个选项：一是扩大突击成功的战果继续攻击，这是最常收到的命令；二是终止进攻的总任务。在巩固阶段，单位继续其部队领导程序，为上级可能下达的各种命令做好准备。

八、攻击的评估

评估指持续监控和判明目前的态势，尤其是敌情和作战进展。评估前置并指导每个作战过程，同时作为作战各个阶段的总结，将预期结果与实际事件进行比对。评估具体有三个任务：

·持续评估敌反应和弱点；

·持续比照指挥官意向的最终状态监控态势和作战进展；

·根据各类有效性和效能标准评判整个作战。

（一）初步评估

在收到任务时，指挥官要对态势和 METT-TC 进行初步评估，首要任务是确定部队在整个作战中的角色，并为计划和准备分配时间。

（二）情报评估

陆军部队根据情报部门形成的全来源情报评估来计划、准备、执行、评估作战。全来源情报评估在整个作战过程和情报发展过程中持续进行。情报评估的大多数产出在计划阶段进行制定，并在整个准备和执行过程，根据持续评估获得的信息不断按需更新。

（三）执行评估

在执行阶段，指挥官要对风险做出评估，并依据评估结果做出变更任务组织、切换主力和支援部队优先级的决策，并为未来作战提供参考。

九、特殊目的攻击

特殊目的攻击包括伏击、反击、佯动、佯攻、袭击、干扰攻击等。指挥官的意图和 METT-TC 共同决定使用何种特殊目的攻击。攻击是预有准备的还是仓卒的，同样要根据指挥官意图和 METT-TC 决定。作为攻击的具体形式，其计划、准备和执行与一般攻击的考虑有许多相通之处。佯动尽管是攻击的一种，同时也和军事欺骗作战关系紧密。

（一）伏击

伏击指在隐蔽位置通过火力或是其他破坏性手段对运动或短停之敌实施的突击。伏击迫使敌人停下，通过拒止其进入某一区域或最大化突然性来摧毁敌力量。伏击时可部署直瞄火力以及间瞄火力、地雷等其他破坏性手段，同时可以辅以非杀伤性效果。同时也可实施突击接近并摧毁敌力量。在伏击时，地面目标并非必须被占领和保持。

伏击有三种形式：点伏击、区域伏击、反装甲伏击。实施点伏击时，部队以单一杀伤区为目标进行部署；区域伏击则是多个相联系的点伏击共同组成。排以下的单位一般不实施区域伏击。

一次典型的伏击一般将部队分为突击、支援、警戒三部分。突击分队向杀伤区投射火力消灭敌力量，攻入并清空杀伤区，同时可承担搜索具有情报价值的物件、捕俘、拍摄敌新装备、摧毁敌装备以防敌复用等任务。支援分队通过向杀伤区投射火力支撑突击分队，是为伏击提供主要杀伤力量的部分。支援分队在突击分队运动至目标或杀伤区内前，尽可能摧毁敌大部分战斗力量。警戒分队负责孤立杀伤区，提供敌救援单位抵达的先期预警，为突击和支援分队提供警戒。警戒分队要占领目标集结点，阻挡敌进出伏击区的接近路。在本书关于巡逻的部分，会对伏击进行更细致的讲解。

（二）反击

反击指部分或全部防御力量，为了夺回失地或切断、摧毁敌前进部队等目的，对敌攻击力量的攻击。总体目标是阻止敌实现其攻击目的。指挥官通常以防御姿态实施反击，利用敌暴露的侧翼等弱点，击垮或摧毁敌力量，或是重新夺占地形或设施。部队通过实施反击进行进攻性动作，从敌人手中夺回主动权。反击力量要依靠机动来孤立和消灭特定敌力量。

反击通常应是决定性作战。要成为决定性作战，反击要在敌人攻击过程中，出现战线过长、分散、失去组织等情况时实施。所有反击行动应当按照实施时的同样条件进行演练。计划时要对发起反击的信号做细致考虑。一旦发起反击，就应当成为决定性的作战。

（三）佯动

佯动指在军事欺骗中，一场向不寻求决战的某地域之敌展示力量，欺骗敌威胁的行动。与佯攻类似，但并不与敌威胁实际接触。

（四）佯攻

佯攻指为模糊决定性作战的时间或地点，对敌人实施欺骗所发起的攻击。攻击在佯攻时要寻求与敌人的直接火力接触，但要避免决定性交战（Decisive Engagement）。与佯动类似，指挥官开展佯攻时要结合其他军事欺骗行动。

（五）袭击

袭击是目的有限的预有准备的作战，其特点是快速突贯敌对地域。袭击的目的不是占领敌地域。袭击需要详细的情报支持，以及精心准备和计划。步兵排和班一般在更高层级的单位中完成一系列任务，具体包括捕捉俘虏；破坏敌设施或敌器材；占领或摧毁敌特定指挥和控制位置；获取敌位置、组成、实力、意图、作战方法相关的信息；迷惑敌人或干扰其计划；解救友军人员等。

（六）干扰攻击

干扰攻击指在敌方形成或集结以便发起攻击时，破坏敌方攻击的战术机动。干扰攻击一般部署攻击直升机或火力支援分队，对敌方主要抵抗线或战斗阵地前方的集结位置实施打击。

干扰攻击的目的是通过消灭人员和装备，打断敌方进攻能力和时间安排，不是为了夺占地形或物理目标。要实施干扰攻击，需要满足以下两个条件：一是干扰攻击的目标必须能够在敌进行协调有序的反应前夺取；二是实施干扰攻击的部队必须避免过度拉长战线。

只要条件允许，防御任务中的步兵分队就应对仍处于集结地域进行准备的敌人实施干扰攻击打击敌力量。

（七）电子战

陆军电子作战要通过决定性行动，为地面部队指挥官实施统一地面作战提供支持。决定性行动要将进攻、防御、维稳、民事当局防御支援等因素相结合。统一地面作战的核心理念是在持续的地面作战中夺取、占据、利用主动权，获得和维持相对有利态势，为有利的作战结果创造条件。

统一地面作战建立在主动权、决定性行动、任务指挥之上，通过同时且有目的性地执行合同（Combined Arms）机动与广域警戒相联系和嵌套，以实现指挥官的意图和预期的最终状态。正确实施电子战为成功的统一地面作战创造了条件。指挥官及参谋要决定使用何种电子战能力，以及合适的电子战水平，支援决定性行动的各个分队，以便这些分队夺取、占据、利用电磁环境的主动权，实现对电磁频谱的控制。

低能见度情况下的作战

在低能见度情况下实施攻击时，要有效运用先进光学瞄准具和装备，增强排和班在面对装备较差的敌军时，实现突然性、命中目标、引发慌乱等的能力。先进光学瞄准具可让步兵看得更远更清晰，对敌人形成优势。步兵排和班在每个士兵的头盔上配有夜视设备，也应装备有手持设备和武器配件用来识别和指示目标，同时步兵战斗车辆也为车长和驾驶员装备了视觉和热成像设备。

夜视设备能在微光条件下提供良好的能见度，但对士兵的视野会有一定的限制。由于夜视设备本身并非光源，因此敌人的探测设备无法发现它们。

步兵战斗车辆在夜间与在白天一样高效，既可以行驶，其武器系统在低能见度时同样可以开火。驾驶员有视觉增强，车长除此以外还有热成像能力。步兵战斗车辆能够依靠车载 GPS 准确识别所处位置，指挥官也能随时定位其下属单位的位置。

在相关装备的帮助下，步兵指挥官和士兵在低能见度环境下指示和控制火力的能力得到了增强。这些用于火力控制的先进光学装备大体可以分为三类。

·目标指示器：指挥官可以使用红外激光指示器更为精确地指示目标以及火力区分。指挥官通过对目标照射红外激光，指示士兵向其射击。

·瞄准灯：瞄准灯能够向瞄准方向的目标照射红外光。

每个步兵排的士兵的每件武器都安装有瞄准灯，与士兵头盔上的夜视仪配合使用。装备瞄准灯的士兵在低能见度环境下能够有更高的射击精准度。

·目标照明：目标照明设备本质上就是一个红外光源，指挥官可以使用目标照明设备指示较大的目标，以便士兵更好地获取目标。对于辨识人员敌我，指挥官和士兵可以使用前述的瞄准灯。

在地面燃烧的照明弹也可以用于标记目标，帮助排进行定向，但可能会对夜视设备产生负面效果。

指挥官可以决定是否在低能见度环境下实施攻击时使用照明。一般由营指挥官掌控是否使用传统的照明方式，但他也可以授权连长自行决定。如果指挥官决定使用传统的照明方式，在突击开始或是攻击被发现之前不应进行照明。照明设备应部署在较宽广区域内的多个位置，以迷惑敌人，使其不能判断攻击发起的位置。照明要覆盖目标之后的位置，以便突击部队看到撤退或反击之敌，并向其射击。

排长和班长以及车长必须制定标准作业流程和行动流程，让红外照明设备、目标指示设备以及瞄准灯在其向目标突击的过程中同步进行部署。具体可以用发光胶带或发光棒标记出人员，以及使用武器控制限制。在突击时，排长可以使用以下方法增加对突击的控制。

· 向目标打出信号弹、榴弹、烟幕弹。

· 命令配有夜视设备的人员与目标位置的敌人交战。

· 使用磁方位保持方向。

· 使用迫击炮或火炮落点为攻击部队定向。

· 确定基准班或基准火力组，为其他单位提供参照，保持节奏。

· 减少单位间和士兵之间的距离。

低能见度情况下的直瞄和间瞄火力计划与日间攻击类似，但只在排被发现或准备突击时执行。也可以在攻击前使用一些武器保持特定规律射击，用以迷惑敌人或是帮助掩盖排运动中发出的声响。

烟雾会进一步削弱敌人视线，尤其是装备夜视设备的敌人。前进观察员向敌

注意右侧夜晚被红外灯光照亮的靶标（2011 年）

AN/PEQ-15 集合了目标指示、瞄准、目标照明三种功能

近前或敌位置上发射烟幕弹，这样不会限制己方运动或移除障碍物。在突击时对目标施加烟雾可能会影响突击，导致士兵不易发现敌人的战斗阵地。但在热成像设备辅助下，对目标施加烟雾对于训练有素的排来说将会是决定性的优势。

当敌人同样装备夜视设备时，指挥官必须评估使用上述各种方法的风险，确保任务不会因为敌人能察觉红外光源而失败。

战场遮蔽

进攻和防御作战都需要计划和执行遮蔽任务。向敌人位置施加烟雾能够影响敌方射手以及已知或未知的观察哨的视线，让他们无法发现和跟踪目标，从而削弱其有效性。在向攻击之敌实施遮蔽时，白磷弹能够降低敌人任务指挥能力，引发混乱，使敌失去方向；而友军能够通过热成像设备、射距卡等保持与敌人交战的能力。敌方车辆在穿出烟雾前也会显现出轮廓。一般会在计划阶段指定一个触发线，当敌越过触发线后随即部署烟雾。

（一）计划战场遮蔽时的考虑

战场遮蔽任务必须尽量提前进行计划，以便携带足够的发烟弹药。

气候稳定程度（这里指气流的垂直流动），风力和风向是在计划发烟和白磷弹药效果时需要考虑的最重要因素。气候稳定程度决定了烟幕弹到底会不会起作用，风力和风向则决定了需要多少弹药。在不稳定的条件下，烟幕弹或白磷弹发出的烟雾并不会散开，而是直接向上飞走并很快消散。在相对不稳定的条件下，底座抛射式烟幕弹比步兵战斗车辆发射的白磷弹更有效。一般来说，湿度越高，烟幕

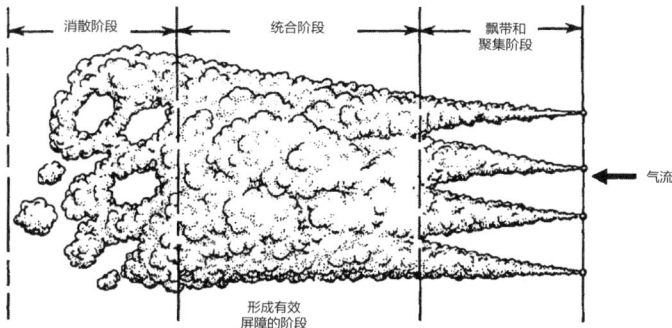

烟雾的扩散可分为飘带和聚集、统合、消散三个阶段，只有第二阶段能形成有效屏障。（1990年版 FM 3-50《烟雾作战》）

弹的屏障作用越明显。

目标区域的地形同样会影响烟幕弹和白磷弹的效果。白磷弹是通过发射浸泡在磷中的毛毡楔子，使其在地面燃烧来产生持久不散的烟雾团。如果目标位置地面水分含量高或有积雪，这些楔子就会熄灭，烟幕弹的效果就会比较差。浅水坑可让烟雾减少近50%。而目标区域的地形对步兵战斗车辆发射的空爆白磷弹影响很小，只有厚厚的积雪和寒冷的温度可以减少大约25%的烟雾团。

（二）部署战场遮蔽时的考虑

车辆装备的烟幕弹发射器能够通过散布燃烧的白磷，在车辆位置即刻生成烟雾团，起到屏卫、燃烧、标记、杀伤等作用。120毫米重型迫击炮和81毫米中型迫击炮的白磷和红磷弹同样可以产生持久不散且范围较广的烟雾屏障，产生屏卫、燃烧、标记、杀伤等效果。60毫米连属轻型迫击炮的白磷弹可以用作屏卫、信号和燃烧介质。所有的迫击炮发烟弹药都可辅助标记目标和导航。

过渡

当步兵指挥官在业已完成总任务，任务终止或是上级变更任务时，需要暂停其进攻具体任务向其他任务过渡。一般有巩固、整顿、继续作战、转入防御、转入维稳五种过渡形式。

一、巩固

是组织和加强新夺取的阵地以便进行防御的过程。一般攻击部队无论以何种形式突击，都会尽力扩大战果，但在某些态势下，部队会选择巩固其现有成果。巩固可能是快速调整力量以及警戒分队的位置，可能是对攻击部队进行重新组织，也可能是为防御任务对阵地进行组织和细致改进。

巩固还包括清理目标区域并防止敌反击所需的行动。指挥官通过部队领导程序计划和准备这一阶段的作战，确保部队准备好实施下面常见的具体任务：

· 歼灭目标位置的敌抵抗。

· 在目标远侧之外建立警戒，占据可能被敌直瞄火力或炮火观察利用的区域。

· 建立观察哨、巡逻队等额外的警戒措施。

· 准备好为后续部队通过提供协助（如有必要）。

·实施构筑交战区、制定直瞄火力计划、准备战斗阵地等必要的防御行动，持续改进警戒。

·沿可能的徒步或乘车接近路调整最终防护火力并标记目标。

·为清障工作提供保护。

·看守俘虏。

·准备应对敌反击。

二、整顿

一般与巩固同步实施，由为部队下一步作战做好准备的一系列行动组成。和巩固类似，指挥官运用部队领导程序计划和准备整顿工作。部队指挥官要确保部队完成以下行动：

·提供必需的医疗救护并根据需要撤离伤员。

·救治并撤离受伤的俘虏，并对剩余的俘虏完成必需的流程。

·根据下一阶段或下一个任务的需要调整任务组织。

·重新补给，补充弹药和油料。

·重新分配弹药。

·实施必需的维护。

·继续根据需要改进防御位置。

三、继续作战

步兵单位在实施任何攻击任务时都应做好扩大战果的计划，但在不得已时，指挥官可能不得不在交战后转入防御。指挥官要结合上级作战构想、友军实力、敌情，做出转入防御还是继续进攻的决策。短暂防御时，部队可以直接利用现有地形。在预计要进行较长时间的防御时，就需要立刻投入工程设备，采取措施提升部队生存能力。

四、转入防御

当进攻任务达到一定程度后，指挥官可以命令部队转入防御任务。转入防御有两种基本方法：第一种是先头分队进行交战并向前推进，夺取足够空间形成锚定在利于防御位置的警戒区域；第二种是沿部队最终位置建立警戒区域，本队向后退至利于防御的位置。

步兵指挥官要设想单位终止进攻任务的可能性，提前准备好包括使现有进攻任务转入防御的具体时间和情形、下属单位各自的任务和位置，以及任务指挥措施等内容在内的命令。当部队转入防御后，指挥官要采取以下行动：

· 保持对敌人的接触和监视，结合侦察单位和监视设备获取后续计划必需的信息。

· 建立警戒区域和直接警戒手段。

· 重新部署间瞄火力资产，以便为警戒分队提供支援。

· 基于后续可能的部署重新安排力量。

· 在连续的作战地域中作战时，应与友邻部队保持或重新获得接触；在作战地域不连续时，则要保证部队能够相互支援。

· 要求工程设备将作业重心从移动性作业转入反移动性和生存性作业。

· 巩固和整顿。

五、向维稳过渡

当进攻任务达到一定程度后，指挥官可以命令部队转入维稳任务。这些任务要建立安全可靠的环境，为与当地或区域内的威胁和解提供便利。维稳任务的目的是为东道国的合法治理，民间社会的正常运作，以及向有活力的市场经济过渡创造条件。

步兵排排长必须对突发情况留有预案，以便部队能快速在进攻和维稳间切换。比如预先制定防御性的应急计划，以防目前执行的进攻任务或维稳任务遭遇挫折。

下属单位指挥官要经过大量训练才能发现需要开始过渡的先决条件。要注意，在邻近作战地域发生的事情也会影响到本区域内部队实施的任务。比如一次进攻任务可能迫使非战斗人员进入城市的另一个区域，导致这个作战地域内的部队需要执行人道主义救援任务。

防御

防御即为击垮敌人攻击，争取时间，节约力量，发展于己方进攻或维稳有利态势而实施的具体任务。仅靠防御一般不能实现决定性效果，但防御可以为反攻或反击创造条件，使部队重新夺取主动权。实施防御任务的其他目的还有：占有决定性地形，拒止敌人进入重要区域，在进攻前消耗或牵制敌人，反制敌突然行动，或是迫使敌集中所属力量增加其脆弱性。本章概述了防御的要点、制定防御计划时的注意事项、防御交战地域的形式，以及向其他作战形式过渡的方法。

防御的要点

步兵排和班通过防御来占领和布置阵地，向可能的接近路或机动走廊集中直瞄火力效果。进攻是最具决定性的战斗行动，而防御则是最为坚固的。

一、防御的特征

防御包括准备、警戒、干扰、集中、灵活、机动、纵深作战七个基本特征。

（一）准备

防御可以以逸待劳。防御方先于攻击方进入作战地域，有一定时间进行准备，大大增加了防御的有效性。准备工作只有在防御方退却或战斗开始才会停止，否则准备工作会持续向纵深发展，甚至在近距离战斗开始时也会继续。

（二）警戒

迫使敌人不能有效查明友军位置、实力和弱点，同时可以阻止和击退敌侦察。警戒措施能够为部队提供预警，尽早且持续地干扰敌攻击。

（三）干扰

防御方通过阻止敌集中战斗力量，来实现干扰敌进攻节奏和协同的目的。干扰行动要尽可能使敌人的准备工作以及后续的攻击发生脱节，具体方法包括击退或误导敌侦察、破坏敌队形、孤立敌部分单位、攻击或干扰装备系统等。

（四）集中

防御方要尽力在其选定的阵地集中压倒性的战斗力量效果，并向能够支撑决定性行动的位置转移。想要在决定性位置取得优势，就必须在部分位置节约部队承担风险，同时保留预备队并在必要时重新组织预备队，将其投入决定性位置形成优势。尽管部队主官要在一个位置集中力量就必须在其他位置承担风险，但他可以凭借障碍物、警戒分队和火力减轻这些风险。

（五）灵活

防御需要灵活的计划。计划要关注纵深的准备、预备队的使用，以及转换主要方向的能力。指挥官可依靠冗余阵地，制定反击计划，并为反击做好准备，增加防御的灵活性。

（六）机动

机动使防御方能够最大限度地利用作战地域优势，在需要时集中力量。通过结合火力的运动，机动可以使防御方抵达一个有利位置完成既定任务。机动同时还包含警戒和支援地域作业等防御动作。

（七）纵深作战

同步向整个作战地域施加战斗力量能够增加制胜的概率，同时减少友军损失。在防御方作战地域整个纵深实施快速、猛烈、同步的行动，能够在敌最暴露且脆弱的情况下杀伤、迷惑敌人，甚至使其瘫痪。此类行动能够削弱敌意志，防止敌人通过早期的胜利在指战员中建立信心。纵深计划能够阻止敌人从攻击中获得动能，同步实施决定性、塑形作战和勤务作业有助于整个任务的成功。

二、防御的具体任务

防御有三种基本具体任务：地域防御、运动防御和退却。三种具体任务之间互相交叉，动静结合。步兵排是步兵连主要的机动或地形控制分队，能够在步兵连协同防御中负责防守作战地域、阵地，担任警戒或是作为预备队。

步兵排作为步兵连主要交战地域防御的一部分，可以执行防守、迟滞、撤退、反击、警戒等任务。步兵排在防御中可能需要：争取时间；占据必要地形；支援其他作战；分散某处敌注意力，以便友军攻击其他敌人；快速消耗敌人，同时增援友军作战。

（一）地域防御

地域防御指的是集中力量在一定时间段内阻止敌人进入特定地形，而非直接消灭敌方力量。其重点是通过在相互支援的防守阵地部署防御主力来控制各阵地之间的地形，从而占据地形。击败敌人则依靠的是对交战地域施加的火力，预备队对此也可提供补充。除了使用预备队加强火力外，指挥官还可选择让预备队负责增加纵深、封堵敌方突贯、恢复阵地、反击消灭敌方力量、夺取主动权等。

1. 组织力量

指挥官应组织力量完成信息收集、侦察、警戒,占领主要战斗地域,形成预备队,或是执行勤务任务。指挥官可以选择前沿防御或是纵深防御。当指挥官在作战地域前沿部署防御时,应组织部队的大部分可用战斗力量尽早投入防御。指挥官为实现这一目的,可以靠前部署部队,或是计划在主要战斗地域前部甚至在地域前方发起反击。如果指挥官选择实施纵深防御,可部署警戒分队或在主要战斗地域前侧部署部队,用以识别、确定和控制敌方主力进入的纵深,并阻止敌方第二拨打击。纵深防御可以让指挥官节约战斗力量、增强预备队,为反击留出更多资源。

（1）警戒

指挥官可以部署大量警戒分队以左右战局,但这也意味着削弱了本队决定性作战的战斗力量,指挥官要对此加以权衡。分配警戒力量的目的一般是为部队提供预警,保护实施决定性作战的力量、系统和阵地避免在预料之外的情形下接敌。

（2）主要战斗地域

指挥官围绕其认定的关键地形、高价值目标等关键点部署决定性作战。指挥官将本队布置在希望进行决定性作战的主要战斗地域内,并组织本队阻滞、击垮并最终消灭进攻之敌。本队主力要部署在主要战斗地域内预先准备好的防御阵地中。

（3）预备队

预备队不应是已经投入战斗的部队。在投入作战时,指挥官可以将其用于多种具体任务,预备队也要准备好执行其他任务。预备队在某些态势下需要封堵敌人突贯或加强射向交战地域的火力,以恢复防御的完整性。

（4）勤务工作

地域防御需要建立前线补给点,存放油料（汽油、柴油、润滑油等）、建造障碍物的材料、弹药等,用以支援防守部队,但不能堆积过多,以免敌人推进时不能快速转移。油料、障碍物材料、建材和劳动力可通过合法方式从平民基础设施中征用,减少防御部队的运输压力。同样,装备维护所需备件,以及医疗支援与医疗补给也需要在前线布置。

2. 防御性机动的形式

地域防御的防御性机动形式有纵深和前沿防御两种。步兵排要能够完成这两种防御性机动。地域防御的形式一般由步兵连长决定，但步兵连的基本防御方案通常由更高级别的指挥官划定。具体任务可能对时间、警戒、占据特定阵地等提出需求，这些因素最终决定步兵连将如何进行防御。

（1）纵深防御

能够减少攻击之敌快速突贯防御的风险。纵深额外布置的防御阵地，可使敌方不能扩大突贯之战果，并为击垮敌攻击提供了更多的时间和空间。

排纵深防御（ATP3-21.8《步兵排和班》）

步兵排在以下情形使用纵深防御：

· 任务允许步兵排在作战地域纵深战斗时。

· 地形不允许在前沿布置防御，适合防御的阵地处于作战地域深处时。

· 作战地域有足够纵深时。

· 作战地域前沿的掩蔽和隐蔽有限时。

· 可能使用大规模杀伤性武器时。

（2）前沿防御

前沿防御的意图是防止敌人突贯防御。由于缺乏纵深，前沿防御应是不得已的手段。实施前沿防御时，步兵排将主要作战力量部署于作战地域前沿的防御阵地。尽管步兵连可能缺乏纵深，但在排和班一级必须形成防御纵深。指挥官要尽力维持前沿阵地，并对敌方突贯实施反击，或是在前沿交战地域消灭敌方力量。

步兵排在以下情况时使用前沿防御：

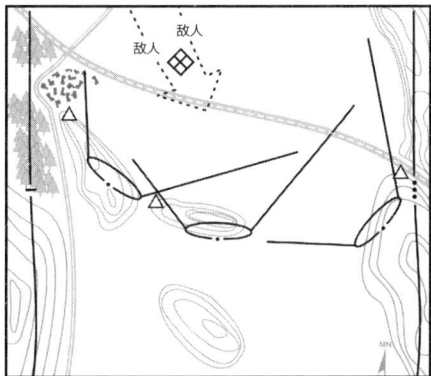

排前沿防御（ATP3-21.8《步兵排和班》）

·作战地域前沿地形有利于防御。

·作战地域前沿有良好的河流、铁路线等天然或人造障碍物。

·指派的作战地域受需要保护的设施或是区域的位置影响缺乏纵深。

·作战地域后部掩蔽和隐蔽有限。

·受上级要求需要占据前沿地形。

（二）机动防御

机动防御是集中兵力通过打击力量的决定性攻击击垮或摧毁敌人的防御性任务。机动防御要让敌人前进至有利于己方展开决定性反击的位置，然后使用打击力量击垮或摧毁敌人。指挥官应使用牵制力量将敌方攻击力量固定在特定位置，比如引导进攻之敌进入伏击区，或是滞留在打击力量准备攻击的位置。机动防御需要作战地域存在一定的纵深。指挥官应能够塑造战场形势，迫使敌人过度延伸其通信线路，暴露其侧翼，分散其战斗力量。指挥官应让友军部队运动至敌侧后，切断敌人并加以消灭。机动防御一般由师以上级别执行，但排可以作为牵制力量或打击力量的一部分参与其中[①]。

机动防御时步兵排的任务与地域防御和进攻作战中的任务类似，一般作为牵制力量或打击力量的一部分。作为牵制力量时，排在指定的（范围可能更大的）作战地域进行防御。作为打击力量时，步兵排要计划、演练、执行进攻具体任务。

（三）退却

退却是一种防御具体任务，指的是有组织地使部队向远离敌人的方向运动。敌人可能迫使部队退却，指挥官也可能主动选择退却。无论如何，退却必须得到更高一级指挥官的许可。

退却的目的是优化战术态势，或是避免不利态势进一步恶化。排一般作为更高层级单位的一部分实施退却，但也可能在必要时独立退却。实施退却行动主要是为了达成以下目的：

·抵抗、消耗、击败敌军。

·将敌人引入不利态势。

---

① 师以下单位不实施机动防御的原因是类似单位无法在其作战地域全宽度、纵深和高度进行多场交战，为打击、牵制力量以及后备队同时配备力量和补给。典型的机动防御中，打击力量常占据防守方三分之二的兵力。

· 避免在不利态势下接敌。

· 争取时间。

· 使一部分力量脱离接触，用于其他任务。

· 为缩短交通线或为适应其他友军单位的运动重新布置力量。

· 占领有利地形。

退却有迟滞、撤退、主动后撤三种形式。

1. 迟滞

迟滞是单位用空间换取时间，避免决定性交战以保护自身实力的措施。单位用空间换取时间的能力取决于分配给迟滞力量的作战地域纵深。纵深取决于以下几个因素：

· 需要争取多少时间。

· 敌我力量对比。

· 部队机动能力对比。

· 地形特征。

· 利用障碍物和火力塑造作战地域的能力。

· 能接受多少风险。

迟滞依靠迫使敌人集中力量击穿多个防守阵地来实现。迟滞必须向敌人展现出持续、严重的威胁，迫使敌人不断展开和机动。在敌人集中足够资源进行决定性交战，并在当前阵地击败迟滞力量以前，迟滞力量要撤离至下一个阵地。敌我战斗力量对比、METT-TC 和天候，共同决定了迟滞力量在同一个阵地停留，不被拖入决定性交战的具体时长。通过迟滞争取到的时间，可以让友军建立防御，掩护撤退中的部队，保护友军侧翼，也可让友军进行反击。

（1）迟滞的具体要求

迟滞的具体要求应在迟滞任务的命令中说明。第一，指挥官可以选择要求在作战地域内实施迟滞，或是要求在某条阶段线或地形特征之前坚持一定时间。命令要说清迟滞力量是否可以利用整个作战地域，还是必须在特定战斗阵地之前实施迟滞。第二，要在命令中明确可以承担什么样的风险，例如是否允许部队为了保持迟滞力量完整而持续占据某一地形，承担陷入决定性交战的风险。

（2）交替或连续阵地

指挥官一般为下属单位指定深度大于宽度的连续作战地域。下属指挥官在指定的作战地域全纵深运用障碍物、火力与运动。若指挥官只计划实施短期迟滞，或作战地域纵深有限，迟滞部队可能只在单个阵地进行作战。若指挥官需要长时间迟滞敌人，或作战地域有足够纵深，迟滞部队就可以运用交替或连续阵地迟滞敌人。

迟滞部队在占据下一个阵地之前首先要进行侦察。在两个阵地之间运动时，迟滞部队仍需保持接敌状态。

交替阵地和连续阵地的优缺点

迟滞方法	使用场景	优点	缺点
以连续阵地迟滞	·作战地域较宽 ·可用部队不能拆分	·集中全部战斗分队的火力	·迟滞阵地纵深有限 ·准备每个阵地的时间有限 ·灵活性较差
以交替阵地迟滞	·作战地域较窄 ·可用部队足够拆分到不同阵地	·能够在纵深布置 ·能够在最危险的接近路提供最好的警戒 ·为士兵休整和装备维护留出时间 ·有更多灵活性	·需要更多部队 ·需要持续的机动协调 ·需要穿越各种阶段线 ·每次只有部分部队交战 ·在迟滞阵地间可能会丢失与敌人的接触

迟滞一般在部队数量充足，作战地域有足够的纵深时以交替阵地实施。以交替阵地实施迟滞时，两个以上的单位在单个作战地域占领纵深阵地。在第一个单位与敌人交战时，第二个单位占领纵深的下一个阵地，为接替作战做好准备。第一个单位解除交战并绕过或穿过第二个单位，运动至下一个阵地，在第二个单位接替战斗时，做好再次与敌交战的准备。

以连续阵地实施迟滞适用于受指派的作战地域过宽，现有部队无法占领两层以上的阵地的情况。以连续阵地实施迟滞必须保证全部迟滞力量要在一系列战斗阵地或整个作战地域的同一个阶段线内。大多数迟滞力量要靠前部署。任务决

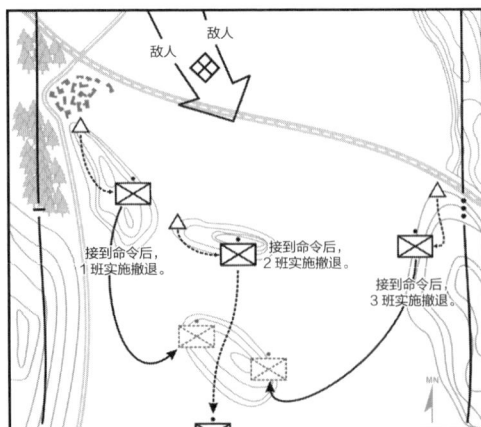

交替阵地迟滞（ATP 3-21.8《步兵排和班》）

定了何时从一个阶段线或战斗阵地
运动到下一个阶段线或战斗阵地，
但运动应是交错进行，而非全部
部队同时运动。

2. 撤退

是有计划的退却行动，指一支
接敌的部队脱离与敌接触，向远离
敌人的方向运动。尽管指挥官要避
免在受到敌人压力的情况下撤退，
但并非总能如愿。撤退的目的是保
存实力，或投入新的任务。

连续阵地迟滞（ATP 3-21.8《步兵排和班》）

撤退本质上是很危险的，一般要在面对相对更强的敌人的同时向后方运动。
之前的战斗越激烈，与敌人的距离就越近，撤退的难度就越大。单位一般只在敌
人无法观察到或不能察觉其行动时撤退。作战安全极为重要，尤其是在撤退的初
期阶段大多数部队和勤务分队未就位的情况下。

指挥官在制定撤退计划时与制定迟滞计划类似，但 METT-TC 对迟滞和撤退
有不同的影响——撤退的起始阶段永远都受到敌人干扰的威胁。因此指挥官要首
先制定受到敌人压力的情况下的撤退计划，无压力情况下的计划都仅作为备份。
撤退计划的主要考虑包括：

· 预有准备地与敌人脱离接触。

· 快速转移本队，避免敌人干扰。

· 保障撤退路线安全。

· 在整个作战中，让与敌人接触的支援力量保持足够的机动、功能性 / 多功能
性支援和勤务能力。

美军将撤退分为有协助和无协助两种形式，并存在有敌人压力和无敌人压力
两种情况，也就是有四种具体情况。撤退计划要考虑将面对的是何种具体情况。

指挥官显然希望能够在无敌人压力也无须协助的情况下完成撤退。敌人的行
动，以及与协助撤退的单位进行的额外协同都会增加作战的复杂程度。

在有协助撤退时，协助撤退的单位占据撤退单位后方的阵地，并准备好接

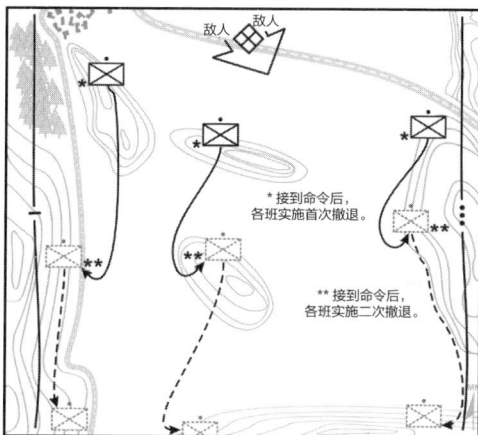

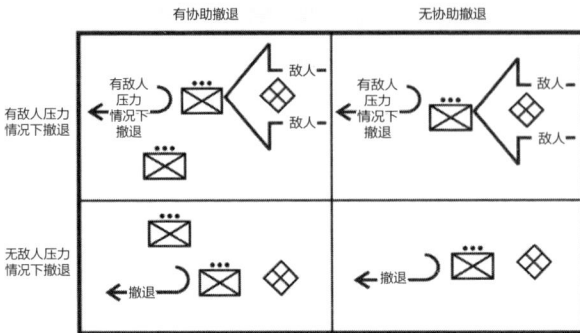

撤退的具体情况（ATP 3-21.8《步兵排和班》）

颈位置或关键地形提供警戒分队。

·为协助运动控制（例如交通控制点）提供分队。

·实施机动、直瞄火力支援和勤务支援，也可以实施反击协助撤退单位与敌人脱离接触。

在无协助撤退中，撤退单位自行建立路线和制定撤退计划。撤退单位部署警戒分队作为后卫，掩护本队撤退。勤务及其防卫部队一般率先撤退，然后是作战力量。在本队撤退后，殿后的保留接触分队与敌人脱离接触，跟随本队至最终位置。

排在无协助撤退时，排长可以指定一个班为全排执行保留接触任务，或是由排军士任保留接触分队指挥官，将其余步枪班的剩余分队组织起来执行保留接触任务。

在承受敌人压力时撤退的情形中，只要撤退路线允许，所有部队应同时利用迟滞战术向后方撤退。当同时撤出全部部队不现实时，指挥官要综合后续任务、可用

管态势。两个单位要在撤退过程中密切协同。协助撤退的单位可以提供以下帮助：

·为撤退单位即将经过的区域提供额外警戒。

·提供撤退路线相关的信息（侦察和维护）。

·在撤退路线上的瓶

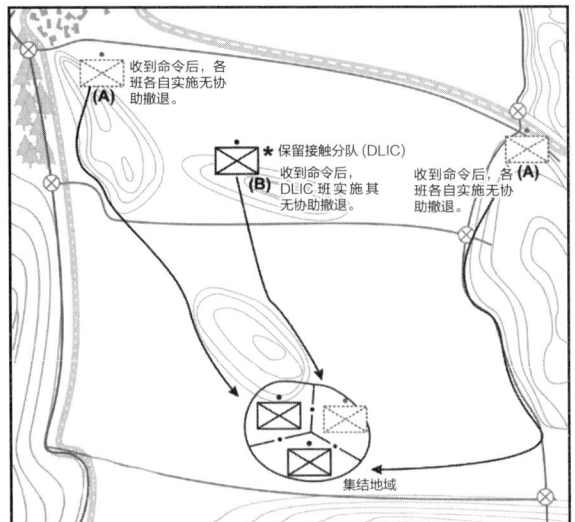

排无协助撤退（ATP 3-21.8《步兵排和班》）

的交通工具和路线、敌我力量部署、敌压力程度和性质、撤退的迫切性等因素，自行决定撤退顺序。

3. 主动后撤

主动后撤即部队在未接敌状态下向后方运动时实施的具体任务。尽管预计不会有敌人地面部队干扰，但处于主动后撤的部队仍要为作战做好组织。通常会有其他单位实施警戒，掩护其实施主动后撤。但敌机动力量、非常规部队、空袭、空中突击、远距离火力等都有可能阻断主动后撤的单位。故指挥官要制订计划以应对敌人可能采取的行动，并组织单位做好自卫。指挥官一般在需要为后续作战调整部队位置，或适应现有作战构想时，实施主动后撤。单位在实施主动后撤进行战术行军时，首要考虑安全和速度。

三、各阶段顺序

一般步兵排作为更高级别单位的组成部分实施防御。下面集中讲解防御所涉各种行动的战术考虑和流程。一般我们假定进攻之敌在作战中存在一定纵深，但确实也存在排要防御没有作战条例基础的敌人（叛乱分子或是恐怖分子）的情况，因而也要对此类威胁做好防御准备。这种非常规敌态势需要更为灵活的计划，允许更分散且临机应变的战斗力量控制，而不是在排的作战地域内均匀部署作战力量。排可以实施与进攻和巡逻相结合的环形防御，来对抗这些恐怖分子和叛乱分子。

排长在制定防御计划时一般遵循以下防御作战的顺序：

・敌方实施侦察和监视，进行火力准备。

・占领和准备。

・敌方主要攻击临近。

・敌方发起突击。

・友军反击。

・巩固和整顿。

（一）敌实施侦察和监视，进行火力准备

警戒分队必须保护好友军主要战斗地域的部队，让他们能够准备防御。这些警戒分队要与营连级的警戒分队做好配合，相互补充。敌人必然会试图运用侦察分队，以及通过前卫和干扰分队的攻击，搞清对方的防御性机动规划，同时尝试

突破对方排的战术障碍物。

警戒分队的目标一般包括提供预警，消灭敌侦察单位，阻碍和骚扰敌突击分队等。警戒分队在接到转移命令前应持续执行其任务。指挥官也可以将警戒分队作为欺骗作战的一部分，在一个区域内塑造主力存在的假象，并在其他位置构筑主要防御。步兵排在实施此类防御行动时，可能需要同步准备战斗阵地，这对指挥官及其下属提出了较高的时间管理要求。

在此类作战中，步兵排可能会被要求为警戒分队穿越作战地域提供向导，或是关闭穿越的通路。排也可能参与战场塑造，堵住敌人可以增加灵活性的攻击通道，迫使敌人进入友军的交战地域。当排不执行警戒或防御准备任务时，应做好隐蔽，避开敌可能的核生化辐射武器攻击或炮火准备。

（二）占领和准备

为使排能够果断占领防御区域，迅速开始各项工作，指挥官的侦察尤为重要。排长、排军士，以及部分班长、前进观察员、无线电话务员、警戒分队等，要对包括但不限于敌方接近路、交战地域、火力区分、暂定障碍计划、间瞄火力计划、观察哨、集合点和指挥所位置等实施侦察。作战安全在实施占领时极为重要，要保证排不被发现，为实际防御保存战斗力量。在占领防御区域时，排内各级士兵应当全面理解各自的职责，能够快速高效实施占领，为计划和准备防御尽可能留出时间。

（三）敌方主要攻击临近

排应在能够最大化实现直瞄和间瞄火力系统效果的时间和地点与敌人交战，在其受指派的作战地域内取得胜利。如果可能，当敌方突击部队接近交战地域时，己方排可以启动近距离空中支援削弱敌人。友军要在敌人进入直瞄火力射程之前占据他们的实际防御阵地，并根据敌人行动或其他战术因素适时改变阵地。

（四）敌方发起突击

敌人在突击时为实现兵力集中，会在某个位置集中部署突击和支援分队，这使得敌人易受直/间瞄火力和障碍物的影响。为达成指挥官的机动计划，友军反击力量需要指向敌侧后，其他友军力量可能要向预备或后续阵地转移。敌人可能会部署额外部队牵制友军，使友军无法完成转移。同时，敌人可能会使用炮兵、近距离空中支援、核生化辐射武器等为突击创造条件。全体友军都应做好准备，抵御敌人战力倍增器的最大化运用，避免出现弱点给敌人以可乘之机。

排在与敌人交战时，班长和火力组长要控制好其下属士兵的直瞄火力，指挥其重新占领被摧毁的关键阵地，并在主要阵地无法使用时向预备阵地运动。伤员要及时转移，地雷与迫击炮等间瞄火力要发挥作用，"标枪"导弹等直瞄武器要指向敌支援阵地。

在低能见度情况下，如果敌人未能发现防御方的阵地，防御方可以使用部分迫击炮或火炮首先发射红外照明弹。当排从主要阵地与敌交战，可使用常规照明。当敌人突破战术铁丝网时，如果排有过顶掩体，可以加入使用变时引信的榴弹。

在必要时部队会使用最后拦阻火力。野战火炮、重型迫击炮等间瞄火力装备会集中发射最后拦阻火力，直至命令要求停火或弹药耗尽。中型机枪沿最后拦阻线（Final Protective Line）开火。士兵要向敌侧翼射击形成相互支撑。士兵要及时补充弹药，伤员要撤离。

（五）友军反击

当敌人的突击动能减缓或停止，友军就可以实施反击。反击可以作为进攻用途，从敌人手中夺回主动权。但在某些情况下，反击主要还是以防御为目的，例如重新占领某个阵地或控制某个区域。除了作为反击力量，步兵排也可能作为基准火力分队参与反击，为反击力量提供火力支援。

（六）巩固与整顿

步兵排通过重新安排力量分布、消灭残敌、处理敌战俘、重新设立障碍物等操作，确保其防守地域的安全。步兵排在准备继续进行防御时，要实施一切必要的勤务作业。即便敌人没有积极与防守友军交战，步兵排也应随时保持战术态势感知和警戒，同时为可能的后续任务做好准备。

四、防御作战的次序

步兵排一般作为更大规模单位的一部分实施防御，与其他单位共同行动，或是执行与其他单位的任务相交叠的行动。

为了便于讨论，执行防御与进攻类似，也可以分为五个阶段，分别为：获取和保持与敌接触；干扰敌人；牵制敌人；机动；后续跟进／反击。

这些步骤并不一定按次序发生，甚至可能同时发生。前三个步骤一般为塑形作战，后两个步骤根据情况可能作为决定性作战。

（一）获取和保持与敌接触

在面对敌人击垮友军侦察资产的决心和努力时，获取和保持与敌接触是成功实施防御的重要因素。当敌人开始攻击，防御部队的首要考虑是弄清敌人单位的位置和能力，确定敌人的意图和攻击方向，争取时间做出反应。排长要利用手中可用的信息，结合自身判断确定敌人投入某个行动流程的时间点。

尽早发现敌人的决定性行动能够为指挥官提供更多的反应时间，以便调整牵制力量部署，塑造敌人突破行动，为投入打击力量留出必备时间。打击力量的指挥官需要尽可能确保敌情实时更新，确保打击力量能够在正确的时间和位置与敌人交战。

（二）干扰敌人

无论敌人处于作战地域的何处，指挥官都要通过实施塑形行动干扰敌人。在接敌后，指挥官要试图干扰敌人的计划，干扰其控制部队的能力，以及干扰其联合作战部队。理想情况下，指挥官的塑形作战应当使敌人失去组织，降低其协同各分队的能力，不能实施与有准备的防御相接触的运动。当干扰攻击之敌的过程开始后，就要贯穿防御全过程。

（三）牵制敌人

在实施地域防御时，指挥官要尽可能限制敌人可做出的选项。除了干扰敌人，指挥官为限制敌人选项还要实施塑形作战，控制敌人的运动或将敌人牵制在特定位置，将敌人限制于单个行动流程。在实施这些作战时，指挥官要持续寻找、迟滞或消灭敌后续预备队，阻止其进入主要作战地域。

指挥官有几种选择可以牵制攻击之敌，比如设计塑形作战，巩固侧翼和突破点来牵制敌人，使友军能够在别处实施决定性的机动。

指挥官通过运用障碍物并以火力将其覆盖，可以牵制、扭转、阻挡、干扰敌人，限制敌人的可选项。自上而下与自下而上相结合制定的障碍物计划是正确布置障碍物的保证。实施阻挡任务的部队，同样可根据 METT–TC 通过一系列阵地对敌方运动造成影响，阻止敌人完成其任务。

（四）机动

在防御中，决定性作战发生在主要作战地域。主要作战地域是塑形作战、勤务保障与决定性作战的成果共同结合起来击垮敌人的位置。指挥官的目标是要防止敌人运用各种火力通过预有准备的阵地、障碍物和可能的反击。

态势理解是为打击力量开始运动创造先决条件，并确定反击的大致区域的关键。态势理解包括找出反击能够取得决定性效果的时间点和空间点，并以目标敌部队或是交战地域的形式指明。

（五）后续跟进

防御的目的是占据地形，并为反攻夺回主动权创造条件。地域防御通过使敌人在未能达成决定性目标的同时，承受不可接受的损失来达成上述目的，使指挥官能够转入攻击。但地域防御也可能会陷入僵持，双方互相脱离接触。防御方也可能会在敌攻击迫使下转入退却。决定撤退前必须考虑邻近防御地域的态势，只有下令防御的指挥官能够指定新的战斗地域前缘或是授权退却。

防御的意图是为转入进攻创造机会。在机动防御时，转入进攻的机会常常出现在打击力量攻击成功之后。指挥官要扩大打击力量的战果。如果指挥官评估认为打击力量的攻击创造了未来进攻任务的战机，那么就应为追击创造条件。如果机动防御实施并未成功，主动权仍掌握在敌人手中，指挥官应选择建立可行的防御或是实施退却。

五、防御的重点工作事项

重点工作事项指的是固定的一套进行准备和实施防御的方法。操作标准流程应当写明重点工作事项，将责任落实到个人。排内全体指挥官应当结合其自身岗位有各自特定的重点工作。尽管以下重点工作事项是顺序排列，但一些任务实际是同时进行的。下面是一个重点工作事项的案例：

· 设立直接警戒。

· 为每辆布雷德利步兵战车或步兵运载车安排阵地并指派火力区分。

· 建立排级侦察和监视。

· 安排"标枪"导弹、机枪，以及单兵阵地，并指派火力区分。

· 安排其他资产的位置（排指挥所）。

· 指定最后挡阻线和最后挡阻火力。

· 清理射界，准备射程卡、作战地域草图。

·调整间瞄火力的最后拦阻火力。发射单位的火力指挥中心应当确定安全区，确保域内无友军后再校射。

·准备战斗阵地。

·条件允许时安装有线通信。

·布设障碍物和雷场。

·标记目标参考点或改进目标参考点的标记，标记直瞄火力控制措施。

·改进主要战斗阵地，增加过顶掩护等。

·准备预备和辅助阵地。

·制定睡眠休息计划。

·侦察运动。

·对交战、脱离接触或转移进行演练。

·储备弹药、食物、水。

·在各阵地间挖掘战壕。

·侦察各路线。

·继续改进各阵地。

（一）排长

尽管可以将很多职责分配给下属，但是排长还是要亲自确认各项职责都已按要求完成。

·确保布置好直接警戒并指派观察哨。

·与排军士和其他选定的人员共同实施指挥官侦察。

·确认或否决任务分析中的重大推论或假设。

·确认直瞄火力计划，包括交战地域、火力区分、必备武器阵地、火力控制措施等。

·根据直瞄火力计划，为各排、各分队和支援分队指定主要、预备、辅助和后续阵地。

·要求各班实施协同，将间瞄火力计划和障碍物与直瞄火力计划相结合。

·指定排指挥所大致位置，安排必备武器的位置。

·检查排指挥所并向排军士说明态势以及物资需求。

·收到各班作战地域草图后，制作两张排防御作战地域草图和火力计划，一份递交连部，一份自己保留。

· 在土工作业开始前再次确认直瞄火力计划和各班阵地，与左右两翼做好协调。

· 与连长检查命令是否有变化或更新。

· 完成警戒、欺骗、反击、障碍物计划。

· 排各阵地完成土工作业后进行实地检查。

· 确认必备武器火力区分清楚，能够完全覆盖排整个作战地域。

· 从敌人的角度审视防御计划。

· 检查信息分发、火力区分交叠和死角。

· 确保不足之处能迅速更正。

· 确保实施演练，并已向上级报告障碍物位置。

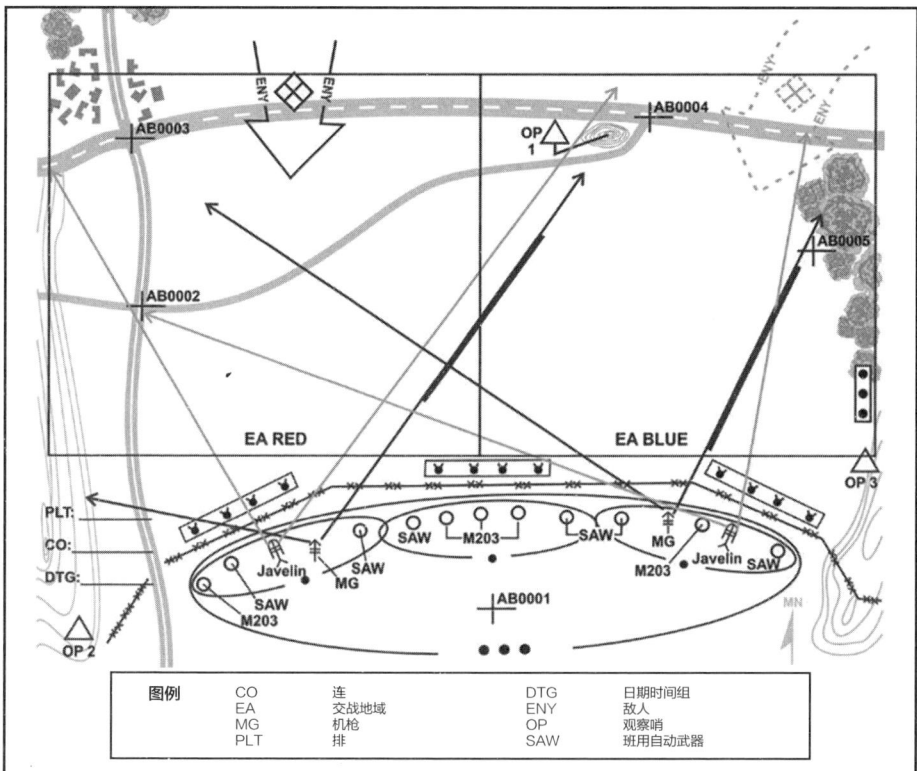

排防御作战地域草图（ATP 3-21.8《步兵排和班》）

（二）排军士

排军士的职责包括：

· 建立排指挥所，有需要时确保建立与各排、班以及配属单位的有线通信连接。

· 建立伤员集中点、俘虏集中点、排物资发放点，了解连对应各点的具体位置。

· 向各班说明排指挥所位置、物资计划，以及各阵地间的通路。

· 协助排长制作火力区分和作战地域草图。

· 申请和分配开路工具、拦阻材料、食物配给、水和弹药。

· 与排长一同实地检查各阵地。指导各班以及必要武器的布置，检查射程卡和作战地域草图。

· 建立例行警戒或警报计划、无线电监听、休息计划并向排长汇报。

· 对排长指派的职责持续予以指导和协助。

· 选择战壕的位置，确保做好标记。

（三）班长

班长的主要职责包括：

· 布置直接警戒。

· 确认自己班的阵地和被指派的火力区分。

· 确认近距离作战导弹系统、中型机枪组的阵地和被指派的火力区分。

· 布置自动步枪手、榴弹手、步枪手的阵地并指派火力区分。

· 建立指挥所和有线通信；

· 确认指定的最后拦阻线和最后拦阻火力。

· 清理射界，准备自己的射程卡。

· 准备班射程卡和作战地域草图。

· 挖掘战斗阵地。

· 与排和相邻单位建立通信和协同。

· 重新审视火力区分和作战地域草图。

· 布置反坦克雷、阔剑地雷，以及铁丝网等其他障碍物。

· 标记或完善目标参考点和其他火力控制措施的标记。

· 完善主要战斗阵地，增加过顶掩护。

· 准备辅助和预备阵地（步骤与主要阵地相同）。

- 建立睡眠和休息计划。
- 分发和堆集弹药、食物、水。
- 挖掘连接各阵地的战壕。
- 继续完善各阵地，建立护坡，更换伪装，为过顶掩护增加伪装等。

（四）前进观察员

- 前进观察员要协助排长做好间瞄火力计划，支援防御任务。
- 为排长提供各火力单位的状态，以及战场遮蔽和照明的建议。
- 与连火力支援官、火力单位、各班长做好协调，确保火力计划同步，确保各方理解间瞄火力计划并进行演练。
- 尽早完成最后拦阻火力的调整，制定观察计划。
- 就观察员转移阵地在排作战地域内做好协调和演练，以便各观察员能观察到目标和责任地域。
- 制定触发条件。
- 汇报信息收集活动。
- 确保通信留有冗余。

六、协调

在防御中，协调是保证单位能够提供相互支援、环环相扣的火力的重要前提。多数情形下排长要面对面做好协调，以便能够有效理解和解决问题。但是当时间极为有限时，数字设备或许是唯一能够收发信息的手段。排长应在当面协调前，通过电台或任务指挥系统收发以下信息：

- 指挥官的位置。
- 战斗阵地的位置。
- 观察哨的位置和撤退路线。
- 障碍物的位置和类型。
- 侦察兵等在排阵地前方的单位的位置、活动以及穿越计划。
- 排数字火力区分草图。
- 排作战地域内作战的全部士兵和单位的位置。

当有数字手段的单位与无数字手段的单位进行协调时，建议采取面对面的方式。有数字手段的单位可以将无数字手段单位的相关信息录入任务指挥系统，以备后续参考。如果不能进行当面协调，指挥官要通过电台共享相关信息。

相邻单位间协调的最终目的，是确保能形成合力完成步兵任务。需协调的事项包括：

· 单位位置，包括重要指挥官代号和通信频率。

· 观察哨和巡逻队的位置。

· 实现火力交叉（确保有明确的直瞄火力责任）。

· 目标参考点。

· 预备、辅助和后续战斗阵地。

· 间瞄火力信息。

· 障碍物（位置和类型）。

· 防空考虑（如有）。

· 占领和转移时采用的路线。

· 勤务考虑。

七、警戒

防御警戒指一切以避免被敌发现的主动和被动措施，包括欺骗敌人、阻止敌人侦察获取友军的准确位置信息等。观察哨和巡逻队是排长可以采用的两个主要手段。在为防御警戒制定计划时，排长要考虑地形的军事意义，考虑观察地境和射界，以及接近路、关键地形、障碍物、掩蔽和隐蔽等。排长要使用地图确定既能够让排免于被敌人观察和火力覆盖，同时又能提供可以观察到交战地域并施加火力的地形。排长还需要运用情报更新来增强自身的态势理解，减少敌从排未预料的时间或地点发起打击的概率。

现有任务指挥系统允许机械化班用数字手段传输敌情和观察报告，在不破坏安全的前提下极大简化了汇报流程。徒步观察哨则仍需要通过调频电台传送报告。

（一）观察哨

观察哨是防御的主要警戒手段，能够提供敌人来袭的方位、距离、规模，实现接敌预警。观察哨能够提前发现敌人，向排发送准确的报告。排长沿敌进入作战地域可能的接近路建立观察哨，同时要确保（无论乘车还是徒步）观察哨与排

建立观察哨（2018 年）

保持通信畅通。

　　提前发现敌人能够减少观察哨被敌人拔除的风险。观察哨可能需要装备"标枪"的发射指挥单元、1 级无人机系统、振动 / 声音 / 频率传感器等，提高其发现敌人的能力。也可能需要给观察哨配发红外绊发或红外伞式照明弹，红外 M203 或 M230 榴弹甚至迫击炮红外照明支援，以照亮敌人。排长要权衡使用红外照明的优劣势，如果确信敌人装备了夜视设备，那么他们也能够发现红外光。排装备的红外和热成像设备能够让观察哨看得更远，但观察哨不应被布置在排轻武器射程之外。

　　为进一步减少友军误击的风险，观察哨要使用 GPS 导航确认友军位置的进出点。排长务必向连长提交观察哨位置，并在每个观察哨附近建立禁止开火区。

（二）巡逻

　　排在防御中要积极巡逻。巡逻能够帮助排填补观察哨之间的警戒空当。排长要将其暂定的巡逻路线上报给连长，确保他的路线不会与连其他单位冲突，以便作战和情报参谋有效协同各路线，避免友军误伤同时也避免出现空当。巡逻队指挥官可以使用 GPS 增强其基本的陆上寻路技能。

制定防御计划的注意事项

　　为防御任务制定计划是一项复杂的工程，需要细致的谋划和广泛的协调。在防御时，各步兵排和班的作战和勤务体系的效果要实现同步，以便排长向选定的前进之敌施加压倒性作战能力，使敌人的计划陷入混乱，最终消灭敌人的联合作战力量。随着作战的推进，步兵指挥官要清楚，决定性作战和塑形作战的相互转换可进一步推进战斗，迫使敌行动失调。战斗功能为步兵指挥官提供了计划、准备、执行防御的手段和框架。下面将对各个战斗功能的协同进行说明，这对步兵排和班制胜至关重要。

一、任务指挥

指挥官首先要将想定的敌人行动纳入连战场情报准备。步兵营和连战场情报准备之间不能有显著的差异，要让步兵排和班清楚理解营、连两级指挥官对敌人战斗和计划的想定。步兵连长和连情报支援组要根据连在作战地域的作战细节进一步细化战场情报准备。排长则根据步兵排和班的作战地域内的任务，细化他的战场情报准备。步兵营长一般会明确营将在何地以何种方式击垮或消灭敌人。步兵连、排长要按照营长的作战构想，设想各自单位将如何在营的战斗中完成各自的部分。

二、运动和机动

在防御中，武器的位置对于步兵排和班制胜至关重要。合理安排武器的位置能够使排在战场关键位置集中火力，并根据需要转移火力。排长要利用好其配属武器的优势，同时尽可能避免他的排暴露在敌观察和火力之下。

如果排或班被指定担任预备队，那就应当将其部署在能够应付多个应急计划的位置。排长要考虑地形、道路流量、可能的交战地域、敌可能的突破点、投入战斗所需时间等因素。步兵营长可以预留一个由营直接指挥的单个预备队，或者在地形允许时，由连指定其自身的预备队。预备队应布置在有掩蔽和隐蔽的位置。预备队位置相关的信息应被视为是友军信息的重要元素，要避免被敌侦察获取。指挥官可以选择先将预备队前置以欺骗敌人，或时常让预备队实施运动，以免成为敌间瞄火力的目标。

（一）纵深与分散

向纵深和横向分散设置阵地，有助于防止部队被敌人的观察和火力影响。在纵深建立多个阵地能够为部队在各阵地间运动留出空间，步兵分队和武器系统也可在纵深布置。建立交战地域的目的是在战场关键点上集中火力。建立火力区分则是为了在交战地域内分配和转移火力。一旦直瞄火力计划确定下来，就可以计划为目标构筑战斗阵地。

（二）侧翼阵地

侧翼阵地能够使防御方从与进攻之敌运动的平行方向开火，让防御方能够面对更大更脆弱的目标，同时让敌人对防御的位置产生错误判断。布置侧翼阵地的一个重要考虑是防御方是否有能力控制侧翼，以及是否有能力不被发现，构成突然性。火力控制和避免友军误伤的措施在布置侧翼阵地时也非常重要。

（三）转移计划

退出交战和转移让排能够在防御中保持灵活性和战术敏捷性。退出交战和转移的最终目的是让排避免被牵制，或陷入与敌人的决定性交战。在转移时，部队要保持相对敌人的机动性优势。排长在制定转移计划时要考虑以下几个因素：

- ·敌态势，例如敌连级的攻击单位可能会阻止一个排退出交战。
- ·退出交战的条件。
- ·是否有直瞄火力压制能够通过压制或干扰敌人支援部队退出交战。
- ·是否有掩蔽和隐蔽、间瞄火力和遮蔽来协助部队退出交战。
- ·包括临时障碍物在内的障碍物的整合情况。
- ·部队要布置在线性障碍物等有利于退出交战的地形上。
- ·确定转移路线以及退出交战或转移的时间，并进行演练。
- ·要有足够规模的友军与敌人交战，支援退出战斗的部队。

尽管退出交战和转移是重要的战术工具，但在面对快速运动的敌人时，并不容易实施。事实上，在与敌人接触时进行转移需要排长制定完整的计划，并在防御前进行演练。排长在接敌的情形下进行转移时要小心评估态势，确保转移的可行性，避免人员、装备造成重大损失。

（四）退出交战的条件

退出交战的条件决定了下属分队在何种情形下应向预备、辅助、后续阵地转移。条件与敌人行动直接关联，比如敌人越过了某个阶段线时。条件也可能与友军行动关联，比如当炮兵或掩护分队能够与敌人交战时。独特的退出交战条件是在计划的过程中根据每个特定态势单独制定的。

（五）直瞄火力压制

绝不可让进攻之敌向退出交战的友军施加直瞄和间瞄火力。基准火力分队的直瞄火力此时要压制或干扰敌人，这也是协助单位脱离交战的最有效的方式。排可能会收到连其他分队加强的直瞄基准火力支援，但大多数情况下，排要建立自己的基准火力分队。排内建立基准火力时，排长需要确定排转移的顺序。

（六）掩蔽和隐蔽

排和下属各班在运动到预备、辅助、后续阵地时，要使用有掩蔽和隐蔽的路线。无论路线本身能够提供多少保护，排和各班要尽可能在接敌前对运动进行演练。演练能够加快运动的速度，也算是一种额外的警戒措施。排长要分配足够的时间用于演练低能见度和不利情况下的运动。

（七）间瞄火力和遮蔽

火炮或者迫击炮能够在排脱离交战时提供协助。压制火力能够减缓敌人速度，迫使其寻找掩蔽。烟雾能够遮蔽敌人视线，迟滞其进展，亦可屏卫防御方离开战斗阵地或是沿转移路线运动。

（八）障碍物整合

障碍物要与间瞄和直瞄火力相结合。障碍物通过减缓和干扰敌运动，为友军部署直瞄和间瞄火力或是转移提供了必需的时间。也可使用模块化集装布雷系统（MOPMS）来帮助部队脱离交战，或是封闭穿越战术障碍物的通路。帮助脱离交战用的障碍物的位置要根据 METT-TC 情况确定。理想状况下，障碍物要尽可能远离防御方，让防御方既可以射击障碍物远端的敌人，又能让防御方保持在敌人集中的直瞄火力射程之外。

（九）机动性

防御时，机动性能够保证部队保有调整阵地、迟滞和反击的能力。在准备防御时，提升机动性的相关作业首先要聚焦补给、转移阵地、前后调动部队、物资、装备的能力。一旦完成防御准备，机动性相关作业就应着眼于支援排预备队、本地反击，以及更高级指挥部的反击或预备队。连确定的重点工作事项中可能会包含对路线进行优化，以便支援上述任务。一般情况下，大多数工程装备都会投入到增强生存性和反机动性等目的的工作中。在某个指定的时间或触发条件下，工程装备可停止构筑障碍物和提升生存性用的阵地，转而集中精力准备与机动性相关的任务。排长要分析机动和障碍物计划以及地形，以决定机动性的需求。关键考虑包括障碍物计划中的通道和缺口；关闭通道的计划以及下属单位的职责；路线的侦察、完善、维护等。

（十）反机动

要在防御中制胜，排长要将各障碍物整合进直瞄和间瞄火力计划，为每个障碍物群确定意图。障碍物一般是由工程兵在排的协助下修建的。排和班可以使用障碍物来减缓敌人前进，为排或班争取更多时间来集中火力打击敌人；为防御部队提供保护；将敌人驱赶进容易被攻击到的位置；将敌人步兵与坦克分开；加强防御不足的地域等。

障碍物意图包括目标和期望的效果（要有清晰的任务和目的）以及障碍物群的相对位置。障碍物群的目的决定了从障碍物的位置到防御的实施等作战的多个方面，一般由连长决定。当部署障碍物时，指挥官要考虑以下几个原则：

·能够支撑战术计划。障碍物是战斗力的补充，能够削弱敌机动能力，为排提供安全。当考虑敌接近路时，要同时考虑其自身的运动需求，比如补给、撤退、反击、巡逻、观察哨等。

·形成联系。新的障碍物要与现有障碍物形成联系，障碍物计划与火力计划也要形成联系。

·观察和火力能够覆盖。指挥官要确保障碍物能够被观察和火力覆盖，这样可以削弱敌人移除或突破障碍物的能力，增加敌人遇到障碍物时，友军向其施加火力的可能性。

·纵深布置。指挥官要按照敌人每次遇到新障碍物都会被进一步消耗的方式布置障碍物。正确运用纵深障碍物，能够消耗敌人，显著增强整体效果。

士兵正在布设阔剑地雷（2017 年）

·以突然性为目的进行部署。过于明显的障碍物布置样式会暴露单位和武器。部队必须避免形成明显重复的样式。

1. 战术障碍物

连长会决定如何布置障碍物群，然后告诉各排长和工程兵他想要对敌人实现何种效果，以及障碍物发挥作用的大体位置，并给各障碍物群分配对应的资源。障碍物效果包括干扰、牵制、扭转、阻挡等。

障碍物效果

障碍物效果	目的	火力和障碍物应当	障碍物特点
干扰	·打乱敌人阵形 ·打断敌人时间安排、指挥与控制 ·致使敌人提前使用破障装备 ·致使敌人无法整体发起攻击	·致使敌人提前展开 ·减缓部分阵形，同时允许剩下的部分不受干扰地前进	·不需要大量资源 ·应确保障碍物不会在远距离被发现
牵制	·在一定地域内减缓敌人的进攻，以便将其消灭 ·为友军脱离交战争取时间	·致使敌人在遭遇障碍物前展开成攻击队形 ·允许敌人在交战地域过作战地域缓慢前进 ·一旦进入交战地域或作战地域，就使敌人在多个方向交战	·纵深排列障碍物 ·向整个接近路延展横向 ·避免让地形看上去不能穿越
扭转	·迫使敌人向友军指挥官期望的方向运动	·避免敌人绕过或突破障碍物 ·在转向过程中保持对敌的压力 ·向转向的锚定点集中直瞄间瞄火力	·将锚定点与不可穿越的地形形成联系 ·在纵深运用障碍物 ·敌人接近时形成含蓄的导向
阻挡	·沿特定接近路迫使敌人停止 ·避免敌人穿越作战地域或交战地域 ·阻止敌人使用某个接近路，而转用其他	·避免敌人穿越或绕过 ·阻止敌人前进 ·消灭敌人全部突破障碍物的努力	·与不可穿越的地形形成联系 ·使用复杂的障碍物 ·击垮敌人乘车和徒步突破的努力

2. 防护性障碍物

步兵排可以计划和修建本单位的防护性障碍物。为达到最好的效果，防护性障碍物要与现有的障碍物或是战术障碍物形成联系。排可以使用地雷和铁丝网，也可能会收到连或补给点下发的额外材料。排可能还需要实施其他必需的协调，比如就地换防，对障碍物进行修复或拆除等。

·在计划防护性障碍物时，排长评估排阵地的潜在威胁，然后部署最能应对威胁的障碍物体系。

·防护性障碍物一般要布置在手榴弹可达的距离之外（40~100米），还可能向

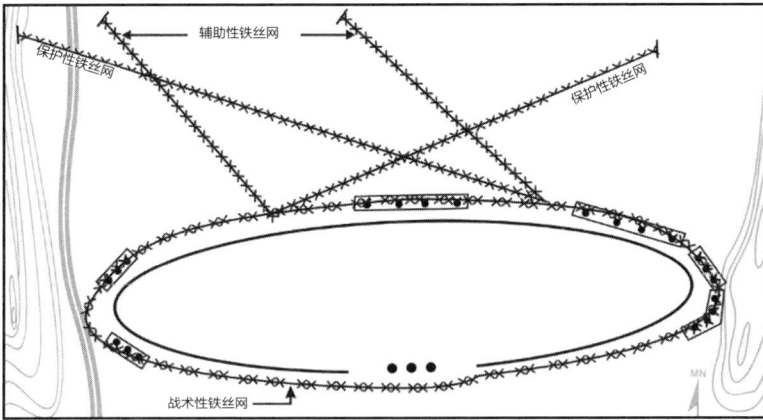

铁丝网的三种布置（ATP3-21.8《步兵排和班》）

外进一步延展 300~500 米，与战术障碍物和现有限制性地形形成联系。与战术障碍物一样，防护性障碍物也应当纵深布置，并尽最大化利用武器的射程。

· 当计划防护性障碍物时，排长要考虑准备时间，对物资体系的负担，士兵的负重，以及丧失突然性的风险等。

铁丝网障碍

布置形式	防护性	战术性	辅助性
	防护性铁丝网可以是一系列复杂的，为排所在地界提供全方位防护的障碍物，也可以是进入班伏击阵地的徒步接近路上的简单铁丝网。遥控击发的 M18 阔剑地雷可以与防护性铁丝网一同布置，或单独使用。	战术性铁丝网是为了增加排的火力有效性而布设的。一般沿友军中型机枪的最后拦阻线布置。战术性铁丝网也可与战术性雷场相结合。	辅助性铁丝网有助于防止敌人沿战术性铁丝网找到友军武器（尤其是中型机枪的位置）。

步兵排还可能需要在障碍物中标记通路，报告障碍物通路的起始和结束位置，建立联络点，为穿越障碍物的分队提供指引，并在必要时关闭通路。

3. 态势性障碍物

态势性障碍物是在任务前预先计划并可能完成准备的临时障碍物，当满足特定条件时进行布设。态势性障碍物让排长能够根据战场情况的发展布设战术障碍物，使他有更大的灵活性。

排长要预估需要做出机动和火力计划调整才能击败相应威胁的态势，并考虑是否需要布置态势性障碍物支撑相应的调整。态势性障碍物必须能够快速布设，

装填"火山"布雷系统（2014 年）

同时达到所需的效果。因此 MOPMS、黄蜂、火山等可撒布地雷（SCATMINEs）是排级最常见的态势性障碍物。排长还要考虑态势性障碍物的位置，保证火力和障碍物能够结合起来实现阻碍的效果。排长一般基于敌我行动确定布设这些障碍物的条件，要将态势性障碍物留到需要实现相应效果的时候，因为一旦使用就无法复用了。而且可撒布地雷还设置有自毁时间，布设太早可能会使地雷在敌人到来前爆炸。

三、情报

步兵排排长掌握不了关于敌人的全部信息。因此排长在整个作战过程中要尽可能拿到或形成高质量的战场情报准备成果，持续实施侦察，将最新的情报进行整合。排长可能需要营参谋来满足排的一些信息需求。

与其他战术计划一样，战场情报准备也是防御计划里的重要的组成部分，有助于排长确定要在何处聚集战斗力，何处可以承担风险，以及准备在何处实施决定性行动。为了帮助形成灵活的防御计划，战场情报准备必须展现敌人一切可能的行动流程，至少应当包括地形和天候分析；确定敌人力量的规模和可能的行动流程，以及有关的决策点；确定敌方弱点和高价值目标；防御对平民的影响等。

排长通过连情报支援组的协调，基于敌方未来可能的位置、地形、可用力量等，决定如何以及在何地击败敌人。步兵连可以通过单次或多次反击来取胜。排长要分析本排在连的战斗中的角色，并确定如何取胜。

四、火力

为了让间瞄火力计划在防御中行之有效，步兵排就需要尽可能在打击每个目标时完成预设的任务，实现预设的目的。间瞄火力在防御中起到多种作用：

- · 放缓和干扰敌运动。
- · 阻止敌人进行破障作业。
- · 使用集中火力或精确弹药在障碍物处摧毁或迟滞敌方力量。
- · 使用最后拦阻火力沿接近路击败敌人的进攻。
- · 干扰敌人，以便友军分队脱离交战或实施反击。
- · 在脱离交战或反击时迷惑敌人观察或屏卫友军运动。
- · 提供迷盲烟幕分割敌人各梯队，或显出敌队形的轮廓以便使用直瞄火力交战。
- · 必要时提供照明。
- · 执行压制敌防空任务，为空中作战提供支持。

在制定火力计划时，排长要对可用于支援的间瞄火力系统进行评估，综合考虑战术能力、武器射程、可用弹药等各方面。这些因素能够帮助排长和前进观察员决定实现火力计划中每个具体任务和目的的最优方法。

步兵连属火力支援人员会为排的战斗提供大量支持。排长要和连火力支援官做好协调，为前进观察员选定不会遮挡其观察作战地域且能保障生存性的位置。

五、勤务

除了各类任务都需要的勤务功能外，排长在计划中要预先布置弹药储备，确定连补给、IV 和 V 级补给点、地雷准备位置（Mine Dumps）等。

排长要通过任务分析为每个任务确定各自的勤务措施。排长的任务分析可以明确排的弹药消耗在即将到来的任务中是否会超出排的基本负载。必要时需要与连进行协调，预先布置弹药储备。排一般将弹药储备置于预备或后续阵地。排还可以为弹药储备挖掘工事并进行守备，以免敌人将其俘获或是摧毁。

步兵连的勤务补给一般位于连后方 500~1000 米处，或是一个地形特征之后，有掩蔽和隐蔽的位置，既与连足够近能够快速响应补给需求，又能免受敌直瞄火力打击。连勤务补给为连提供即刻的回收和医疗支援，实施伤员、武器、装备撤出以及按需再补给。连第一军士（First Sergeant）或执行官负责布置勤务补给位置，并监督其与排的勤务作业。步兵连指挥官要负责保证下辖所有单位了解营战斗和野战勤务、连伤员集中点、营急救站的位置，以及医疗和伤员撤离程序。

六、防护

排能得到的防空和反导弹支援比较有限，因此应考虑用自有的武器系统抵御敌人的空中威胁。针对敌人可能使用核生化辐射武器的位置，要提前做好核生化辐射侦察。部队在运动或脱离接触时要考虑使用战场遮蔽。为避免友军误击，要为部队分配火力区分。

为提升战场生存能力，需要构筑战斗和防护阵地并不断加以完善，以便为车辆、人员和武器系统提供防护。阵地可构建和加强过顶掩蔽，让非车载的由成员操作的武器系统能够免遭空爆弹药的破片杀伤。也可在修筑车辆战斗阵地时增加可隐藏车体或隐藏炮塔的观察位置。步兵排和班也可以在各战斗阵地构筑弹药储备点。

各级指挥官应充分了解生存计划和重点工作事项。在排一级一般工兵排长会为排长准备专门卡片，帮助排长跟踪相关进展。通常会专门指定排军士监督相关计划确定重点工作事项，并确保工事顺利修筑，并合理分配给下属班和加强单位。

七、其他注意事项

在城市、地下、山区、坑道等特殊环境实施防御时，需要额外注意一些事项。

（一）城镇地形

步兵防御城镇地域的目的是击败敌攻击，争取时间，节约部队力量，保护基础设施，保护民众，或是为城镇进攻或维稳作战创造条件。城镇防御具体任务一般涉及上述中的两到三个目的。城镇防御可让指挥官利用环境特征优势，能够增强防御单位的战斗力量，是防御的理想地域。

在建筑群中，防御方有城镇地形内生的掩蔽和隐蔽优势。城镇地形能够限制攻击方的机动和观察，在计划时应加以考虑。通过利用地形，以及预先构筑且相互支援的阵地，防守力量能够迟滞、阻击、牵制、扭转、扰乱或摧毁体量远大于防守方的进攻力量。建筑群的防御要围绕关键地形特征、建筑物，以及能够保存防御完整性并为防御方提供运动便利的地域来进行。防守方在组织和制定防御计划时应注意 OAKOC、火灾威胁和通信限制。

（二）地下威胁

敌人很有可能利用地道，并可能经过细致侦察标记了有利通道。但由于防守方能够选择伏击阵地和撤退路线，因此一般能够掌握突然性。地下设施内的防御阵地在抵御敌地下作战时非常有效。应尽可能构筑有良好防护，且能够将敌人逼入狭窄的杀伤区的防御阵地，以便对敌施加最大杀伤。

在地道中运动时应万分小心，避开陷阱。一般陷阱会布置在岔路口，由绊线引发。地道内的积水能为反人员地雷和陷阱提供优秀的伪装。地面战斗的炮击和爆破可能会导致地道出现洪水和垮塌。因此很有必要随时留意逃生路线。

防化是士兵在地下作战时常要考虑的问题。在地道中，士兵可能会遭遇化学制剂，或高浓度的工业化学品。尖兵携带的化学制剂警报系统，能够提供及时的化学制剂警报。M8 和 M9 试纸也可用来探测化学制剂。

（三）山地地形

实施山地防御具体任务的目的是抵御、击败或消灭敌攻击，为后续进攻任务提供支援。步兵指挥官依靠防御挫败敌攻击，同时准备夺取主动权，为转入进攻发展有利态势。在防御中，应充分了解指挥官的意图，精准整合全部战斗力量。

士兵进行地下设施训练（2021 年）

按照近年来的作战经验认为，在山区地形作战的部队常拥有技术较敌更先进的武器装备。受此影响，敌人常采用短促突击，随后通过预先计划的路线仓卒撤退的战术。敌人常进行快速打击，且只在最初有突然性优势的时候作战。敌人的攻击包括直／间瞄火力，或是简易炸弹（IED）等。

（四）坑道

坑道系统可能与其他的坑道洞穴相连，连接位置有翻转门或是有三四英尺①厚的土封堵。秘密通道只有个别人员知晓，只在紧急情况使用。坑道和洞穴可通过较长的过道联系，能够进行大规模人员调动，使敌人能够在各地域运动且不被发现，从而对友军形成欺骗。坑道一般伪装良好，出入口极为隐蔽，还会修筑有断头路和隐蔽通道，用以迷惑进攻者，通常会在一定间隔的位置布置通风口。很多情况下，只有隐蔽碉堡开火后，才会暴露坑道的存在。

防御的形式

步兵排一般使用线性障碍防御、环形防御、反斜面三种防御形式。也可以几种形式结合进行防御。

一、线性障碍防御

排长可以沿线性障碍实施地域防御或机动防御。步兵指挥官一般倾向于地域防御，主要是地域防御能够拒止敌人越过线性障碍，风险相对较小。山脉或者河流一般都有利于前沿防御，但在部署时不可能沿整条线性障碍物都布置上主力，所以防御指挥官必须要在部分地域节约兵力。

在地域防御中，指挥官要通过运用纵深防御预防敌人在某点跨过线性障碍。防御纵深能够防止敌人快速扩大战果。此举也可以通过迫使敌人在攻击更大纵深的阵地的同时包围绕过的友军防御阵地，消解敌方战斗力量。

此种防御形式可用于排作战地域前部有易于防守的地形，或可利用主要线性天然障碍物的情形。当敌人主要为步兵，或是排实施反渗透等警戒任务，抑或是在连有明确指示时，采取此种防御。这种方法可在排正面形成互相交叠的观察和

---

① 1英尺≈0.3048米。

射界。排运用密集直 / 间瞄火力，
从精心准备相互支撑的阵地阻止敌
方攻击。障碍物、间瞄火力和应急
计划非常重要。为察觉和阻止敌攻
击，应有能提供足够战斗力的充足
资源。此种防御形式的主要问题
是缺乏灵活性，难以抓住主动权
和找到敌弱点。

　　雷场和其他障碍物结合火力覆
盖，能够减缓敌人的速度并造成伤

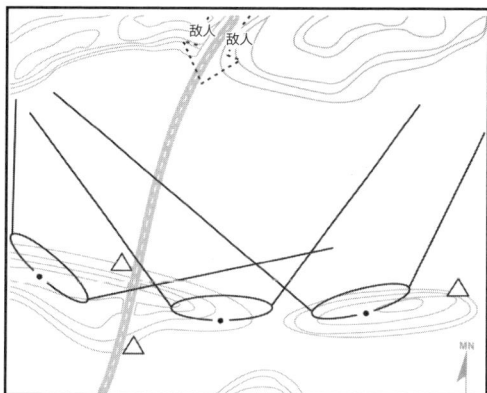

排防御线性障碍物（ATP3-21.8《步兵排和班》）

亡。在远距离应依靠支援火力（CAS、攻击直升机和野战火炮）干扰敌攻击的突
击势能。应等待敌人进入迫击炮、机枪以及轻武器火力的射程后，各武器再开火。
如果防御被敌人突贯，应由预备队进行封堵并将火力从敌前方部队转移到敌侧翼。
随后使用排预备队，或交战最不激烈的班，运用密集火力发起反击，消灭被孤立
或削弱的敌人，重新夺占关键地形。

　　反侦察手段在排前进阵地拒止敌人的战斗中极为重要。如果敌方确定了我方
前进阵地的位置，敌人将在其设想的位置集中战斗力量并牵制排其余部分，可阻
止排通过机动干扰敌方攻击。对此，可首先占领主要阵地前沿的预备阵地，这样
既加强了警戒，也可欺骗接近警戒部队的敌人的侦察。

二、环形防御

　　排长可在实施地域或机动防御时选择环形防御。环形防御即面向所有方向的
防御。步兵排使用环形防御进行自我保护，也可用于保护防区内的其他单位。排
可以在城市和林地地形中运用环形防御，也可能在下列情形下使用环形防御：

　　·在城市地域中面对恐怖分子或叛乱分子且必须保护自身时。

　　·排必须保存或积攒战斗力量以便执行进攻具体任务或巡逻任务时。

　　·必须占据关键地形且与邻近单位的防御无法相连时。

　　·本单位被敌人绕过且孤立，必须在原地防守时。

　　·对独立的集结地域或预备阵地实施占领时。

· 开始准备建立据点时。

· 接到指示需集中火力至两个或者更多相邻的接近路时。

（一）准备

步兵排在没有友邻部队的时候应准备环形防御。环形防御也可用作预备阵地、集结地域、巡逻基地中使用，也可在再补给时或是当排被孤立时使用。设立环形防御需要做以下准备：

排环形防御（ATP3-21.8《步兵排和班》）

· 准备环形防御与准备其他防御阵地类似，但排必须向各方向散开进行全方位警戒（具体形状依据具体地形而定）。排必须准备好向各方向进行防御。

· 排长指派各班负责最有可能的接近路，在环形以内准备预备和辅助阵地。

· "标枪"导弹要覆盖敌装甲最有可能的接近路。

· 部队可使用隐藏阵地，当敌出现时前出射击。排长可以指派多个射击阵地。如果阵地数量过少，可以指定主阵地，然后着力修筑工事。

· 狙击手或指定的精确射手应当覆盖可能或疑似的敌阵地或观察哨。

· 狙击手或指定的精确射手还应用于观察或掩护平民聚集的地域。

·将配属的迫击炮置于环形中央，以免其最小射程影响其向各方向射击的能力。

· 应构筑工事并修建带掩盖的弹药存储工事。

· 尽量预留一个或多个步枪火力组作为预备队。

· 排长在排后方指定一个主阵地，覆盖风险最高的接近路。在排准备好面对各方向进行战斗后，指派步兵班占领辅助阵地。

· 在环形各方向的纵深准备障碍物。

· 与各类防御一致，要做好直瞄和间瞄火力计划。

· 在可用时，向环形区域外计划和使用直瞄和间瞄火力支援。

·用范围毁伤火力（火炮、迫击炮、阔剑地雷、榴弹发射器等）反击敌试探性攻击，避免暴露战斗阵地位置（视交战规则而定）。

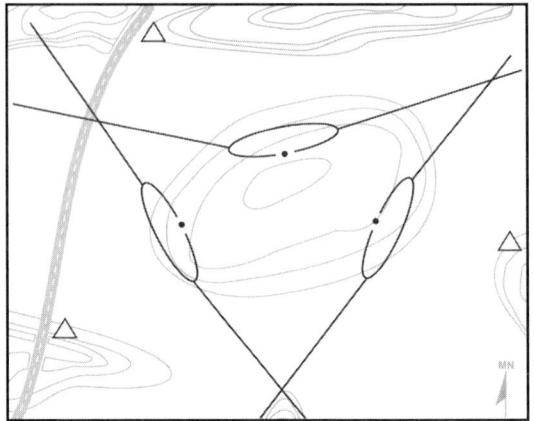

· 如果敌突贯环形防御，应由预备队将其消灭并封堵被突贯的位置。

· 预备队负责在友军士兵运动至预备、辅助或后续阵地时提供掩护。

· 尽管排反击能力有限，预备队也应尽力恢复阵地。

· 勤务分队可在环形以内提供保障，也可在另设的阵地提供保障。

· 补给和撤离可以是以空运的形式。在选定和准备阵地时，要考虑降落区和空投区，避免其被敌人观察和火力覆盖。

（二）Y字形变种

Y字形防御是更有效利用地形的一种环形防御的变形。此种防御形式适用于地形、掩蔽和隐蔽，或者射界不允许将各班按环形方式布置时。Y字形防御正如其名，其班战斗阵地是按三个自同一原点发散的轴线布置的。因为能够兼顾来自各方向的敌攻击，故而其本质仍是一种环形防御。其在山地地形颇为有效，在密林环境下受射界限制时也可采取此种布置方法。前面所述的环形防御的全部要点也同样适用于Y字形防御，但有以下特殊的注意事项：

· 尽管每个班战斗阵地都有一个主要火力射向，但每个班必须做好调整射向其后方的交战地域集中火力的准备。

· 当无法找出最有可能的敌接近路时，或是能见度较低时，各班可布置一半士兵朝向前方的交战地域，另一半则面向后方。理想情形下，辅助性质的单兵战斗

Y字形防御（ATP3-21.8《步兵排和班》）

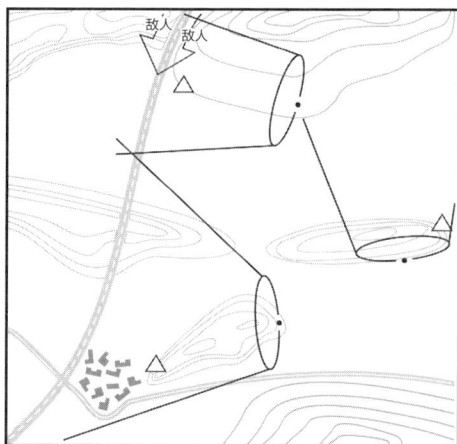

调整后的Y字形防御（ATP3-21.8《步兵排和班》）

阵地可以让士兵在必要时调整位置，以便向某个交战地域集中火力。

·当存在敌最有可能的接近路时，排长可通过调整排的朝向来集中火力。但应注意，这样会为环形防御的其他朝向带来风险，排的警戒计划应当通过派出更多的观察哨、巡逻队或是其他方式，为此做出补偿。

·受到有限的纵深影响，排指挥所、预备队或任何勤务资产的布置都更困难。

Y 字形防御最困难的是火力控制。为避免友军误伤，指挥官必须保证每个武器的火力不会射向相邻班的阵地。在山地环境中，向下方的交战地域射击可能会让事情简单一些。以下是需要注意的几个方面：

·将中型机枪布置在 Y 字形的中间位置，这样其最后拦阻火力可以覆盖排的整个正面，同时还是向远离友邻班的方向射击。

·在与 Y 字形中间位置相邻的交战地域布置阔剑地雷，或是障碍物，减少向这些地域射击的需要。

·找出友军火力误射风险最高的阵地进行专门加强。

·一个班的阵地失守可能会危及全排。为防止出现此类情况，要对预备队或投入最少的部分进行立即反击做好计划和演练。

·要考虑让敌人突贯深入交战地域，以伏击的形式消灭敌人。

·需要注意的是，当 Y 字形防御是建立在突出地形特征上时，敌人可能会集中直瞄火力实施牵制，然后用集中的间瞄火力消灭这个排。

三、反斜面防御

与防御山丘或山脊的正斜面不同，部队也可在反斜面建立防御。在此种防御中，步兵排部署在山冠能够遮蔽敌直瞄火力和观察视线的位置。尽管一些单位和武器仍然要布置在正斜面、山冠或对斜面上，主要力量还是集中在反斜面。此种防御的关键是要以直瞄火力控制山冠。

（一）基本原则

计划反斜面防御的基本原则包括：

·要布置前出班，利用现有障碍物堵击敌人。在前进战斗阵地应设置顶部和后部掩蔽物，以免友军士兵被误伤。

·要在山冠或正斜面布置观察哨。夜间要增加巡逻队和观察哨数量，防止敌渗透。可考虑为观察哨配属中型机枪。

·在纵深布置班或预备队，尽可能提供灵活性，为前方各班提供火力支援，保护排的侧后，必要时实施反击。如果能够在敌人抵达山冠时施加有效火力，预备队可布置在各班后方山丘的正斜面。

·要将指挥所布置在后方不会对预备队或支援单位产生干扰的位置。排长可在正斜面或山冠布置一个观察哨，在对斜面或反斜面布置另一个观察哨。正斜面或山冠的观察哨是指挥官在战斗开始时判断敌意图用的。

·要对正斜面的前方、侧方和正斜面本身，以及山冠、反斜面、对斜面都进行间瞄火力计划。

·在山冠设置最后拦阻火力，以便控制山冠，阻止敌方突击。

·加强现有障碍物。

·排长一般要计划反击，并依靠火力将敌人从山冠处击退，同时也要准备好靠火力与运动将敌人击退。

（二）运用

步兵指挥官在以下情形时可使用反斜面阵地：

·敌方火力使正斜面无法使用。

·正斜面缺少掩蔽与隐蔽。

·正斜面失守或尚未夺取。

·正斜面暴露在敌方直瞄火力之下，且超过防守方武器的射程，转移至反斜面能够消除敌人在对峙中的优势。

·反斜面地形提供了更好的射界。

·有必要隐藏步兵排防御阵地真实位置。

·敌武器系统在射程和杀伤能力上更强。

当实施反斜面防御时，指挥官要着重做好以下事项：

·防止敌人占领和使用山冠的直／间瞄火力支援计划。

·在正斜面用好观察哨或侦察分队，为整个正面提供观察，为主要战斗阵地提供警戒。

·讲清夺回或清理山冠具体方法的反击计划。

·在正斜面消灭、干扰、消耗敌力量的直／间瞄火力支援。

阵地前沿应当让山冠位置处于轻武器射程之内，又应当与山冠保持足够距离，以便防御方有足够的射界，以便在敌抵近友军阵地前施以精准的火力。排要在拓扑山脊线上或更前方建立观察哨，对整个正面进行远距离观察，并确保间瞄火力能够覆盖正面的障碍物。观察哨一般由负责相关地形的单位派出，规模从几个士兵到一个加强班不等，同时应带上前进观察员。夜间应增派人手做好警戒。

（三）特别注意事项

在防御反斜面时，指挥官需要特别注意：

· 反斜面对敌人观察更为困难。

· 由于士兵在反斜面最远也只能看到山冠，他很难确定敌人在前进时的位置，在低能见度情况下更是如此。

· 观察哨必须布置在拓扑山脊线更前方来提供预警和远距离观察。

· 从阵地撤出会更加困难。

· 一般射界都比较短。

· 除非提前将武器前出布置，否则只有间瞄火力或是连两翼的单位能够覆盖正斜面的障碍物。

· 如果敌人夺占了山冠，就可以向下发起突击，在心理上可能会有一定优势。

· 如果观察哨数量不够，或是布置的位置不佳，防御方可能会与在近距离突然出现的敌人交战。

· 反斜面交战是决定性的，至少一方会遭遇严重损失，且很难解除接触。

· 在山脚布置车辆，在对斜面布置步兵，可以让排向交战地域的火力最大化。

· 防御方一般能抓住机会向敌人开第一枪。

战斗阵地

防御计划一般都要求构筑战斗阵地。构筑战斗阵地是士兵的一种基本技能。

一、步兵战斗阵地

战斗阵地为士兵提供针对直 / 间瞄火力的掩蔽，并通过正确的位置和伪装提供隐蔽。步兵的战斗阵地可分为仓卒的和预有准备的两种，士兵基于现有的时间和装备决定构筑何种形式的战斗阵地。

一名医务兵在挖掘战斗阵地（2017年）

各类战斗阵地的特点

类型	阵地	预计构筑时间（人/时）	所需装备	直瞄小口径火力	间瞄火力爆炸和破片（近失弹）	间瞄火力爆炸和破片（直接命中）	核武器	备注
仓卒	弹坑	0.2	手持工具	7.62毫米	好于开阔地，无过顶防护	无	一般	
	散兵壕	0.5	手持工具	7.62毫米	好于开阔地，无过顶防护	无	一般	
	匍匐阵地	1.0	手持工具	7.62毫米	好于开阔地，无过顶防护	无	一般	提供全方向掩蔽
预有准备	单兵阵地	3.0	手持工具	12.7毫米	中型火炮30英尺以外，无过顶防护	无	一般	
	单兵阵地带1.5英尺过顶防护	8.0	手持工具	12.7毫米	中型火炮30英尺以外	无	好	额外掩蔽能够防护小口径迫击炮直接命中
	双人阵地	6.0	手持工具	12.7毫米	中型火炮30英尺以外，无过顶防护	无	一般	
	双人阵地带1.5英尺过顶防护	11.0	手持工具	12.7毫米	中型火炮30英尺以外	无	好	额外掩蔽能够防护小口径迫击炮直接命中
	AT-4阵地	3.0	手持工具	12.7毫米	中型火炮30英尺以外，无过顶防护	无	一般	

小口径迫击炮指82毫米以下的迫击炮。中型火炮指152毫米以下的火炮。
核武器防护等级分为差、一般、好、很好、极好。

二、车辆战斗阵地

车辆要首先使用天然的掩蔽和隐蔽增加生存能力。如时间、资产、态势允许，可以使用车辆自带的工具或是在工程兵支援下修筑阵地。首先要为载有必须装备的车辆修筑阵地。车辆成员也可利用这些战斗阵地作为个人防护。

在主要武器前方或四周设置胸墙，能够更好防护直/间瞄火力的破片和爆炸。胸墙根部应至少有8英尺（约2.44米）厚，可作为防护瞬发直瞄高爆反坦克弹药和反坦克导弹的屏障，提前激发引信，增强车辆的生存能力。如果敌人使用动能、直瞄穿甲或超高速弹药，胸墙修得再厚也无法提供防护，必须改为修筑车体隐蔽或炮塔隐蔽阵地。战斗和防护阵地只需按车辆大小修筑，无须修得太大。

车辆要在主武器开火的间隙在各战斗阵地间机动。想要在各战斗阵地机动时更好地隐藏战斗车辆，就必须最大化利用地形。在主要武器系统的主炮开火后，车辆应隐蔽到另外一个阵地再开火，打一炮换一个地方。如果主武器系统在同一个位置立刻再次开火，敌人就知道该向哪里开火了。

（一）仓卒阵地

装甲人员输送车、迫击炮运输车等战斗车辆的仓卒战斗阵地要充分利用地形特征，用最少工时来修筑。前向胸墙要在不影响车辆武器系统的前提下尽可能地高，除了提供正面防护外，如果伪装得当也可提供一定的隐蔽。如果阵地挖掘得够深，胸墙向车辆两侧延伸，对车辆的防护还可以进一步加强。但胸墙面对动能弹药和超高速弹药时只能提供一种错误的安全感。如果战术态势允许，应将仓卒阵地加固为预有准备的阵地。

（二）预有准备的阵地

预有准备的阵地必须能为车辆提供防护动能弹药和超高速弹药的能力。

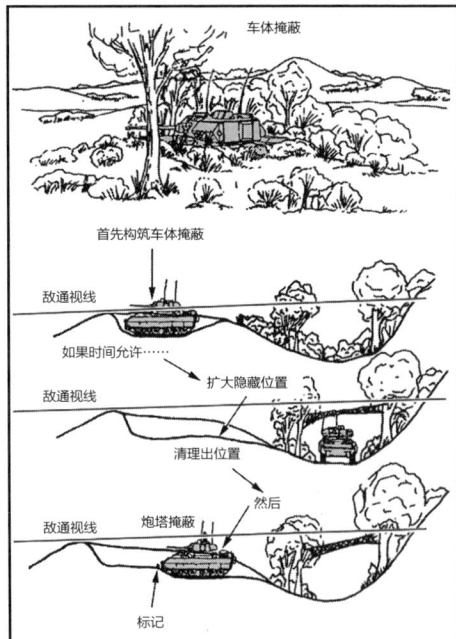

车辆预有准备阵地的完善过程（ATP3-21.8《步兵排和班》）

阵地要按车体掩蔽、有隐蔽的通行坡
道、隐藏位置、炮塔掩蔽四个部分构筑。

（三）自然地形形成的阵地

由自然地形构成的阵地相对便于
调整，是最佳的阵地。如果需要进行
准备，应有工程兵协助。每个阵地可
使用天然植被或伪装网进行伪装，余
土需要进行平整或运走。任何战斗车
辆（坦克和布雷德利步兵战车）的战
斗阵地都要按预有准备的阵地进行计

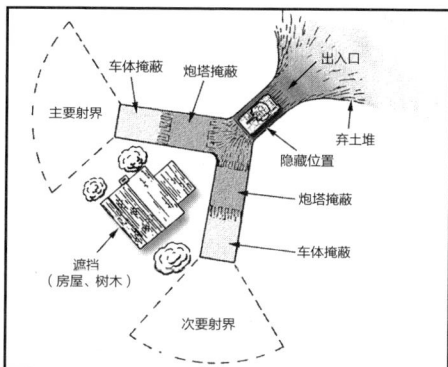

从顶部观察 Y 字形战斗阵地（ATP3-21.8《步兵排和班》）

划，即便由于时间紧迫，一般不能构筑完整的预有准备的阵地，而可能只能修筑
阵地的几个部分。

一般来说，在时间和施工装备均有限的情况下，在隐蔽位置和战斗阵地间修
筑有隐蔽的通道并不实际。工程兵装备主要用来修筑车体和炮塔掩蔽阵地。坡道
和有隐蔽的通道可以利用天然的隐蔽路线，仅做部分清理和平整。一般情况下，
坡道的某个位置可能正好可以为车辆提供炮塔掩蔽的高度，可以用胶带或荧光棒
做好标记，以便让驾驶员清楚在哪里停车。

构建交战地域

交战地域是步兵指挥官期望集中全部火力与敌人交战并将其摧毁的位置。指
挥官要结合天然和人为障碍物迫使来犯之敌进入交战地域。交战成功与否取决于
指挥官能否将交战地域内的障碍物计划、间瞄火力计划、直瞄火力计划有效整合，
达到步兵排和班的战术目的。

排和班为了完成分配给它的庞杂的任务，需要通过复杂的并行计划和准备
来构建交战地域。尽管非常复杂，排长和他的下属仍可按照类似操典的方式，有
序地按照一系列规范流程构建交战地域。构建交战地域的步骤不必按顺序进
行，可以同时进行以保证各兵种协同。构建的过程从 METT-TC 分析开始，有
以下几个步骤：

· 找出敌人所有可能的接近路。

· 确定敌人可能的机动计划。

· 确定在何处杀伤敌军。

· 计划和整合障碍物。

· 布置武器系统。

· 计划和整合间瞄火力计划。

· 对在交战地域的作战进行演练。

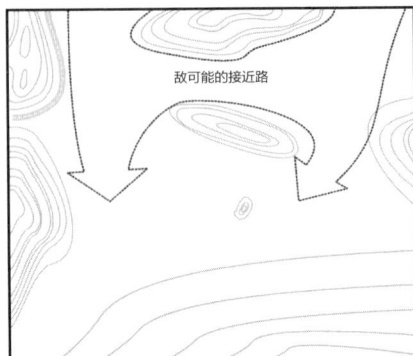

敌可能的接近路（ATP3-21.8《步兵排和班》）

一、找出敌人所有可能的接近路

· 实施初步侦察，尽可能从敌方视角沿接近路进入作战地域或交战地域。

· 找出关键和决定性的地形，包括能够提供有利位置的、限制敌人前进的天然障碍物和隘路等地点。

· 确定既能为敌人提供掩蔽和隐蔽，又可维持进攻节奏的接近路。

· 确定敌人可能用来支援各通路的地形。

· 评估联系各接近路的横向路线。

二、确定敌可能的机动计划

· 确定敌人将如何组织其攻击。

· 确定敌人将如何使用其侦察资产。判断敌人是否会对友军阵地实施渗透。

· 确定敌人将在何时何地转变阵形建立火力支援阵地。

· 确定何时何地以及如何实施突击或实施破障作业。

· 确定何时何地让后续部队投入战斗。

· 预估敌人的运动速率。

· 评估敌人战力"倍增器"的效果和可能的部署位置。

· 确定敌人针对预计的友军行动会采取何种反应。

三、确定在何处杀伤敌军

· 找出与敌人机动计划相符的目标登记点，让步兵排和班知道将在作战地域纵深中的何处与敌人交战。

·找出每个目标登记点的确切位置并记录。在标记目标登记点时，要使用热成像设备，确保在合适距离外，标记在日间、夜间、低能见度等各种条件下都可见。

·确定每个目标登记点需要有多少武器系统集中火力，才能达到期望的最终状态。

·确定各个分队需要集中火力的目标登记点。

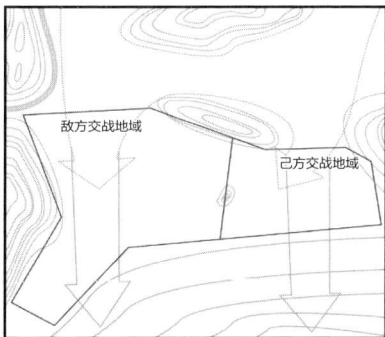

消灭敌人的位置（ATP3-21.8《步兵排和班》）

·围绕目标登记点建立交战地域。

·制定向每个目标登记点集中火力所必需的直瞄火力计划措施。

四、计划和整合障碍物

·与工兵排长共同确定障碍物群的意图，确认目标、相对位置和效果，确保意图能够支持分队的机动计划。

·与工兵排长共同为障碍物群中的障碍物选址并做好标记。

·将保护性障碍物的类型和位置整合进步兵排的防御范围。

·为通路安排向导并确定关闭通路的职责分配。

·根据 METT-TC 情况，帮助工兵排布置障碍物，为作业现场提供警戒。

·与工兵排长在障碍物作业现场协调工程兵退出交战的条件，接敌后的行动，以及警戒的要求。

五、布置武器系统

·选择预设排、班战斗阵地。尽量在向交战地域运动的过程中选定战斗阵地。指挥官可从敌方视角思考评估阵地的生存能力。

·对预设战斗阵地实施指挥官侦察。

·确定和标记选定的战斗阵地。

·要确保战斗阵地不与邻近单位的阵

计划和整合障碍物（ATP3-21.8《步兵排和班》）

地发生冲突，且能够相互联系。

·选定主要、预备和辅助战斗阵地，使每个目标登记点都能达到预期效果。

·确保排军士、车辆指挥官，或是徒步步兵班班长在布置武器时，能让每个目标登记点都有必需的武器、车辆和班火力覆盖。

·确保车辆指挥官、装填手、炮手能在处于车体隐蔽位置时，观察到交战地域并与敌人交战。

·根据单位标准作业程序，用定位桩给车辆或武器系统的位置做好标记，以便工程兵在车组实施其他具体任务时挖掘车辆阵地。

·确认全部车辆或武器系统的位置。

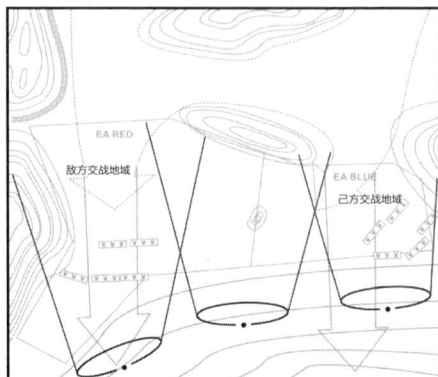

布置武器系统（ATP3-21.8《步兵排和班》）

六、制定和整合间瞄火力计划

·确定火力的目的。

·确定实现上述目的的最佳位置。

·建立观察计划。

·基于触发条件确定敌人的运动速率。

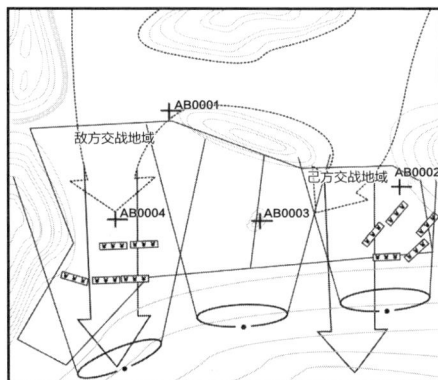

整合直间瞄火力（ATP3-21.8《步兵排和班》）

·使用自带的目标定位设备或导航装备，获取准确的目标位置。

·优化目标位置，确保能够覆盖障碍物。

·制定最后拦阻火力计划。

·要建立关键友军区域来保护机动分队，建立火力禁止区域保护观察哨和前进阵地。

七、演练

演练的目的是确保每个指挥官和士兵都对计划有足够理解，各分队都准备好

使用直 / 间瞄火力覆盖各自分配的地域。演练应当包括：

- ·向后穿越警戒部队。
- ·关闭通路。
- ·从隐藏位置向战斗阵地的运动。
- ·使用火力指挥口令、触发条件、最大交战线发起直瞄和间瞄火力打击。
- ·通过转移火力来重新分配和集中火力效果。
- ·退出交战的条件。
- ·找出转移路线和所需时间。
- ·登车点的位置、登车作业的时间，实施接敌时登车时的运动注意事项。
- ·准备并通过无线电和数字系统将关键报告传输出去。
- ·评估敌人武器系统效果。
- ·转移至预备、辅助或后续战斗阵地。
- ·交叉补给或是第五类（Class V，指弹药）再补给。
- ·撤离伤员。

演练前，排长应与上级做好协同，以免与其他单位发生冲突，避免错误识别演练地域中的友军。

过渡

在制定作战计划时，步兵指挥官必须从上级的作战命令中推测出可能执行的后续任务，并在计划中初步考虑将如何完成这些任务。指挥官应当确定该如何安排巩固整顿的位置和时间，才能更好进行下一步作战，同时提供足够的保护。

一、巩固和整顿

与进攻任务类似，指挥官同样可能需要对部队进行巩固和整顿。指挥官在执行部队领导程序时就要做好巩固的计划，具体任务可参考第四章。

二、继续作战

在一次交战结束后，步兵排才可继续防御，或接到命令后转入进攻或维稳。排长在做决定时，先要考虑上级的作战构想，友军的能力和敌态势。所有的任务都需要包括扩大战果和继续防御姿态的计划。

防御的单位可以从防御具体任务过渡为退却。与其他任务类似，指挥官的作战构想和意图是驱动制定退却计划的主要因素。每种退却的计划都有独特的注意事项，但都要注意风险、协同和警戒。

三、转入进攻

连长可命令防守中的步兵排实施仓卒作战，或加入接敌运动。排和班作为预备队时可以对敌人实施反击，消灭暴露的敌人分队，减轻陷入交战的友军分队的压力。反击分队在沿有隐蔽的路线运动至可从侧后与敌人交战的射击阵地时，基准火力分队要压制或牵制敌部队。反击分队必须快速机动至射击阵地——通常需要打穿敌人侧翼警戒分队——在敌人后续部队对战斗产生影响前完成反击。

反击的实施与火力突击类似，其计划和准备根据作战的目的和位置不同，有不同的考虑。例如，反击可能需要预备队绕过友军分队，穿过其保护性和战术性障碍物。在其他态势下，步兵指挥官可能使用火力来进行反击，封堵、牵制或阻击敌突贯。无论如何，预备队都应将反击作为一项以敌人为导向的具体任务。

巡逻队与巡逻行动

巡逻队是由上级作战单位派出的，用以执行特定任务的先遣队。巡逻队半独立行动，完成任务后就返回本队。巡逻行动实现了步兵的主要功能，即发现敌人并与其交战，或是报告敌人的部署、位置和行动等情况。巡逻队充当上级作战单位的地面传感器或预警部队，而事先规划的行动决定了巡逻队的类型。本章将概述步兵排和班的巡逻行动，并详细讨论战斗巡逻和侦察巡逻的特点。

概述

如果一支巡逻队是由单个作战单位组成，例如派出一个步枪班担任侦察巡逻队，那么该班班长就是负责人。如果一支巡逻队是由多个作战单位混编，那么级别更高的军官或军士将被指定为巡逻队长。这一临时头衔规定了他在任务期间的作用和责任。巡逻队长也可以指定一名助手（通常是巡逻队里次一级的军官），以及按需指定下属分队的队长。

一支巡逻队可以由小如一个火力组的作战单位组成，但通常都是班和排级规模。针对较大型的战斗任务（例如袭击），巡逻队可达到连级规模。预先规划的行动决定了巡逻队到底是战斗还是侦察巡逻队。无论哪种类型，巡逻队都需要有明确的任务和目的。

巡逻队总是会被分配到战术任务。任何巡逻队的队长，无论他被分派到什么类型的巡逻队中，或接受了什么样的战术任务，都有责任在执行任务时为可能的接敌情况做好计划和准备。当巡逻队返回本队时，巡逻队长需要向指挥官报告和描述巡逻队的行动、观察和状态。

一、巡逻行动的目的

通过巡逻行动可以：

· 收集敌情、民情或地形等相关信息。

· 与敌人或邻近的友军重新接触。

· 在战斗中与敌人交战，歼灭敌人或使其遭受损失。

· 巩固或得到本地人的信任。

· 防止公共秩序混乱。

· 阻止和瓦解叛乱或者犯罪活动。

·保护作战单位的安全。

·保护重要的基础设施或基地。

二、巡逻队的组织

巡逻队是专为执行特定任务而组织的。它必须能够保护自己的安全、准确寻路、识别和穿越危险地域，对巡逻目标进行侦察。如果是战斗巡逻队，还要能够突破障碍物、对目标发起突击，以及运用火力来支援突击行动。此外，巡逻队还要能进行详细的搜查，处理伤亡人员和被拘留人员。

指挥官要了解在巡逻期间必须执行，或者很可能要执行何种任务，并决定由哪个分队执行相应任务。如果可能，他应该保持班和火力组的完整性。在巡逻队离开本队期间，班和火力组可能需要执行一个以上的任务，也可能只需要负责单一的任务。指挥官必须谨慎制定计划，用最有效率的方式明确并分配所有需要执行的任务。

执行巡逻任务的排分队和组可分为通用分队，以及专用于不同类型的巡逻的特殊分队。以下是适用于所有巡逻队的通用分队清单。

（一）指挥分队

指挥分队通常由排长和他的无线电话务员组成。排军士可能被指定为助理巡逻队长。战斗巡逻队可能还包括一名前进观察员，以及他的无线电话务员和一名医务兵。

（二）援助及担架组

援助及担架组需要负责寻找、处理和疏散伤亡人员。

（三）被拘留者小组

被拘留者小组负责根据"五个 S"[①] 原则以及指挥官的指示来处理被拘留者。这种小组可能还要负责清点和控制被追回的人员。

（四）监视组

监视组用来建立和维持对目标尽可能长时间的隐蔽观察，完成巡逻队的任务。

---

① 即搜查（search）、噤声（silence）、隔离（segregate）、快速（speed）、护卫（safeguard）。

（五）途中记录员

可指定一名途中记录员来记录所有任务期间收集到的信息。

（六）罗盘员和配速员

如果巡逻队无法访问 GPS 系统，或者巡逻队在无卫星接收信号的地方执行任务，它可能需要使用地形关联法、航位推测法，或者二者结合的方式进行导航。这需要由一名罗盘员和一名配速员来共同完成。

（七）突击组

战斗巡逻队应组织突击组，接近目标处的敌人，或者负责清理伏击杀伤区。

（八）支援组

支援组负责提供直瞄火力，支援破障和突击组。

（九）破障组

战斗巡逻队需要由破障组来协助突击组接近目标。

（十）搜查组

组织搜查组的目的是对目标地域进行粗略或详细的搜查。

三、为巡逻队进行初步计划和协调

指挥官需要使用部队领导程序来制定巡逻计划并做好准备。他们必须明确需要对目标采取何种行动，反向推导至从友军防线离开，然后再向前推导到重新进入友军防线。

巡逻队长通常会在营或连指挥所收到作战命令（OPORD），那里通信良好且关键人员可在场进行协调。由于巡逻队是半独立行动，常在上级作战单位的支援范围以外运动，而且经常在友军部队前方行动，因此必须进行彻底且细致的协调。

巡逻队长可以例行和营参谋进行直接协调。作战单位指挥官应当制定战术标准作业程序，附上详细的检查清单，以免遗漏了对完成任务有重要影响的事务。需要在巡逻队长、营参谋、连指挥官或连队情报支援组之间协调的事务包括：

·敌情变化。

·最有效利用地形设置路线、集结点，以及巡逻基地等的方式。

·光线和天气数据。

·友军情况变化。

·配属的有特殊装备或技能的人员（工程师、狙击组、军犬组、前进观察员，或者翻译）。

·着陆区或搭载区的使用和位置。

·如何离开和重新进入友军防线。

·对目标以及沿规划路线（包括备用路线）设置的直瞄和间瞄火力支援。

·演练的地域和时间。演练的地形应该和目标地类似；如有必要，建筑物和防御工事也应相似。要对演练地域的安全警戒，以及空包弹、烟火和实弹的使用做好协调。

·特殊装备和弹药的需求。

·交通支援，包括往返演练地域的交通。

·信号规划、呼叫信号频次、密语、烟火，以及盘查口令和回令。

如果指挥官的排或班需要（向前或向后）通过某条防线，指挥官需要和相关作战单位进行协调。如有其他同一时间在邻近地域进行巡逻行动的作战单位，指挥官还应该和该作战单位的指挥官就巡逻队的活动做好协调。

四、指挥官侦察

指挥官侦察指的是在攻击前，或在派遣人员前往火力支援阵地前，由指挥官组织的对目标进行的侦察。指挥官可借此确认目标情况，让每个下属指挥官对其将要前往的地形有清晰的认知，还能辨认其必须夺取或压制的部分目标。指挥官侦察的队伍可由部队指挥官或其代表、重要下属部队的指挥官组成，必要时要加入安全警戒人员和向导。这些人完成侦察后要尽快返回本队。指挥官可以使用下面的辅助工具，帮助记忆指挥官等人员脱离本队时使用的"五点应急预案"。

五点应急预案（ATP3-21.8《步兵排和班》）

G: Going	去哪儿——指挥官要去哪儿？
O: Others	其他人——其他人和指挥官一起去吗？都有谁？
T: Time / duration	时间/持续时长——人员会去多久？
W: What procedures are taken if the leader fails to return?	如果指挥官无法回来，我们要采取什么步骤应对？
A: Actions	行动——接敌时，出发人员和本队计划采取什么行动？

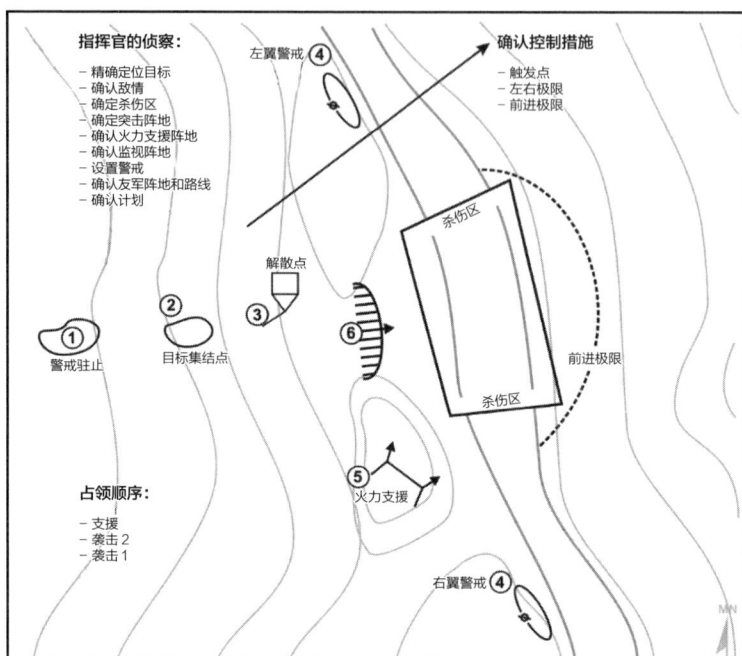

指挥官的侦察
（ATP3-21.8《步兵排和班》）

图中文字：

指挥官的侦察：
- 精确定位目标
- 确认敌情
- 确定杀伤区
- 确定突击阵地
- 确认火力支援阵地
- 确认监视阵地
- 设置警戒
- 确认友军阵地和路线
- 确认计划

确认控制措施
- 触发点
- 左右极限
- 前进极限

左翼警戒 ④

解散点

杀伤区

前进极限

② 目标集结点

③

⑥

① 警戒驻止

占领顺序：
- 支援
- 袭击2
- 袭击1

⑤ 火力支援

杀伤区

右翼警戒 ④

　　巡逻队长应当在时机或态势允许时，进行指挥官侦察。在作战计划中，排或班建立了目标集结点后，就应由指挥官对目标进行侦察。指挥官进行侦察时，应精确定位目标，为他的部队挑选阵地，并根据他对目标的观察调整自己的计划。巡逻队类型不同，指挥官侦察的具体任务也不同。指挥官要根据巡逻队的任务，带着不同分队参与侦察。侦察完毕决定返回目标集结点时，指挥官还要确保对目标有持续的监视。指挥官要指定一个集结点，并为返回目标集结点预留足够的时间，然后完成他的计划，分发信息，发布命令和指示，并让他的班进行其他的准备。

五、完成巡逻计划

巡逻队长在完善他的计划时，需要考虑以下因素。

（一）必须任务和支援任务

指挥官要确保在目标、集结点、危险地域、警戒或观察位置、路途沿线，以及穿越通道等各位置需要实施的所有必须任务都已被分派出去。

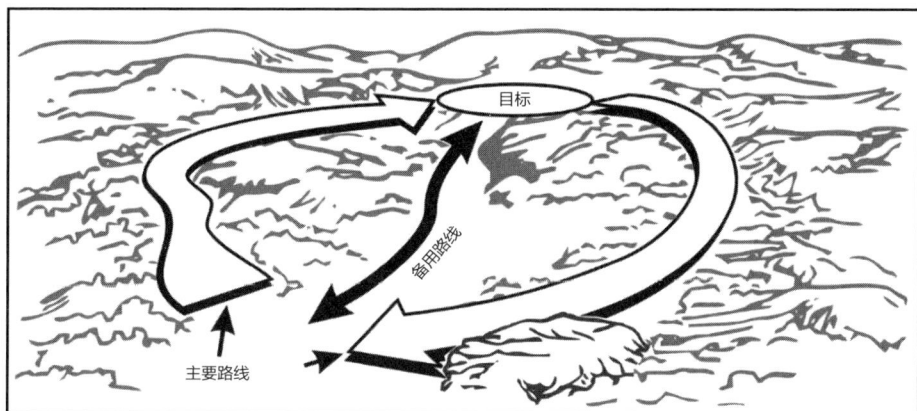

首选路线和备用路线（ATP3-21.8《步兵排和班》）

（二）关键行程和执行时间

指挥官应当估算部队运动到目标点，指挥官针对目标的侦察行动，构建警戒和监视措施，把目标点的全部任务做实，运动到某个目标集结点对全排做简报，以及通过友军防线返回等各个步骤所需的时间。

（三）首选路线和备用路线

指挥官应选择往返目标的首选路线和备用路线。返回路线应当与前往目标的路线不同。

（四）信号

指挥官应考虑使用特殊信号，包括手和手臂信号、照明弹、烟火、语音、哨声、无线电，以及可视或不可视的激光等。所有信号都要进行演练，确保所有巡逻队员都理解其含义。

（五）友军防线之外的盘查口令和密语

当巡逻队位于友军防线外时，不得使用信号作业说明中的盘查口令和密语。作战单位的战术标准作业程序应当讲明建立巡逻队的盘查口令和密语，以及其他战斗识别特征和巡逻标记的步骤。建立盘查口令和密语有两种方法，分别是奇数系统和流动密码。

1. 奇数系统

指挥官指定一个奇数。盘查口令可以是任何小于该指定数的数字。密语则必须是指定数减去盘查口令后得出的数字。例如，指定数是9，盘查口令是4，则密语是5。

2.流动密码

信号作业说明也可以指定一个流动密码。这个密语能警告友邻作战单位，表明本单位正在以一种不太有组织的方式接近，而且可能处于压力状态。友军接近的数量跟在流动密码之后。例如，如果流动密码是"老鹰（Eagle）"，而此时有7名友军正在接近，那么可以说"老鹰7（Eagle Seven）"。

（六）指挥官所处位置

指挥官要考虑到他自己、排军士（或助理巡逻队长），以及其他重要指挥官，在巡逻任务的每个阶段的所在位置。通常在不同类型的巡逻队中，排军士或助理巡逻队长会和以下人员在一起：

· 在袭击或伏击行动中，通常控制支援分队。

· 在地域侦察行动中，通常负责监督目标集结点的警戒。

· 在区域侦察行动中，通常和设置会合点的侦察人员一起运动。

（七）接敌时的行动

指挥官的计划中必须针对巡逻任务每个阶段的偶然接敌做好处置：

· 该计划必须包含处理战斗负伤（WIA）和阵亡（KIA）人员的方式。

· 该计划必须包含挽救被孤立士兵所需的行动。

· 该计划必须包含处理因偶然接敌抓获的俘虏的方式（抓获这些俘虏并不是该任务计划中的一部分）。

六、从友军防线或固定基地出发

从友军防线或固定基地出发的行动，必须经过周详的协调和计划。

（一）协调

排长必须和前线部队指挥官，以及在同一地域或邻近地域巡逻的其他部队指挥官做好协调。这些协调包括自动网络控制设备信息、信号计划、火力计划、流动密码、出发和返回防线的程序步骤、预计的下车点、初始集结点、在出发和返回点的动作，以及有关敌人的情报等。

排长应将部队识别特征、巡逻队规模、出发时间、返回时间，以及作战地域等信息，提供给前线部队指挥官。

前线部队指挥官则应向排长提供以下信息：

· 关于友军防线以外地形的补充信息。

· 邻近的已知或疑似的敌军阵地。

· 敌军可能的伏击地点。

· 敌人的最新行动。

· 有关友军阵地、障碍物，以及观察哨的详细信息。

· 友军部队的火力规划。

· 该部队可提供的支援（直瞄和间瞄火力支援、担架组、向导、通信工具，以及反应部队等）。

（二）计划

在制定离开友军防线的计划时，指挥官应考虑以下行动的顺序：

· 在接触点和友军向导进行接触。

· 运动到一个事先协调好的友军防线内初始集结点。

· 完成最后的协调工作。

· 运动并穿越通过点。

· 在友军的最后拦阻火力范围之外，建立一个警戒—探听停留点。

七、巡逻基地

巡逻基地是班或排在执行巡逻任务期间，需要经历长时间原地停留时所建立的安全边界。巡逻基地的占领时间不应超过 24 小时（紧急情况除外）。一支巡逻队永远不要两次使用同一个巡逻基地。

（一）用途

通常来说，建立巡逻基地有以下目的：

· 消除运动痕迹避免被发现。

· 在长时间的详细侦察行动中隐藏部队。

· 对武器、装备进行维护，并充当用餐和休息场所。

· 制定计划和发布命令。

· 部队渗入敌区后进行重整。

· 建立一个可以连续或并行执行多个作战行动的出发点。

（二）地点选择

指挥官从地图上或根据空中侦察的情况，选择暂定地点。在作战单位运动到该地点前，必须确认该地点是否合适，并确保其安全。建立巡逻基地的计划中必须包括选择备用的巡逻基地地点。如果第一个地点不合适，或者如果巡逻队由于意外情况，必须从第一个巡逻基地中撤离时，备用地点就能派上用场。

（三）制定计划的注意事项

为巡逻基地做计划的指挥官必须充分结合任务，考虑被动和主动的安全措施。巡逻基地的位置必须能确保作战单位完成任务。制定计划时应考虑：

· 观察哨，以及观察哨之间的通信。

· 巡逻队或排的火力计划。

· 警报计划。

· 从巡逻基地撤退的计划，包括撤退路线和一个集结点、会合点，或备用巡逻基地。

· 能确保特定士兵始终保持清醒的安全警戒体系。

· 加强伪装、噪音和灯光纪律。

· 以最小的运动和噪音实施所需活动。

· 工作事项的优先级。

（四）警戒措施

至少应将以下警戒措施纳入考虑范围：

· 选择敌人很可能认为没有战术价值的地形。

· 选择远离主干道的地形。

· 选择阻碍徒步运动的困难地形，例如植被茂密的地域，最好有靠近地表的灌木和树木。

· 选择接近水源的地形。

· 选择具有短时间防御能力，且具有良好的掩护性和隐蔽性的地形。

· 避开已知或疑似的敌人阵地。

· 避开楼宇密集地域。

· 除非需要保持通信，否则避开山脊和山顶。

·避开小型山谷。

·避开道路和小径。

（五）占领

除非排计划要从 90° 角进入，否则应当使用和目标集结点相同的方式侦察和占领巡逻基地。指挥官在拐弯处留下一个双人观察哨；巡逻队要掩盖掉从拐弯处到巡逻基地的痕迹。

建立巡逻基地
——三角形法

三角形法对包含三组作战分队的巡逻队（例如：3 个火力组、3 个班、3 个排等）非常适用。班组武器要放置在三角形的 3 个顶点位置（6 点、10 点和 2 点方向）。这样一来，无论敌人从哪个方向接近巡逻基地，至少都有两个班组武器对进攻部队施加压力。

巡逻队长要在距拟占领的巡逻基地 300 米范围之内建立目标集结点。巡逻队长要对巡逻基地现场进行指挥官侦察，并为助理巡逻队长在目标集结点处留下应急预案。指挥官侦察要包括巡逻队长、罗盘员，以及一个六人制的警戒组。

三角形法共四步：

第一步：巡逻队长把威胁最大的方向确定为 12 点钟方向，然后将警戒组安排在 6 点、10 点和 2 点的位置上。

第二步：巡逻队长将第一个班从 6 点钟带到 2 点钟方向，然后将他们排成一条直线，布置在 2 点到 10 点钟方向之间。士兵们面朝敌人威胁的方向。

第三步：巡逻队长返回至 6 点钟位置，将第二个班带到 2 点到 6 点钟位置之间，让他们排列成一条直线。士兵们必须和位于他们左侧及右侧的

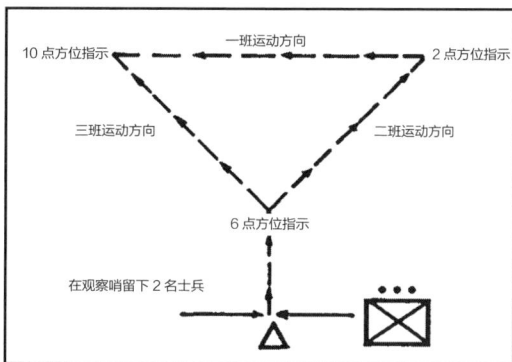

三角形法（FM7-8《步兵排和班》）

顶点建立联系。

第四步：巡逻队长和最后一个班在6点钟位置碰面，并将他们带往6点和10点位置之间，让他们排列成一条直线。每个顶点都配备一套班组武器，而且指挥所位于中央位置。

建立巡逻基地——雪茄形法

在抵达理想位置后，巡逻队长让巡逻队停下。在停留期间，所有士兵自动单膝跪地。

巡逻队长要向巡逻队员指出他们处于警戒驻止状态。每名巡逻队员要以交错的方式，分别面朝左或右，并向外走两步，形成一个雪茄形状的边界。士兵们寻找诸如茂密大树、石头之类的掩蔽，并采取卧姿。尖兵、断后的士兵和巡逻队长不做上述动作，在他们最初停留的位置上保持跪姿。如此一来巡逻队长就留在中央，尖兵在12点钟方向，而殿后的士兵在6点钟的位置。然后，各指挥官要确保每个人都有恰当的掩蔽，并分配到一个火力区分。最起码应维持3点、6点、9点和12点钟的火力区分和阵地。

该排运动进入巡逻基地。班级规模的巡逻队通常会占领一个雪茄形状的安全边界，连级规模的巡逻队通常会占领一个三角形的安全边界。

如有必要，指挥官要检查和调整整个安全边界。

在指挥官检查了每个班各自占据的外沿后，每名班长要派遣一个双人侦察和警戒分队前往巡逻队指挥官处。由指挥官向这三支侦察和警戒分队发布应急预案、侦察方法，以及搜查目标（敌军、水源、楼宇密集地域或人类居住区、道路、小径，或可能的集结点）的详细指示。

每支侦察和警戒分队出发的地点取决于指挥官的指示。该侦察和警戒分队朝着规定好的距离和方向运动，然后重新进入指挥官规定的地点。如有可能，侦察和警戒分队需要准备一张从该地域到本班前沿的防区草图。在侦察过程中，巡逻队要保持100%的警戒状态。如果指挥官感觉巡逻队被跟踪或追踪，他可以选择在派出侦察和警戒分队前，保持100%的警戒状态安静地等待。

侦察和警戒分队可以使用诸如本章后续将要讨论的箱形法或扇形法等侦察方

法。无论选择何种方法，侦察和警戒分队都必须能够向指挥官提供相同的情报。

根据侦察和警戒分队收集得来的情报，排长需要决定是留在当下的巡逻基地，并开始按重点工作清单开展作业，还是从该巡逻基地运动到备用地点。

（六）重点工作事项

一旦指挥官听取了侦察和警戒分队的简报并确定该地域适合建立巡逻基地，该指挥官需要建立或修改防御重点工作事项清单，以建立巡逻基地的防御态势。重点工作事项并不是一揽子需要完成的计划清单；重点工作事项必须由任务、给定的时间，以及可衡量的绩效标准组成。每一个重点工作都必须给出清晰的标准，以指引人员逐项完成。而且还要明确指出该工作是以集中还是分散的方式进行控制。重点工作事项需要根据 METT–TC 来决定。重点工作事项可包括（但不限于）下述任务。

1. 保持警戒

无论使用了多少比例的武器来覆盖整个地形，都要做好使用所有被动和主动手段，全时段覆盖整个防区边界的准备。要动员所有作战分队、武器，以及人员来满足地形、敌人或环境条件的需要。

2. 撤退计划

指挥官应指定撤退信号、撤退命令、排的会合点，以及备用巡逻基地。

3. 保持通信

必须保持与上级总部、观察哨，以及作战单位内部的通信。巡逻队内的其他士兵可以和排无线电话务员轮值，进行不间断的无线电监听和无线电维护，担任指挥官的传令员或进行其他重点工作。

4. 任务准备和规划

指挥官使用巡逻基地来规划、发布命令、演练、检查，并为将来的任务做准备。

5. 武器和装备维护

指挥官应确保中型机枪、武器系统、通信装备，以及夜视仪等其他装备得到维护。在任何时候，任何由巡逻队携带的给定系统，都不应由于预防性检查和维修的原因拆卸超过三分之一。总的来说，不应该在夜晚出于例行维护的原因而拆卸武器。如果巡逻队中有一挺中型机枪因维修而停止使用，那么所有剩余武器装备的警戒等级都要提高。

6. 水源补给

如有必要，排军士或助理巡逻队长应组织取水队。取水队要在空的帆布背包或行李袋中携带水壶，而且必须要有相应的通信和应急计划，以防他们在途中或从水源点返回时接敌。当取水队离开期间其他人必须弃置巡逻基地时，取水队也需要有相应的通信和应急计划。

第 377 伞降野战炮兵团 2 营士兵在巡逻途中休息（2012 年）

7. 用餐计划

必须在开餐前完成警戒和武器维护。通常来说，排内不应有超过一半人同时吃饭。士兵们通常在距离他们战斗阵地后方 1~3 米的地方进食，以免分散其他负责警戒的士兵的注意力。

8. 休息和睡眠计划管理

排内的所有指挥官都必须了解睡眠剥夺带来的问题，以及不遵守部队休息和睡眠计划的后果。身体需要规律的休息来恢复体力和精力。当一名士兵疲劳时，他的身体机能会变得迟缓，反应能力会比平时更慢，这会让他更容易生病，也更容易犯错，从而使他或排内其他士兵陷入危险。为健康着想，应保持每天拥有 6~8 小时不受干扰的睡眠时间。不过在战斗中这几乎不可能，所以要利用休息时段和不轮值的时间来休息或睡觉。

排长必须制定和执行部队的睡眠计划，在 24 小时的周期内，至少为士兵们提供 4 小时不受干扰的睡眠时间。如果睡眠中断，则应留出 5 小时睡眠时间。在连续作战中，不可能不受干扰地睡觉，对大多数人来说，在 24 小时的周期内有 6 小时的总睡眠时间比较合适。要记住，每 24 小时只有 4 小时的睡眠时间远远称不上理想。在偿还"睡眠债"之前，每 24 小时只保持 4 小时睡眠不要超过两周。在恢复期内，应保持每 24 小时内拥有 8~10 小时的睡眠，并维持 5~7 天。

9. 备用计划和"晨昏执勤（stand to）"

美军自第一次世界大战时起就有"晨昏执勤"的概念。目的是防止敌人借助光线昏暗或逆光视野不佳的时机，乘机发起偷袭。指挥官要告知部队警戒姿态和"晨昏执勤"时长，制定计划确保定期检查所有阵地，更换观察哨，以及始终至少有一名指挥官处于警戒状态。通常来说，巡逻队根据部队标准作业程序进行一定时间的晨昏执勤，例如在早上航海晨光（BMNT）或者夜间航海黄昏（EENT）前后30分钟。

10. 补给

分发或交换装载弹药、食物、装备等。

11. 公共卫生和个人卫生

排军士或助理巡逻队长以及医疗兵，要准备并标记一条狭长壕沟，所有士兵都要在此刷牙、洗脸、刮胡子，清洗手、腋窝、腹股沟和脚。巡逻队不应将垃圾留在身后。在组织进行公共或个人卫生作业前始终要考虑 METT–TC。

八、集结点

指挥官要考虑集结点的用途和位置。指挥官要指定集结点，以便当排内人员分散时，可以运动到此处集合和重整。

（一）集结点的选择

指挥官应尽可能亲自侦察路线，挑选集结点。如果只能进行地图侦察，应挑选一些暂定点。当该排运动穿越实际地形时，指挥官再通过实地探查来确认路线。集结点必须容易辨认，有掩蔽和隐蔽，远离天然路线，同时便于短时间防守。

（二）集结点的类型

常见的集结点有初始、中途、目标、再入、近端和远端等类型。士兵们必须了解在巡逻任务的每个阶段中，需要运动到哪个集结点。他们应该知道在各个集结点需要采取什么行动，以及在运动至下一个集结点之前，他们需要在每个集结点等待多久。以下是对五种集结点的描述；

初始集结点。初始集结点位于友军防线内；如果作战单位在离开友军防线期间，或在抵达第一个中途集结点之前接敌，他们可以在此处集合及重新组织。初始集结点通常由友军部队的指挥官来选择。

中途集结点。指挥官根据地形、植被和能见度等情况来指定中途集结点。

目标集结点。目标集结点是一个位于目标地域的视野、听觉，以及轻武器射程之外的点，通常位于该排在完成针对目标的行动后计划运动的方向上。在目标被精确标出以前，目标集结点都是临时性的。部队可以在目标集结点：

·发布最终的零散命令。

·如果没有接敌，则传播侦察得来的信息。

·在连续作战前，进行最后的准备。

·完成针对目标的行动后，清点士兵人数和装备数量。

·完成针对目标的行动后，重新建立指挥链。仍具有独立行动能力的脱队士兵，可以尝试运动到目标集结点，或运动到巡逻计划中指定的集结点。

再入集结点。再入集结点是一个位于友军部队的视野、听觉，以及轻武器射程之外的点，且巡逻队将从该集结点返回。这也就意味着，再入集结点应该位于友军部队的最后拦阻火力线以外。排要以环形防御的形式占据再入集结点。

近端和远端集结点。这类集结点分别位于危险地域的近端和远端。如果该排在穿越危险地域时接敌，而且失去控制，位于两端的士兵应运动到距离他们最近

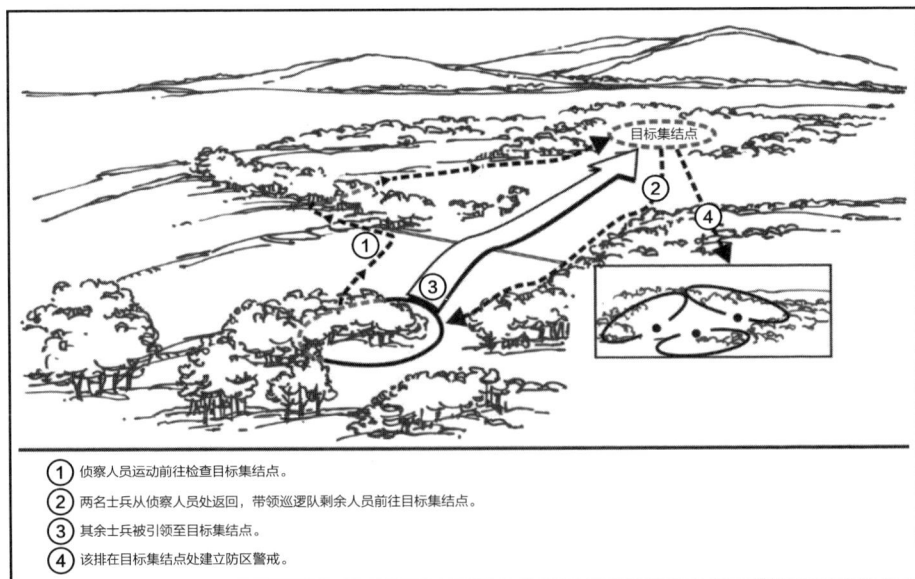

① 侦察人员运动前往检查目标集结点。
② 两名士兵从侦察人员处返回，带领巡逻队剩余人员前往目标集结点。
③ 其余士兵被引领至目标集结点。
④ 该排在目标集结点处建立防区警戒。

目标集结点（ATP3-21.8《步兵排和班》）

的集结点。他们应在此建立警戒措施，重建指挥链，确定他们的人员和装备状态，继续执行巡逻任务，并在目标集结点处联结。

九、乘车巡逻

对 METT-TC 的分析结果将决定巡逻队是乘车还是徒步。两种类型的巡逻队所需要计划和协调的内容是一样的。可以根据以下因素决定使用哪种模式：

·任务，尤其当距离和速度是关键要素时。

·乘车视野、导航和通信情况。

·火力和防护措施。

·隐秘性和突然性。

·地形。

（一）注意事项

机械化步兵和斯特赖克步兵部队经常执行乘车巡逻任务。适用于徒步巡逻的注意事项，同样适用于乘车巡逻。排长还应额外考虑以下事项：

·组织、引导炮手和车辆指挥官保持全方位警戒，在城市地域时，还要保持高低警戒。应仔细考虑指挥官在车辆以及在车队中的位置。

·针对乘车战斗操练、接敌反应、翻车操练，以及乘车接敌和徒步接敌等情况进行演练。如果有涉水风险，在演练中需要包括从车辆的顶部舱口撤出的内容。所有演练都要带上驾驶员。

·规划备用路线，以避开城市交通拥堵和路障。

·4 辆车通常是执行一个作战任务的最小单位。如果其中 1 辆发生故障或损毁，其他车辆可以继续提供警戒。部队战术标准作业程序可确定所需车辆的数目。

·计划应包括车辆发生故障，必须进行维修或回收的情形下需要采取的动作。车辆陷入困境且难以救援的情况也应有相应计划。

·针对"追赶"和"脱离接触"等情况制定计划。

·建立备用的通信计划。

·保护好外挂装备，防止被盗。

·针对重型民用车辆和行人交通情况做好计划。

·进行地图侦察，确定可能的阻塞点、伏击区（交叉路口），以及立交桥。

· 规划首选路线和备用路线，避开潜在的危险。

· 要以具有进攻性且不可预测的方式驾驶车辆，同时要遵循交战规则的限制。

· 避免停车：这可能会创造出潜在的杀伤区。

· 了解车辆的特性，包括车辆可以越过多高的路缘和其他障碍物、车辆的转弯半径是多少、车辆的高速机动能力，以及车辆的大致宽度（尤其在带有格栅装甲时）。

（二）兼有乘车和徒步阶段的巡逻

乘车巡逻队通常要运动到一个下车点（通常是指定的目标集结点），然后针对目标采取和徒步巡逻相同的行动。车辆应尽可能建立能够覆盖目标的火力支援阵地，为徒步人员提供警戒。徒步人员完成任务中需要自己参与的环节，然后重新上车继续执行任务。反装甲伏击、远距离侦察巡逻，以及警戒巡逻是比较适合乘车运动的战斗巡逻类型。

巡逻准备

巡逻行动要求巡逻队在出发前进行大量的准备工作。指挥官或排长应向巡逻队长介绍情况，并在其出发离开本队前，给他明确的指示。在出发执行任务时，巡逻队员应当对巡逻队的能力充满信心。这种信心来自对任务的内容和目标、巡逻期间可能遇到的威胁的深入了解，以及对态势的良好感知。

在战场上，作战单位会在许多不同的情况下派出巡逻队。根据战术环境的不同，巡逻准备阶段、执行任务期间，以及返回本队后所采取的具体行动都会有所变化，但基本原则仍然不变。在高强度战斗期间，下面所讲的某些行动可能会被简化；而在维稳或支持民事当局期间，可能会以更详细而具体的方式来执行相同的行动。

一、命令、简报和演练

巡逻命令、巡逻前的简报会，以及演练应包括以下内容：

环境、当地情况和潜在威胁。巡逻队长应组织情报简报会，会议内容要涵盖作战环境、本地民情、可能影响巡逻任务的地形和天气、巡逻队面临的一般和特定威胁、可疑人物，以及包含在巡逻地域内的已知车辆和地点。

地雷和简易爆炸装置威胁。巡逻队长应根据最新信息，对地雷和 IED 情况进行风险评估。这将会影响巡逻队的很多行动。巡逻队员必须了解最新的地雷和

IED 威胁对部队战术标准作业程序造成的限制。

作战情况更新。巡逻队长应当围绕巡逻地域内其他友军巡逻队，以及单位的位置和意图举行简报会，更新有关情况。简报会的内容应当包括当前有效的火力和机动控制措施、禁入或限制地域、巡逻地域的特殊影响，以及所有其他将会影响巡逻队及其任务的作战事项。

总任务和具体任务。在巡逻时，应赋予每名巡逻队长一个要完成的具体任务和目的。相应地，每名巡逻队员也要了解总任务，并意识到自己的职责所在。

地点和路线。巡逻队长必须向他的队员简要介绍所有巡逻相关地点和路线，包括下车点、上车点、计划使用的路线等，特别是要详细说明集结点、出发点、重新进入点，以及每个点的备用点的情况。

姿态。在民事侦察巡逻中，姿态是一个至关重要的考虑因素。巡逻队出发前，巡逻队长必须首先搞清楚，当巡逻队遭遇民众时，指挥官希望巡逻队采取什么姿态或态度。根据环境和情况的不同，可以采取温和或强硬的姿态。在巡逻期间，巡逻队的姿态可以根据实际情况变更。

生物识别登记 / 生物标记观察名单。在民事侦察中，还要考虑进行生物识别登记的数量，以及被生物识别装置识别为生物标记观察名单上的等级 1~6 的目标的数量。

找回人员。此类作战行动的目的是在脱队或失踪人员被拘留或被俘获之前找回他们，并通过协调和精心策划的作战行动，解救那些被拘留或被俘获的人员。

接敌动作，以及出现意外后的行动。这两者可能都属于部队的战术标准作业程序里的内容，但如果本地情况有变化，或者有新成员加入巡逻队时，这些内容应被特别提及。

交战规则、互动规则，以及武力升级规则。每名巡逻队员都必须清楚了解这些规则。

通信计划 / 失去通信时的计划。每名巡逻队员都应了解巡逻队要如何通信，以及什么时候、向谁、用什么方式报告。巡逻队长必须考虑到当巡逻队失去通信时应该采取的行动。部队可以按自身战术标准作业程序来采取行动，但所有巡逻队员都应知晓通信计划，且得到了正确的频率、通信号码，以及有效的密码。

电子战对抗计划。当 IED 威胁等级较高时，该条内容尤其重要。巡逻队长应向所有巡逻队员明确正在使用的电子战设备，以及它们的重要特征。这些内容可能包含在部队的战术标准作业程序中，但在巡逻期间，所有巡逻队员都应简要了解当前的电子战计划。

标准和特定的制服和装备。 装备应被平均分发到巡逻队员手中。巡逻队内的所有成员都应知道关键或特殊装备的位置。部队要制定标准作业程序，规定什么类型的巡逻队要穿什么制服。着装与巡逻队的威胁等级和姿态有关，应留出足够的时间向队员介绍情况，进行恰当的准备。无论巡逻行动的预计时间有多长，巡逻队都必须具备昼夜巡逻的能力。

医疗。 每名士兵都应根据部队战术标准作业程序携带自己的急救包。指挥官应确保每支巡逻队都有一名医疗兵，以及一名配备战地救生包且具备战地救生资格的士兵。所有巡逻队员都必须清楚谁负责携带救生包，以及知道如何使用救生包内的物品。

配属人员。 巡逻队长必须确保将所有和巡逻有关的人员介绍给其他巡逻队员，并向其详细介绍战术标准作业程序、巡逻队的所有特定指令，以及现有的指挥链情况。一般配属巡逻队的人员可能有：翻译；东道国的警察、宪兵、当地安全部队；爆炸物处理小组；受过专门训练用来搜查当地女性的女性士兵；军用工作犬小组；外国安全部队；东道国军队；地方重建小组等。

二、装备

巡逻队针对特定环境和任务确定需要携带的装备。

无线电和电子战装备。 每次巡逻前都应检查无线电和电子战装备，确保它们可以正常使用和操作。必须根据巡逻行动的预计时长携带相应的电池，并带上备用电池。巡逻队员必须接受所有电子战和无线电装备的操作培训。巡逻队长有责任确保无线电和电子战装备保持打开状态，并在离开基地之前进行工作和通信检查。

武器。 在离开大部队前，所有武器就要做好开火的准备。应使用枪带，确保武器不会与失去行动能力的士兵分开。当士兵在和当地人说话时，枪带也能确保武器不会被本地人从分心的士兵手中夺走，然后用来对付他。

弹药。 巡逻队必须携带充足的弹药、烟火信号、遮蔽物，以及非致命性弹药，以便执行其任务。巡逻队携带的弹药数量，可以根据部队的战术标准作业程序来决定，或者由巡逻队长根据巡逻队将要面临的情况决定。

载荷装备。巡逻队员应当携带足够的小组和个人装备，确保他们能够完成其他任务（例如在返回到大部队进行再次补给前，重新分配到警戒位置）。部队的战术标准作业程序应当明确要携带的装备和用品的数量标准。指挥官应仔细考虑徒步巡逻士兵的负重，尤其在极端天气条件或崎岖地形情况下。

文档。组长应向巡逻队长负责，确保单兵为执行任务携带了合适的文档。在正常情况下，士兵们只需要携带他们的身份卡和"狗牌"。部队战术标准作业程序可能会禁止或要求携带其他适当的战区特定文档，例如带有武力升级规则或交战规则的卡片。

在巡逻队出发前，应对装备进行多次检查。这些检查可包括以下内容：

单兵装备检查。每名巡逻队员都有责任检查他们的单兵装备。士兵们应当确保所携带装备中的所有松散物品都固定好。

组长的装备检查。指挥官们必须确保每名组员将自己携带的物品限制在巡逻行动所需的范围内，同时也要检查小组装备能否正常工作。

巡逻队长的装备检查。在部署前，巡逻队长需要检查每个小组的单兵和小组装备，要特别注意任务特定装备能否正常工作。

三、出发前后的准备活动

巡逻队在出发前后的准备活动包括：演练、通信检查、巡逻名单、出发报告、武器状态、离开和进入固定基地、巡逻中的安全检查、5 米和 25 米检查。

（一）演练

巡逻队应该针对巡逻队长预计会遭遇的情况，进行所有特定战术行动或训练的演练。

（二）通信检查

在每次巡逻之前，都应和部队总部或指挥所进行通信检查。在所有通信系统都能正确运转之前，巡逻队不得离开本队周边。

（三）巡逻清单

如果情况允许，巡逻队长应在离开本队前，向指挥官或指挥所人员提交一份书面巡逻清单。无论何种情况，作战单位每派出一支巡逻队，都应在其出发前制作一份巡逻队员具体清单。部队战术标准作业程序可帮助明确该清单的特定格式。通常来说，该清单应包含以下信息：

· 巡逻编号或呼号分配。

· 派出巡逻队的部队的名称。

· 巡逻内容和目的（任务）。

· 巡逻队长以及所有下属指挥官的姓名和军衔。

· 预计的出发时间和日期。

· 预计的返回时间和日期。

· 关于巡逻队的意向路线的简短描述。

· 巡逻队内所有成员的完整姓名、军衔和所属单位，包括配属人员。

· 巡逻队内所有武器的编号、名称，以及序列号。

· 巡逻队内的所有电子战装备、无线电，以及其他特殊或敏感装备的编号、名称，以及序列号。

· 车辆类型和车牌号码（如适用）。

制作清单的目的是让上级总部对所有在外和已返回的巡逻队保持追踪。如果巡逻队和敌人交战，或者在没有报告的情况下没能及时返回，总部就能通过这些信息对巡逻队的规模、军事能力和意图有所了解。如果巡逻队遭遇人员伤亡或者车辆损毁，该清单可以用来检查是否找到了所有人员、武器和敏感物品。

（四）出发报告

巡逻队长应在巡逻队离开本队所在地或基地时，提供一份出发报告。按部队战术标准作业程序规定，这个出发报告可能需要包含巡逻队配置详细清单，也可能只是简单说明巡逻队的呼号或巡逻号码，并报告其已出发。

（五）武器状态

一旦离开基地或本队所在地，巡逻队长、车辆指挥官，以及组长们应确保所有武器上膛，并根据交战规则进行准备。应检查电子战装备确保其保持开启状态，还要确认所有的无线电频率设置。

当巡逻队返回基地后，每名士兵都应在进入受保护的地域后，马上清空自己的武器。通常来说，部队战术标准作业程序会为这种清理建立准确的步骤。巡逻队长应确保所有单兵和班组武器都处于未上膛状态。

（六）离开和进入固定基地

由于部队需要通过狭窄的进出口，因此离开和进入固定的作战基地是一项高风险行动。根据已知信息，武装分子会监视巡逻队离开和进入基地的位置，确认和利用其行动模式及所处地域中的弱点。变换离开和进入基地的地点，以及更改用于穿越基地周边地区的路线，可以降低巡逻队进出基地的风险。如果这种做法不能实现，应在出口点和进入点附近保持极高的警惕。巡逻队长要确保其队伍不会自满。当巡逻队穿越大门时，作战单位要确保巡逻队长和进入点的守卫之间保持密切的协调。

（七）巡逻中的安全检查

巡逻队员通过不间断地运用基本的巡逻技术协助他们的队长。这能让组长将更多的时间集中在协助队长执行巡逻任务。组员应集中精力保持间距、队形、警惕性，进行 5 米和 25 米检查，并在无须监督的情况下占据射击阵地。

（八）5 米和 25 米检查

每当巡逻队停下时，都应该进行 5 米和 25 米检查。这是一种基本的警戒方法，要求每一名巡逻队员对其周遭地域进行详细、集中的检查，对任何不同寻常且可能引起危险，或者至关重要的事物都要提高警惕。每当一名巡逻队员停下，都应进行 5 米检查；而每当巡逻队停留超过数分钟时，都应进行 25 米检查。

士兵应使用他们的裸眼，以及武器和双筒望远镜上的光学元件进行视觉检查。士兵们应检查任何可疑物品，或任何不同寻常的事物：小到墙上消失的砖块、横穿小路的新绳索或电缆，带有新鲜土壤的土堆，或其他可疑信号。要重点检查地面到头部以上高度的地域。

当巡逻队根据计划驻止时，巡逻队长应确定一片需要占领的地域，并在距离其 50 米范围内停下。巡逻队长使用望远镜对该地域进行视觉检查，同时巡逻队内其他成员保持警戒。当巡逻队向前运动到距离该阵地 20 米的位置时，巡逻队长应使用武器上的光学元件，或使用裸眼进行视觉检查。

直到真正占领该阵地前，每名士兵都要对其周围 5 米范围进行彻底的目视和物理检查。每名士兵都必须系统、从容、细致地进行检查。要用上触觉，在夜晚还可用上白光（如适用）。

士兵必须对障碍物进行物理检查，确认是否有控制线路。必须在不戴手套的情况下，用手掌仔细地触摸栅栏、墙壁、电缆、柱子，特别是紧挨着地表的部分。

战斗巡逻队

战斗巡逻队可提供警戒，同时骚扰、破坏或俘获敌方部队、装备或设施。当指挥官对作战单位发布任务，让其派出一支战斗巡逻队时，指挥官的意图是让巡逻队和敌军进行接触并近距离交战。战斗巡逻队在运动时要保持不被发现。当它向敌军暴露自己的位置时，就需要伴随一场突然而猛烈的袭击。出于这个原因，巡逻队通常需要携带数量可观的武器和弹药，也可能要携带特种弹药。战斗巡逻队在任务期间需要做好信息收集，并且无论收集到的信息是否与战斗任务相关，都需要向上报告。战斗巡逻队可分为袭击、伏击和警戒巡逻三种类型。

袭击是指出于某种特定意图，针对某个阵地或设施进行出其不意的攻击，而非夺取和控制某片地形。发起袭击是为了破坏阵地或设施，摧毁或俘获敌军士兵或设备，或是释放囚犯。巡逻队占领地域的时长足够让其完成袭击意图即可，然后便从目标处有计划地撤离回本队。

伏击是指从一个隐秘阵地，向着运动中或暂时停留的目标发起出其不意的攻击。伏击巡逻队不需要夺取或控制某片地形，它可以通过突击接近并摧毁目标，也可以仅仅是火力攻击。

当作战单位驻止或暂时停留时，就要从部队的所在位置派出一支警戒巡逻队，搜索附近地域，侦察本队附近的敌军，并在巡逻队的能力范围内与敌人交战并将其歼灭。这种战斗巡逻队通常由在观察和射界受限的封闭地形中作战的部队派出。

尽管这种战斗巡逻队会寻求与敌军直接接触的机会，并要在其能力范围内将敌军歼灭，但应尽量避免决定性的交战。警戒巡逻队要侦察和破坏那些对本队进行侦察，或集结起来进行攻击的敌军。警戒巡逻队通常只在有限的时间内远离本队，并时常返回进行协调和休息。巡逻队不能在超出本队和本队火力支援范围（尤其是迫击炮）的情况下作战。

一、战斗巡逻的计划

战斗巡逻队有三个必备分队：警戒、支援，以及突击。突击分队负责在目标位置完成任务。支援分队负责压制或歼灭目标处的敌人，支援突击分队。警戒分队通过阻止敌人进入和离开目标区域来孤立目标，同时确保巡逻队的撤退路线通畅。每个分队的组成规模需要根据当下环境和指挥官的 METT–TC 分析来确定。

（一）突击分队

突击分队是战斗巡逻队的主要力量。他们的任务是执行在目标位置的行动。大多数情况下，将由突击分队完成总体目标。这些人员必须有能力（通过固有能力或相对于敌人的位置优势）摧毁或夺取战斗巡逻队的目标。通常来说，与突击分队相关的任务包括：

· 对目标进行突击，摧毁敌设备，俘获或者杀死敌人，清理关键地形和敌军阵地。

· 机动至距离目标足够近的地方，以便在被发现时快速发起突击。

· 随时准备好自我支援，以防支援分队无法压制敌人。

· 必要时向破障人员提供支援，以减少障碍物。

· 制定详细火力控制和分配方案。

· 在目标处进行有控制的撤离。

通过针对袭击的 METT–TC 分析，巡逻队长可能还会需要组织一支单独的破障分队来消除障碍物。此外，可能还分配有其他的额外任务 / 特殊目的小组：

· 搜索组。寻找和收集可被用于形成情报的文档、装备和信息。

· 拘留组。俘获、看管被拘留者，并记录他们的信息。

· 爆破组。规划和实施摧毁障碍物的行动；必要时，还要摧毁敌军设备。

· 破障组。在防御性障碍物上制造通道，以便巡逻队完成主要任务。

· 援助和担架组。辨别、收集、提供急救并协调疏散伤员。

（二）支援分队

支援分队使用直 / 间瞄火力压制目标之敌。支援分队是辅助力量，要为任务的主要执行者创造条件。支援分队必须有能力支援突击分队，必要时可被分为两支或更多的小队。

组织支援分队是为了应对敌人针对突击分队的干扰威胁。支援部队负责压制、牵制或摧毁目标上的敌人。首先是压制敌人，防止敌军针对己方主要攻击力量调整部署。支援部队要通过使用班组武器和间瞄火力获得火力优势，应能控制射击速率和火力分配方式，根据信号转移 / 停止射击，并支援突击分队的撤离行动。

（三）警戒分队

警戒分队是塑形力量，有三种作用。一是阻止试图进入目标地域的敌人员和车辆。这些行动的范围很广，简单的比如提供早期预警，复杂些的有阻滞敌军运动。警戒部队可能需要几支分布在不同地点的不同分队。巡逻队长要充分考虑敌后备队或反应部队的存在，因为一旦开始交战，这些人员就会产生警觉。警戒分队的第二种作用是阻止敌人从目标地域逃脱。第三种作用是确保巡逻队撤离路线的安全。

对警戒分队来说，有一个微妙但重要的区别。巡逻队内的所有人员都要为自己的安全警戒负责，但警戒分队需要保护整个巡逻队。其职责是根据交战标准，在敌人接近时提前示警。

组织警戒分队是为了防止在执行针对目标的行动前，被敌人警戒部队发现并击败。这是巡逻队面临的首要威胁。为了帮助突击分队制胜，警戒分队必须牵制或阻滞（或至少屏卫）所有战场上的敌军警戒或反应部队远离袭击地带。

（四）指挥官的位置

指挥官需要位于最能影响态势的地方，通常要么是和支援分队在一起，要么是和突击分队在一起。二把手通常位于指挥官的对侧位置。

二、在目标位置的行动——袭击

袭击是指出于某种特定意图，针对某个阵地或设施进行出其不意的攻击。袭击不是为了夺取和控制某片地形，而是为了破坏阵地或设施，摧毁或俘获敌军士兵或设备，或者释放俘虏。袭击巡逻队只要完成其意图就可以从目标处有计划地撤回本队。

袭击行动的特征如下：

· 摧毁关键系统或设施（指挥和控制节点、后勤地域、其他高价值地域）。

· 证实或否认关键信息。

· 保护人质或囚犯的安全。

· 迷惑敌人或扰乱其计划。

· 收集详尽的信息（要投入重要的收集力量）。

· 上级以协同更大规模作战为目的的任务指令。

· 制造机会窗口。

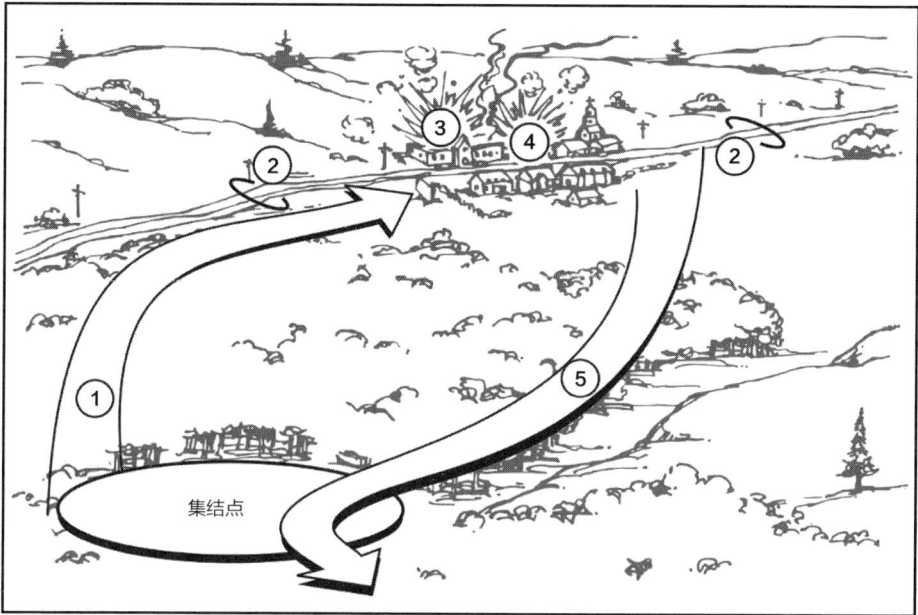

袭击的五个阶段（ATP3-21.8《步兵排和班》）

　　袭击通常分为接近目标、孤立目标地域、为突击分队创造条件、向目标发起突击、战术运动远离目标地域五个阶段。

三、在目标位置的行动——伏击

　　指从一个隐蔽阵地，向运动中或暂时停留的目标发起的出其不意的攻击。伏击不需要夺取或控制地区，其目的是摧毁或骚扰敌军。部队只要完成伏击就可以撤退。伏击结合了防御和进攻的优势，能让小型部队以有限的手段摧毁规模更大的部队。伏击是敌人导向的。伏击可以简单，也可以复杂，还可以同步进行；可短至数分钟，也可持续数小时；可近至手榴弹范围内，也可以是极限射程的对峙。伏击可以利用直/间瞄武器以及其他破坏手段，例如遥控引爆的地雷和炸药。攻击可能包括接近并摧毁敌人的突击，或仅是火力袭扰。伏击可作为独立作战，或作为更大型作战的一部分进行。

　　对指挥官来说，可以有无数种方法进行一场伏击。指挥官为了弄清自己想要

定点式和地域式伏击
（ATP3-21.8《步兵
排和班》）

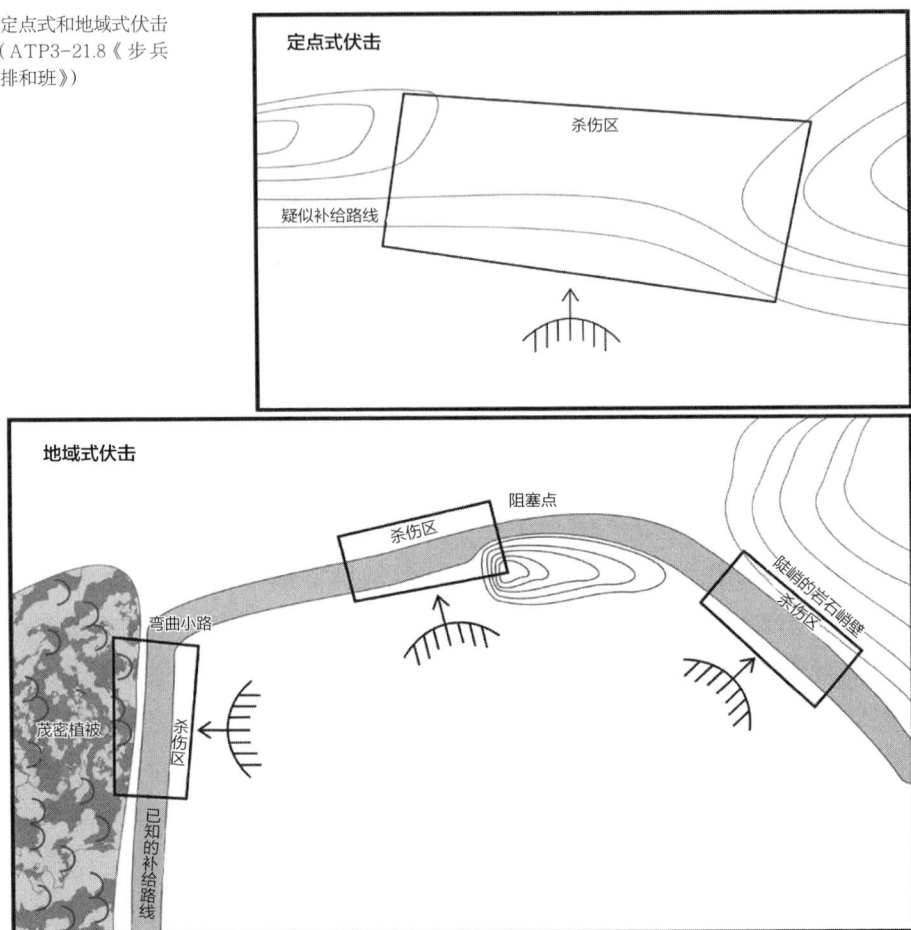

定点式伏击

杀伤区

疑似补给路线

地域式伏击

杀伤区

阻塞点

陡峭的岩石峭壁

杀伤区

弯曲小路

茂密植被

杀伤区

已知的补给路线

什么，他会根据目的、形式、时间，以及编队来制定伏击计划。

伏击的目的要么是袭扰，要么是歼灭。在袭扰伏击中只需使用火力实施攻击（这意味着没有突击分队）。歼灭伏击则需要近距离突击和歼灭敌人。

伏击有定点、地域，以及反装甲三种形式。在定点式伏击中，需部署士兵来攻击单一杀伤区。在地域式伏击中，士兵要进行两个或更多目的相关联的定点式伏击。小于排的作战单位通常不进行地域式伏击。反装甲伏击主要针对运动中或暂时停下的敌军装甲车辆。

根据可用于布置伏击的时长，伏击可分为仓卒和预有准备式。仓卒伏击是基于预料之外的战机发起的。当巡逻队在敌人发现自己之前就发现了敌人，并且有时间反应时，就可进行仓卒伏击。指挥官给出事先约定好的信号以发起行动，所有士兵运动到隐蔽的射击阵地，准备和敌人交战。但根据任务情况，如果敌人没有发现巡逻队，巡逻队有时可能会让敌人通过。

预有准备伏击是根据情报，针对在某一选中地点的特定目标发起的。在预有准备伏击中，指挥官根据可预测敌人行动和敌阵地情况的详细信息制定计划并做好准备。这些详细信息包括目标的类型和规模、组织或编成、运动路线和方向、部队抵达或通过路线上特定点位的时间，以及携带的武器和装备等。

（一）相关术语

分析地形时，指挥官需要确定至少四种不同的地点：伏击区、杀伤区、警戒阵地，以及集结点。应尽量避开所谓的"理想"伏击区，因为警惕的敌人会尽量避开该处，而当他们必须进入这些地方时，他们也会提高警觉和警戒，因此很难达到出其不意的目的。有可能的话可以反其道而行之，选择看上去不可能的设伏地点。以下是这四种地点的理想特征。

1. 伏击区

指的是建立定点伏击的地形。伏击区包括为支援分队设置的火力支援阵地，以及为突击分队设置的突击阵地。理想的伏击区拥有能够很好地覆盖杀伤区的射界，带有保护性障碍物，撤退路线具备良好的掩蔽和隐蔽，且让敌人难以发起侧翼攻击。

2. 杀伤区

是伏击区的一部分，部队在这里集中火力孤立或歼灭敌人。一个理想的杀伤区，首先敌军很可能会进入该处，其次要有天然的战术障碍物，还需要具备足够的空间用来观察并和预期的敌人交战。

近距离伏击是突击分队位于杀伤区的合理突击范围内（少于50米）的一种定点伏击。在城市地域或茂密森林等较为封闭的地形中，可能需要部署近距离伏击。在"从地面跃起"式的伏击行动中，近距离伏击可能也适用于开阔地形。

远距离伏击是突击分队位于杀伤区合理突击范围以外（大于50米）的一种定点伏击。这种地点可能适用于能提供良好射界的开阔地形，或者适用于通过火力进行袭扰伏击。

3. 警戒阵地

理想的警戒阵地不会遮蔽本队的射击，能向本队及时提供信息，让指挥官有足够的时间对提供的信息进行反应，还可充当火力支援阵地。

4. 集结点

排长需考虑集结点的用途和位置。当排变得分散时，可以运动到指挥官指定的集结点重新集结和重整。

如有可能，指挥官要亲自侦察路线以选择集结点。如果指挥官只能进行地图侦察，他可以选择临时点位。当该排穿越这些临时点时，指挥官要通过实地探查来确认这些临时点。集结点必须容易被找到、有掩蔽和隐蔽、远离天然的路线且可以短时间防守。

（二）布置方式

伏击的布置方式有很多种。本节只讨论线型、L 型和 V 型布置。所有这些布置方式都需要指挥官进行严格的直瞄火力控制。指挥官需要了解其部队的优势和弱点，并制定相应的计划。可根据地形、能见度、可用的士兵、武器和装备、控制难易程度，以及将要攻击的目标选择布置方式。

1. 线型伏击

在使用线型阵形的伏击中，突击和支援分队与目标的路线平行位于杀伤区的长轴上，并使目标受到侧翼火力的攻击。只有当目标能被全部火力覆盖时，才在杀伤区与之交战。分散的目标对杀伤区来说可能过大。这是线型阵形的缺点。

线型布置对于处在能限制目标机动的封闭地形中，以及在侧翼有天然障碍物阻挡，或可以被其他方式阻挡（例如阔剑地雷）的开阔地形中，是很理想的。阔

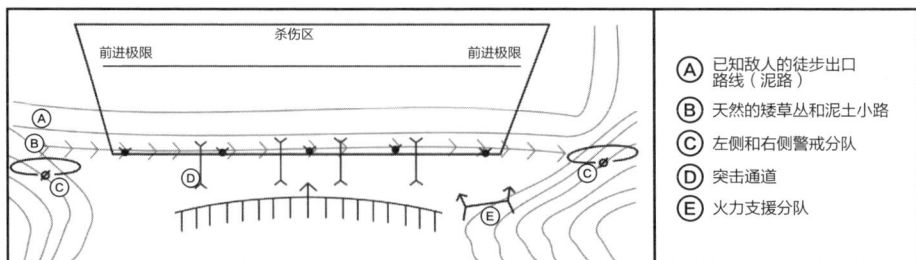

线型伏击（ATP3-21.8《步兵排和班》）

L 型伏击（ATP3-21.8《步兵排和班》）

剑地雷或炸药可被放置在突击分队、支援分队和杀伤区之间，以保护作战单位免受反伏击行动的伤害。

当伏击部队以这种方式部署时，他们会在障碍物间留出通道，这样就可以突击目标。线型阵形的优点是在所有可视条件下，都能相对容易地进行控制。

2.L 型伏击

按 L 型布置的伏击是线型阵形的变体。L 字母的长边（突击分队）和杀伤区平行。这一边负责提供侧翼火力攻击。L 的短边（支援分队）位于末端，和杀伤区呈直角。这一边提供纵向射击火力，两边相互配合。L 型编队可用于小径、道路或溪流的急弯处。

3.V 型伏击

V 型伏击中突击分队位于敌人路线的两侧形成一个 V 字。使用这种布置时，需要极度小心，应确保没有人会朝其他队员开火。这种布置能使敌人同时遭受纵向射击和交叉射击。

使用 V 型编队时，当敌军部队接近 V 的尖端，V 的两条腿随即相互靠近，然后两边从近距离开火。所有运动和射击都要经过仔细的协调和控制，以避免友军误伤。

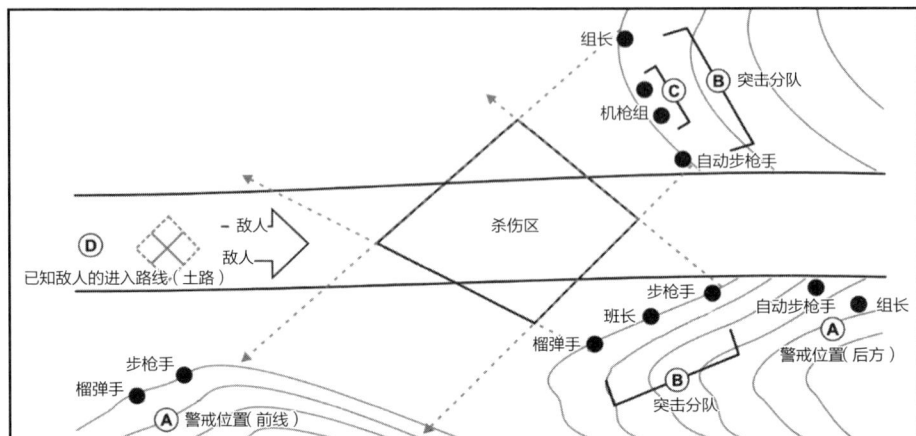

V 型伏击（ATP3-21.8《步兵排和班》）

这种布置由于各分队距离比较远，相对难以控制，也就适用于更少的地点。这种布置的主要优势是，敌人在进入杀伤区之前都难以发现伏击行动。

（三）最终准备

当作战单位占据目标集结点时，即开始进行最终准备；而当本队准备好向伏击区出发时，最终准备工作结束。作战单位首先在目标集结点短停并建立安全警戒。当他们准备好时，指挥官实施其侦察行动，确认计划、部署警戒分队，然后返回至目标集结点。警戒分队首先离开目标集结点。警戒分队各小组运动至可以确保目标集结点安全的位置，以及伏击区的侧翼。如果目标集结点和目标之间的距离很远，警戒分队应使用分散点。

（四）占领伏击地点实施伏击

这种伏击始于本队离开目标集结点，结束于指挥官开始撤退。常见的控制措施有杀伤区、前进极限、火力突击/火力支援阵地、突击阵地、目标登记点等。

1. 占领时间

伏击部队应在战术情况和准备工作总量所允许的最晚时间占领伏击区，减少被发现的风险，也可减少士兵必须在阵地上保持静默状态的时长。

2. 占领伏击地点

在建立伏击时，应首先部署警戒分队，防止被敌奇袭。警戒分队就位后，

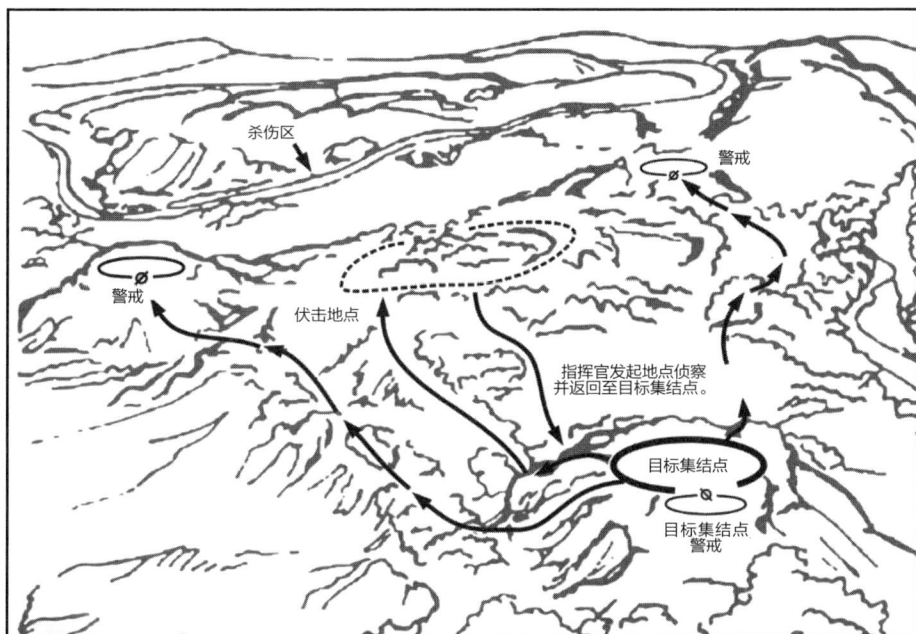

警戒分队就位（ATP3-21.8《步兵排和班》）

支援和突击分队离开目标集结点占领各自阵地。如果有合适的阵地，支援分队可以掩护突击分队前往伏击区的运动。如果没有，双方人员要在同一时间离开目标集结点。

　　本队从后方运动到伏击区。理想情况下，指挥官首先部署杀伤力最大的武器，确保它们的视野能覆盖整个杀伤区。就位后，指挥官要为他的下属部队选定阵地，对关键阵地进行补充和强化。然后指挥官选择他自己所处的位置，以便以最佳的方式发起和控制行动。部队抵达目标处后，需要将运动保持在最低限度，并加强警戒措施。

　　（1）阵地

　　每名士兵必须将自己藏在目标看不见的地方，同时让自己的视线覆盖整个杀伤区。在准备伏击阵地时，应尽可能避免改变该地的自然外观，并应当将准备阵地时产生的废物隐藏起来。

　　（2）确认直瞄火力计划

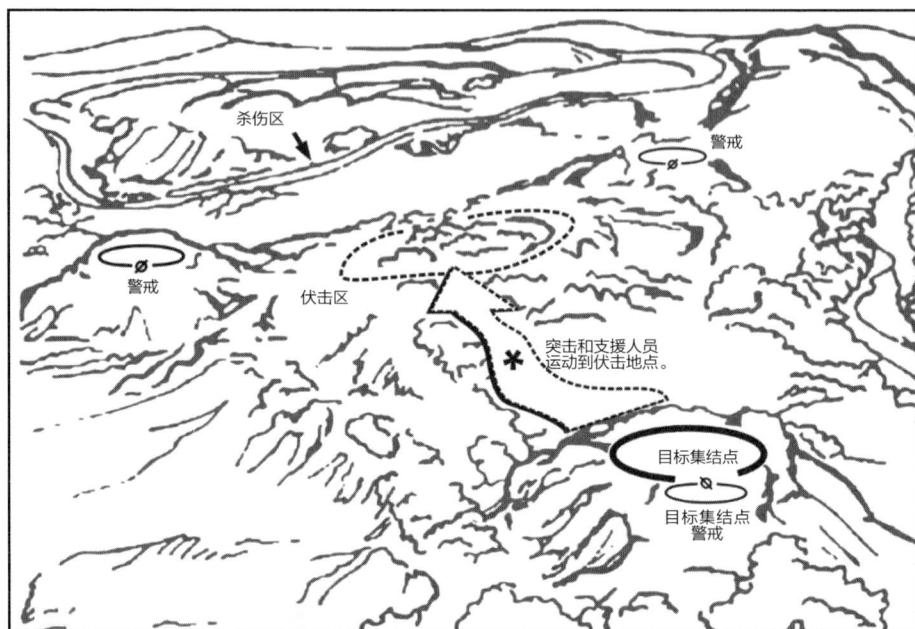

突击和支援分队运动到伏击区（ATP3-21.8《步兵排和班》）

阔剑地雷、炸药，以及榴弹发射器可用于覆盖自动武器够不到的死角。部队指挥官要为所有武器分配火力区分，提供相互支援，还要设定一个完成阵地准备的时限。

（3）在杀伤区的运动

尽量不要进入杀伤区。在部署战术障碍物时，应注意清除可能引起敌人警觉，从而影响伏击效果的痕迹或信号。如果把阔剑地雷或者炸药设置在了杀伤区远端，或者布设位置的外观可能吸引敌人去检查，应绕着杀伤区走远路进行布置。在这条迂回路上，也要注意清除所有可能暴露伏击行动的痕迹。还应该规划一条从伏击区出发的备用路线。

（五）发起伏击

一旦所有友军就位，部队就要等待敌军目标。警戒分队发现目标接近时，向伏击指挥官发出警报，报告目标的运动方向、规模，以及特殊武器或装备。收到报告后，指挥官向其他人员发出警报。

当大部分敌军位于杀伤区内时，指挥官使用杀伤力最大的武器、中型机枪火力，或者引爆地雷或炸药发起伏击行动，但是要注意，引爆炸药可能会遮蔽视线耽误后续射击。一旦达到条件，就应停止射击或转移火力。突击分队可实施穿越杀伤区直至前进极限的突击。如果突击分队必须对杀伤区实施突击，指挥官应发出信号停止射击或转移火力。这也是突击开始的信号。除了摧毁敌军，搜寻具有情报价值的物品、抓捕俘虏，以及摧毁敌军装备等也是常见的在杀伤区执行的任务。当突击分队在杀伤区完成任务时，指挥官要发出信号，让其撤回至目标集结点。

伏击期间，射击纪律至关重要。直到给出射击信号前，士兵都不可以开火。一旦给出信号，士兵必须马上采用最密集的火力，并尽可能用最精准的方式射击。训练有素的射手和精准射击有利于形成突然性并摧毁目标。在突击目标时，停止射击或转移火力的行为也必须精确，否则会导致突击延迟，目标也会得到作出反应的机会。建议尽量使用射界桩。

（六）撤退

一旦突击分队完成对目标的行动，就应开始撤退。当人员在指定的集结点上集合 / 整顿时，撤退即告完成。收到信号后，部队会先撤退到目标集结点，在整顿后继续执行任务。部队应在预先选定的地形特征处停下分发信息。如果伏击失败，敌人发起追击，部队应交替撤退。部队应使用遮蔽来帮助隐蔽撤退行动，而设置在撤退路线沿线上的障碍物可以帮助阻止追击。

（七）实施地域伏击

地域伏击指的是，指挥官将士兵部署到两个以上相关联的定点伏击处的伏击形式。某排可以作为某连进攻或防御计划的一部分进行地域伏击，或作为某连地域伏击的一部分，进行定点伏击。

排是执行地域伏击行动的最小单位。排应在敌人的运动被小径或溪流严重阻碍的地方，进行地域伏击。

排长（或连长）应选择一个主要的伏击区，在其周围组织外围伏击。这些次要地点应位于敌人最有可能接近的路线上，以及从主要伏击区逃跑的路线沿线上。通常来说，每个伏击区应有一个班负责。

排长要依据 METT–TC 决定武器班的最佳部署方式。他通常将中型机枪和支援分队部署在主要伏击区。

在主要伏击行动开始前，负责外围伏击的班或分队都不要发起他们的伏击。要在主要伏击开始后，外围的班或分队再开始交战，阻止敌军从主要伏击区逃跑，或阻止敌人增援被伏击的部队。

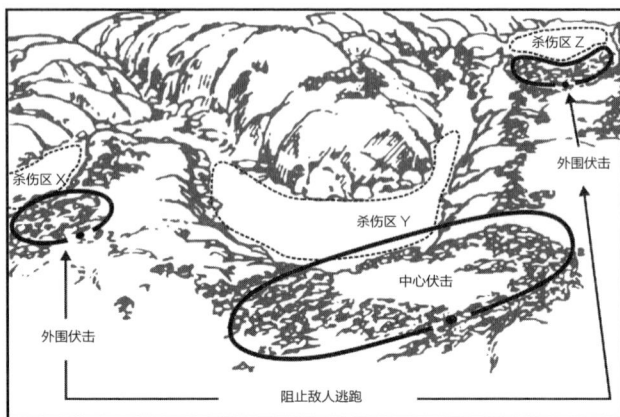

地域伏击（ATP3-21.8《步兵排和班》）

（八）实施反装甲伏击

排和班通过反装甲伏击摧毁装甲车辆。反装甲伏击可以是地域伏击的一部分，由突击分队（反装甲分队）和支援、警戒人员组成。

反装甲分队是围绕近战导弹系统构建的。指挥官可以考虑辅以额外的肩射式弹药，补充近战导弹系统的火力。指挥官要在METT-TC基础上部署反装甲武器，充分利用这些武器的最佳交战面（后方、侧翼，或顶部）。与其他形式的伏击相同，排内其余人员要充当支援或警戒分队，以覆盖敌人徒步进入伏击区的路线。

在排的反装甲伏击中，应当由连长选定伏击的大致地点，由排长找到能限制敌人装甲车辆离开指定杀伤区的具体位置。排长在部署武器时，应考虑在排和杀伤区

反装甲伏击（ATP3-21.8《步兵排和班》）

之间存在障碍物的位置。在班的反装甲伏击中，应当由排长挑选伏击的大致地点，班长要找到限制敌人装甲车辆离开杀伤区的位置。

指挥官应考虑发起反装甲伏击的方式。推荐的方式是使用可信赖的武器系统或炸药（例如从坦克或步兵运输车射出的主炮弹药，引爆地雷或炸药，或者其他从闭锁枪机射击的直瞄火力班组武器）来发起大规模的杀伤信号。"标枪"导弹可用于发起伏击，但即使它再掩人耳目，效果可能也比不上一枚反坦克地雷。

反装甲分队应尽可能摧毁敌军编队中的第一辆和最后一辆车。一旦伏击发起，所有其他武器都应开始射击。

指挥官必须确定配合敌装甲车辆的徒步士兵对伏击的影响。指挥官可以选择按照计划发起伏击，或者不发起伏击直接撤退，也可以选择不发射反装甲武器，使用中型机枪发起伏击。

由于敌军装甲部队的高速度使其可以增援被伏击的敌军，指挥官应在计划中缩减交战时间并快速撤退。根据 METT–TC，排可能不用像其他形式的伏击那样清理杀伤区。

（九）实施定点伏击

定点伏击中，士兵攻击单个杀伤区的敌人。排长是突击分队的指挥官。排军士或助理巡逻队长可能会和排长一起位于突击分队当中。伏击部队首先应部署警戒或监视组，然后在突击分队向前运动前部署支援分队。支援分队必须掩护突击分队进入阵地的运动。

部署完成后，排长必须检查每一名士兵。如果监视组离突击阵地很远，排长要示意监视组重新加入突击分队。下表列出了突击分队、支援分队，以及警戒分队的行动。

伏击分队的行动

突击分队	支援分队	警戒分队
· 确认由排长分配的每个火力区分；放置瞄准标杆。 · 放置阔剑地雷和其他保护性障碍。 · 在杀伤区内的死角，安置阔剑地雷、地雷，或其他炸药。 · 伪装阵地。 · 根据排长的指挥，将武器上膛。	· 确认所有武器，尤其是中型机枪的火力区分。 · 放置限制桩，以防止友军火力在L型伏击中射中突击分队。 · 放置阔剑地雷以及其他保护性障碍。 · 伪装阵地。	· 确认所有武器的火力区分；放置瞄准标杆。 · 放置阔剑地雷以及其他保护性障碍。 · 伪装阵地。保障目标集结点的安全。 · 根据需要，保障通往目标集结点路线的安全。

排长指示警戒分队（或小组）使用 SALUTE 报告格式，通报敌军进入杀伤区的消息。如果领头的敌军后面还跟着更多的敌军，警戒分队也必须通报排长，以便让排长知道敌人是否符合连长指示的交战标准。排长必须准备好为过于庞大，或不符合交战标准的敌军让路，并且必须向连长或连情报支援组报告没有和敌军交战就让敌军通过伏击地点的消息。

排长使用最具杀伤力的武器（通常是指令引爆的阔剑地雷）发起伏击。为防主要方式失败，排长还必须规划一个备用方式（通常是中型机枪）来发起伏击。在伏击处的所有士兵都必须了解主要和备用方式。该排应对两种方式都进行演练，以避免在进行伏击时产生混乱，破坏其突然性。

排长必须就低能见度条件下与敌人交战的情况制定计划。在连长的指导下，排长可考虑混合使用曳光弹、照明弹、夜视仪，以及热传感瞄准器。例如，即便在伏击中不使用"标枪"导弹，排长仍然可以将它的发射控制元件和热传感瞄准器部署在警戒或支援分队处，用来观察敌军。

在排长的计划里，还应该包含间瞄火力支援部署。在连长指导下，排长可以使用间瞄火力覆盖杀伤区侧翼。此举能孤立敌军，或当伏击失败或是迫于压力需要离开伏击区时，帮助该排脱离交战。

排长要有能兼顾昼夜的信号计划，用来示意突击分队前出进入杀伤区，开始搜查和收集行动。排长在计划中应将现有环境因素纳入考虑。例如，由于能见度有限或地形限制，支援分队可能看不见遮蔽物。演练时，士兵们必须了解和练习传递信号的方法，以避免造成友军误伤。

突击分队在搜查开始后如遇到火力还击，就应使用单兵运动技巧穿越杀伤区，或是以火力组为单位交替运动。

在搜查敌人尸体之前，突击分队应聚拢并看管好敌俘虏，将他们运出杀伤区送往建立好的阵地。敌俘虏集中点应有掩护，而且不应在伏击结束后被敌军轻易找到。友军突击分队可从杀伤区的远端往近端处进行搜查。

彻底搜查过所有尸体后，搜索组还要继续搜查，直到所有在杀伤区内部和附近的敌方人员都被搜查过一轮。搜查完敌军尸体后应进行标记，例如将手臂在胸前交叉或是交叉双腿。这样可在确保彻底和快速搜查的同时，避免重复劳动。

排要辨认和收集能够被带回的装备并准备好运输。应清空敌人武器的枪膛并关上保险。排还要找一个居中位置，确认并收集需要摧毁的敌军装备。爆破组准备导火索，等待起爆信号。通常这是在离开伏击区之前需要完成的最后一个动作。侧翼警戒人员在爆破组完成任务后，返回到目标集结点。

如果已知敌人拥有可快速增援被伏击之敌的装甲车辆，侧翼警戒分队可能需要在伏击开始后布设反装甲地雷。如果侧翼警戒分队接敌，则要尽可能持续战斗，但避免进行决定性交战。要使用事先设置的信号来通知排长其正在脱离接触。排长可以指挥一部分支援分队前去协助。

排长必须制定从伏击区撤退的计划。通常士兵撤离的顺序和他们建立阵地的顺序相反。根据士兵之间的距离不同，他们可以先回到分散点，然后到目标集结点。位于目标集结点的警戒分队必须保持警惕，帮助排返回。当排其他人员准备离开时，警戒分队要保障目标集结点的安全。

返回目标集结点后的行动包括但不限于：清点人员和装备，整理俘获的装备，以及进行急救（如有必要）。返回后，要根据需要整顿巡逻队的人员，重新分配弹药和装备，以便离开目标集结点。

四、警戒巡逻

警戒巡逻队通过侦察本队的前方和侧后方，探查并破坏当地敌军力量，来避免本队被奇袭。警戒巡逻队不在超过本队通信范围和支援火力范围以外的地方作战。尤其不超出迫击炮的范围，因为这种巡逻队作战时长有限，而且是以战斗为导向的。

本队在驻止和运动时，都要部署警戒巡逻队。当本队驻止时，警戒巡逻队要防止敌军渗透、侦察或攻击。当本队运动时，警戒巡逻队要防止部队遭遇伏击或者意外接敌。

侦察巡逻

侦察巡逻可以收集信息或是确认之前获得的信息的准确性。侦察巡逻应避免接敌，努力在不发生近距离战斗的情况下完成其战术任务。除武力侦察外，侦察巡逻队总要试图在不被发现的情况下完成其任务。但侦察巡逻队难免被发现，因此要携带必要的武器装备来保护自己，并争取脱离与敌人的接触。

侦察巡逻的形式（ATP3-21.8《步兵排和班》）

侦察巡逻队通常轻装上阵，配置尽可能少的人员，携带尽可能少的武器、弹药和装备，提高他们在受限地形中的隐秘性和越野机动性。无论巡逻队携带了多少武器装备，指挥官总要按照将与敌进行直瞄火力接触来制定计划。指挥官必须预判他们可能在哪里被敌人观察到，并采取措施控制危害降低风险。如果被发现或出现意外情况，侦察巡逻队必须能够快速过渡到战斗状态。通常来说，步兵排一般进行地域、路线、区域三种形式的侦察巡逻。

一、地域侦察巡逻

地域侦察巡逻要集中获取规定地域内有关敌军行动、地形，或特定民事考量的详细信息。这些地域可能包括一座城镇、一片居民区、一个山脊、一片森林、一个机场，或其他任何对作战至关重要的特征，甚至是单一的点（例如一座桥梁或一幢建筑设施）。地域通常要比区域小，而且通常不和其他作为侦察目标的友军地域相连。由于地域的范围更小，部队进行地域侦察的速度会比进行区域侦察更快。属于地域侦察巡逻范畴的其他侦察形式还有定点侦察、联络侦察、民事侦察、追踪侦察等。

（一）定点侦察

执行定点侦察任务的巡逻队会直接向特定位置运动，确定那里的情况。完成任务后，它要么通过无线电报告信息，要么返回上级部队进行报告。这种巡逻队可以为排长或指挥官获取、核实、确认或否认极其具体的信息。

（二）联络侦察

联络侦察巡逻队是侦察巡逻队的一种特殊类型，由一支部队派出，与另一支部队进行实际接触和协调。现代科技让联络巡逻的需求有所下降，但没有完全消除这种需求。如今，当一支 A 军部队必须和一支 B 军部队联合，而后者又缺乏兼容通信设备，或没有报告位置的装备时，最常使用的方法就是联络巡逻。联络巡逻队可能会前往其他部队的阵地处，相关部队也可以安排一个接触点。联络巡逻队的指挥官向其他部队提供有关地点、情况，以及自身部队意图的信息；联络巡逻队返回到自己部队后，将有关部队的相同信息带回并报告。联络巡逻队还要观察和报告位于两支部队中间地域的相关信息。

（三）民事侦察

民事侦察巡逻是对环境中的特定民事方面进行有目标、有规划，有协调的观察和评估。民事侦察侧重于民用部分，可以用 ASCOPE（即地域、建筑、军事能力、组织、群众和事件）来概括。民事侦察行动通过收集民事信息增强态势理解并帮助决策。民事侦察计划应纳入考虑的潜在民事信息来源包括：

·对作战地域正在进行的 ASCOPE 评估。

·民事信息中已知存在未知的部分，包括在收集和分析时发现的缺漏，或是在地域研究和地域评估中遗留的缺漏。

·民政事务的互动。

（四）追踪侦察

追踪侦察巡逻队通常包含一个班规模的人员或更少。其任务是跟踪特定敌军部队的踪迹，确定其人员部署、最终目的地，以及沿途行动等情况。巡逻队员要寻找敌人运动时留下的细微痕迹。当巡逻队进行追踪时，他们要收集有关敌军部队、所用路线，以及周围地形的信息。通常来说，追踪巡逻队要避免和被追踪部队发生直瞄火力接触。追踪巡逻队通常使用追踪犬小组来帮助保持追踪。

二、路线侦察巡逻

路线侦察巡逻要获取关于某一路线的详细信息，以及可能被敌人用来影响沿线运动的地形的详细信息。路线侦察侧重于特定的交通路线（例如道路、铁路，或者越野机动通路）。它能提供有关路线情况的最新信息或信息更新（例如障碍物和桥梁分类，以及敌人和平民在沿线的行动）。路线侦察不仅仅需要侦察路线本身，还要侦察路线沿线所有可以被敌人用来影响友军运动的地形。指挥官一般在需要让友军使用一条特定路线进行运动时会发布这种任务。

三、区域侦察巡逻

区域侦察指的是直接获取一片有边界的区域内的所有路线、障碍、地形、敌军，或特定民事考虑等相关信息的行动。障碍包括现有障碍和加固中的障碍，以及核生化辐射区域。当指挥官在派遣其他部队进入一个区域前需要获取有关该区域的更多信息时，他就会发布区域侦察任务。区域侦察任务适用于敌情模糊、对地形的了解有限，或者战斗行动改变了地形的情形。一次区域侦察可能包括分配给下属部队的几项路线或地域侦察任务。

区域侦察通常是一个需要经过精心计划且耗费时间的过程。它比其他任何侦察任务需要的时间都多，因此指挥官必须为其留出足够的时间。区域侦察通常从出发线即开始，一直延伸到很远的距离。它要求所有参与执行区域侦察的地面人员要并排行动。不过当侦察目标是敌军部队时，指挥官可能需要放弃对该区域进行详尽的侦察，而将资源集中在那些可能暴露敌军部署和意图的指定利益相关地域。在关注敌人的同时，侦察部队也不能忽视地形。然而他们要缩小自己的地形侦察行动的范围，避免对指定利益相关地域产生影响。

（一）控制措施

控制措施能帮助指挥官预先安排被发现后的情况。这些措施包括：

碰头点：为安排好的会面指定的地点，可以在此开始一项行动，发起一场作战的某个阶段，或是在作战结束后返回到此处。该术语通常和会合点的含义相同。

分散点：行进路线上的一个地点，行进部队在此脱离集中控制。当离开目标集结点后会使用分散点。

会合点：在执行任务之前，来自同一渗透路线或不同渗透路线的两路渗透分队会安排在此处进行整顿。

（二）侦察的基本原则

指挥官使用侦察的七个基本原则，将他们的巡逻队组织成侦察分队和警戒分队两支部队。七个基本原则指的是：

· 确保侦察连续进行。

· 不要节约侦察物资。

· 以侦察目标为导向。

· 快速准确报告信息。

· 保持机动自由。

· 获取并保持接敌。

· 快速推进态势。

1. 侦察分队

侦察分队的任务是为推动战术决策获取所需的信息。主要途径是具有战术运动能力和连续准确报告能力的侦察和警戒分队。侦察巡逻队长需要决定侦察行动的深入程度。彻底而准确的侦察固然很重要，但避免被发现也同等重要。

以下是一些通常和侦察分队有关的附加任务：

· 侦察指定地域、路线或区域内的所有地形。

· 根据人员或路线上会使用到的车辆，确定路线的通过性和可能的接近路。对路线上的所有桥梁、立交桥、地下通道，以及涵洞进行检查和分级。确定路线上桥梁附近穿越场或桥头堡的位置。

· 确定穿越路线所需的时间。

· 侦察直瞄火力区分的极限，影响地域、路线或区域的地形，建筑密集地域，以及横向路线。

· 在能力范围内侦察自然和人造障碍，确保沿线运动的机动性。确定一条绕过障碍的旁路，或是减少、清理和标记出通道、隘路等受限 / 极端受限的地形、雷区、受污染地域、树桩或栅栏等大型障碍、反坦克沟渠、带刺铁丝网、凸起的铁路轨道之类的填方，以及沿线上的其他障碍物。

· 确定社会人口结构的规模、位置和构成。

· 辨别会影响军事作战的关键基础设施，包括政府和宗教机构，以及基础设施和公共设施（例如发电、运输和通信网络）等。

· 找到会影响该地域、路线或区域内运动的所有威胁力量。

·报告信息。

注意：步兵排和班通常不具备完成针对桥梁、道路和涵洞的全面技术探查的专业技能；通常来说，这项任务需要由工程兵负责。步兵排和班只有能力进行常规评估。

2.警戒分队

警戒分队负责在敌人接近时提供预警，并在侦察分队接敌时为其提供火力支援。警戒分队的目的是保护侦察分队，让后者获取所需信息。负责提供预警的警戒分队必须有能力观察目标地域内外的各条路线。如果侦察分队遇袭，警戒分队必须能够快速支援。后者通过占据能观察到目标，同时火力能够覆盖侦察分队的位置来实现支援。在这些位置上的士兵必须能够使用直瞄和间瞄火力与敌人交战。他们还必须能够协助与上级以及所有支援力量进行通信。部队必须事先演练，并仔细推敲这种最坏的局面。

无论侦察和警戒分队如何组织，每个分队都必须负责自己的直接警戒。在一支小型侦察巡逻队中，巡逻队总部可能构成其下属分队的其中一部分，而不是作

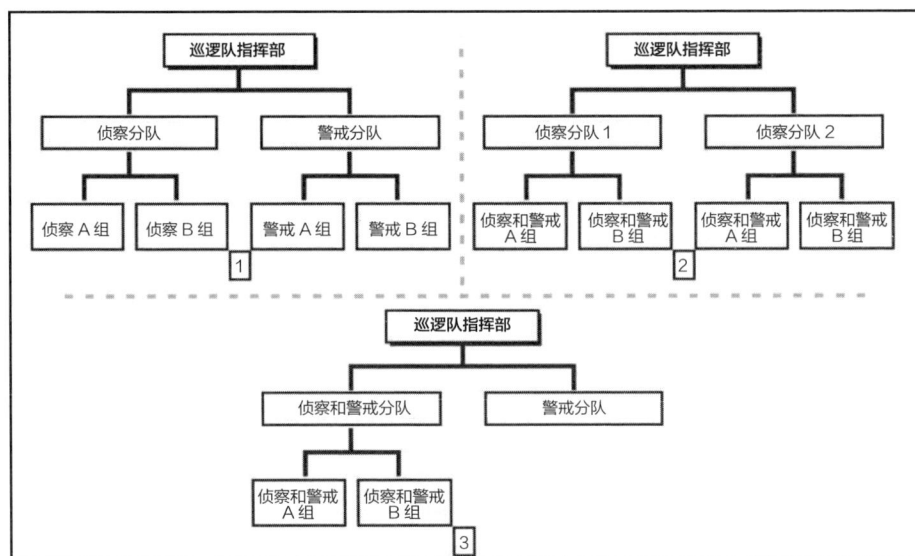

侦察巡逻队的组织（ATP3-21.8《步兵排和班》）

为一支独立分队。不同小组和分队的人数和规模必须由指挥官根据 METT–TC 分析来确定。有三种方式来组织侦察和警戒分队：

第一种方法是将侦察分队和警戒分队分开。当警戒分队有能力从某个位置支援侦察分队时，可使用这种方法。这要求侦察目标比较明确，而且作战地域足够开阔。

第二种方法是将侦察人员和警戒人员一起编成侦察和警戒分队。当侦察目标不够明确，或者小组间无法相互支援，且每支侦察分队都可能需要配备属于自己的警戒力量时，可使用这种方法。在侦察和警戒分队内，可由一或两名士兵完成侦察，其余人员负责警戒。一支侦察和警戒分队的士兵数量，会根据任务变化而有所不同。通常来说，至少需要一个火力组（3~4 名士兵）才能在进行充分侦察的同时，提供直接警戒。

第三种技巧是在侦察和警戒分队之外另有一支独立的警戒分队。这支独立的警戒分队也可以作为后备队或快速反应部队。

（三）在侦察目标上的行动

实际的侦察在指定的过渡点开始，以后续过渡到远离侦察目标的战术运动作为结束。指挥官使用类似于第一个过渡点的控制措施来标记后续过渡点，方法包括使用会合点、碰头点、前进极限或者阶段线等。在这个阶段，指挥官可进行三种侦察方式（地域、区域，或路线）中的一种。

制定侦察计划要运用反向计划流程。首先指挥官需确定侦察目标，形成一份和特定地域、路线或区域内的地形或敌人相关的信息需求。这可以通过诸如指定利益相关地域、检查点、目标、路线、阶段线、边界等控制措施来确定。指挥官明确侦察目标后，就要确定能让巡逻队获取所需信息的观察计划。在确定观察计划后，指挥官再来确定能使巡逻队达成其观察计划的必要战术运动是哪些。

1. 信息需求

信息需求是制定指挥官关键信息需求的基础。满足信息需求能帮助指挥官做出战术决策。指挥部必须明确定义想让巡逻队确定的信息是什么。在开始执行任务前，巡逻队长必须明确这些信息需求。下页表格展现了一个为总部的收集计划明确信息需求的示例表。

红外收集示例表

信息需求	地点/描述	时间	目的
在十字路口轻武器射程范围内的敌军	NV 12349875路的十字路口	从：11月20日17点 到：11月21日6点	为排通过该地域提供便利

信息需求可以是敌人导向、地形导向、民事导向，或者兼而有之。重要的是，指挥官要在进行侦察以前对需求加以明确。了解导向类型，能让指挥官发挥必要的主观能动性，满足上级指挥官的信息需求。

地形导向的信息需求侧重于确定有关特定地域、路线或区域的地形信息。尽管部队要寻找敌人踪迹，但其总体意图是确定地形对友军的任务目的是否有用。例如，连长可派出一个班建制的侦察巡逻队来确认该连未来的集结地域的位置；巡逻队长可派出班建制的侦察巡逻队来获取位于拟采用的渗透路线上的一座桥的信息。

敌人导向的信息需求侧重于找到特定的敌军，目的是确认或否认计划中的假设。当部队收到一个地形特征作为参考点时，其总体意图是围绕地形特征找到敌人。这意味着如果敌人没有位于参考位置，指挥官必须发挥主观能动性在划定的范围内找到敌军。

民事导向的信息需求侧重于确定特定地域、路线或区域内有关人类环境的信息。民事导向的信息需求，相比其他两种分类来说，规模更大分类更加模糊，需要下更多功夫加以厘清。民事导向信息需求的例子有：基础设施建设、生活基础设施（例如下水道、水源、电力和垃圾）、政治局势、人口统计，以及流民等。

2.观察计划

巡逻队长理解信息需求后，就要通过制定观察计划确定应如何获取这些信息。指挥官要将观察计划作为巡逻队长行动流程简图的一部分。这可通过询问以下两个基本问题来完成：

·哪里是能获得所需信息的最佳地点？

·在不暴露巡逻队前提下，获取信息的最佳方式是什么？

第一个问题的答案是：便于巡逻队获得所需信息的所有有利位置和观察哨。有利位置是能观察到敌人的临时位置。部队只有弄清敌人行动后才会占据有利位置。第二个问题的答案是：运用占据有利位置和观察哨的必要路线和必要数量的小组。观察哨既可以进行军事观察，也可以指挥和校准火力。观察哨必须配备合适的通信设备。根据上级的指示，观察哨既可以是短期的（少于等于 12 小时）也可以是长期的。与有利位置不同，部队通常会占领观察哨并在一个特定时间段内实施监视。

巡逻队要使用一切必要的观察哨和有利位置的组合，从尽可能多的角度来侦察目标。在进行 METT-TC 分析后，指挥官要为巡逻队的有利位置、观察哨和运动选择临时位置，并根据实际现地指挥官的需要来提出、确认和调整。从指挥官的分析中，他要确定自己必须建立多少个有利位置和观察哨及具体位置。这些常规位置确定后，他要以这些位置和其他控制措施（例如分散点和会合点）之间的必要运动来规划路线。这些位置应当具有以下特征：

　　·往返每个位置都有掩蔽和隐蔽的路线。

　　·对指定地域、路线或区域可进行无障碍观察。理想情况下，相邻位置的观察视野应相互重叠，以确保其观察范围能覆盖全境。

　　·指挥官要挑选有掩蔽和隐蔽的位置，减少他们在战场上的脆弱性。指挥官可能需要放弃一个有着良好观察视野，却没有掩蔽和隐蔽的位置，而去选择一个能提供更多生存可能的位置。

　　·不引人注目。这些位置不应位于水塔、孤立的小树林，或孤零零的建筑或树木等地方，因为这些地方会吸引敌人的注意力，还可能会被敌人作为炮兵部队的目标参考点。

　　·不会映出观察者的轮廓。要避开山顶。将位置布在山坡下方或侧面，前提是这里有进出该位置的有掩蔽和隐蔽的路线。

巡逻队选择的位置要么是远距离，要么是近距离。远距离位置必须距离目标足够远，避开敌人的轻武器、传感器，以及其他直接警戒措施。远距离位置是进行侦察行动的最理想方式，因为这样巡逻队就不会因为靠得太近而被发现。就算被发现，巡逻队也有能力部署直瞄和间瞄火力。因此，只要 METT-TC 允许从远处收集所需信息，就要使用这种方法。部队应选择具有掩蔽和隐蔽的观察哨，在作战地域内部和周边使用有掩蔽和隐蔽的路线。同时还要部署警戒分队（包括传感器）以提供早期预警，以及在有需要时提供掩护火力。

近距离位置是在敌人的警戒措施以及轻武器范围内的位置。当无法通过远距离位置来获取所需信息时，侦察人员就要运动到离目标更近的地方。在近距离观察中，应仔细规划所采用的有利位置和路线，并在使用它们之前进行验证，防止被敌人发现，或者和友军部队相互妨碍，又或者占据了其他部队的地界。

四、地域侦察在目标位置的行动

地域侦察的目的是获取规定地域内地形或敌军行动相关的详细信息。指定的地域可以是覆图上的网格坐标或者某个目标。在地域侦察中，巡逻队使用目标四周的有利地形或观察哨来观察目标以及周边地域。

地域侦察中，在目标位置的行动始于目标集结点处的巡逻；当巡逻队的下属部队会合后，以散发信息作为结束。关键动作包括从目标集结点发起的行动、执行观察计划、会合并继续任务等。

（一）从目标集结点发起的行动

巡逻队占领目标集结点并按工作优先级开展作业。当巡逻队建立了警戒措施，并为任务进行准备时，巡逻队长和指定人员要进行指挥官侦察。指挥官必须在这次侦察中完成三件事：精确定位目标并建立监视措施，必要的话应确定分散点和后续会合点，以及确认观察计划。

（二）地域侦察观察计划

从指挥官侦察行动中返回后，巡逻队长要根据需求传递信息和补充命令（FRAGORD）。做好准备后巡逻队就出发。指挥官首要建立警戒措施。警戒人员就位后，侦察人员按照观察计划，沿计划好的前往观察哨和有利地点的路线运动。

（三）近距离侦察

接近目标时，巡逻队长应建立一个具有良好隐蔽的前方分散点。分散点与已知敌人巡逻路线、观察哨或哨兵位置的距离应不少于200米。前方分散点为巡逻队长提供了一个离目标很近的临时作业位置。在进行近距离侦察时，应由巡逻队的第二负责人和无线电话务员来指挥。在前方分散点上，只能进行至关重要的信息传送。无线电的音量应调得尽可能小，如果可以的话应使用耳机。

近距离侦察组应在前方分散点进行最后的准备工作。从前方分散点开始的运动必须是缓慢而谨慎的。指挥官应当让小组拥有充分的时间来获取信息。如时间有限，应该只要求该小组获取必要信息。如果敌人的阵地很大或者时间有限，指挥官可能需要部署一个以上的近距离侦察组。如果这种情况发生，每个巡逻队都必须明确规定往返前方分散点的运动路线。他们还必须明确定义将要执行侦察任务的地域，以免互相冲突。

近距离侦察组通常包括一到两名观察员，以及两名警戒人员。警戒人员应该离观察员很近，以便提供保护；但又要足够远，这样自己的位置就不会受限。当小组在距离敌人阵地很近的地域中运动时，每次应该只有一个人运动。相应地，每次运动的距离也应该比较短。

一旦就位，巡逻队就要通过观察和倾听获取所需信息。在这种时候，不要吃东西，不要说话，也不要进行非必要的运动。如果侦察人员无法从其起始位置获取所需信息，他就要沿路线返回，并重复这个过程。这种侦察方式极度危险。侦察人员必须记住，他越靠近一个目标，被发现的风险就越大。

（四）多个侦察和监视组

如果无法从一个观察哨或有利位置收集信息，就可能需要使用连续的点位。确定点位的位置后，指挥官要决定他的巡逻队要如何实际占据这些点。其中关键是确定侦察分队中的小组数量。单一小组的好处是指挥官能够控制该小组，被敌人发现的可能性也比较小。其缺点是缺乏冗余，而且只有一组人员观察目标地域。使用多个小组的好处是能为指挥官提供完成任务的冗余备份，以及能够从一个以上的角度观察目标地域。缺点是更易被敌人发现，而且控制难度也会增加。

指挥官在从目标集结点出发对目标进行侦察时可能要带上一个监视组。侦察时，他可以让监视组与他采取同一路线，沿途布置监视位置，也可以指挥他们采取不同路线前出至指定位置。

（五）警戒分队

负责警戒的下属指挥官要在目标集结点建立警戒措施，并根据需要在目标地域内敌人的可能接近路上部署其他警戒分队。

五、路线侦察的实施

路线侦察的目的是获取有关某条路线及所有相邻地形的详细信息，或者是为了确定障碍物安放的位置。路线侦察以路线、狭窄轴线（例如渗透通道），或者攻击的大致方向为导向。进行路线侦察的巡逻队要试着从敌我双方视角来看待路线。

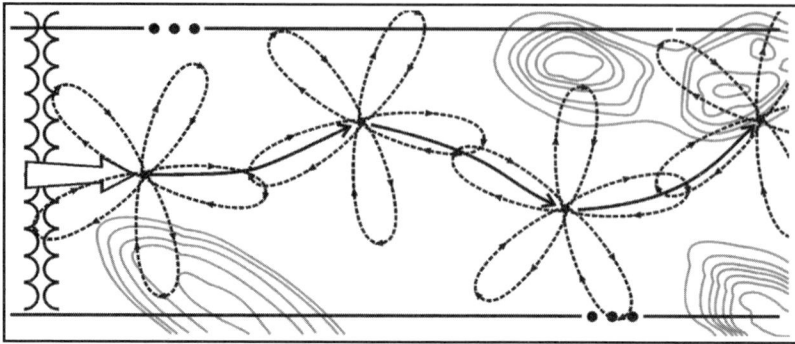

使用扇形法的路线侦察（ATP3-21.8《步兵排和班》）

如果是为了完成详细的路线侦察行动，步兵排和班需要请求技术专家外援。不过排也有能力针对选定的路线／地域，进行简易的路线侦察或地域侦察行动。

（一）实施

实施路线侦察是为了获取和定位以下内容：

·有关该路线和所有相邻地形的通行能力的详细信息。

·有关敌军行动或正在沿某路线运动的敌军的详细信息。

·部署能够减慢敌人前进速度的简易障碍物的地点。

·障碍物，核生化辐射等。

步兵排和班也可执行调查计划中渗透通道上某条路线的任务。在听取渗透行动提议的简报后，巡逻队长要进行彻底的地图侦察，并沿路线按扇形法进行规划。巡逻队必须要侦察所有交叉道路，侦察距离要大于敌人直瞄火力武器可以影响到渗透部队的范围。

该排要报告可能影响友军运动的情况，比如是否有敌人、地形信息、旁路、浅滩，以及障碍物的位置和情况、阻塞点、路线和桥梁情况。

如果所有或部分拟采用的路线是一条道路，指挥官必须将这条道路视作危险地域。该排要使用有掩蔽和隐蔽的路线，与这条路平行运动。侦察和警戒分队仅在必要时靠近这条路来侦察重要地域。该排要为自己的回程规划一条不同的路线。

（二）控制措施

路线侦察的控制措施可为侦察部队创造一片作战地域。指挥官应提交透明覆图形式的巡逻报告，具体包括：

　　·两个参考坐标网格（**必需**）。

　　·磁北方向指针（**必需**）。

　　·按比例绘制的路线（**必需**）。

　　·标题栏（**必需**）。

　　·路线分类方法（**必需**）。

　　·半径小于 45° 角的道路拐弯。

　　·坡度和最大坡度。

　　·桥梁和隧道等受限道路的宽度，以及行车路线的宽度和长度（以米为单位）。

　　·地下通道的高度和宽度限制。

　　·按照"容易通行""难以通行"和"无法通行"进行分类的桥旁路。

　　·民用、军用或其他方式命名的道路编号。

　　·带有限制信息的浅滩、渡船和隧道的位置。

　　·堤道、防雪棚或巷道（如果路上有）。应包含间距和道路承载能力等相关数据，以便评估和决定是否要加强或移除这些东西。

六、区域侦察的方法

　　区域侦察的目的是获取一个特定区域内敌人、地形和路线的相关信息。区域侦察方法包括使用运动分队、原地停留小组，或多地域侦察行动。

（一）运动分队技巧

　　运动分队（班或火力组）沿着多条路线运动，以覆盖整片区域。当任务需要一个作战单位彻底渗透某片地域时，这个作战单位要使用以下技巧其中一种：扇形法、箱形法、汇聚路线法，或者连续扇形法。

1. 扇形法

　　在使用扇形法时，指挥官首先要在整片区域内挑选一系列展开作战的目标集结点。巡逻队在第一个目标集结点建立警戒措施。在确认了该目标集结点的位置后，指挥官要确认进出目标集结点的侦察路线。这些路线在目标集结点周围组成扇形。这些路线必须互相重叠，确保整片地域都能被侦察到。确认路线后，指挥官就要沿线派出侦察和警戒分队。当所有侦察和警戒分队都返回目标集结点后，在运动

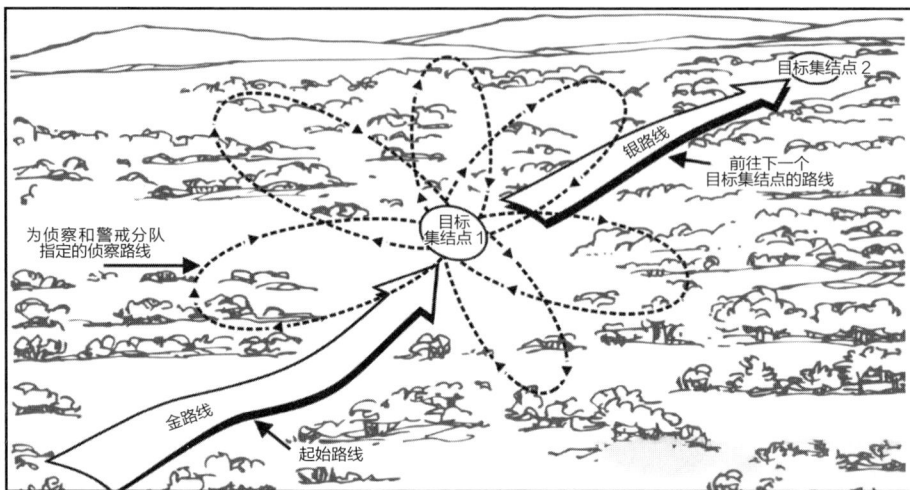

扇形法（ATP3-21.8《步兵排和班》）

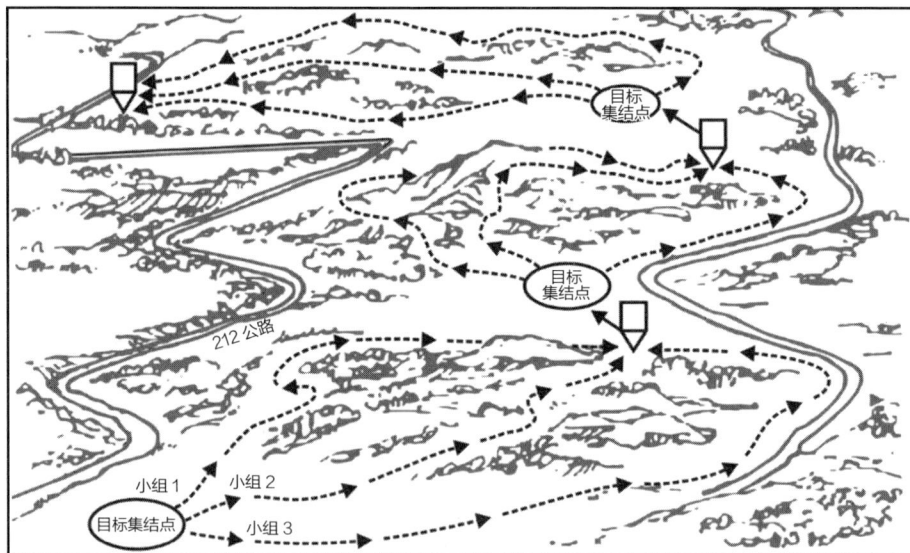

箱型法（ATP3-21.8《步兵排和班》）

到下一个目标集结点之前，该排要向每一名士兵收集和散发所有信息。

　　每支从目标集结点出发的侦察和警戒分队，都要沿着各不相同却相互重叠的扇形路线前进，侦察整片地域。这些路线应彼此靠近。相近的路线能防止巡逻队从两个不同方向接触。指挥官应在目标集结点留下一支预备队。

2. 箱形法

使用箱形法时，指挥官从目标集结点派出侦察和警戒分队，沿着组成箱形地域的路线前进。其他小组则沿着箱形内部的路线前进。所有小组在箱形远端处的会合点会合。

3. 汇聚路线法

在使用汇聚路线法时，指挥官选择从目标集结点出发，穿越整片区域，再抵达区域尽头的会合点的路线。每支侦察和警戒分队都要沿着特定路线前进，并使用扇形法来侦察路线之间的地域。指挥官为所有小组指定一个会合时间。一旦作战部队抵达会合点，就要短停并进行警戒。

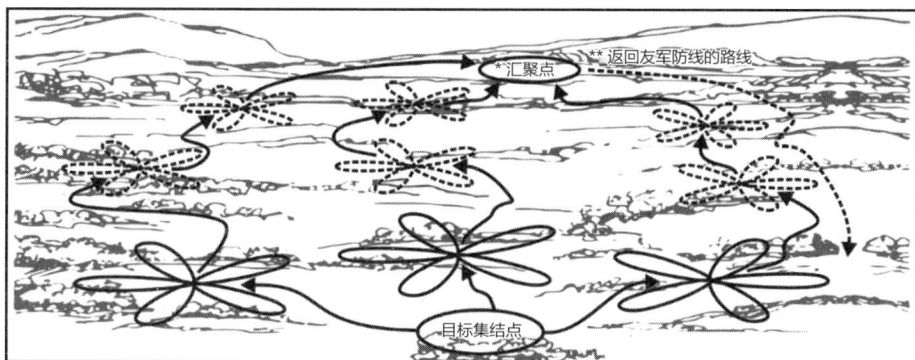

汇聚路线法（ATP3-21.8《步兵排和班》）

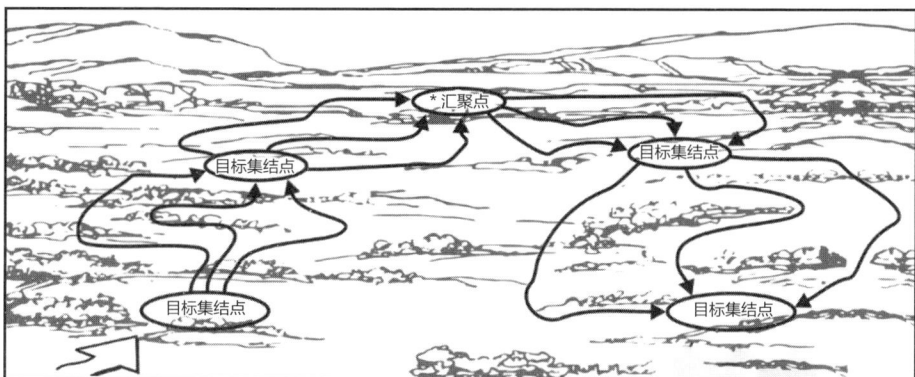

连续片区法（ATP3-21.8《步兵排和班》）

4. 连续片区法

连续片区法是汇聚路线法的延续。指挥官将一片区域分成若干片区。排用相交的路线在各个片区内进行侦察，并在途中会合点收集和散发截至该点前收集到的信息，然后该排再侦察下一片区。在使用这种方法时，指挥官要挑选一个目标集结点、一系列侦察路线，以及会合点。从每个目标集结点前往每个会合点的行动，与汇聚路线法使用的方式相同。在下一个阶段，每个会合点都会变成目标集结点。一旦在一个会合点进行联结，指挥官要重新确认或选择侦察路线、联结时间，以及下一个会合点的位置。这项行动要一直持续到整片区域都侦察完毕。完成侦察后，该作战单位随即返回友军防线。

5. 原地停留分队技巧

指挥官将侦察和警戒分队部署在可以集体观察整片区域，能够进行长期连续的信息收集工作的位置。在制定士兵负重计划时，指挥官应当要考虑到勤务需求。

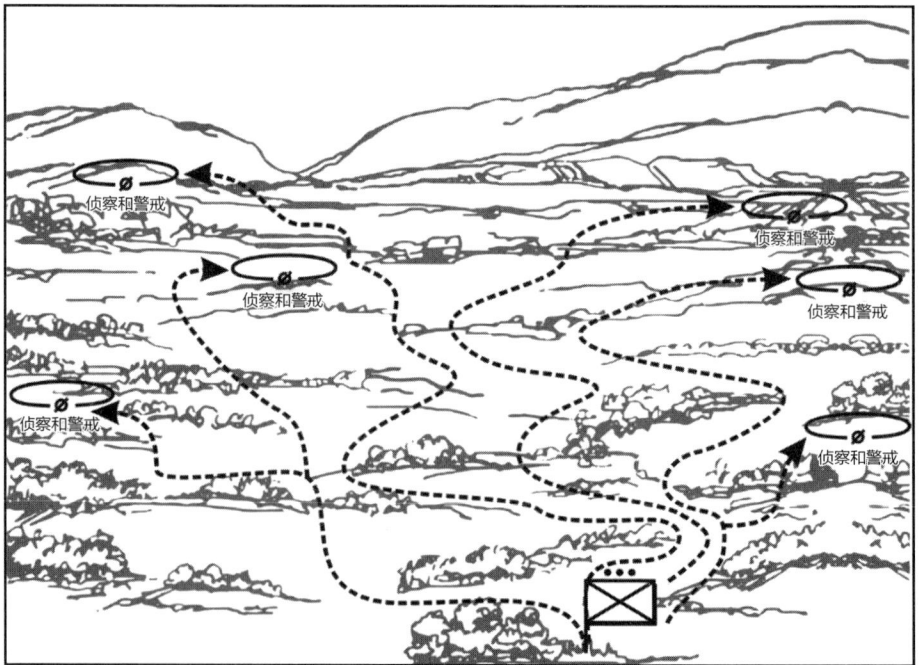

使用原地停留分队技巧的区域侦察（ATP3-21.8《步兵排和班》）

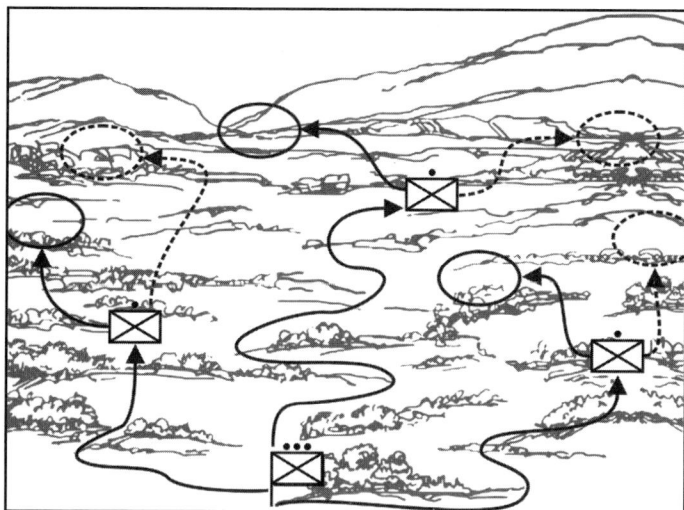

使用多重地域侦察法的区域侦察（ATP3-21.8《步兵排和班》）

6. 多重地域侦察法

在使用多重地域侦察法时，指挥官为每个下属部队分派任务，在该区域内进行一系列地域侦察行动。

巡逻后的行动

一旦重新进入安全基地或重新加入大部队，巡逻队长应立即积极核查和清点所有巡逻队成员、配属人员、俘虏，或者被囚禁人员，尽快向连或营指挥所报道。除此之外，巡逻队应清点武器和装备、召开简报会并撰写巡逻报告。

一、清点武器和装备

巡逻队长负责核查所有巡逻武器、弹药、子弹和装备是否已正确清点，并向指挥官或作战中心报告状态。丢失或遗失装备必须马上报告。如果可以保证安全，巡逻队可能要返回装备丢失的地方并尝试找到该物件。

二、汇报

在进入基地或重新加入本队后，巡逻队长应该尽快与整个巡逻队举行一次简报会，趁士兵还能记住相关信息时捕捉低等级信息。指挥官应按照时间顺序检查巡逻记录员做的笔记，以便讨论。每名巡逻队员都应参与汇报。如果巡逻队内有翻译或其他附属人员，他们也应该作为人力情报来源参与汇报，并允许他们传递在巡逻期间获得的信息。巡逻队长应将汇报期间的重要且必要的信息纳入他向指挥官做的巡逻报告中。

通常是进行口头简报，但有时候也需要书面报告。书面报告中需要包含以下信息：

· 巡逻部队的规模和构成。

· 巡逻任务，例如巡逻类型、地点，以及目的。

· 出发和返回时间。

· 路线。通过检查点、网格坐标描述每一段路线，或附上透明覆图。

· 关于地形和已确认的敌军阵地的详细描述。

· 接敌结果。

· 巡逻任务结束时的部队状态，包括死伤士兵的处理方法。

· 排 / 班在执行任务期间无法救助的落单士兵的编号。

· 结论或建议。

三、巡逻报告

巡逻队长负责形成巡逻报告，助理巡逻队长以及与巡逻行动有关的专业人员可以提供辅助。简报会结束后，巡逻队长应马上将他的巡逻报告提交给指挥官。根据实际情况和指挥官的不同要求，这份报告可能是口头或书面的，可能很简单，也可能很详细。

指挥官可能会让巡逻队长把他的报告提交到营情报官或营指挥所的当值军官处。巡逻报告应包含对巡逻队实际采用的路线（相对于计划的路线）的详细描述，包括停留的位置。如果部队使用了数字任务指挥系统来自动跟踪和显示巡逻路线，则这条信息是已知的。如若不然，巡逻队长就要报告情况。

当巡逻队使用 GPS 设备时，收集路线信息的工作会更方便快捷。巡逻队采用的实际路线对规划未来的巡逻路线和行动来说相当重要。敌军的情报行动会尝试确定美军以及联合巡逻队的行为模式（包括暂时停留的位置）。这可能导致敌人对安全部队经常使用的地点进行攻击。

其他信息可能包括：生物赋能观察名单上的生物特征登记和标记的数量；是

否有人按照生物赋能观察名单的指示被拘留？其状态是什么？

以下是巡逻报告的模板。

巡逻报告

致：（命令巡逻的部队指挥官）

来自：（巡逻队长的军衔和姓名）

标题：关于巡逻的军情报告#（基于部队战术标准作业程序的巡逻队名称或编号）

巡逻队出发和返回的日期时间：（基于部队战术标准作业程序的所有日期和时间）

任务：（重述原始任务，包括在巡逻任务期间收到的任何修改或补充命令）

友军部队：（只罗列那些改变了巡逻队人员构成的具体细节）

情况：（巡逻队长对任务完成情况的评估，要带有所有重要事件的整体描述）

具体事件：

　　事件时间

　　事件地点（坐标／名称）

　　事件种类／描述

　　卷入或目睹事件的人员

　　伤亡人员的编号和伤亡类型

　　伤亡人员位置

　　友军采取的行动

　　敌对人员／恐怖分子／叛乱分子的细节情况

　　总体评价／其他信息

第七章

07

直瞄火力的计划与控制

运用直瞄火力压制或摧毁敌人是近距离作战制胜的基础。机动本身就包含了直瞄火力，近距离作战同样如此。步兵排内小单位的指挥官必须制定计划，在关键位置、关键时间节点上集中、分配，以及转移排属压倒性直瞄火力，以期在战斗中制胜。高效且有效的火力控制，可以使排发现敌人并将直瞄火力效果集中起来，最终在近距离战斗中取得决定性战果。本章主要包括直瞄火力控制的原则、火力控制流程、直瞄火力计划，以及直瞄火力控制四个部分。

直瞄火力控制的原则

火力控制要求作战单位快速发现敌人并集聚火力效果，以在近距离战斗中取得决定性的战果。直瞄火力控制原则的目的不是限制下属的行动，而是赋予下属更多自由。如果应用得当，这些原则能帮助该排在直瞄火力的交战中完成其首要目标，既能率先捕捉到敌人，又能率先射击。这些原则可以赋予下属更大自由，在捕捉到敌人后迅速采取行动。在直瞄火力的计划和执行过程中，排长和下级指挥官必须清楚以下几条基本原则。

一、集聚火力效果

步兵排必须依靠集聚火力，将火力集中在各个关键点上并分配其效果，才能取得决定性的战果。反之，随意使用火力很难产生决定性的战果。例如，将该排的火力集中在单一目标上，可以确保摧毁或压制该目标，然而可能不会对敌人的整个编队或阵地产生决定性的影响。

二、优先摧毁最大威胁

敌人对友军构成的威胁直接决定了步兵排与之交战的顺序。敌人构成的威胁取决于其武器、射程，以及所在位置。在面对多个目标时，作战单位在绝大多数情况下应首先集聚火力摧毁最大的威胁，然后将火力分配到剩余的敌军头上。

三、避免超量毁伤目标

部队应仅使用能够达到必要效果所需的火力。超量毁伤目标会浪费弹药，还占用了本来能够发现和攻击其他目标，发挥更大作用的武器。当然，让每件武器攻击各不相同的目标的想法，必须结合"优先摧毁最大威胁"的要求进行调整。

四、针对特定目标使用最佳武器

使用合适的武器能够提高快速摧毁或压制敌人的可能性，同时还能节省弹药。排和班都装备有多种武器。在决定使用何种武器和弹药时，目标类型、射程，以及暴露情况都是需要考虑的关键要素。此外还要考虑武器和弹药的可得性、预期的目标效果，以及单兵作战能力。排长应根据地形、敌人情况，以及预期的火力效果来部署他的部队。例如，当排长预计敌人会在受限地形中下车发动攻击时，他会尽可能发挥下属步兵班与大量快速移动目标交战的能力。

五、尽量减少友军暴露，避免友军误伤

士兵和敌人交战时应尽量避免暴露自己，增强自身生存能力。天然或人造的遮蔽物能为避开致命的直瞄火力提供理想掩蔽。步兵可以通过不断寻找可用掩蔽、尝试从侧翼与敌人交战、保持分散、从多个阵地射击，以及限制交战时间等方式尽可能避免暴露。

排长和下级指挥官必须积极主动降低友军误伤、友军误射，以及非战斗人员伤亡的风险。针对战斗车辆和飞机的识别训练、作战单位的武器安全姿态、武器控制状态、识别标记，以及包括射程卡、作战地域草图和演练在内的通用作战图景等可以辅助他们降低上述风险。了解和运用适用于当下情形的交战规则，则是防止非战斗人员伤亡的主要方法。

需要注意的是，由于很难将友军和敌军的徒步士兵区分开来，小型作战单位指挥官必须不断监控友军班的位置。

六、对低能见度情况进行计划

在夜间使用适合低能见度环境的火控设备，能让排在几乎与白天相同的射程内与敌军交战。然而诸如浓雾、浓烟，以及扬沙等遮蔽物会降低热敏和红外设备的性能。指挥官应当针对这些能见度极端受限的情况，制定相应的应急计划。虽然目标捕获能力降低对范围火力的影响很小，但确实有可能使与点目标交战的距离变得更近。通常来说，无论是进攻还是防御，射击阵地都必须靠近排长打算集

聚火力的地域或点位。另外，当环境光不足以使用被动光线增强设备时，也可使用可见光或红外照明。

装备有热成像仪的车辆，也可帮助班在有强遮蔽物和低照度等条件下搜索敌人，并与敌方步兵部队交战。

七、制定应急措施

指挥官首先应根据其部队的最大军事能力制定计划，然后要制定预备计划，以便在发生人员伤亡、武器损坏，或者行动失败的情况下使用。尽管指挥官无法预测或为每一种情况制定计划，他们仍应为自己认为最有可能发生的情况制定计划。当态势和可用系统的数量允许时，在计划中加入冗余（例如让两个系统观察同一片作战地域）就很有必要。如果邻近的分队在敌打击下无法有效行动，预先指定的预备火力区分也会是一种很好的火力转移方法。

火力控制流程

指挥官必须通过不断应用火力控制流程中的各个步骤，对敌军实现直瞄火力攻击。这个流程由两个关键动作组成，一是快速准确地捕捉目标，二是集聚火力对目标产生决定性的效果。捕捉目标意味着对目标进行足够详细的探测、识别和定位，以便部署武器。集聚火力包括将火力集中在关键点上和分配火力以达到最优效果两部分。

在探讨捕捉目标和集聚火力时，可使用火力控制流程中的以下基本步骤：

· 识别可能的敌军阵地，并确定敌人的机动方案。

· 决定集聚火力的位置与方法。

· 为部队指明方向，加快捕捉目标的速度。

· 转移火力以重新实现集聚或分配。

一、识别可能的敌军阵地，并确定敌人的机动方案

指挥官要根据任务分析、制定并实施直瞄火力计划。制定计划的一个重要部分是分析地形和敌情，帮助指挥官直观了解敌人将如何进攻或防御一片特定的地形。防御之敌的防御阵地，或进攻之敌的支援阵地的位置，通常是由通视性决定的。通常来说，一片地形中只有少数几个地点既能为防御者提供良好的射界，又能提

供足够的掩蔽。同样
地，进攻之敌也只有
少数几条可选择的路
径，可以为其提供足
够的掩蔽和隐蔽。

　　将手头的情报
与特定地形对机动有
关影响的理解相结
合，能帮助指挥官在
战斗打响前和战斗过
程中，识别可能的敌
军阵地和可能的接近

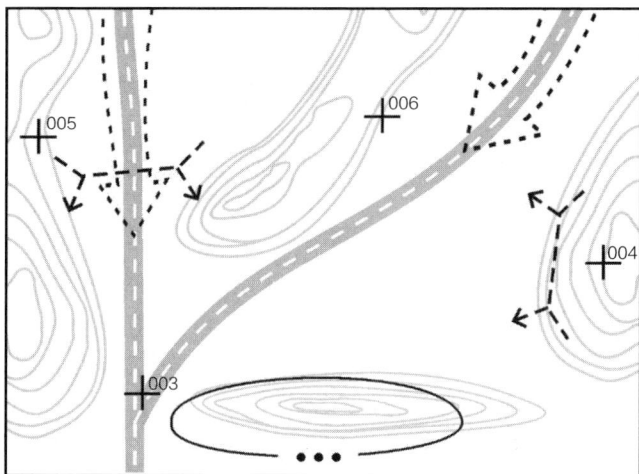

识别可能的敌军阵地，并确定敌人的机动方案（ATP3-21.8《步兵排和班》）

路。在制定和更新分析时，指挥官可以使用以下所有成果或方法：

　　·基于地形和敌情分析的敌态势模版。

　　·关于敌人阵地和活动的现场报告或接敌报告。

　　·在作战地域范围内收集的情报。

二、决定集聚火力的位置与方法

　　部队必须集聚其火力才能取得决定性战果。集聚火力要求指挥官既要集中下属
分队的火力，又要分配好火力的效果。指挥官应根据其任务分析和作战构想，确定
他想要部署或必须集聚火力的点位。这些点位通常是他已料定的敌阵地位置，或是
位于部队可以集聚火力的敌可能接近路沿线上的点位。下属分队可能并非一开始就
朝向指挥官寻求集聚火力的点位，所以指挥官可能要通过发布射击命令来集聚火力。
同时，指挥官还要使用直瞄火力控制手段，对集聚在同一个点位上的各下属分队火
力进行合理分配。

三、为部队指明方向，加快捕捉目标的速度

　　为了更好地使用直瞄火力与敌人交战，部队必须快速准确地发现敌人。而为了
加快捕捉目标的速度，指挥官应引导部队面向敌人可能的阵地和可能的接近路上。

反过来说，如果无法有效引导下属分队，捕捉目标的速度将会减慢，敌人先发制人的可能性也会大大增加。大多数作战单位的标准作业程序中都规定了时钟方向定位法，以保障全方位的安全。尽管如此，部队面向的仍未必是探查敌人的最佳方向。为了解决这一问题，指挥官通常要在可能的敌阵地和接近路上以及周边指定目标参考点，通过射击方向或火力区分来引导其下属分队。通常来说，班组支援武器上的炮手要扫视指定方向、火力区分或地域，同时其他的班组成员要观察其他区域或地域，提供全方位的警戒。

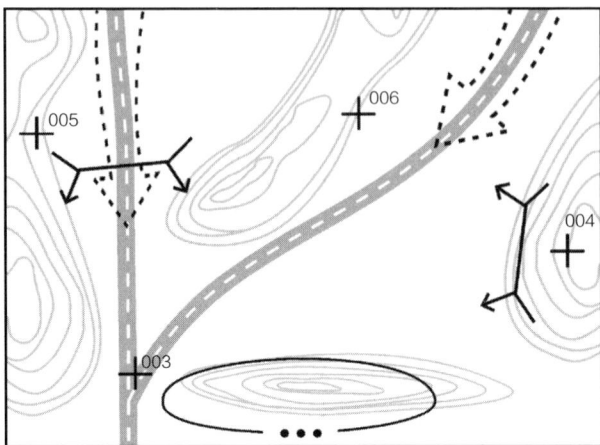

决定集聚火力的位置与方法（ATP3-21.8《步兵排和班》）

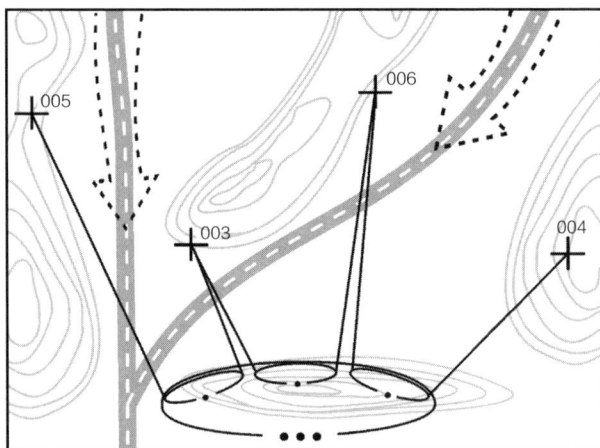

引导部队加快捕捉目标的速度（ATP3-21.8《步兵排和班》）

四、转移火力以重新实现集聚或分配

随着战斗的推进，指挥官必须根据其不断发展的任务分析来转移火力，重新集聚和分配火力效果。因此，态势感知就成为火力控制流程中必不可少的部分。指挥官转移火力时，应使用与早前用来集聚和分配火力相同的方法，并考虑相同的因素。以下是一些需要转移火力的态势：

· 出现一支敌军，构成比当前的交战情况更大的威胁。

· 正在交战的敌人出现重大损失，可能造成超量毁伤目标。

· 正在与敌军交战的友军分队的损失情况发生变化。

· 正在与敌军交战的友军分队的弹药状态发生变化。

· 敌军或友军的机动导致出现地形遮挡。

· 机动中的友军分队接近正在交战的敌军，导致友军误伤和友军误射的风险增加。

直瞄火力计划

排长应将直瞄火力计划作为部队领导程序的一部分。当排长制定作战构想时，决定集聚火力的位置和方式将是关键的一步。

一、指挥官的计划

指挥官要制定直瞄火力计划，分配和控制所属的火力。在这一过程中，指挥官确定集聚火力的位置和方式至关重要。

根据想要集聚和分配火力的位置和方式，指挥官可以让下属士兵建立武器准备姿态和发起射击的触发条件。在任务准备中，指挥官要根据 METT–TC 制定直瞄火力计划并实施火力控制流程演练。

排长要根据其任务分析的发展变化，以及整体计划的完善程度来计划直瞄火力。当排长制定作战构想时，决定集聚火力的位置和方式将是关键的一步。

在确定可能的敌军阵地后，排长要决定他可以在哪些点位，或者哪些地域集中战斗力。排长应将敌进攻或防御的目标位置和方式反映到图示上，方便确定必须集中在特定点位上的火力量级，以便取得决定性的效果。此外，如该排长打算集聚多个下属分队的火力，则还需确立分配火力的方法。

根据其想要集中和分配火力的地点及方式，排长及其下级指挥官可以为排内人员建立武器准备姿态，明确开火的触发条件。此外，他们必须评估友军误伤、友军误射的风险，做好识别标记、武器控制状态，以及武器安全姿态等预防控制措施。

在确定集聚和分配火力的位置及方式后，排长及其下级指挥官必须为各分队明确朝向，让他们可以快速而准确地捕捉敌人。他们还可以对选定的行动流程或作战构想进行模拟，以确定重新集聚和重新分配火力的可能要求，并建立其他必要的控制措施。在任务准备期间，排长根据 METT–TC 制定直瞄火力计划并实施火力控制流程演练。

排长及其下级指挥官在整个执行过程中，必须持续应用计划制定程序和注意事项，根据不断更新的任务分析调整直瞄火力，将态势感知与最新的可用情报相结合。必要时，他们还必须执行直瞄火力的标准作业程序，这部分将在接下来的讨论中介绍。

二、标准作业程序

一个精心演练过的直瞄火力标准作业程序能确保排内所有人员采取快速、可预测的行动。标准作业程序建立在部队的军事能力，以及对条件和态势的预测上。标准作业程序应当包括集聚火力、分配效果、为部队指向，以及防止友军误伤和友军误射的常规方法。每当预测的情况和实际的 METT–TC 产生明显变化时，排长都应调整直瞄火力标准作业程序。

如果排长没有发布其他指令，则各班使用标准作业程序开始交战。随后，排长可以使用射击命令来重新集聚或分配火力。后面将详细讨论集聚火力、分配火力、为部队指向，以及防止友军误伤和友军误射的标准作业程序的具体规定。

三、集聚火力

目标参考点是集聚火力的常用手段。一种方法是记录目标参考点相对于友军分队的标准相对位置，并为目标参考点编上连续的号码，例如从左到右编号。这能让指挥官快速确定和传达目标参考点的位置。

四、分配火力

分配排内火力有交战优先级和目标配置两种方法。前者是根据敌人车辆或武器的类型，为每一种类型的友军武器分配一个交战优先级。后者是指派特定的友军分队，让其与具有近似军事能力的敌军分队交战，来帮助分配火力。

五、为部队指向

为部队指明方向的一个标准方法是通过目标参考点确定主要射击方向，以此将每个作战分队朝向敌可能的阵地或可能的接近路上。为了提供全方位的警戒，标准作业程序可以采用友军象限法，为主要射击方向补齐火力区分。以下是有关标准作业程序的示例，将说明该如何使用这些方法：

·除非另有规定，否则中心（前方）班的主要射击方向为 2 号目标参考点（中心）；该班需要负责前方的两个象限。

·除非另有规定，否则左翼班的主要射击方向为 1 号目标参考点（左边）；该班需要负责左侧的两个友军象限（和中心班的火力区分重叠）。

·除非另有规定，否则右翼班的主要射击方向为 3 号目标参考点（右边）；该班需要负责右侧的两个友军象限（和中心班的火力区分重叠）。

六、避免友军误伤误射

将友军误伤误射的风险降到最低的主要方法是建立"武器收束（Weapons Tight）"的常备武器控制状态，这就要求在交战前明确识别敌人。标准作业程序也必须规定识别友军步枪班和其他徒步部队的方法，包括使用臂带、反光胶带、红外光源，或者在恰当的时间引爆指定颜色的烟幕弹等。如果配备了任务指挥系统，那么就可以用它来最大限度降低排内友军误伤的风险。然而这并不能取代排长的责任，他还是要为防止友军误伤和友军误射做好计划。

标准作业程序必须在保持态势感知的情况下，满足防止友军误伤和友军误射的最关键需求。比如应规定，每当一支友军部队正在运动或准备运动时，下级指挥官应通知排长、邻近的作战分队以及下属人员。

直瞄火力控制

小单位的指挥官应向他的下属传达发起、转移和集聚火力的方式方法和时间，以及何时要通过直瞄火力控制手段来脱离战场。指挥官应通过控制其部队的火力，实施针对敌武器的交战行动，以取得最佳效果。指挥官通过准备战地情报和收集信息来决定使用直瞄火力控制措施的最有利方式，集中对敌人的效果，并从降低直瞄武器致使友军误伤误射的风险。

一、火力控制措施

火力控制措施是排长或下级指挥官控制火力的方式。运用这些概念、程序和方法，可以帮助作战单位捕捉敌人、集聚火力、分配火力效果，以及防止友军误伤误射。但应注意，任何单一的措施都不足以控制火力。在排一级，只有当整个部队对火力控制措施的含义，以及使用方式达成了普遍共识后，这些措施才能行之有效。接下来将重点讨论步兵排所采用的各种火力控制措施。这些控制措施可根据地形和威胁分成两类。

常用的火力控制措施

基于地形的火力控制措施	基于威胁的火力控制措施
目标参考点	交战规则
交战地域	武器准备姿态
火力区分	武器安全姿态
射击方向	武器控制状态
基于地形的象限	交战优先级
基于友军的象限	触发条件
最远交战线；火力限制线；最后拦阻线	交战方法；射击模式；目标配置

二、基于地形的火力控制措施

指挥官可以使用基于地形的火力控制措施，在特定的点位、防线或地域中（而不是针对特定的敌军分队）来集中和控制火力。以下描述了和此类控制措施相关的策略、方法及步骤。

（一）目标参考点

是地面上的一个便于识别的点位，指挥官用它来引导友军，集聚和控制直瞄火力。当指挥官将目标参考点指定为间瞄火力目标时，也可以使用该目标参考点呼叫和校准间瞄火力。指挥官应在敌可能的阵地，以及可能的接近路沿线上指定目标参考点。这些点位可以是天然的，也可以是人造的。一座山、一幢建筑物，或是诸如燃烧的敌军车辆、由炮弹产生的遮蔽物等临时特征，都可以被指定为目标参考点。友军部队也可以为目标参考点制造标记。理想情况下，目标参考点应该在三种观察模式（无辅助器材、被动红外和热成像）中都可见，以便所有部队都能看到它们。目标参考点的参考示例包括以下特征和对象：

·高耸的群峰。

·与众不同的建筑物。

·可观察到的敌军阵地。

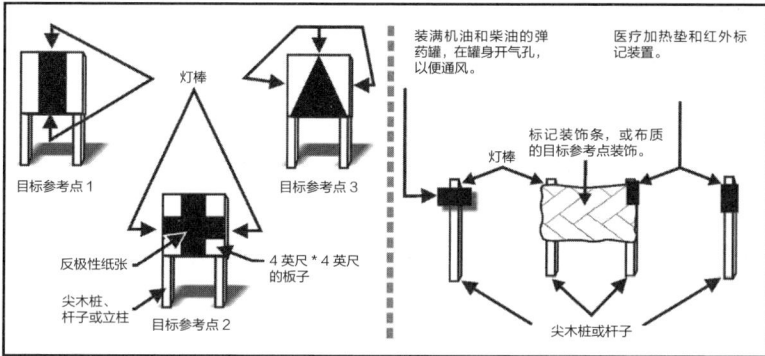

为目标参考点制造标记的示例

· 被毁坏的车辆。

· 在地面上爆炸的照明物。

· 仅用于当下战场的遮蔽弹药——这是最不可取的方法。

（二）交战地域

是指位于敌人接近路沿线且指挥官打算在此集中可用火力摧毁敌人力量的地域。交战地域的大小和形状取决于作战单位的武器在其射击阵地里的相对无障碍通视程度，以及这些武器的最大射程。通常来说，排长会在交战地域内给每个班分配一片火力区分或一个射击方向，以此来划定职责。

（三）火力区分

是划定的一片被直瞄火力覆盖的地域。指挥官为下属作战分队、班组支援武器，以及士兵们分配火力区分，并确保火力区分相互重叠。指挥官也可能需要限制某个作战分队或武器的火力区分，防止其与邻近部队意外交火。在分配火力区分时，排长和下级指挥官要考虑可用武器的数量和类型。此外，在确定火力区分宽度时，指挥官们还必须考虑目标捕获系统的类型和视野。例如，虽然无辅助视觉（肉眼视觉）具有广阔的视野，但在一定距离和有限能见度条件下，其探测和识别目标的能力会受到限制。相反，大多数火控目标捕获系统拥有比裸眼更强的探测能力，以及更远的识别范围，但它们的视野更狭窄。指定火力区分的方法包括：

· 目标登记点（等同于目标参考点）法。

· 时钟方向定位法。

· 基于地形的象限法。

·基于友军的象限法。

·方位角或磁方位法。

（四）射击方向

是用来分配特定直瞄火力覆盖地域责任的一个方向或点位。指挥官指定射击方向，供下属分队、班组支援武器或士兵进行捕捉或交战。当时间有限或参考点不足而难以分配火力区分时，最常用的替代方案就是指定射击方向。指定射击方向的方法包括：

·最近的目标登记点法。

·时钟方向定位法。

·方位角或基本方位法。

·对目标使用曳光弹。

·红外激光指示器。

·M203 烟幕弹。

（五）象限

是对一片地域的细分，通过在地形上叠加一对想象出的坐标轴，来创建四片单独的地域或区分。可基于地形或者敌我双方来构建象限。基于敌军部队象限的相关方法，通常被称为目标配置，这部分内容将会在《基于威胁的火力控制措施》章节中讨论。

作战部队的标准作业程序中包含为象限编号的方法；但当同时使用基于地形、友军和敌军的三种象限划分法时，必须格外注意，避免发生混淆。

1.基于地形的象限法

基于地形的象限法需要使用现有的或构建出的目标参考点来确定一个原点，让坐标轴基于该原点将

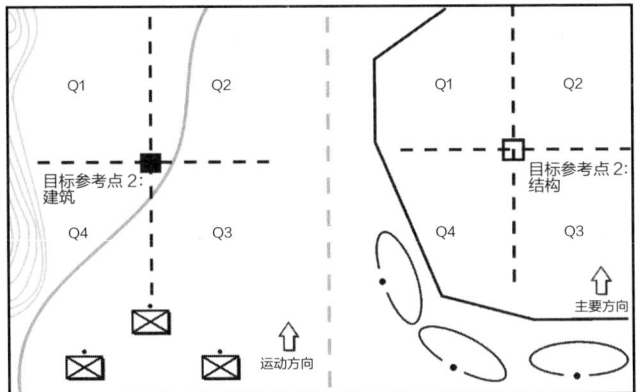

基于地形的象限法示例（ATP3-21.8《步兵排和班》）

该区域划分成四个象
限。这种方法在进攻
和防御行动中都可以
使用。在进攻中，排
长使用现有的特征，
或通过构建一个参考
点来指定象限的原点。
例如，使用地面爆炸
的照明弹、遮蔽标记
弹，或者由燃烧弹或

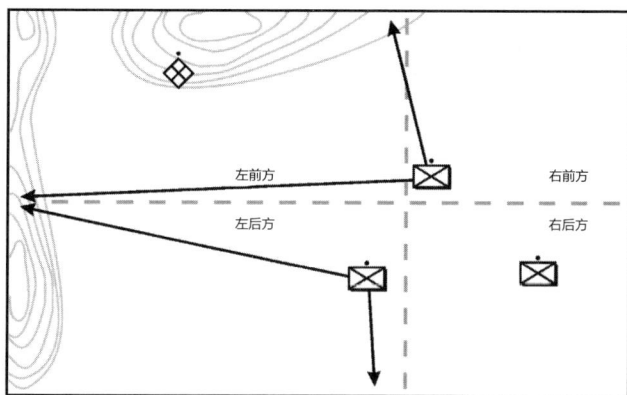

基于友军的象限法示例（ATP3-21.8《步兵排和班》）

曳光弹点燃的火焰等。标记象限的坐标轴要分别和部队的运动方向平行和垂直。
在防御中，排长要使用现有的特征或设置目标参考点来指定象限的中心。

　　在上页图片所示的例子中，使用字母"Q"和数字（Q1 到 Q4）来标记象限。
象限编号与军用地图的标记方式相同（左上角的象限为 Q1，然后顺时针旋转，左
下角的象限为 Q4）。

2. 基于友军的象限法

　　基于友军的象限即在作战单位队形上叠加象限。原点位于队形的中心，坐标
轴平行和垂直于行进的大致方向。如果要快速定向，友军象限方法可能比时钟方
向定位法更理想，因为一个大规模队形里的不同作战分队很少会面向同一个方向，
而且相对分散的友军会导致与目标的视差。上图阐述了基于友军的象限法的用法。

　　（1）最远交战线（MEL）

　　是对武器或作战单位有效火力的最远极限的线性描述。这条线由武器、作
战单位的最大有效射程，以及地形的影响共同决定。例如，斜坡、植被、大型
建筑物，以及其他地貌会提供掩蔽和隐蔽，阻止武器在作战时发挥最大有效射
程。最远交战线有多种用途。排长可以使用它来防止士兵在最大有效射程之外交
战，也可以定义建立触发条件的标准，还可以在作战地域草图上描绘出各防区的
最大范围边界。

　　（2）火力限制线（RFL）

　　是一种线性的火力控制措施。在缺少配合的情况下，超出这条线的范围就要

禁止交战。在进攻中，排长可以指定一条火力限制线，以防止基准火力分队向突击分队正在实施机动的地域开火。当装甲车辆需要支援步兵班的机动时，这种方法尤为重要。在防御中，排长可以设定一条火力限制线，防止作战分队和位于接近路侧翼受限地形内的友军步枪班交战。

（3）最后拦阻线（FPL）

是一条指定的火力线。在这条线上，敌人的突击将会遭到友军所有可用武器的交叉火力。只要有可能，作战单位就应使用保护性障碍物和最后拦阻火力来强化这条线。最后拦阻火力信号发起后，作战分队、车辆乘员、武器操作员和士兵应将各自火力转移到这条最后拦阻线的指定位置上。他们应不遗余力地击退敌人的突击。重型机枪和其他自动武器无须节省弹药。

3. 基于威胁的火力控制措施

排长在指挥作战单位和特定的敌军部队交战（而不是向某个点位或某片地域开火）时，可使用基于威胁的火力控制措施来集聚和控制火力。以下内容描述了与此类控制措施相关的策略、方法和步骤。

（1）交战规则（ROE）

明确了军队可以交战的情况和限制，给出了战斗人员和非战斗人员的定义，并规定了非战斗人员的处理办法。影响交战规则的因素包括国家的指挥政策、作战任务、指挥官的意图、作战环境，以及战争法等。交战规则始终承认士兵的自卫权，同时清楚地定义了士兵可以开枪的情况。

例如，在警戒和搜索任务期间，可以命令反装甲武器建立"武器收束"的武器控制姿态。指挥官之所以这样做，是因为上级命令明确限制使用反装甲武器作为爆炸性破障方法。

（2）武器准备姿态

是指为步枪班中的士兵和班组支援武器选择特定的弹药和射程。通过这种方式，指挥官利用他们的任务分析来明确最有可能遇到的交战情况中所需的弹药和射程。弹药的选择取决于目标类型，但指挥官可能会根据交战优先级、想要达成的效果，以及有效射程来进行调整。射程的选择取决于预期的交战范围；它会受地形的通视性、天气，以及光线条件的影响。在排内，武器准备姿态会影响被装在弹药箱内，堆放在弹药架上以及由步兵班携带的弹药的种类和数量。

武器准备姿态的示例包括：

·M203/M302 榴弹手最有可能的交战行动是要覆盖距离其位置 200 米范围的死区，可能会装填高爆两用弹药，并在其象限瞄准具上将距离设置为 200 米。

·为发生在丛林地域的作战进行准备。丛林地域的交战距离非常短，反装甲射手可能要带着 M136 AT4 系列武器下车，而不是"标枪"导弹。

（3）武器安全姿态

是一种弹药处理指令，能让排长精确控制其单位配属武器的安全。士兵遵守武器安全姿态并由指挥官加以监督，能最大限度地降低意外走火、友军误伤误射的风险。

在设置和调整武器安全姿态时，排长必须在防止意外走火与受敌人威胁时立即行动的需求之间进行权衡。如果直接接敌的威胁很大，排长可以按照"已装填弹药（Ammunition loaded）"状态来建立武器安全姿态。如果不需要马上采取行动，排长可以将状态降为"已锁定弹药（Ammunition locked）"或者"已准备弹药（Ammunition prepared）"。此外，排长可以为作战单位中的不同人员指定不同的武器安全姿态。下表概述了排在使用四种武器安全姿态时的程序和注意事项，并按照限制性的升序进行罗列。

武器安全姿态的等级划分

人员安全姿态	布雷德利步兵战车的武器和弹药	步兵班的武器和弹药	步兵运输车的武器和弹药
已装填弹药	25毫米弹药装填至枪机。同轴机枪弹药至供弹器；枪机锁定到后部。"陶"式导弹位于发射器内。烟幕弹位于发射器内。武器处于电气保险状态。	步枪子弹已上膛。机枪和班用自动武器的弹药都在供弹器内；枪机锁定到后部。枪榴弹发射器已上膛。武器处于手动保险状态。	武器控制站处于开火状态。子弹在枪膛内，枪机在前（M2）。武器上膛，枪机打开（MK-19）。烟幕弹位于发射器内。
已锁定弹药	25毫米弹药装填至供弹器内，但不用装填至枪机处。"陶"式导弹位于发射器内。烟幕弹位于发射器内。武器处于电气保险状态。	弹匣装入步枪。机枪和班用自动武器的弹药在供弹器内；枪机在前方锁定。枪榴弹发射器未上膛。	武器控制站打开保险。子弹在枪膛内，枪机在前（M2）。武器上膛，枪机打开（MK-19）。烟幕弹位于发射器内。
已准备弹药	25毫米弹药箱已装满。同轴弹药箱已装满。"陶"式导弹位于发射器内。烟幕弹位于发射器内。	弹匣、弹药箱、枪榴弹发射器，以及手榴弹都准备完毕，但都放置在袋子/防弹背心处。	没有子弹上膛。武器控制站打开保险。枪机在前（只适用于M2）。子弹在供弹器中。烟幕弹位于发射器内。
已清理武器（Weapons cleared）	移除25毫米供弹器；供弹器和枪膛已清空。同轴机枪的枪机组件已移除，枪膛已清空。	弹匣、弹药箱，以及枪榴弹发射器都已退膛；武器已清空。	将供弹器中的MK-19/M2弹药清空。武器控制站打开保险。弹药处于存放状态。

（4）武器控制状态

根据目标的识别标准，武器控制状态的三个等级概述了允许友军分队交战的前提条件。排长根据敌我部署，以及态势明朗程度来设置和调整武器控制状态。总的来说，友军误伤误射的可能性越大，武器控制状态的限制越多。按照限制程度的降序，三个等级分别是：

· 武器约束（Weapons Hold）：只有在被攻击或收到交战命令时才开始交战。

· 武器收束：只和明确认定为敌人的目标交战。

· 武器自由（Weapons Free）：可以和没有明确认定为友军的目标交战。

例如，当友军正在通过友军防线时，排长可以将武器控制状态设置为"武器约束"。不过该排长可以通过保持对本部队和邻近友军部队的态势感知，适时降低武器控制状态。比如当该排长知道交战区附近没有友军时，他可以改为采取"武器自由"状态。这样一来，即使在战场条件下很难在超过 2000 米的距离上准确辨认目标，他的部队也能在更大的范围内和目标交战。武器控制状态对于使用战斗识别系统的军队来说也极其重要。指挥官将武器控制状态设置为"武器自由"后，可以使部队在得不到友军回应的情况下和未知目标交战。

（5）交战优先级

是对与目标的交战顺序进行排序，实现以下一种或多种关键的武器控制功能。

优先处理高回报目标。排长需要结合自己的作战构想，决定哪一种目标能够带来最大的回报。然后，他可以将其设置为作战单位的优先交战目标。例如，他可能做出的决定是，首先摧毁敌人的工程兵装备，这将是阻止敌人破坏障碍物的最佳方式。

对目标使用最合适的武器。为特定的友军系统建立交战优先级，能提高作战单位使用武器的效率。例如，"标枪"导弹的交战优先级可以首先是敌人的坦克，然后是敌方的运兵车。这可以减少排内的轻型武器系统和敌方装甲车辆交战的机会。

分配作战单位的火力。为

士兵正在发射"陶"式导弹（2017 年）

相似的友军系统建立不同的优先级，有助于防止超量毁伤，还能帮助实现火力分配。例如，排长可以将敌人的坦克指定为武器班的初始优先目标，同时将敌人的运兵车当作他的其中一个步枪班的优先目标。此举可避免作战单位对两辆敌方坦克同时发射"陶"式导弹而忽略运兵车。

（6）触发条件

是指示开火的一组特定条件。触发条件也被称作交战标准，它明确了下属作战分队应该交战的具体情况。这些情况可以基于友军或敌方事件。例如，一个友军排发起交战的触发条件，可以是 3 辆或更多敌方战斗车辆经过或越过指定的点或线。这条线可以是道路、山脊线、溪流等天然或人工的线状地貌，也可以是由一个或多个参考点勾勒出来的一条垂直于作战单位方向的线。

（7）交战方法

是以结果为导向的火力分配措施。下列是在排作战行动中常见的交战方法：

A. 集火射击（点射击）

作战单位集中其火力效果来打击一个特定的、已确认的目标，例如车辆、机枪掩体，或者反坦克导弹阵地。当指挥官指示集火射击时，该作战单位的所有武器都要与目标交战，直到目标被摧毁，或者所需的压制时间结束。从分散的阵地中部署集聚火力，让目标从多个方向被攻击，能让集火射击更加有效。该作战单位可以针对最危险的威胁，使用集火射击发起攻击；对于其他威胁较小的目标点，则可以恢复到范围射击。

使用集火射击的情况是相当罕见的，因为一个作战单位很少会遇到单一且明确识别的敌人武器。

B. 范围射击

是可将作战单位的火力效果分配到敌人阵地比较多，或敌人阵地并不明显的地域。如果这片地域很大，指挥官需要通过基于地形的分配方式（例如象限法），为下属部队分配火力区分。通常来说，范围射击的首要目标是压制，但是持续压制需要控制好射击速率。

C. 同时射击（齐射）

是为了快速集聚部队火力的效果，或者取得火力优势。比方说，一个作战单位可能使用同时开火的方式开始一次火力支援行动，然后恢复成交替射击或连续射击来保持压制。同时射击也被用来弥补某些反装甲武器的低命中率和低杀伤率。

例如，一个步枪班可能会使用同时射击的方式发射 AT4 导弹，以确保快速摧毁正在和友军阵地交战的敌方装甲车。

D. 交替射击

成对的作战分队轮流持续与同一个点或同一个范围目标交战。例如一个步兵连可以让两个排交替射击；一个步兵排可以让它的班交替射击；或者一个步兵排可以让一对重型机枪交替射击。与同时射击相比，交替射击能让作战单位保持更长时间的压制，还能迫使敌人捕捉并与交替射击的火力点交战。

E. 观测射击

这种方式通常是在排处于有防护的防御阵地，且稳定系统的交战距离超过 2500 米，非稳定系统的交战距离超过 1500 米的情况下使用。这种方式可以被用在排内各作战分队之间，例如一个班发射激光和观察，而由武器班交战（这种情况就可以使用观测射击）。排长命令一个班交战。剩余的班观察火力情况，并准备根据命令交战，以防正在交战的作战分队持续错失它的目标，出现武器故障，或者面临弹药不足的情况。观测射击可以互相观察和协助，同时还能保护观察人员的位置。

F. 顺序射击

这种方式需要作战单位的下属部队针对同一个目标点，或同一片地域内的目标，按照排列好的顺序一个接一个地进行交战。顺序射击能防止浪费弹药，比如一个排在发射第二枚"标枪"导弹之前，会先等着看第一枚"标枪"导弹的效果如何。此外，顺序射击能让已经开火的作战分队将他们从交战中获得的信息传递出去。举个例子，一名使用 M136 AT4 射击的士兵，从他的火力区分中错过了一辆敌方装甲战车，该士兵可以把这个信息告诉下一个准备使用 M136 AT4 与敌方装甲战车交战的士兵。

G. 压制时间

是由排长指定的时间段，在此期间部队需要压制某个敌军阵地或敌军部队。压制时间的长短，通常取决于受支援分队完成机动所需的时间。作战单位一般使用其自动武器持续射击来压制敌军阵地。在计划持续压制时，指挥官必须考虑预计压制时间、被压制地域的范围大小、需要压制的敌军类型、与目标之间的距离、射击速率，以及可用的弹药数量等因素。

H. 火力侦察

是通过与潜在敌军阵地交战，引发其战术反应（例如还击或运动）的过程。这种战术反应能让排长和下级指挥官捕捉目标，并针对敌军部队集聚火力。通常来说，排长需指挥下属部队进行火力侦察。例如，他可以在某个跃进部队开始运动之前，指挥一个监视班对可能的敌军阵地进行火力侦察。

（8）射击模式

是一种基于威胁的措施，能够将作战单位的火力同时分配给多个相似的目标。排经常使用这些方式，将自己的火力分配给敌整个编队。指挥官根据地形和预期的敌部队，指定并调整射击模式。基本的射击模式有正面火力、交叉火力、纵深火力3种。

当目标横向排列在作战单位前方时，指挥官可以发起正面火力。武器面向各自的前方与目标交战。左翼的武器和最左边的目标交战，右翼的武器和最右边的目标交战。当目标被摧毁时，武器朝着敌部队的中央位置，由近及远地转移火力。

当敌人以一种便于友军对敌侧翼施以对角火力的方式，横向排列在作战单位前方时，或者当障碍物阻碍分队的武器发挥正面火力时，指挥官可以使用交叉火力。右翼的武器和最左边的目标交战，左翼的武器和最右边的目标交战。在交战地域内进行对角射击，会形成更多侧翼火力，更容易造成杀伤。如果敌人继续前进，这种方式还能降低敌人发现友军的可能性。当友军部队摧毁目标时，武器朝着敌部队的中央位置转移火力。

当敌目标垂直于作战单位，向该单位纵深处分散时，指挥官可以使用纵深火力。位于中央的武器攻击最近的目标，侧翼的武器和更纵深的目标交战。当作战单位摧毁目标时，武器朝着敌方部队的中央位置转移火力。

（9）目标配置

目标配置让指挥官能在敌军相对集中，且基于地形的控制方式不适用的情况下分配火力。部队通过在敌部队

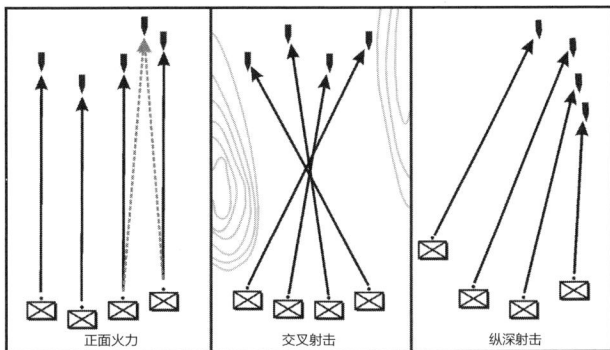

射击模式示例（ATP3-21.8《步兵排和班》）

上叠加一个象限，来建立这种基于威胁的分配措施。士兵以敌人队形中心为象限原点，坐标轴分别平行和垂直于敌人的行进方向。目标配置的火力控制措施，对组织严密、条令规范的敌人比较有效。然而对

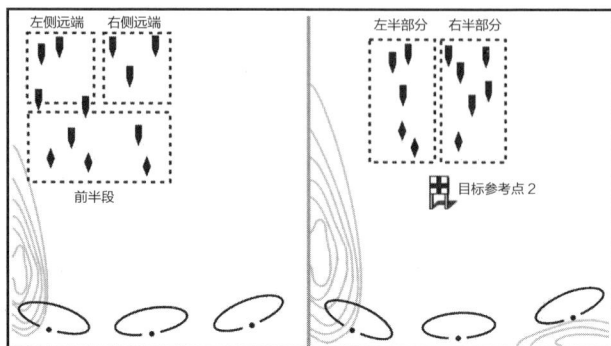

目标配置示例（ATP3-21.8《步兵排和班》）

于那些不怎么显现出队形的敌人，或者那些不遵循严格规定的战术的敌人，这种方法就没那么有效了。指挥官可以使用相对位置来描述象限，上图解释了目标配置的具体方法。

三、射击命令

是由指挥官发出的口头命令，以根据需要集中和分配火力，达到对敌人的决定性效果。这些命令能让指挥官通过标准格式，快速而简洁地指挥射击。以下是作战单位射击命令所包含的元素。

（一）示警

是指明要射击的作战分队。以下是示警要素（基于作战单位标准作业程序的呼叫信号和密语）的示例：

· "各队旗（GUIDONS）"（所有下属分队）。

· "红色（RED）"（仅指一排）。

（二）武器或弹药（可选）

这一要素确认的是受示警人员所使用的武器和弹药。指挥官可以指定弹药的类型和数量，以限制弹药的消耗。以下是本要素的示例：

· "陶"式导弹。

· 两发穿甲弹。

（三）目标描述

目标描述应指明要与哪些敌方部队交战。指挥官可以使用目标描述来集聚火

力或实现分配。以下是目标描述的示例：

· 战壕里的部队。

· 掩体。

· 巡逻车。

（四）方向

这一要素涉及目标的位置。以下几种方法可以表明目标的位置：

· 最近的目标参考点。例如：13 号目标参考点（TRP 13）。

· 时钟方向定位法。例如：一点钟方向（One o'Clock）。

· 地形象限法。例如：1 号象限（Quadrant One）。

· 友军象限法。例如：左前方（Left Front）。

· 目标配置法。例如：前半部分（Front Half）。

· 对目标使用曳光弹。例如：跟随我的曳光弹（On My Tracer）。

· 激光指示器。例如：跟随我的指示器（On My Pointer）。

（五）距离（可选）

此要素可指出与目标之间的距离。对于装备了测距仪，或者使用指令制导或自行制导弹药的系统来说，没有必要发布距离口令。对需要手动设置距离的系统，指挥官有多种方法来确定距离，具体包括：

· 预先确定目标定位点或阶段线的距离。

· 手持测距仪。

· 视距仪。

· 密位分划。

（六）方法

即向射手描述与目标交战的方式方法。当需要面对多个目标时，指挥官使用此要素来确定首先需要和哪一个目标交战。对于集体射击指令，本要素也可以指明用于攻击威胁的射击模式。在一个射击命令中，可以包含多种方法。

（七）控制（可选）

排长可使用这个可选要素来指挥部队，明确想要达到的目标效果、分配火力的方式，或者指示交战的方法。下级指挥官可以在命令中加上控制要素，补充排长的指令，并实现分配效果。以下是控制要素中所包含的特定信息的示例：

- 目标配置。例如：前半部分（Front Half）。
- 射击模式。例如：正面火力（Frontal）。
- 地形象限。例如：第一象限（Quadrant One）。
- 交战优先级。例如："M203/M320 攻击掩体；机枪攻击敌军部队"。
- 交战方法。例如：齐射。
- 目标效果。例如：范围射击。

（八）执行

指的是开始射击的时机。排长可能希望立即交战、延后发起行动，或者将发起交战的权力下放。以下是有关本要素的示例：

- 开火。
- 听我的命令。
- 听你的命令。
- 在 Orange 阶段线。

（九）终止

是射击命令的第九个要素。它会告知士兵停止射击所有由他们控制的武器和系统。所有射击命令都将被终止。该命令可由任一士兵、车辆乘员、武器操作员，出于任何原因（通常是出于安全考虑）发出。

无论是否有士兵、车辆乘员、武器操作员发出了终止命令，发布射击命令的指挥官都必须在每一次交战结束时发布射击终止命令。所有的射击命令——无论其类型如何或由谁发布——都需要在"停火"命令发出后终止。

射程卡和防区草图

射程卡用于记录士兵或班组支援武器的射击数据。防区草图用于记录作战单位的武器位置，以及直瞄火力控制措施。

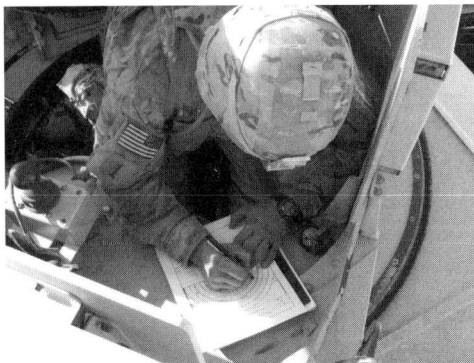

一、射程卡

是对直瞄武器在某一指定地

士兵正在填写射程卡（2013 年）

域内给定火力区分的草图，描绘了火力阵地周边的潜在目标地域和地形特征。射程卡可以帮助计划和控制火力，并帮助乘员和射手在低能见度情况下捕捉目标。对地形进行现地勘察最终绘制形成射程卡的过程，有助于士兵或炮手熟悉其作战地域。士兵应当不断评估这片地域，并在必要时及时更新自己的射程卡。射程卡是换防人员、班、排的辅助工具，有助于他们运动进入阵地，并朝向各自的作战地域。

STANDARD RANGE CARD

For use of this form see ATP 3-21.8; the proponent agency is TRADOC.

SQD **A22**
PLT **2**
CO **C**

May be used for all types of direct fire weapons.

MAGNETIC NORTH

DATA SECTION

POSITION IDENTIFICATION	PRIMARY A22		DATE	5 MARCH 2015/1140 HRS	
WEAPON	M2 C-21		EACH CIRCLE EQUALS METERS	400	
NO.	DIRECTION/DEFLECTION	ELEVATION	RANGE	AMMO	DESCRIPTION
L	350°/5800叫	0叫	2000M	TOW2	FARMHOUSE
R	105°/920叫	+10叫	2600M	TOW2	R/SLIDE WOODLINE
1	6400叫	+30叫	3200M	TOW2	RP-HILLTOP
2	5910叫	+10叫	2700M	TOW2	TRP-AB002 RJ
3	60叫	-10叫	1800M	TOW2	TRP-AB002 RJ

REMARKS:
4 WRP - RJ AT 13629411, 100° AT 320M

DA FORM 5517, FEB 2016

APD LC v1.00

填好的射程卡示例（ATP3-21.8《步兵排和班》）

士兵或炮手需要准备两份射程卡。如果分配了预备和辅助射击阵地，这些阵地也需要一式两份的射程卡。一份副本放在车辆或者武器阵地处，另一份交给分队指挥官帮助绘制他的草图。

右图为布雷德利步兵战车的射程卡示例。它包含了射程卡的所有标准组成部分，还给出了有关最远交战线和数据部分的更多细节。

（一）最远交战线

尽管最远交战线通常受限于武器的最大有效交战范围，但如果有物体阻止士兵使用配属武器在最大有效距离内同目标交战，则这个最远交战线可能会更近。布雷德利步兵战车的射程卡包括三种不同武器和它们的最远交战线：25 毫米口径武器、"陶"式导弹，以及 7.62 毫米口径同轴机枪。

（二）数据部分

炮手要填好阵地代码、日期、武器，以及每一圈代表的距离数值。以下是

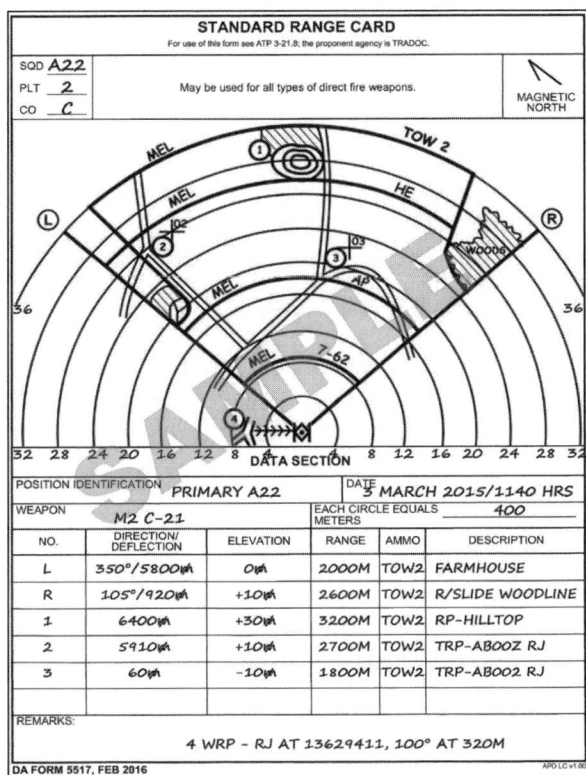

表格相关信息：

·数字。从左右极限（L 和 R）开始,然后按数字顺序列出目标参考点和参考点。

·方向和方位角。方向要以取自透镜罗盘的角度为单位。最精确的办法是让炮手瞄准地形特征，让驾驶员下车与炮管和地形特征对齐来测量方位角。要想通过车辆获得地形特征的正确方位角和高低角读数，应选择"陶"式导弹，在磁方位角旁边的方位角模块中，显示了从布雷德利步兵战车的方位角指示器中获取的读数。

·高低角。以数十或数百密位为单位显示的高低角读数。高低角标尺上的最小测量增量是几十密位。除"0"以外的所有数字前面都要带有"＋"或"－"标志，以显示炮管是需要升高还是降低。弹药和射程必须做好索引，以获得准确的高低角读数。

·距离。这指的是从车辆位置到左右极限，以及目标参考点和参考点之间的距离，以米为单位。

·弹药。列出使用的弹药种类。

·描述。列出目标对象的名称。

·说明。输入武器参考点数据。武器参考点数据至少要包括武器参考点的描述（具体是什么）、武器参考点的六位或八位网格坐标、磁方位，以及从武器参考点到车辆位置的距离。

二、防区草图

班内的士兵和布雷德利步兵战车上的炮手要准备射程卡，而班长和排长则负责准备防区草图。如果各分队的指挥官被分别派到了独立的阵地，他们可能也要准备各自的防区草图。排长要检查他手下班长（包括分队长）的防区草图，并确保这些草图准确且符合要求。如果排长发现存在火力缺口或其他缺陷，他需要调整作战地域内的武器位置。一旦排长核准了班和分队的防区草图，他需要准备一份统一的排防区草图。排长或排军士要亲自准备排防区草图。这个防区草图可以是贴在地图上的透明醋酸纤维材料，也可以是手绘的草图。准确而详细的草图有助于计划直瞄火力，还能帮助控制和分配直瞄火力。

（一）班的防区草图

班长和分队长要准备一式
两份的防区草图，一份送至排
长处，另一份留在阵地上。班
长和分队长在画班的防区草图
时，要尽可能还原比例尺，还
要在草图上体现以下内容：

·作战地域内的主要地形
特征，以及各处的距离范围。

·每个主要阵地的位置。

·交战地域，或者覆盖每
个阵地的主要及次要火力区分。

·M240B 机枪的最后拦阻
线，或者主要的射击方向。

班的防区草图（ATP3-21.8《步兵排和班》）

·M249 班用自动武器（SAW）的最后拦阻线，或者主要的射击方向。

·每个阵地内的武器种类。

·作战地域内的参考点和目标参考点。

·观察哨位置。

·死区。

·障碍物。

·所有布雷德利步兵战车载武器的最远交战线。

·"标枪"导弹（如适用）以及 M136 AT4 导弹的最远交战线。

·间瞄火力目标。

（二）排的防区草图

班长和分队长要准备各自的草图并提交给排长。排长将所有的防区草图（可
能还有单独的射程卡）整合在一起，准备一份排的防区草图。该草图要尽可能按
照比例尺来绘制，而且要包括直瞄火力和间瞄火力的目标清单。一份副本交给连
指挥官，一份交给排军士（负责控制乘车分队），还有一份副本留给徒步分队的指
挥官（通常是排长自己）。排防区草图至少需要体现以下内容：

·主要和次要火力区分，或者交战地域。

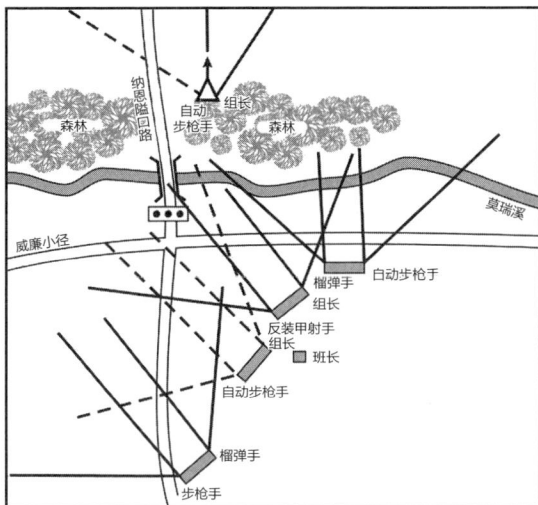

· 布雷德利步兵战车和班的主要、预备和辅助阵地位置。

· 重新上车点。

· 带有主要射击方向的"标枪"导弹、M240B 和 M249 机枪的位置。

· M240B 和 M249 的最后拦阻线，或者主要射击方向。

· 25 毫米口径武器、M240C，还有"陶"式导弹的最远交战线。

· 观察哨。

· 目标参考点。

· 地雷和其他障碍物。

· 间瞄火力目标位置，以及最后拦阻线的位置（如适用）。

· 侧翼部队车辆的位置和地域。

· 武器和车组人员的交战优先级。

（三）与邻近部队的配合

排长需要与邻近的排做好协调配合，班长需要与邻近的班做好配合。如此一来，所有阵地和所有班、排就能互相支援。配合通常是从左往右开始的。阵地之间的间隙应至少能被火力覆盖。要建立联络点，确保友军可以在地面上的某些特定点位碰面，联结各自侧翼。在很多情况下，交换防区草图可以达成这个目标的大部分内容。典型的信息交换包括：

· 主要、预备和辅助阵地的位置；布雷德利步兵战车、M240B 机枪，以及"标枪"导弹的火力区分。

· 排与排之间的死区位置，及其覆盖方式。

· 观察岗哨的位置。

· 障碍物的位置和种类，及其覆盖方式。

· 巡逻（规模、类型、出发及返回时间，以及路线）。

间瞄火力支援计划

相对于直瞄火力，间瞄火力指不以目标本身为瞄准点的火力。间瞄火力计划是为预先布置的间瞄火力选择目标的一个持续的过程，其目的是支撑作战构想的某个阶段。间瞄火力计划应与各级机动计划同时完成。指挥官通过实施间瞄火力计划来压制、孤立、遮蔽、消除、歼灭、欺骗或干扰已知的、可能的或疑似的目标，并支援机动分队的行动。一般由营连级制定间瞄火力计划，由排级进行补充。

间瞄火力计划

指挥官接到任务后，制定火力计划的工作随即开始，并将持续到作战结束。与直瞄火力相同，间瞄火力计划的主要目的是制定集聚、分配和控制间瞄火力的方式，以便更好支援指挥官的作战构想。

间瞄火力要么是根据实际情况瞄准目标，即机会目标；要么瞄准预先计划好的目标，即计划内目标。机会目标并不是事先计划好的，但当它们根据既定的交战标准和交战规则暴露出来时，间瞄火力就要与之交战。计划内目标是事先安排火力做好瞄准的目标，尽管事先安排的程度可能有所不同。事先安排的程度会影响火力打击所用的时间。事先安排得越详细，反应时间越短。本章主要涉及计划内的间瞄火力打击。

计划内目标可分为表定目标和待命目标。按照事先确定的时间表和顺序来射击的是表定目标。为了响应射击请求而射击的是待命目标。优先目标是一种特殊类型的待命目标。部队在不执行其他火力打击任务时，就会将诸元设定在优先目标上，因此针对优先目标的火力打击反应极为迅速。

在整个作战构想中，必须在时间、空间和目的上对间瞄火力进行整合与同步。整合意味着在作战全过程中，要计划和使用所有可用的资产。同步意味着这些资产在时间、空间和目的上要以最合适的方式来排序，以对机动分队产生互补和增援的效果。

间瞄火力系统的能力

间瞄火力系统的能力					
口径	60毫米	81毫米	120毫米	105毫米	155毫米	155毫米
型号	M224	M252	M285	M119	M198/M777系列	M109A6

续表

间瞄火力系统的能力					
最大射程（榴弹）（米）	3490	5608	7000	14000（8号装药）	30000	18600（使用M23A1药筒）
计划射程（米）	（2/3最大射程）	（2/3最大射程）	（2/3最大射程）	11500，当射击部队拥有大量合适的弹药，则为最大装药的最大射程的2/3	当射击部队拥有大量合适的弹药，则为最大装药的最大射程的2/3	当射击部队拥有大量合适的弹药，则为最大装药的最大射程的2/3
射弹	HE，WP，Illum，RP，IR Illum	HE，WP，Illum，RP，IR Illum	HF，SMK，Illum，IR Illum	HE M760，Illum，RAP，APICM，HEP-T	HE，WP，Illum，SMK，RAP，FASCAM，CPHD，神剑，APICM，RAP	IЕ，WP，Illum，SMK，RAP，FASCAM，CPH，神剑，APICM，RAP
最大射击速率	每分钟30发，持续2分钟	每分钟30发，持续2分钟	每分钟16发，持续1分钟	每分钟8发，持续3分钟	每分钟8发，持续3分钟	每分钟4发，持续3分钟
可持续射击速率（发/分钟）	20	15	4	3，持续30分钟	3，持续30分钟	1
最小射程（米）	70	83	200	直瞄火力	直瞄火力	直瞄火力
引信	PD，VT，time，dly，MO	PD，VT，time，dly，MO	PD，VT，time，dly，MO	PD，VT，CP，MT，MTSQ，dly	PD，VT，CP，MT，MTSQ，dly	PD，VT，CP，MT，MTSQ，dly

APICM	反人员改良常规弹药	MT	机械时间
CP	混凝土破坏弹	MTSQ	超快机械时间
CPHD	铜斑蛇制导炮弹	PD	触发
dly	延时	RAP	火箭助推炮弹
DPICM	两用改良常规弹药	FASCAM	可撒布地雷
RP	红磷弹	HE	榴弹
HEP-T	高爆塑料示踪剂	SMK	烟幕弹
Illum	照明弹	time	可调延时
IR	红外	VT	变时
WP	白磷弹	MO	多重选择（VT、PD、dly）

一、间瞄火力计划过程

制定间瞄火力计划始于制定火力构想。火力构想是作战构想的重要组成部分，通过详细说明指挥官的直瞄和间瞄火力准备和支援火力相关计划，进一步完善指挥官的机动方案。间瞄火力计划要求指挥官对武器特性和支援分队的勤务能力有详细的了解。尽管指挥官可能会增补人员来协助自己计划和控制配属或支援资产，但计划和执行间瞄火力打击的责任仍需由指挥官本人承担。指挥官不应在收到上级指挥部的计划后才开始制定本级的火力计划，而应尽早将间瞄火力打击整合进自己以及上级指挥部的作战构想中。

应按照指挥关系或是支援关系来分配额外的资产。指挥关系可以是从武器连加强的一个分队。在制定计划时，指挥官依靠加强来的分队中的人员来提供专业意见。支援关系则可以是来自炮兵营或攻击航空连的直接支援。在计划火力打击，或者计划来自支援部队的近距离空中支援时，指挥官通常会从前述单位接收人员来协助他们，比如配属的火力支援小组和联合终端攻击控制员。在预有准备的作战中，考虑到单位进行侦察、计划和准备的能力，火力构想的制定应该是相当直接的。然而在仓卒作战中，部队可能不得不依赖其内部的标准作业程序，以及指挥官更多的控制。

二、有计划的间瞄火力的战术使用

使用火力打击可能出于多种不同的战术原因，其中包括：

·在攻击前进行火力准备，削弱敌军阵地。

·支援火力（掩护火力）。支援火力通过摧毁、消除或压制敌军火力、阵地和观察员，使友军机动分队得以运动。

·最终拦阻火力是一种事先安排且立即可用的火力屏障，目的是阻挡敌人越过防线或防区。

·压制。

·遮蔽。

·反制火力（仅限于间瞄火力）。反制火力是摧毁或消灭敌火炮／迫击炮的火力。这些任务通常由更高级别的指挥部来控制。可运用与被支援部队一起运动的直接支援炮兵和航空兵，来摧毁敌直瞄和间瞄火力支援手段、重要的敌部队和设施。应部署反炮兵雷达并维持雷达覆盖范围，确保在快速向前运动中能够持续覆盖。

·骚扰火力是观察性或推断性的（无观察）火力，目的是扰乱敌部队和车辆的运动，干扰其休息并打击他们的士气。

·照明。

三、梯次间瞄火力配置

梯次配置是指按弹药口径从大到小安排间瞄火力。梯次火力配置的目的是，在使用最佳投送系统的同时，对敌人保持持续打击。指挥官使用风险估计距离、地表危险区，以及最小安全距离来管理相关风险。在防御中，触发条件要和敌人的进展相关联，当敌人运动穿过作战地域时，指挥官应能在整个作战地域纵深与敌人交战。在进攻中，触发条件要和机动分队的进展联系在一起，当机动分队朝着目标运动时，间瞄火力可以保护部队并增强向目标推进的势头。

（一）防御中的梯次火力配置

在防御任务中，要根据武器的最佳射程梯次配置火力，保持对敌人的持续射击，破坏其编队和机动。当敌人接近一个防御阵地时，防御中的梯次火力能将敌人置

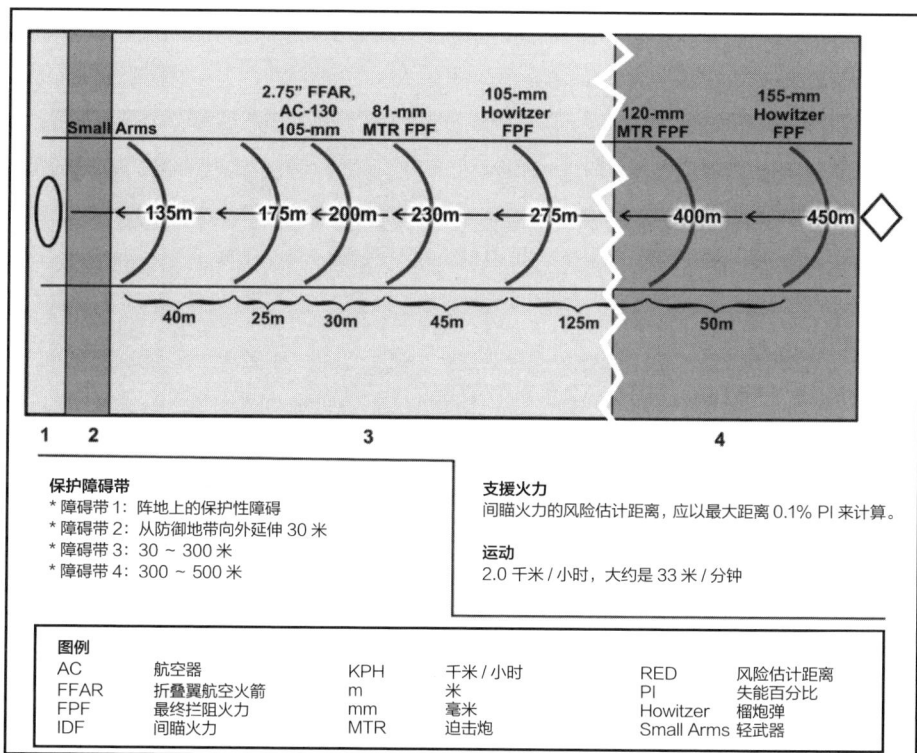

防御中的梯次火力配置（ATP3-21.8《步兵排和班》）

于持续增加的火力之下。航空器、远程间瞄火箭，以及火炮可以提供纵深的支援火力。近距离支援火力（例如最终拦阻火力）则应与直瞄火力武器（例如步兵武器、坦克支援，以及反装甲武器系统）紧密结合。

（二）进攻中的梯次火力配置

在进攻中，应根据预先设定的与友军机动部队的安全距离来安排武器。在进行布置时，当友军部队向目标运动尔后展开突击时，火力应对友军部队提供保护。火力也应能让友军部队以最小的伤亡接近敌人，并通过迫使防守之敌寻找掩蔽，来阻止其观察或干扰友军突击。进攻火力计划的总体目标是让友军部队不受阻碍地推进。

这里用排突击敌阵地作为在执行任务时使用梯次火力配置的例子。当作战单位的先头分队在前往目标途中，接近指定的阶段线时，指挥官要命令火力支援官开始准备。观察员追踪并确认友军的运动速率。在执行过程中，其他位于指挥链中的火力支援官可能需要根据友军运动速率的不断变化来相应调整计划。

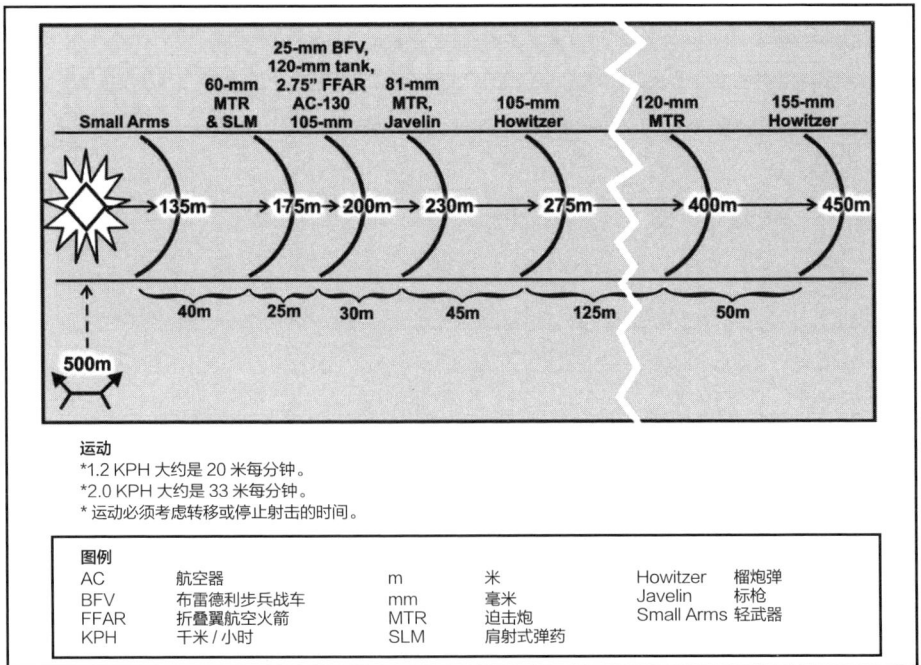

运动
*1.2 KPH 大约是 20 米每分钟。
*2.0 KPH 大约是 33 米每分钟。
* 运动必须考虑转移或停止射击的时间。

图例

AC	航空器	m	米	Howitzer	榴炮弹
BFV	布雷德利步兵战车	mm	毫米	Javelin	标枪
FFAR	折叠翼航空火箭	MTR	迫击炮	Small Arms	轻武器
KPH	千米/小时	SLM	肩射式弹药		

进攻中的梯次火力配置（ATP3-21.8《步兵排和班》）

当作战单位继续朝着目标运动时，首个武器系统（图中为 155 毫米榴弹炮）向目标开火。它要持续对目标开火射击，直到作战单位越过与正在开火的武器系统的风险估计距离相对应的阶段线。

为了保持对目标的持续火力，下一个武器系统应在前一个武器系统停止开火或转移火力之前开始射击，确保火力不会中断，让友军部队继续畅通无阻地接近。但是如果作战单位的行军速率改变，间瞄火力支援体系就必须进行灵活调整。

火力支援官按照预先确定的触发条件转移火力，首先是风险估计距离最大的武器系统开始射击，最后是相关距离最小的武器系统。一旦机动分队抵达最后的阶段线，火力支援官就要让间瞄火力系统停止射击，或将火力转移到任务目标更远端的打击目标上，从而终止所有朝着任务目标的间瞄火力。提供支援火力的直瞄火力资产，要保持射击直到实施突击为止，然后停火或者将火力转移到任务目标更远端的打击目标上。

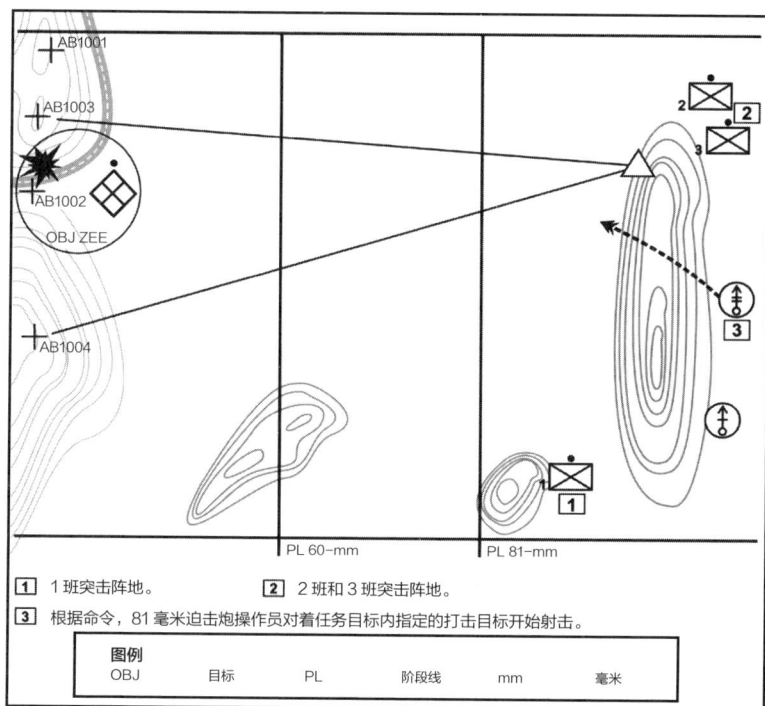

1　1 班突击阵地。　　2　2 班和 3 班突击阵地。

3　根据命令，81 毫米迫击炮操作员对着任务目标内指定的打击目标开始射击。

图例					
OBJ	目标	PL	阶段线	mm	毫米

81 毫米迫击炮开始射击（ATP3-21.8《步兵排和班》）

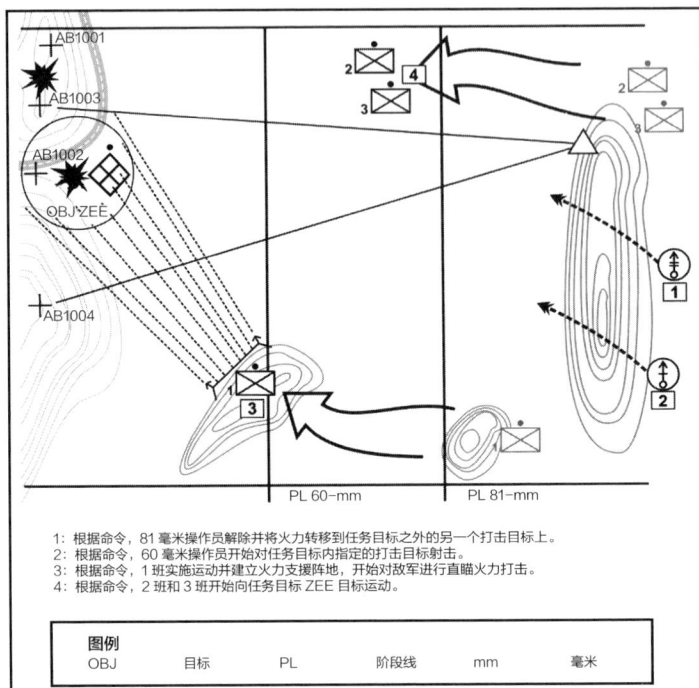

81毫米迫击炮转移火力，60毫米迫击炮和支援火力开始射击（ATP3-21.8《步兵排和班》）

1：根据命令，81毫米操作员解除并将火力转移到任务目标之外的另一个打击目标上。
2：根据命令，60毫米操作员开始对任务目标内指定的打击目标射击。
3：根据命令，1班实施运动并建立火力支援阵地，开始对敌军进行直瞄火力打击。
4：根据命令，2班和3班开始向任务目标ZEE目标运动。

图例					
OBJ	目标	PL	阶段线	mm	毫米

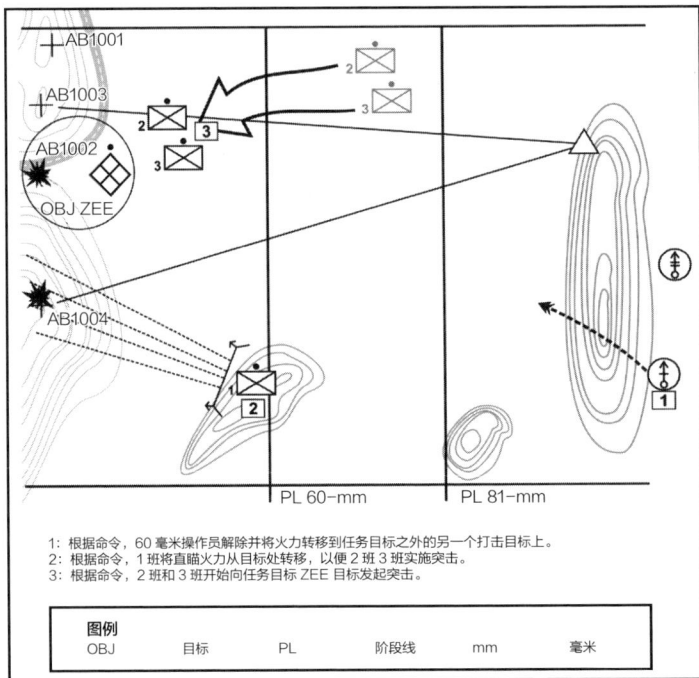

1：根据命令，60毫米操作员解除并将火力转移到任务目标之外的另一个打击目标上。
2：根据命令，1班将直瞄火力从目标处转移，以便2班3班实施突击。
3：根据命令，2班和3班开始向任务目标ZEE目标发起突击。

图例					
OBJ	目标	PL	阶段线	mm	毫米

60毫米迫击炮转移火力（ATP3-21.8《步兵排和班》）

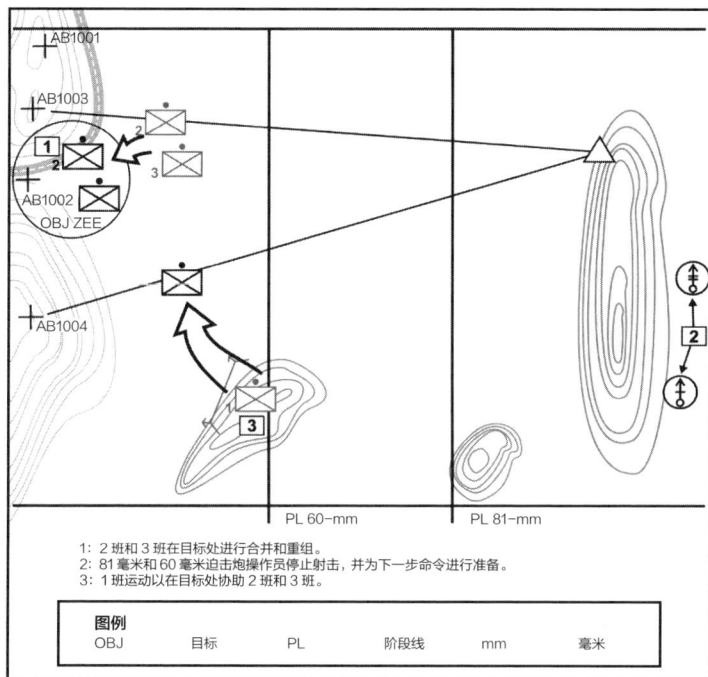

支援火力停止射击
（ATP3-21.8《步兵排
和班》）

PL 60—mm

PL 81—mm

1：2班和3班在目标处进行合并和重组。
2：81毫米和60毫米迫击炮操作员停止射击，并为下一步命令进行准备。
3：1班运动以在目标处协助2班和3班。

图例

OBJ	目标	PL	阶段线	mm	毫米

四、为防御制定火力计划

为了制定一个防御性火力计划，指挥官应当：

·在主要和预备阵地上，为每个分队分配主要和预备火力区分。

·指定作战单位的点状或地域目标，以及其他控制措施（例如目标登记点），以便当多个分队向同一交战地域或作战地域射击时可以协调火力。

·接收下属分队的目标信息（通常由作战地域草图或单兵武器射程卡提供）。指挥官应检视这些目标信息，确保火力在作战单位的整片作战地域内平均分配，且建立了充分的控制措施。

·完成作战单位的火力计划，并将草图提交上级指挥部。

在防御任务中，应针对部队阵地的前方、最终拦阻火力的位置，以及阵地后方三个位置制定火力计划。推荐使用前文提到过的七步交战地域制定方法来制定火力计划：

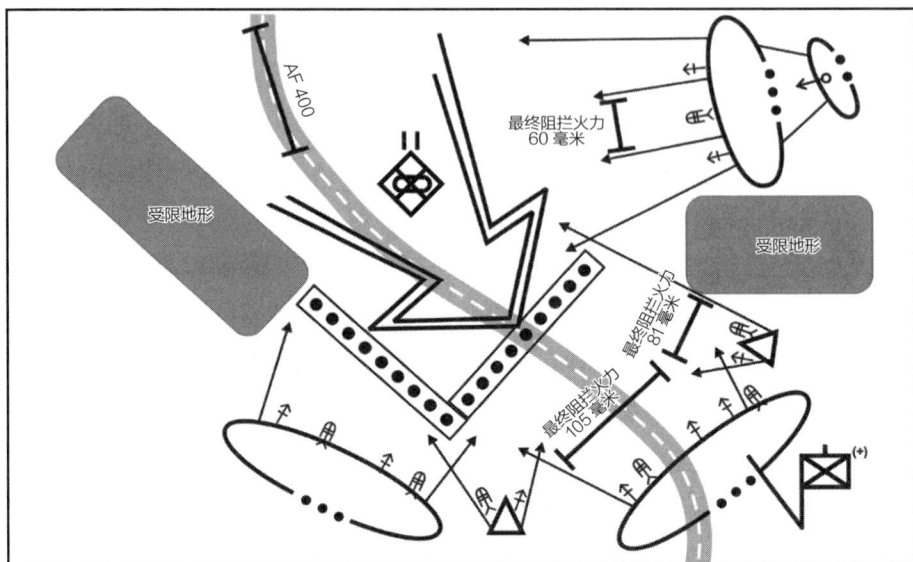

连的防御火力计划草图

1. 找出敌人可能的接近路。

2. 确定敌人机动计划。

3. 确定在何处杀伤敌军。

4. 布置武器系统。

5. 计划并整合障碍物。

6. 计划并整合间瞄火力。

7. 进行演练。

交战地域是步兵指挥官期望集中全部武器的火力与敌人交战并将其歼灭的位置。交战成功与否取决于指挥官能否将交战地域内的障碍物计划、间瞄火力计划、直瞄火力计划有效整合，达到步兵排和班的战术目的。构建交战地域的过程并不会非常冗长。特别是在步兵排一级，构建交战地域可以在无须复杂决策过程的情况下快速进行。

（一）排的火力计划

如前一章所述，班长需要准备本班的草图，并将草图提交给排长。排长则要将所有火力区分和作战地域草图（可能还有单独的射程卡）组合起来，汇总成一份排的火力区分和作战地域草图。

（二）班的火力计划

班长要准备两份本班的火力区分草图。一份副本放在排长处，另一份留在阵地上。班长要尽可能按比例绘制草图，画出下图所包含的元素。

（三）最后拦阻线

最后拦阻线是一条选定的火力线，当敌军突击越过这里后，部队要使用所有可用武器的交叉火力和障碍物来封堵。最后拦阻线由保护性障碍物、直瞄火力、间瞄火力等一切可用的方式组成。最终拦阻火力首先打击优先级最高的目标，且最终拦阻火力优先于任何其他火力的打击目标。最终拦阻火力和标准的优先目标的不同之处在于，要用最大速率射击，直到被命令停火或者弹药告罄。如有可能，应提前标定最终拦阻火力。

如果士兵们处于准备良好的防御阵地中且有过顶掩盖，那么可将最终拦阻火力调整到接近友军阵地处，刚好大过冲击波影响范围的距离。如有需要，指挥官甚至可以使用近炸或者定时引信，对部队阵地进行炮火轰炸。下表显示了在计划最终拦阻火力线时，所使用的间瞄火力迫击炮武器系统的特性。

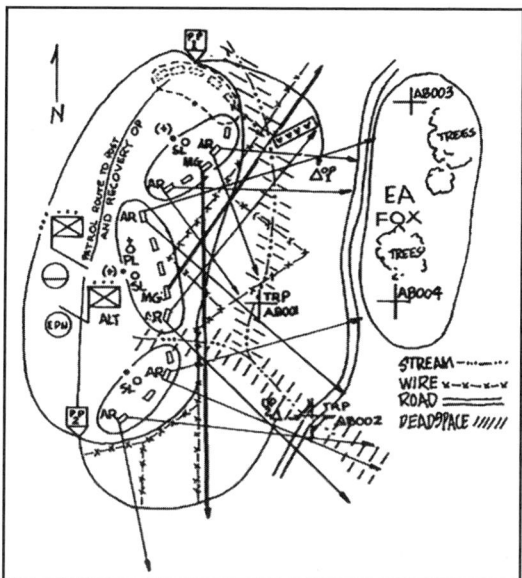

排的作战地域草图（FM7-8《步兵排和班》）

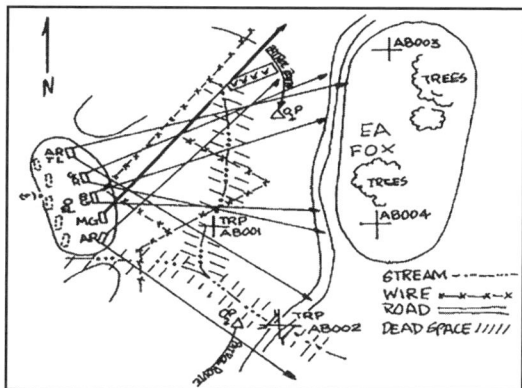

班火力区分草图（FM7-8《步兵排和班》）

各类迫击炮的最终拦阻火力的常规维度

武器	数量	宽度（米）	纵深（米）	风险估计距离，0.1% PI	风险估计距离，10% PI
迫击炮					
120毫米	4	300	75	400米	100米
120毫米	2	150	75		
81毫米	4	150	50	230米	80米
81毫米	2	75	50		
60毫米	2	60	30	175米	65米

五、为进攻制定火力计划

进攻性火力计划在态势约束下，遵循与防御性火力计划相同的方法。主要区别在于，进攻性火力计划总是要考虑基准火力与机动分队之间的协同。指挥官的计划难免无法做得像防御计划那样详细，但机动分队的存在使得必须要有一定的计划和控制，才能形成有效且高效的间瞄火力支援。

指挥官必须针对与已知或疑似的敌方目标交战的方式，需要友军压制火力的位置，以及控制部队打击计划内目标和机会目标的方法制定合理计划。火力计划应全面分析可能出现的威胁种类，帮助友军支援分队调整武器和弹药需求，以适应态势。

进攻性火力计划包含计划和准备、接近目标、对目标采取行动，以及后续行动四个阶段。进攻性火力计划的完整性和集中程度，取决于可用于进攻准备的时间。应在出发线/接敌线前，从出发线/接敌线到目标，目标上，以及目标后四个战场位置计划火力。下表列出了在上述四个位置计划火力的注意事项。

计划注意事项

阶段	制定火力计划的目的
（1）计划和准备（出发线/接敌线前）	支援位于集结地域的部队。 支援部队前往出发线/接敌线的运动。 干扰敌军的侦察部队。 干扰敌军的防御准备。 干扰敌军的破坏性攻击。
（2）接近目标（从出发线/接敌线到目标处）	为各机动单位发起梯次配置火力。 为友军破障作业提供压制和遮蔽。 在运动中压制和迷盲敌军的警戒部队。 为先头分队提供优先火力。 屏卫/保护暴露的侧翼。

续表

阶段	制定火力计划的目的
（3）对目标采取行动（目标上）	阻挡敌人增援。 压制敌直瞄火力武器。 压制和迷盲突贯点。 压制和迷盲敌对友军部队的观察。
（4）后续行动（目标后）	在突击中，干扰敌方增援部队的运动。 封堵敌人接近路。 干扰敌人撤退。 突击中遭遇敌人反击时屏卫友军。 突击后巩固目标。

进攻性火力计划可分为两个类型——火力准备和火力支援。火力构想应是用火炮和迫击炮支援进攻，夺取并保持对目标的火力优势至最后一刻。当间瞄火力停止时，敌军应被震撼并暂时失去行为能力。部队要充分利用好这段时间执行以下部分或全部内容：

·在攻击中使用的车辆，或作为直瞄火力支援的车辆，应继续给予近距离支援。

·轻武器火力支援应继续且尽可能长时间地射击，保持火力优势。

·突击部队必须尝试在推进时开火，但同时应自觉遵守射击纪律。因为在很多情况下发出火力控制指令并不现实，而士兵不能在抵达目标前就把弹药用完。

·当地面和植被不妨碍运动时，先头分队应快速越过最后30~40米的距离，抵达敌军阵地以减少暴露。

在为进攻计划火力时，指挥官要确认火力分队的任务组织，确保指挥官的计划能够协调攻击、现场搜集、追击以及应急计划的各种控制手段。指挥官要制定计划或与责任方确认已经部署或重新部署了支援系统，确保在整个作战行动中有持续的火力打击。相互支撑的火力系统能够加强响应式支援，可在交战或战斗的每一次关键事件中，为机动部队的指挥官提供更大的行动自由。

能够支持近距离进攻任务的弹药和直、间瞄武器系统非常丰富。为了整合直瞄和间瞄火力支援，指挥官必须理解任务、指挥官的意图、作战构想，以及要完成的关键具体任务。指挥官计划火力时，应聚焦在拟摧毁的敌军能力和系统上。关键具体任务包括：

·合理布置系统位置，提供持续的纵深支援。

·孤立敌军。

·通过火力准备削弱敌防御。

· 压制和迷盲敌武器系统，降低敌对峙能力。

· 封锁敌反击部队，孤立防御部队，阻止其增援和补给。

目标效果计划

制定间瞄火力支援计划，不仅需要决定何时打击哪个敌目标，还必须确定攻击每个敌目标的方法。在制定火力计划时，指挥官应考虑到目标效果的各个方面。尽管本节内容针对的是迫击炮，总体上也适用于其他绝大多数间瞄火力。

一、榴弹

下图是一个迫击炮弹的杀伤爆炸地域的比例尺示例。当迫击炮弹爆炸时，根据炮弹的坠落角度、地形斜率，

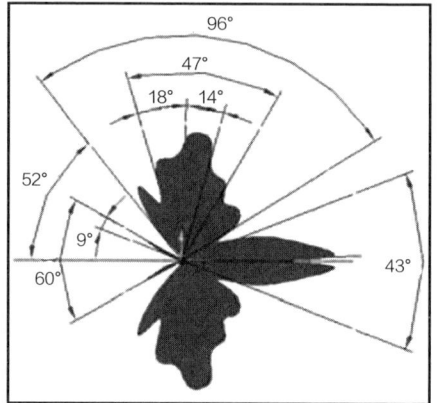

炮弹的杀伤区实际上是蝴蝶型的（EXPLOSIVE WEAPON EFFECTS OVERVIEW，GICHD，ISBN: 978-2-940369-61-4）

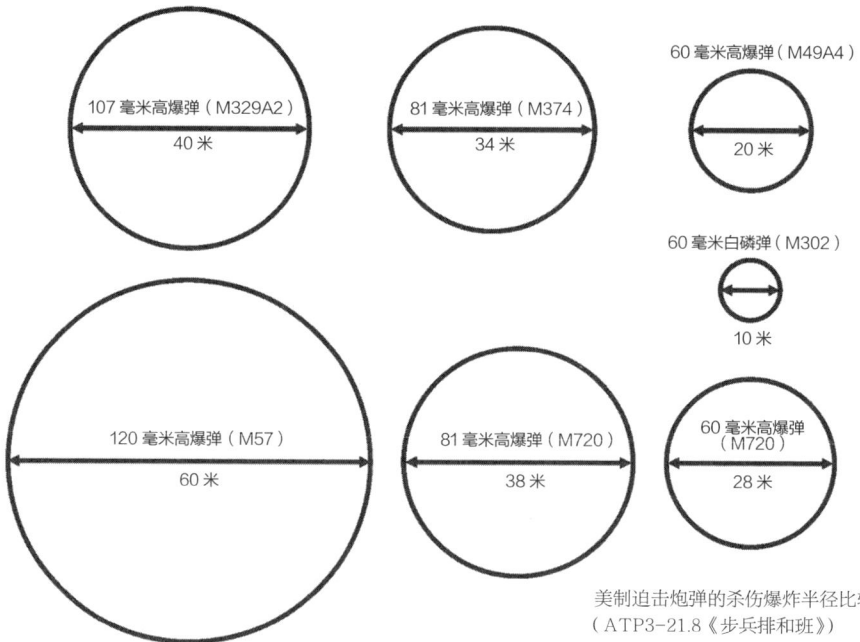

美制迫击炮弹的杀伤爆炸半径比较（ATP3-21.8《步兵排和班》）

以及土壤类型的不同，它们并不是在一个正圆形的范围内抛出破片，甚至可能会不规则地移动。然而出于计划的目的，可以假定每枚迫击炮榴弹都有一个圆形的杀伤爆炸地域。

二、引信设置

引信类型取决于敌军姿态。

对暴露在外且处于站姿的敌军，最好采用瞬发或近炸引信，让炮弹在地面上或者地表附近爆炸，炮弹碎片垂直于站立目标的长轴向外发散。

如果暴露在外的敌军是匍匐姿态，则近炸引信是最有效的。炮弹在离地面较高的地方爆炸，碎片向下仍然是垂直于目标的长轴发散。

如果敌军位于开放的战斗阵地中，没有过顶防护，则近炸引信是最有效的。但如果阵地很深，那么即便是近炸引信，也较难产生效果。

位于丛林中三层树冠下的目标（ATP3-21.8《步兵排和班》）

站 姿 目 标
（ATP3-21.8
《步兵排和班》）

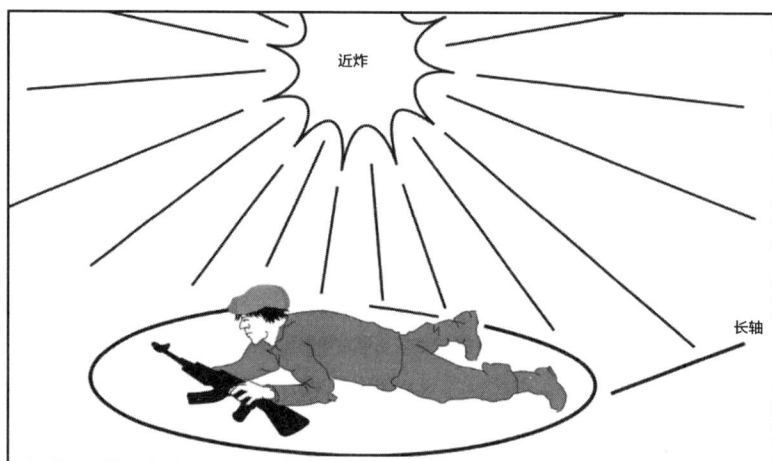

匍匐姿态的目
标（ATP3-21.8
《步兵排和班》）

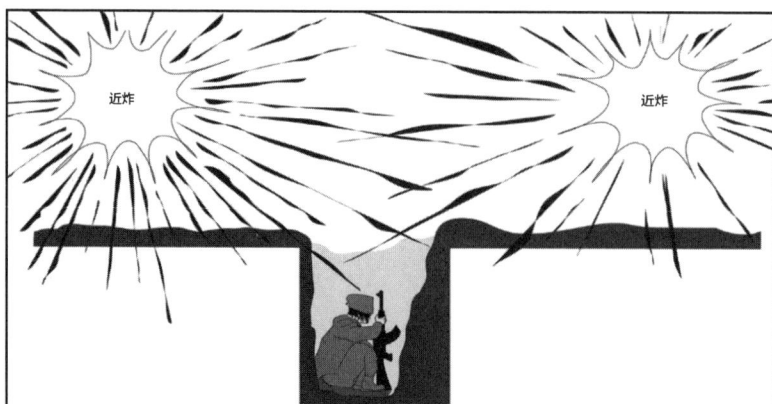

目标在开放的
战 斗 阵 地 中
（ATP3-21.8《步
兵排和班》）

当敌军身处有三层以上树冠的丛林，或者战斗阵地有过顶防护时，延时引信是最有效的。轻型迫击炮对过顶防护几乎没有效果，中型迫击炮的效果也比较有限，只有重型迫击炮可以击中或在近距离摧毁掩体，或是位于树冠之下的敌军部队。

三、针对榴弹弹药的掩蔽效果

通常来说，敌军要么是站姿要么是匍匐姿态。他们可能位于开放环境，也可能被不同程度的掩蔽保护着。每种情况都会使迫击炮火力的目标效果发生变化。

出其不意的迫击炮火力，永远比射向得到预警正在寻找掩蔽之敌的火力更有效。近期的研究显示，向站立在开放环境中的敌军排发射仅仅两枚炮弹，就可以造成很高的伤亡率。同样的研究表明，当该排看到校射炮弹后寻得掩蔽，就需要 10~15 枚炮弹才能达到相同的伤亡率。即便敌军士兵只是俯卧在地，也能显著降低迫击炮的火力效果。射向站姿敌军的迫击炮火力，其效果几乎是针对俯卧目标的炮火的两倍之多。

针对开放环境中的目标，近炸火力通常比地面爆炸更有效。通过发射近炸引信弹药而非瞬发引信弹药，针对俯卧之敌的迫击炮火力效果能增加大约 40%。

如果敌军位于开放的战斗阵地中且没有过顶防护，近炸引信迫击炮弹的有效性大约是瞬发引信的五倍。不过在射击开放式战斗阵地中的敌军时，近炸引信炮弹的效力只有针对开放环境敌军效力的 10%。面对位于开放式战斗阵地中的敌军，要想取得最佳效果，应选择拥有最小入射角的弹药。相比以最陡角度坠落的同类弹药，其产生的效果几乎是前者的两倍。

如果敌军准备的战斗阵地带有过顶掩护，那就只有瞬发引信和延时引信能产生一些效果。近炸引信可以限制敌军在阵地之间的运动能力，但其造成的伤亡即使有也很少。瞬发引信炮弹可以制造一

士兵正在进行 120 毫米迫击炮训练（2022 年）

些爆破和压制效果。延时引信炮弹可以穿透和摧毁阵地，但前提是必须直接命中。只有带有延时引信装置的 120 毫米迫击炮才能摧毁苏联式的据点防御。轻型或中型迫击炮弹无法摧毁重型地堡。

四、高爆迫击炮弹药的压制效果

迫击炮的压制效果，不像目标效果那么容易衡量。这是一种产生在敌军心理层面的效果，可以阻止其进行还击或履行自己的职责。没有经验或突然受到惊吓的士兵，比富有经验的士兵更容易被压制。位于开放环境的士兵比带有过顶防护的士兵更容易被压制。当迫击炮火首次落下时，压制是最有效的。而当炮火继续时，其压制效果会减少。榴弹是最有压制效果的；但榴弹与爆炸式白磷弹混合使用，能在敌军的心理层面能产生很大作用：

· 如果一枚 60 毫米迫击炮弹落在目标周围 20 米内，即便未命中，目标也很可能会被压制。

· 如果一枚 60 毫米迫击炮弹落在目标周围 35 米内，目标有 50% 的概率会被压制，超过 50 米则几乎不会造成压制效果。

· 如果一枚 81 毫米迫击炮弹落在目标周围 30 米内，即便未命中，目标也很可能会被压制。

· 如果一枚 81 毫米迫击炮弹落在目标周围 75 米内，目标有 50% 的概率会被压制，超过 125 米则几乎不会造成压制效果。

· 如果一枚重型迫击炮弹（近炸引信）落在目标周围 65 米内，即便未命中，目标也很可能会被压制。

· 如果一枚重型迫击炮弹（近炸引信）落在目标周围 125 米内，目标有 50% 的概率会被压制，超过 200 米则几乎不

士兵正在操作 81 毫米迫击炮（2019 年）

会造成压制效果。107 毫米和 120 毫米迫击炮弹都具有出色的压制效果，后者的压制效果更好。

五、遮蔽和白磷弹

在计划遮蔽和白磷弹的目标效果时，大气稳定度、风速和风向是最重要的因素。目标地域的地形也会影响遮蔽和白磷弹的效果。

白磷弹能提供屏卫、燃烧、标记和杀伤效果。它能通过发射燃烧的白磷粒子，制造局部的、瞬时的遮蔽云。

白磷弹主要用于产生即时的、近距离的点式遮蔽效果。可用它在短时间在敌人射界中制造烟幕，帮助己方部队对其进行机动。60 毫米白磷弹不足以制造持久的大面积遮蔽烟幕，但重型迫击炮发射的更大口径白磷弹可以做到。

而榴弹杀伤力更大。尽管燃烧的白磷弹可以杀伤暴露在外的敌军，但白磷弹的杀伤半径比榴弹要小得多。通常来说，发射榴弹比发射白磷弹能制造更多的伤亡。可以将几发白磷弹混入榴弹的发射任务中，这样既能标记目标，也可以产生压制效果，因为白磷弹爆炸时可对暴露的敌军产生显著的心理影响。

当出于燃烧和杀伤效用来使用白磷弹时，不应将其用于平民群体或者民用目标上。《武装冲突法》也禁止对位于"平民聚集区"的军事目标使用燃烧武器。

白磷弹可用来标记目标，特别是用于航空器的攻击。底座抛射式遮蔽弹药（例如 81 毫米 M819 红磷弹）会制造分散的遮蔽云，通常会使视线过于模糊，无法标记目标。

大气稳定度可以决定迫击炮制造的遮蔽是否有效，或者需要多少弹药才能达到效果：

· 在不稳定的情况下，迫击炮遮蔽弹药和白磷弹几乎无效。遮蔽物无法发散，而是通常会直线上升，并快速消散。

· 在大气中度不稳定的条件下，底座抛射型遮蔽弹药比爆炸式白磷弹更有效。M252 迫击炮的 M819 红磷弹的屏卫效果可达 2 分半。

· 在稳定条件下，红磷弹和白磷弹都有效。

· 湿度越高，迫击炮弹的屏卫效果越好。

如果目标地域的地表被水或深雪覆盖，M819 红磷弹会损失高达 35% 的遮蔽能力。在极端寒冷和干燥的雪地条件下，可能需要比预期多至四倍的遮蔽弹药，才能产生足够的屏卫效果。风速越高，就需要越多的爆炸式白磷弹，遮蔽弹药的效果也会越差。

如果目标地域的地形是沼泽地，或有雨水浸泡，或被雪覆盖，那么燃烧遮蔽弹药可能不会有效果。这些弹药通过发射浸泡在红磷中的毛毡楔子来制造遮蔽效果。这些楔子会在地面燃烧，制造厚重且持久的云雾。但如果楔子落入泥地、水体或雪里，它们就会熄灭。浅水可以将这些炮弹制造的遮蔽效果降低多达50%。爆炸式白磷弹几乎很难被目标地域的地形影响，除了积雪和低温可以减少约25%的遮蔽云。

尽管爆炸式白磷弹并不是为了制造伤亡而设计的，但是弹壳碎片和燃烧的白磷残片仍可以制造伤害。燃烧遮蔽弹不会引起伤亡，且几乎没有压制效果。

六、照明弹

被用于发现敌军编队、发出信号，或者标记目标。所有迫击炮都有适用的照明弹。

现役的 60 毫米口径照明弹是 M83A3 标准弹药筒照明弹。这种弹药在发射到开始照明之间有一个固定的延迟时间。照明会持续大约 25 秒，在方圆一千米范围内提供适度的照明。

60 毫米照明弹无法提供与重型迫击炮和野战炮相同的照度，但它对于局部的点状照明是足够的。当需要照亮一片地域，但邻近友军不想被发现时，该炮弹的小尺寸可以变成一种优势。使用 60 毫米照明弹，不会降低邻近部队的夜视设备的性能。

中型和重型迫击炮可以在广阔地域内提供卓越的照明效果。120 毫米迫击炮照明弹可在 60 秒内提供一百万烛光的照明。

除了常见的白光外，M203/M320 的 40 毫米榴弹，以及所有迫击炮，都具有发射红外照明弹的能力。

七、特种照明技术

迫击炮有三种特种照明技术。

在一般地域上空极高的地方发射照明弹，敌军未必会发觉自己正在被观察，但这种技术可以为使用 AN/PVS-14 等图像增强（星光）设备创造所需的足够照度。

在地表燃烧的照明弹会干扰对照明弹之外的阴影的观察。这是对抗敌军使用图像增强设备的一种方式。友军部队可以更为安全地在照明弹后方运动。

无论白天还是夜间，在地表燃烧的照明弹都可用来标记目标。在大风情况下标记目标时，照明弹比白磷弹更有优势。白磷弹制造的遮蔽云会迅速被风吹走，而不管有没有风，燃烧照明弹都会持续在原地发出遮蔽云。

八、使用热成像瞄准具时的注意事项

当友军正在使用夜视仪等图像增强设备时，照明弹可以帮助捕获目标，但在使用热成像瞄准具时就不是这样了。当照明弹熄灭并坠落在地上时，通过热成像瞄准具来看，它们仍是一个明亮的热点，而且会持续几分钟。这可能会引起混乱，特别是当照明弹位于敌我之间时。白磷弹也会制造这样的热点，这会导致使用热成像瞄准具的炮手（例如坦克、布雷德利步兵战车、"陶"式导弹，或"标枪"导弹）难以辨认目标。

第九章

09

城市战斗技能

全球城市化率的不断增长对陆上作战也产生了影响。以复杂的地形、密集的人口、四通八达的基础设施为主要特点的城市环境，已经成为当前陆上作战最重要的作战环境之一。城市作战是各类作战任务中最困难、最有挑战的。成功的城市作战取决于排、班、火力组和车辆成员的正确部署。每一名士兵都应当精通所涉运动、破障和清理建筑物、生存力，以及坑道作战等技能。本章内容来源于美国陆军 ATTP 3–06.11《城市地形联合作战》手册。

运动

在城市地形运动时，应保持对建筑物内外情况的态势感知。由于士兵可以通过任意开口穿行于建筑内外，因此在穿越城市地带时，他应该同时留意建筑物内外。

在城市地带中运动会使士兵暴露在城市地形的各种维度中。敌人可能会躲在任何一幢建筑内外，也可能躲在包括地下或者屋顶在内的任何楼层。典型的室外交火区域，通常位于从附近建筑物内或相邻小巷可以看到的室外开阔地带，例如一段街道或者一小片街区。典型的室内交火区域则通常位于特定的室内开阔地带，例如大型开阔的房间、门廊或过道等。

一、寻路

那些绘制在地图上的地形地貌可能不适用于城市地形，因而对寻路造成了困难。在城市中，建筑物变成了主要的地形地貌，作战单位变得受制于街道。城市战斗摧毁了建筑，碎石瓦砾堵塞街道，路标要么被破坏要么被拆除。在城市作战时，可帮助指挥官寻路的工具有以下几种：

地图。城市公共服务工作人员通常可以提供带有下水道、煤气管道、电力线路以及其他城市基础设施相关信息的地图。

全球定位系统（GPS）。由于视线问题，当位于地下或者建筑物内部时，GPS 很难确定方位。应在建筑物顶部、空旷地域，以及不会被障碍物影响视线的街道中使用。

空中平台。在穿越城市地形时，空中平台可以帮助作战单位寻路。它可以使用激光或红外探照灯来辨认目标、友军地点或者发生未知活动的区域。

照片。尤其是当下的航空照片，是军事地图的绝佳辅助。近期照片可以显示自从地图绘制以来该地区发生的变化。这些变化可能包括被摧毁的建筑物、被碎石瓦砾堵塞的街道，甚至敌人的防御准备。当太阳在头顶直射，建筑物周围的阴影缩到最小时，就要尽可能采集航空照片或者卫星图像。

二、沟通交流

为取得胜利，也为避免友军误伤，士兵必须和其他的分队成员及附近的其他队伍进行有效的沟通。不过如此一来可能会将友军位置和即时意图泄露给敌人。与下表所列内容类似的术语，应当成为每个士兵词汇表的一部分，并按照每个作战单位的标准作业程序使用。

在突入进入点或房间入口之前，清理分队成员应使用视觉信号进行交流，尽量避免房间内的人心生警惕，也要避免他们发现分队或进入点。突入之后，清理分队成员应当在语言和视觉沟通之间找到平衡，在不向其他敌军暴露自身位置或意图的情况下，快速且安全地清理房间。

如果分队成员遇到武器故障，他必须根据自身位置和敌人的状态迅速做出决定。如果他位于门廊附近，那么他必须清理门廊。如果敌方武装人员在场并构成直接威胁，那么他必须设法采用任何可能的手段制服敌人，或使其丧失行动能力。分队成员的首要目标是将其他成员的火力区分肃清。分队其他成员清理各自的火力区分，并将房间内的所有其他敌人消灭之后，他们就可以去帮助武器出了故障的士兵。

如果敌人在士兵的直接威胁范围外，该士兵应当清理门廊并单膝跪地——这么做能表明他遇到了武器故障——并离开下一名士兵的火力区分，避免友军误伤。一旦单膝跪地，该士兵应一直保持这种状态，直到分队指挥官指示他站起来。如果跪地的士兵解决了他的武器故障问题，他可以跪姿继续和目标交战。说出"故障"或"枪不可用""枪就位"能够与分队其他成员实现沟通，但也会使敌人察觉。

口令示例

术语	说明
肃清（Clear）	由个人给出，报告他们的作战地域已经肃清
就位（Up）	由个人给出，报告他们已准备好继续执行任务
房间肃清（Room Clear）	由队长向队伍成员、班长和后续分队发出，报告房间已清理完毕，是安全的

续表

术语	说明
即将出来（Coming Out） 即将进来（Coming In）	由个人给出，通知另一作战单位他们即将离开房间或建筑，或者即将进入房间或建筑
出来（Come Out） 进来（Come In）	由另一分队给出，告知对方离开房间或建筑，或者进入房间或建筑是安全的
即将上来（Coming Up） 即将下来（Coming Down）	由个人给出，通知另一分队他们即将上楼或下楼
上来（Come Up） 下来（Come Down）	由另一作战单位给出，告知对方上楼或下楼是安全的
短房间（Short Room）	由个人给出（1号或2号位），以告知分队其他成员房间很小，3、4号位不应进入
有人倒下（Man Down）	由个人给出，告知分队其他成员一名士兵倒下（重伤或轻伤），无法继续执行任务
手榴弹（Grenade）	由个人发出，警告其他人敌方投掷了手榴弹，需要马上采取行动。如果有可能，（口令需）包含手榴弹的位置
向远处走（Go Long）	由队长向分队成员发出，以指示该成员去房间更深处或走廊更深处进行警戒
枪不可用（Gun Down）	由个人发出，告知分队其他成员枪支出现故障
枪就位（Gun Up）	由个人发出，告知分队其他成员，之前故障的枪支现在已经重新运作
装弹（Reloading）	由个人发出，告知分队其他成员正在装弹。装弹完毕后跟上"枪就位"口令

三、在建筑物外运动

城市地形中的运动最好以火力组为单位实施。士兵应反复练习单兵城市运动技能，直到它们成为习惯，以便与任何暴露的敌人快速交战。

四、进入建筑物

指挥官决定进入一幢建筑后，首要目标是在建筑物内夺取一个立足点。进入建筑物并确保立足点安全，与进入并清理房间的任务互相重叠，因为立足点就是进入的第一个房间。各作战单位可以从这间安全屋向建筑物的其他地方发起行动。

在准备进入和清理建筑物及房间时，所有士兵都应采用高准备持枪姿势。

为了保障建筑物内的立足点安全，指挥官需考虑建筑物内外是否有敌人，并评估建筑物内的敌人与建筑物外友军交战的能力。这对于指挥官选择建筑物进入点和作战条件（是外科手术式、精确，还是高密度）至关重要。进入点的选择很大程度上取决于 METT-TC，而作战条件会影响突入进入点的方式。

为了进入建筑物，需要采取以下步骤：

（一）确定进入点

进入点应宽敞到足够使一名士兵通过。最好是能让进入的士兵以不受限制的方式站姿通过，且另一名士兵能够紧随其后。为获得这种尺寸的进入点，通常需要进行破障作业。

进入点是房间内所有敌人的焦点，被称为"死亡漏斗"。为最大限度减少伤亡，应当快速而平稳地通过并离开进入点。每增加一名成功通过并离开进入点的士兵，都能加强作战单位对房间的控制。如果一名士兵在进入点内部或附近倒下，他应当留在原地，直到最后一人将进入点肃清。

在高度危险的情况下，除非万不得已，否则尽量避免使用一楼的门窗。应考虑使用从更高的楼层、屋顶或地下室进入等其他可行方法为进入行动制造突入口。如有需要，在士兵真正进入之前，可先投掷一枚手榴弹（破片式、震撼或眩晕手榴弹），然后清理分队再进入。

（二）从门廊进入

门很容易被设下陷阱或被堵住。通常来说，从一扇没有被设置陷阱，或者不在敌方人员火力区分内的门进入，是进入一个房间的最佳路线。如果怀疑一扇门有陷阱，或房间内可能有敌人，那就应避开这扇门，或者采用爆破方式突入。

在进入之前，或者确定是否有必要突入之前，士兵应用手或者武器的枪管摸索门框，同时用眼睛寻找陷阱的诱发装置。

（三）从窗口进入

大多数窗口每次仅允许一名士兵进入，而且士兵通常还需要用上至少一只手来爬窗，只剩一只手拿武器。在这种情况下，正在进入的士兵极其容易受到来自房间内的火力攻击。要想通过窗口进入一间敌人占领的房间，就需要采取一些干扰措施，例如投掷一枚手榴弹。下面是通过两种不同窗口的方法。

1. 一楼窗口

可用直立姿势进入的一楼窗口可被视作门廊。进入其他类型的一楼窗口，需要其他士兵的协助。这样一来，进入的士兵可以用一只手保持平衡控制身体，同时用另一只手握持和操作武器。在进入一楼窗口时，可采用双人抬脚或者双人支撑抬升技巧。在第一名士兵进入后，后续士兵依次被抬进房间，同时第一名士兵需保证房内是安全的。在一个安全的房间内，可采用单人抬升或双人拉升技巧，将其他的士兵拉进房间。

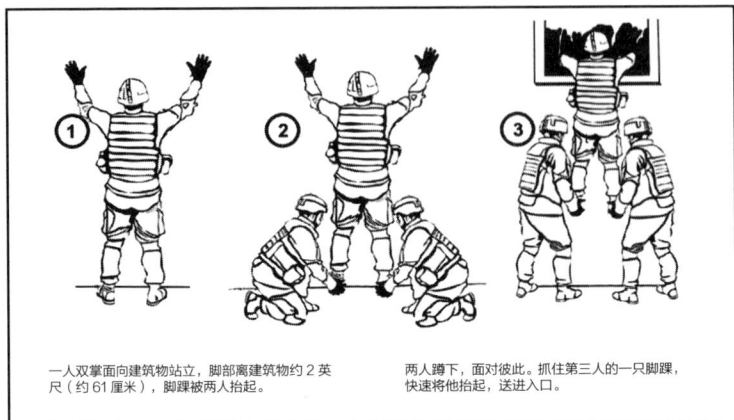

双人抬脚

一人双掌面向建筑物站立，脚部离建筑物约2英尺（约61厘米），脚踝被两人抬起。

两人蹲下，面对彼此。抓住第三人的一只脚踝，快速将他抬起，送进入口。

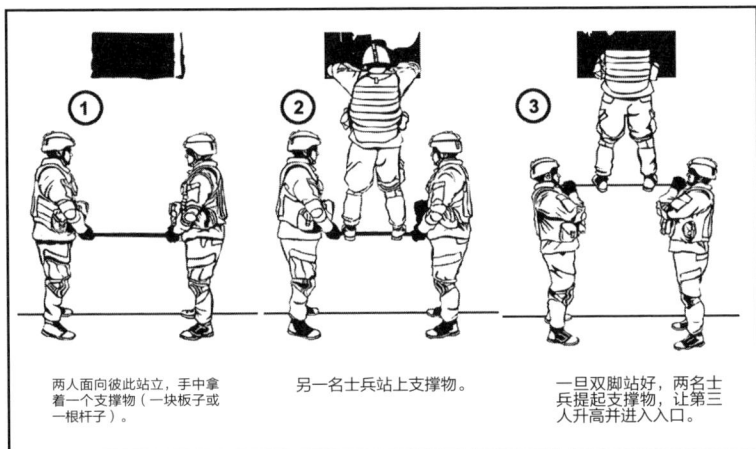

两人面向彼此站立，手中拿着一个支撑物（一块板子或一根杆子）。

另一名士兵站上支撑物。

一旦双脚站好，两名士兵提起支撑物，让第三人升高并进入入口。

双人支撑抬升

2. 上层楼面的窗口

用攀爬或索降的方式进入窗口的士兵很容易遭到敌人的火力袭击，他应当避免使自己暴露在其他未经清理的窗口射出的火力中。士兵的单兵作战武器应该被悬挂在他战斗侧的肩膀上，以便士兵能够快速采取交火姿势。

不建议使用抓钩和绳索爬上建筑物。攀爬，尤其是带着装备攀爬，对普通士兵来说是极其困难的，需要花费大量时间和精力，还会使攀爬者和附近的士兵暴露在敌人的火力中。

从屋顶或较高楼层下降到较低的窗口，或从某层地板的洞口降到下一层楼时，

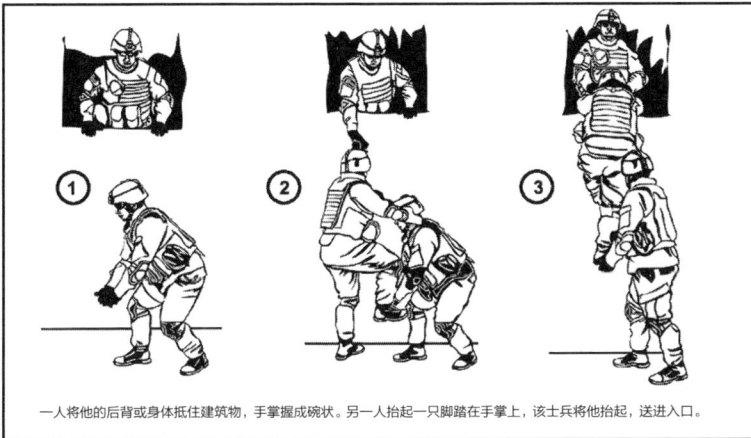

单人抬升

一人将他的后背或身体抵住建筑物，手掌握成碗状。另一人抬起一只脚踏在手掌上，该士兵将他抬起，送进入口。

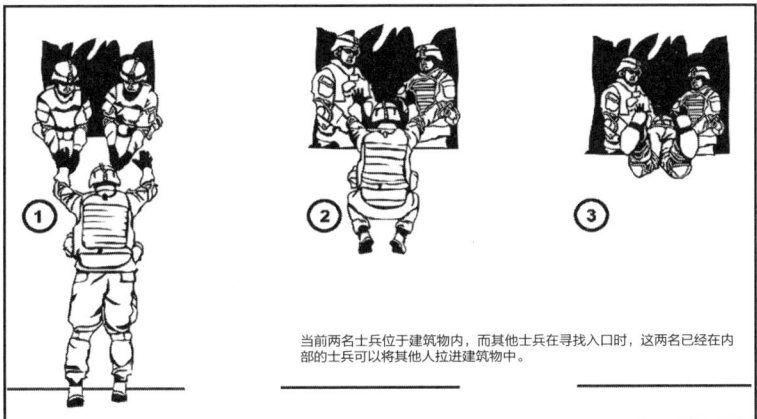

当前两名士兵位于建筑物内，而其他士兵在寻找入口时，这两名已经在内部的士兵可以将其他人拉进建筑物中。

双人拉升

可以采用索降。

　　梯子是进入上层楼面窗口的首选方式，也是最快的进入方式。较高的楼层可通过较长的梯子进入。城市作战单位应当配备轻型、便携式、可折叠的梯子。如果没有便携式梯子，可通过补给渠道获得搭建梯子的原材料，也可以用城市中的可用资源建造梯子，比如从建筑物的墙内取出木材。还可以使用梯子来为破障分队标出障碍物、威胁和进入点。梯子还可起到安静地进入一幢建筑，在墙头监视警戒，帮助监视者 / 狙击手获得有利位置等其他作用。

（四）从屋顶进入

许多多层建筑都有屋顶入口，士兵可利用该入口进入建筑物。这些屋顶进入点通常是楼梯或者永久连接的梯子。如果建筑物没有屋顶进入点，或者已有的进入点并非最佳选择，可以通过在屋顶上制造一个洞口来进入。基础的手工工具可以破坏木质或瓦片屋顶，而混凝土或其他耐用材料则需要采取爆破的方式。

（五）从一楼的墙壁进入

如果门窗无法作为进入点，通常穿过墙壁进入是最好的选择。可以通过一个小开口爬进去，但更好的方式是使用一扇门大小的开口，并依照从门廊进入时所遵守的程序从该开口进入。

五、在建筑物内部运动

在建筑物内部运动时要始终保持警惕，避免将自己的轮廓映在门窗上，并且为了安全，要始终和至少一名士兵同伴共同运动。

尽管 METT–TC 会影响运动方式的细节，但在建筑物内运动，最基本的要素是组织一支四人火力组。四人火力组可以作为一个独立的分队在建筑物内运动。然而这支分队只能确保他们当下所处位置的安全，无法确保他们曾经去过的地方的安全。

可将四人清理分队的成员按 1~4 编号。随着 METT–TC 以及清理分队的经历变化，四人组成员的任务可以进行轮换。这并不是说四个人必须进入一个房间，也不意味着超过四人就不能进入。对于一支标准的四人火力组来说，典型的分工如下所示：

· 步枪手为 1 号（此人不应使用开放式枪机武器）。

· 火力组长为 2 号（可额外配备一支霰弹枪）。

· 榴弹手为 3 号。

· 班用自动武器射手为 4 号。

（一）在过道间运动

在过道间运动时，需和墙壁保持 12~18 英寸（约 30~45 厘米）的距离。不要贴着墙壁，这可能会引起敌人的警觉，而且如果和敌人交火，跳弹往往会平行于墙壁飞行。以下是两种在过道间运动的基本方法。

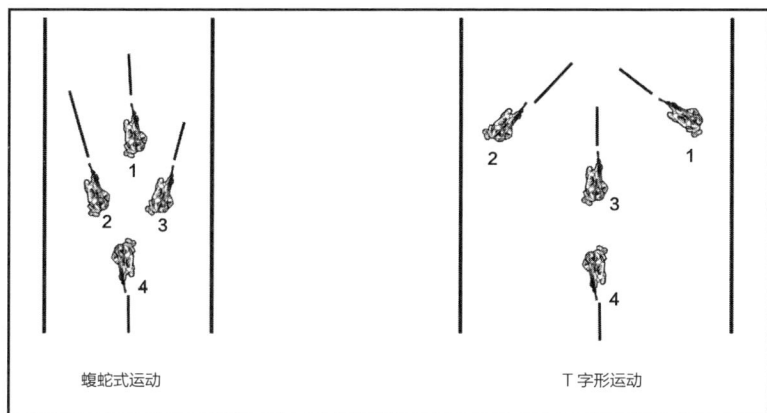

蝮蛇式运动　　　　　　　　　　　　T 字形运动　　　　　过道运动方法

1. 蝮蛇式运动

本方法适用于狭窄的过道。

1 号士兵在前方提供警戒。他的火力区分包括任何从过道尽头出现的敌人，以及过道尽头附近的门廊出现的敌人。

2 号和 3 号士兵为 1 号士兵的左右两侧提供掩护。他们的火力区分包括任何从过道两侧附近的门廊突然出现的敌人。

4 号士兵通常携带 M249 班用自动武器，他要对付任何突然从清理分队后方出现的敌人，为后方提供警戒。

2.T 字形运动

本方法适用于宽敞的过道。

1 号和 2 号士兵齐头并进。当他们前进时，互相为对方的前方过道区域提供掩护。

3 号士兵位于 1 号和 2 号士兵后面的位置，从他们两人之间射击，他的火力区分覆盖过道远端尽头。

4 号士兵为后方提供警戒。

（二）穿越交叉路口

过道的交叉路口是危险地带，接近时应当十分谨慎。如果分队中有左撇子士兵，该士兵应负责清理右侧拐角。如若不然，右撇子士兵应当使用左手射击方式，最大限度减少暴露面积。

根据交叉路口的种类不同，清理交叉路口的方法略有差异。下面将交叉路口分成三类进行讲解。

1. 十字路口

以下步骤描述了一个火力组在临近十字路口时应采取的行动。

进入起始位置。 在接近十字路口时，分队应排成 2 乘 2 的队形。1 号和 2 号士兵运动到过道左侧。3 号和 4 号士兵运动到过道右侧。1 号和 3 号士兵运动到各自的拐角边缘，并采取低蹲姿势或跪姿，同时 2 号和 4 号士兵保持站立。

清理拐角。 根据事先约定的信号，所有人同时开始运动。所有士兵的火力区分将全方位覆盖整条过道。采用高低两种姿势，能分别防止 2 号和 4 号士兵

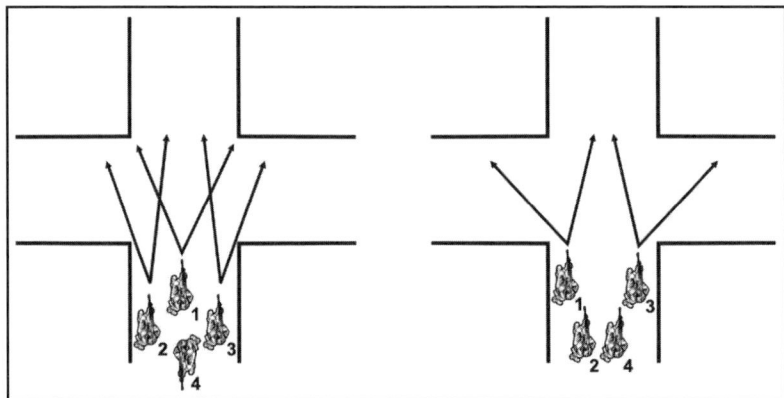

在十字路口运动（步骤 1）

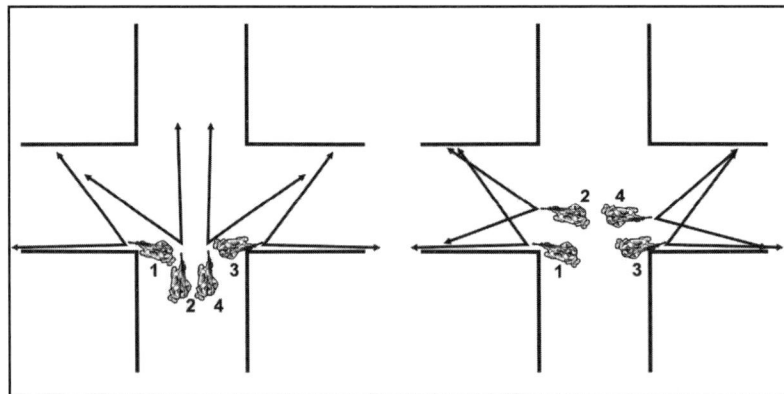

在十字路口运动（步骤 2）

的火力击中 1 号或 3 号士兵。1 号和 3 号士兵同时分别转向左右两侧，并以低姿
将过道纳入自己的火力区分。2 号和 4 号士兵向前行进，分别转向左右两侧，并
始终保持高姿。

恢复运动。一旦过道左右两侧区域清理完毕，4 号士兵需要转向运动的起始方
向来确保过道的安全。然后整支火力组恢复到他们的过道运动队形。

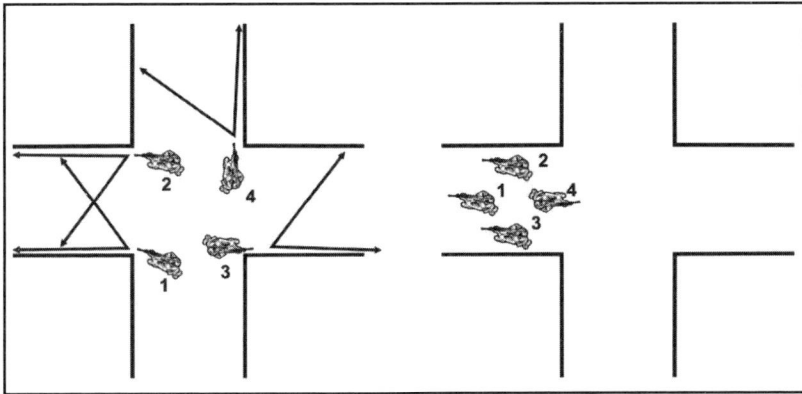

在十字路口运动（步骤 3）

2. 垂直丁字路口

以下步骤描述了一个火力组在面临垂直丁字路口（或者叫 T 字路口）时
应采取的行动。当一支分队从底部过道接近"丁"字路口时，此种路线被称为
垂直丁字路口。

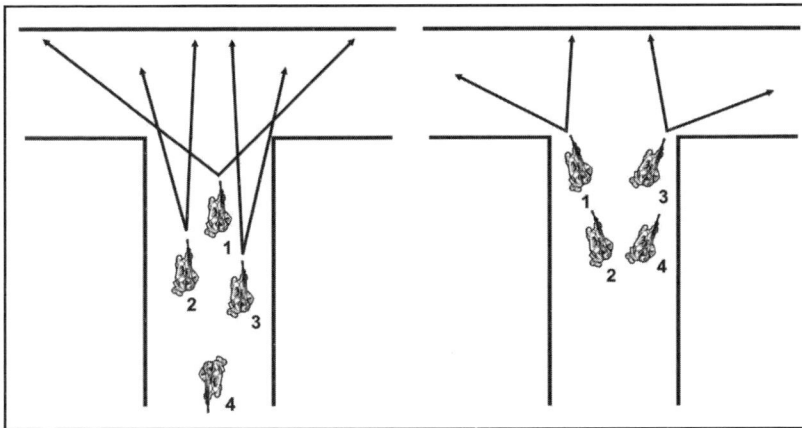

从底部过道穿过丁字路口（步骤 1）

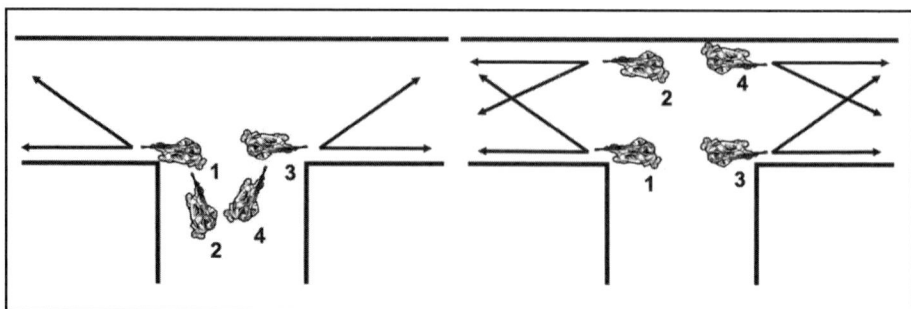

从底部过道穿过丁字路口（步骤 2）

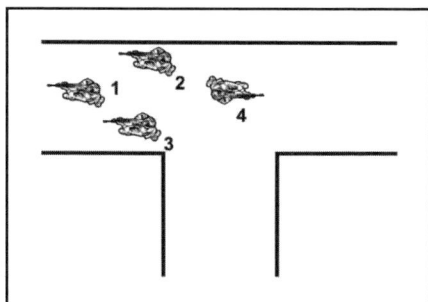

从底部过道穿过丁字路口（步骤 3）

　　进入起始位置。 在接近丁字路口时，分队应排成 2×2 的队形。1 号和 2 号士兵运动到过道左侧；3 号和 4 号士兵运动到过道右侧，保持站立姿势，武器置于高位；1 号和 3 号士兵运动到各自的拐角边缘，并采取低蹲或跪姿。

　　清理拐角。 根据事先约定的信号，所有人同时开始运动。所有士兵的火力区分将全方位覆盖整条过道。此时需采用高低两种姿势，能分别防止 2 号和 4 号士兵的火力击中 1 号或 3 号士兵。1 号和 3 号士兵同时分别转向左右两侧，并从低姿将过道纳入自己的火力区分。2 号和 4 号士兵向前行进，分别转向左右两侧，始终保持高姿。

　　恢复运动。 一旦过道左右两侧区域清理完毕，全火力组则恢复到他们原来的过道运动队形。

3. 分岔丁字路口

　　以下步骤描述了一个火力组在面临分岔丁字路口时应采取的行动。当一支分队从顶部过道接近

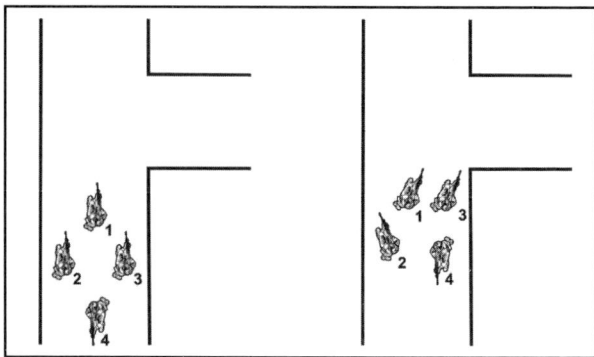

从顶部过道穿过丁字路口（步骤 1）

"丁"字时，此种路线被称为分岔丁字路口。

进入起始位置。分队排列成改良版 2×2 的队形。3 号士兵运动到拐角边缘，并采取低蹲或跪姿。1 号士兵运动至与 3 号士兵并肩的位置，靠近过道右侧。2 号士兵运动到过道左侧，面向前方。4 号士兵运动到 2 号士兵的右侧，为后方提供警戒。

清理拐角。根据事先约定的信号，所有人同时开始运动，3 号士兵的行动是关键。所有士兵的火力区分将全方位覆盖整条过道。采用高低两种姿势，能分别防止 2 号和 4 号士兵的火力击中 1 号或 3 号士兵。3 号士兵在拐角处右转，保持低姿。1 号士兵向前行进，同时转向右侧，保持高姿。2 号和 4 号士兵保持各自的方向不变，继续向前运动。

恢复运动。2 号和 4 号士兵继续穿越交叉路口，且中途不要停止运动，他们的

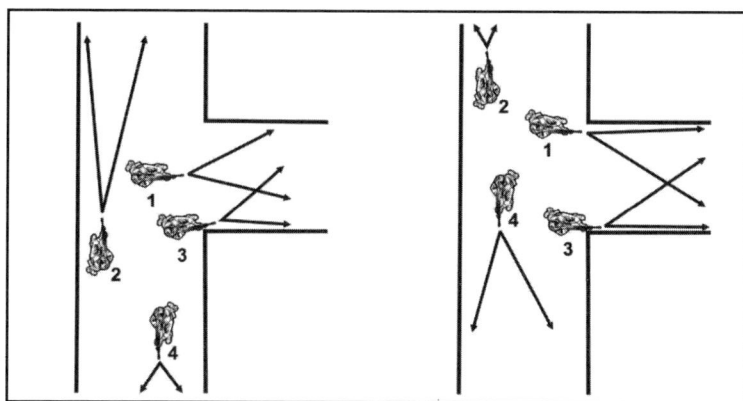

从顶部过道穿过丁字路口（步骤 2）

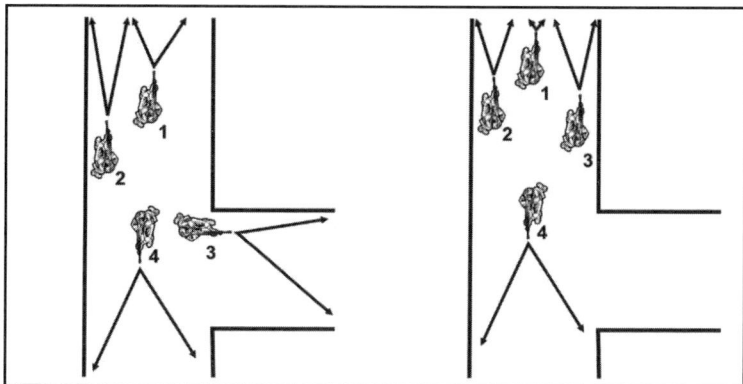

从顶部过道穿过丁字路口（步骤 3）

运动对 1 号和 3 号士兵的行动有至关重要的影响。2 号士兵从 3 号士兵身后经过，然后 1 号士兵继续往过道深处运动。当 2 号士兵从背后经过时，1 号士兵朝自己的左侧横向运动，直到抵达对面的拐角。当他抵达过道的远侧时，1 号士兵面向行进方向转身，恢复他在队形中的位置，继续朝过道深处前进。4 号士兵从 3 号士兵身后经过，继续朝过道深处运动。当 4 号士兵从背后经过时，3 号士兵朝自己的左侧横向运动，直到抵达对面的拐角。当 3 号士兵抵达过道的远侧时，面向行进方向转身，恢复他在队形中的位置，继续朝过道深处前进。

六、离开建筑物

离开建筑物前，需先通知附近友军避免友军误伤，并协调他们进行掩护监视。除非确定建筑物出口前空旷地域安全，否则离开建筑物时，需假设在露天环境中运动会使己方人员暴露在敌火力之下。运动前，应先确认下一个有掩蔽的位置，然后选择并目视梳理出一条通往该点的路线。一旦准备好运动，士兵应快速离开建筑物，根据选择好的路线运动，并占领已确认的有掩蔽的位置。

根据建筑物外的威胁等级不同，可能需要在运动前和运动过程中采取额外的措施，具体包括由其他士兵提供掩护监视或压制火力，以及使用烟雾等遮蔽物来隐蔽运动等。如有可能，也可以使用装甲车为部分运动提供掩蔽，或将其当作最后的有掩蔽的位置。

建筑物及房间破障

快速进入被清理区域的能力，是清理建筑物、楼层和房间的必要组成部分。建筑物或房间进入点的突入方法，会根据 METT–TC、进入点的结构，以及破障装备、弹药、爆破方式的可用性不同而有所变化。这些方法范围很广，包括从简单的踢门而入到复杂的专业爆破方法等。

在突入一幢建筑时，士兵应考虑到破障方式对建筑物本身，以及对周边建筑物的影响。对于爆破式破障来说尤其如此。如果是木结构建筑，爆炸可能会引起整幢建筑倒塌或着火。如果是砖石或水泥结构的建筑物，爆炸可能会引起建筑物部分倒塌。

在决定对一幢建筑或一个房间实施破障前，应考虑周边是否有平民。如果已知有平民存在，则需要考虑使用非致命手段来实施破障。

无论采用哪种破障方法，如果怀疑敌人在房间内，或者敌人实际已经从房间内向外开火，那么在破障之后清理分队进入之前，需先向房间内投掷一枚闪光弹。如果投掷的是破片手榴弹，可能需要等上几分钟，让灰尘和碎片沉降下来，然后才进入。在进入过程中，清理分队应快速穿越开口，并紧靠在开口的一侧，以尽可能减少自己在穿过"致命漏斗"时暴露在敌人火力之下的机会。破障后，清理分队应尽可能减少自己被各种开口、窗口和门口暴露于敌人火力之下的机会。

一、任务组织

破障和清理分队的任务组织，根据 METT–TC 和破障的远近距离而有所不同。对于远距离破障（在这种情况下，破障分队和破障点之间距离较远）而言，破障和清理分队应该是不同的分队。而对于近距离破障（在这种情况下，破障分队就位于破障现场）来说，破障和清理分队可以合并。一旦合并，通常 4 号士兵会在 3 号士兵的协助下成为破障分队，1 号和 2 号士兵则成为清理分队。

二、破障的基本原则

破障并突入进入点需要遵循五个基本原则，缩写为 SOSRA。尽管在通常情况下，SOSRA 原则中的压制和遮蔽两项原则只适用于突入建筑物内的最初立足点，但在计划时还是要围绕全部五项原则进行。

压制原则（suppress）。在城市地形中压制敌人，主要通过直瞄轻武器火力来完成。压制所有已知或疑似敌人，以便破障人员运动至障碍物外围，做好准备并破障。压制原则要考虑三种潜在威胁——外部敌人、内部敌人，以及内部敌人与外部友军交战的能力。

遮蔽原则（obscure）。手动释放的烟雾是反应最快、最有效率的破障遮蔽物，然而烟雾也可能降低友军的作战能力。在建筑物内部使用烟雾，不仅会遮蔽视线，还可能成为突入时的阻碍，因此应当作为最后的手段。

安全原则（secure）。破障人员和破障点都应处于保护之下。通常由清理分队负责提供近距离的警戒，支援部队负责提供远距离警戒。

冗余原则（reduce）。在城市作战中，为破障设备留出冗余非常重要。破障人员需要负责准备拟采用的设备、炸药的设置、寻找诱杀装置或 IED，还要验证进入点是否能按照计划实施破障。

突击原则（assault）。应当在破障后立刻展开突击（也就是房间清理工作）。清理分队应准备在建筑物内实施更多的破障行动，包括门和内墙，还要减少过道和楼梯井内部的障碍。

三、破障方式

无论采用哪种破障方式，在实施破障时，指挥官都应准备冗余或备用的行动流程。以下是城市进入点的四种破障方式。

（一）机械破障

机械破障可采用大锤、螺栓切割机、撬棍、破门槌，甚至是装甲车来进行破障。始终要把机械破障作为弹道式或爆破式破障的后备方案。所有作战单位都应具备机械破障的能力。门的建筑材料是决定机械破障有效性的关键。

对一些门来说，机械破障的方式效率非常低下。因此，作战单位应当预计敌人对破障行动有所反应。使用大锤砸开易碎的门是一种有效且快速的方法，而坚固的门则可以通过将缆绳两端绑在车子和门上来进行破障。这两种方法都能最大限度地降低连带伤害，并保持出其不意。

（二）弹道式破障

弹道式破障使用投射武器来制造缺口，包括 M136 AT4 等肩射型武器和"标枪"导弹等近战导弹。弹道式破障可用于墙壁或门窗。如有可能，应对墙壁使用大口径武器，对门使用小口径武器。

通常来说，应从较近距离对门实施破障，最好使用精确火力来摧毁门闩插销、门锁或者门的铰链，这样可以最大限度减少连带伤害，并快速打开大部分的门，使人员迅速进入门内。对着门闩插销和门锁射击是最简单的，因为它需要的射击次数较少，还很容易瞄准；而射击门的铰链则需要花费更多弹药，而且从外面可能看不见铰链。这两种方法都要求仔细瞄准。

1. 使用轻武器破障

通常来说，除霰弹枪以外的轻武器破障价值有限。大部分 5.56 毫米、7.62 毫米或点 50 口径的武器都会产生跳弹，并需要花费大量的弹药才能成功破障。因此不推荐使用这些武器。

2.使用霰弹枪破障

霰弹枪可以迅速击穿大部分的室内木门。金属门和室外木门也可使用霰弹枪破障，但通常需要的射击次数更多。霰弹枪破障并不只限于对付门。还可以用霰弹枪来破除带铁栏的窗口和挂锁锁扣，毁坏链式栅栏，以及破坏车辆后备厢和门的机械装置。

在使用霰弹枪执行破障作业时，因为可能有碎片飞溅，所以必须保护好眼睛。破门者还应考虑佩戴面罩来过滤射击中产生的细密粉末。吸入这些粉末可能引起健康问题。使用霰弹枪的弹道破障比其他破障方法更有优势，这些优势包括：

容易训练。霰弹枪破障方法教学更轻松快速。

重复使用。士兵可以携带足够的弹药来攻破许多扇门，而且霰弹枪破障不太可能干扰建筑物和房间清理分队的人员流动。

速度。其他破障方式通常比较慢，还可能妨碍或阻止突击分队的推进势头。

最小的连带伤害。爆破或爆炸可能会动摇建筑物的地基、产生妨碍运动的建筑残骸，还会制造出厚厚的、充满碎片的烟雾云，阻碍视线和视觉侦察。

（1）准备

霰弹枪应为手枪式握把，以便于操作。它还应具备枪纲以便于举起，并配备枪口支架装置以确保安全。这个支架装置被称为破障器，固定在枪管末端，用于释放枪口气压和捕获碎片。在使用破障器开火时，霰弹枪的枪口应直接与目标接触，并减少枪口的跳动和后坐力。如果没有破障器，枪管应和目标保持大约2英寸（约5.08厘米）距离，消除枪管炸膛的可能。这是为了最大限度增加枪击效果，并尽量减少碎片飞溅到友军身上的可能。

当以45°的水平角度（从门到门框）和45°的垂直角度（向上或向下）朝门开火时，破障射击是最有效的。如果是尝试突破一扇带有金属门框的金属门，则应采取更小的角度（15°）来开火，以防

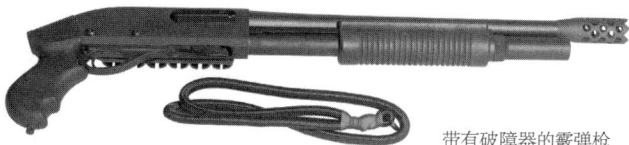

带有破障器的霰弹枪

止门上的金属卡在门框内，并把门口堵住。大部分霰弹枪弹都可用于破障。但是独头弹的风险最高，因为它们在穿透门后仍然保持相当大的能量。最安全的霰弹枪子弹是一种易碎的子弹，从门中射出后就会完全碎裂。

（2）破障

大部分门都有铰链、门把手和门锁装置。"门把破障"和"铰链破障"是两种典型的霰弹枪破障方法。"门把破障"的目标是破坏门上的门锁装置，而"铰链破障"的目标是破坏连接门和墙壁的铰链。在使用这两种技术时，射手应尽量减少自身暴露在门后的敌人火力之下的可能。

首选的方法是"门把破障"，因为它花费的弹药最少。然而一些门会在门把手上方或下方配备备用或多重的门锁系统（例如滑动固定插销、锁链、横贯门的门闩，或门闩嵌入门把手的地板锁）。遇到这些情况，就算破坏了门把手，这些门锁系统还是可能妨碍或阻挡人员进入。通常来说，只有在发现一扇门拥有多重额外门锁装置时，才应采取"铰链破障"。

A. "门把破障"

实际上，"门把破障"攻击的是门锁装置，而非门把手本身。永远不要瞄准门把手本身。破坏门把手会让门锁装置向门框方向弯曲，并在没有破坏门锁装置的情况下把门固定住。在采取"门把破障"之前，射手应首先尝试转动门把手开门，如果没有打开，再继续进行"门把破障"。

要采取"门把破障"，首先应视觉检查这扇门，辨认门的种类（木头的还是金属的），以及是否有可见的副锁（例如插销锁）。

接下来，射手子弹上膛，瞄准门把手和门框之间的中点，选用合适的射击角度（木门用45/45°，金属门用45/15°），朝着门把手与门锁装置射击。

如果有可见的副锁（例如插销锁），射手应采用同样的程序射击该门锁装置。如果第一次射击并没能破坏门锁装置，射手应在第一次射击后，马上进行第二次射击。

一旦门锁被破坏，射手马上将霰弹枪枪口

霰弹枪型"门把破障"的瞄准点

朝上，推开或踢开门，并从门口离开。该士兵不应再给霰弹枪上膛，而需要过渡到他的主要武器。该举动标志着门口已肃清，并允许第一名士兵进入房间进行清理。

如果门锁没能被破坏，射手可以继续朝任何已确认的额外门锁再次开枪，或者采取另外的破障方式。

B. "铰链破障"

如果"门把破障"失败了，或者一扇门被发现有多重门锁装置，则可以采取"铰链破障"。"铰链破障"速度不快，可能需要多达九次射击才能完成。大部分铰链无法从门的外侧被看见。在这种情况下，就得瞄准它们可能处于的位置。大部分门有三段铰链，一段位于门的垂直中心，一段大约距离门的顶部 8~10 英寸（约20~25 厘米），还有一段大约距离门的底部 8~10 英寸（约 20~25 厘米）。

对木门来说，通常射击 1~2 次就能使螺丝脱落并破坏铰链；但对付金属门，需要射击 2~3 次才能使所有螺丝脱落并破坏铰链。要想破坏门上的铰链应首先破坏顶端的铰链。调整霰弹枪的位置，在单次射击中尽可能多地将把铰链固定在门上的螺丝打掉。

要准备好再次破坏铰链和门框。一颗子弹可能无法破坏一段铰链，所以需要准备继续射击。一旦顶端铰链被破坏，就应采用和顶端铰链相同的程序继续破坏中间的铰链。

最后破坏底端的铰链。在很多时候，破坏上面的两段铰链会导致门因其自身重量而倒塌，连带着下端的铰链被拉出门框。

一旦铰链被破坏，射手马上将霰弹枪枪口朝上，推开或踢开门，并从门口离开。该举动标志着门口已肃清，并允许第一名士兵进入

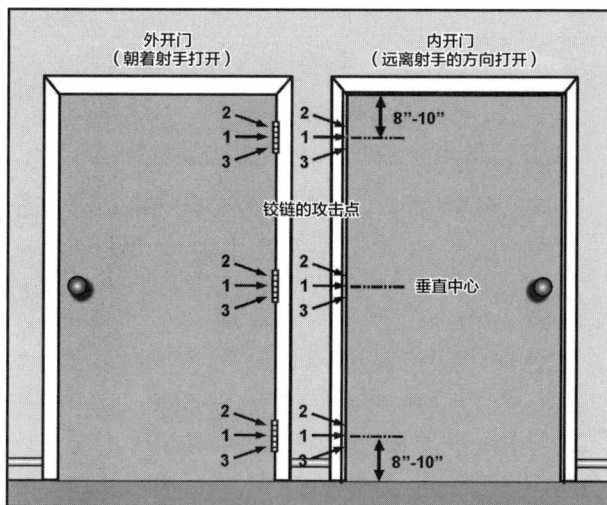

霰弹枪型"铰链破障"的瞄准点

房间进行清理。

3. 使用破门枪榴弹破障

M100 式破门枪榴弹（GREM）是一种安装在 M16A2 或 M4 步枪上，用于破门的步枪发射式破门武器，它是近距离破门工具（例如撞锤和霰弹枪）的替代品。在破门枪榴弹成功把门破坏之前，突击分队需留在掩体后方以减少暴露时间。破门枪榴弹经由 5.56 毫米弹药（普通弹或曳光弹）射出。它的最小射程范围是 15 米，最大射程为 40 米，最大射击角度为 20°。

破门枪榴弹对木门和金属门都很有效。对金属门使用时，破门枪榴弹会使门朝内变形，并从门框中脱出。对木门使用时，破门枪榴弹会把门炸成几块碎片。

不建议对安全门使用破门枪榴弹。安全门是加固的金属门，朝外打开以便人员更容易且更快地从房间内离开。如果使用破门枪榴弹进行爆破，可能使铰链和螺栓弯曲并卡住，从而将门卡在门框中。

4. 使用大口径武器破障

使用大口径武器，例如 25 毫米机关炮、40 毫米榴弹发射器、105 毫米或 120 毫米加农炮，都可以轻易打开除了最最坚固的防爆门以外的任何一扇门。然而无论是穿透还是爆炸，带来的连带伤害都很大。使用这些武器通常是为了制造突入

机动火炮系统（已退役）在突破建筑物

口并杀死房间的占领者，或者使他们
丧失行动能力。

（三）爆破式破障

即采用爆炸的方式来制造缺口。爆
破式破障往往是最迅速、最具有战斗力
的方式。作战单位可以使用稍加改造的
标准陆军爆破法来突破所有常见的城
市障碍。放置好爆破炸药后，所有人

士兵进行突入训练（2018 年）

员应当运动到安全、有掩蔽的位置。引爆后，清理分队应马上运动至进入点，进
入并清理房间。

（四）人力破障

是指用脚或肩膀来强行打开一个进入点（最常见的是门）。

四、实施破障作业

如果已确认的进入点是封闭的（例如一扇门），或者必须制造或扩大一个进入
点（例如墙上的一个洞），则作战单位指挥官必须确定破障的方式。一旦成功破障，
这个突入缺口将作为入口。人员必须快速进入，以在爆炸和震荡的影响下乘胜追击，
避免敌人对这个突入口有所应对。

破障可分为近距离破障和远距离破障。

近距离破障。指破障分队位于现场的突入，例如机械破障，使用轻武器的弹
道式破障，以及人力破障。

远距离破障。指破障分队的位置远离突入点，例如使用大口径武器
的弹道式破障。

爆破式破障通常需要将近距离和远距离破障元素结合起来，例如士兵必须首
先安装爆破装置，然后运动至安全距离。

（一）确定起始位置

指在执行破障作业并进入建筑物前的最后一个有掩蔽的位置。在确定起始位
置的类型时，突入方式和敌人威胁是关键因素。起始位置可被分为近距离起始位
置和远距离起始位置。

近距离起始位置

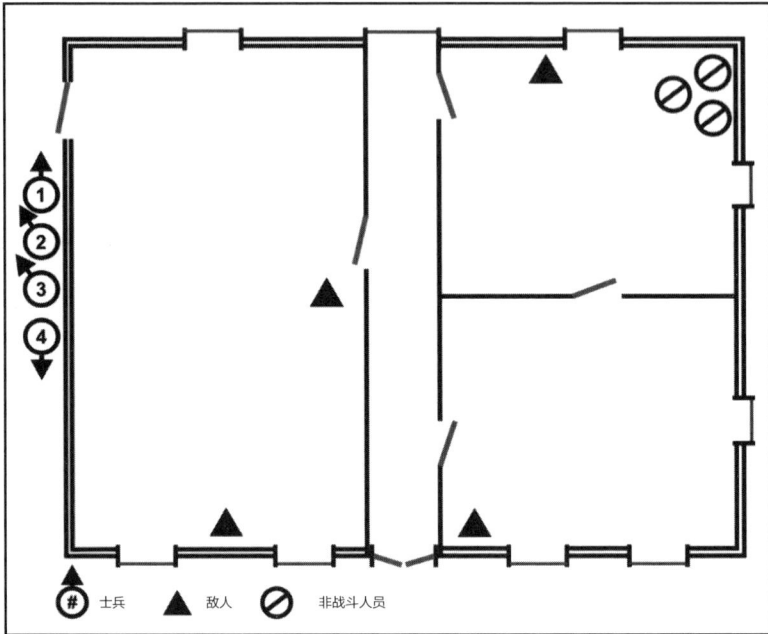

| # | 士兵 | ▲ 敌人 | ⊘ 非战斗人员 |

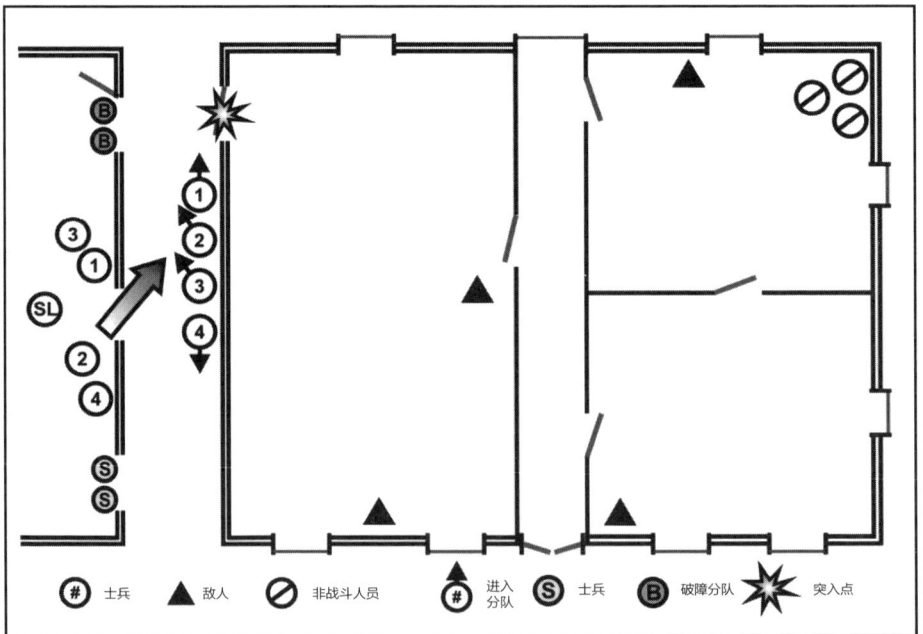

| # | 士兵 | ▲ 敌人 | ⊘ 非战斗人员 | ▲# 进入分队 | S 士兵 | B 破障分队 | ✦ 突入点 |

远距离起始位置

　　近距离起始位置。位于进入点附近。如果没有突入口，或者破障作业的副作用（例如爆炸、碎片或残骸）不构成危险，或者进入点处的友军没有受到威胁，或者没有暴露危险，则使用这种方法。

　　远距离起始位置。指一个远离进入点的有掩蔽的位置，该点保护己方免受敌人攻击，同时还可以快速进入进入点。如果破障的副作用会构成危险，或者进入点友军一侧存在威胁，抑或是有暴露的危险，就使用这种方法。

（二）运动至起始位置

　　确定好起始位置并完成破障和进入的准备工作（包括部署支援和掩护部队）后，破障分队需要运动到他们的起始位置（如果他们尚未抵达那里）。

（三）实施远距离破障

　　也是清理分队运动到进入点的信号。如果不需要远距离破障，则省略该步骤。

（四）运动至进入点

　　当暴露在敌火力中时，运动到建筑物进入点并停留在进入点外部是极其危险的。因此士兵必须尽量减少他们的暴露时间。当运动至进入点时，士兵应当用上所有可用的掩护，并考虑使用烟雾、压制火力，或者干扰手段来牵制敌人的注意力。

　　部署得当的友军可以压制并消灭试图和清理分队交战的敌人。清理分队成员

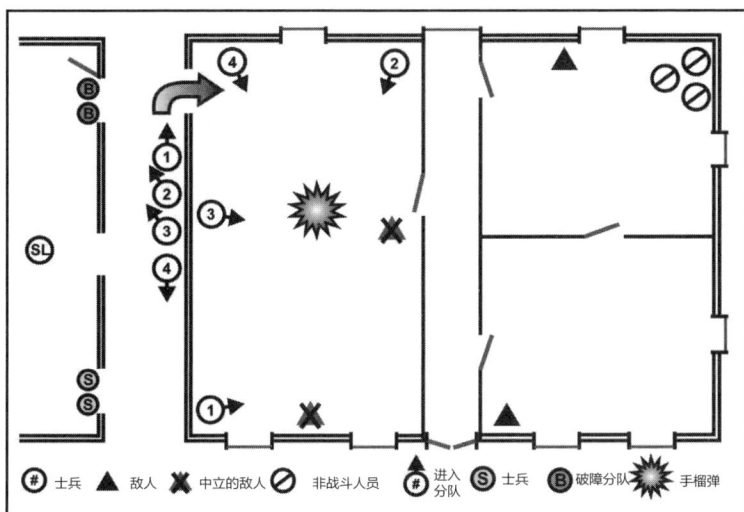

建立立足点

应当快速、安静地根据事先规划的进入顺序接近进入点，这样能保持出其不意，使人员快速进入，随后控制房间。

（五）实施近距离破障

是开始进入并清理据点的信号。如果不需要近距离破障，则忽略该步骤。

（六）进入并清理立足点

如果有可能，清理分队应当在处于有掩蔽或隐蔽的位置时，就按照他们的进入顺序开始运动。理想情况下，除非需要使用手榴弹，否则清理分队在抵达和经过进入点时不要停留。一旦进入室内，该分队需清理立足点并保证安全。进入并清理立足点，和进入并清理房间的操作相同。为了最大限度地减少友军误伤的危害，在选择清理其他房间的方向时，需考虑友军所处的位置。

房间清理

房间清理是指通过消灭敌人、控制房间和掌控局势等方式，迅速而有条理地取得对该房间及其内人员（包括敌方和其他人员）的控制权，通常应由班长或更高级别的指挥官决定清理房间的计划。该计划应识别需要清理的房间；确定进入的地点和方式；指挥房间清理组的组织工作；规定突击方式（外科手术式打击、精确打击，还是高密度打击）；执行交战规则；对监视部队、突入分队及支援火力进行部署；保持对所有后续小组的控制；决定房间清理完毕后的行动。

一、基本原则

清理组成员在沿狭窄走廊前往待清理房间途中、准备进入房间时、进入房间过程中、与目标交战期间，以及接触之后，应采取以下行动：

· 有策略地、安静地运动，同时保障通往待清理房间的走廊是安全的。

· 只携带最低限度的装备。

· 按照正确的进入顺序，在不被察觉的情况下抵达房间入口，并准备根据单一命令进入。

· 快速进入，并马上运动到支配点。

· 如果敌人有明显武装，采用快速、精准且可辨识的火力射击，制服房间内的所有敌人；如果不确定敌人是否有武装，则使用格斗技巧来制服敌人。

·获得并保持对房间内局势及所有人员的即时控制。

·如果小组成员被卷入格斗中，需保持警戒。

·确认敌方伤亡人员是受伤还是死亡；解除受伤人员的武装，孤立并治疗他；搜索所有敌方伤亡人员。

·对房间进行粗略搜索，判断是否需要进行详细搜索。

·撤离所有友军伤亡人员。

·使用简单、容易辨认的方法将房间标记为"已清理"。

·保持360°的警戒，随时准备与更多敌军进行接触。

（一）突然性原则

通过在敌人没有预料到的时间或地点行动，或使用敌人没有预料到的方式来实现，因此敌人无法有效进行战斗。速度、欺骗和干扰都有助于形成突然性。

（二）速度原则

指行动的迅捷程度。在清理房间时，它要求士兵在通过进入点和前往房间内的支配点时，在有效观察和射击的前提下，尽可能快速地运动。它还包括根据动态条件快速调整自身路线和支配点的能力。关键并不在于你进入房间的速度有多快，而在于你消灭敌人并清理房间的速度有多快。

（三）安全原则

保障安全是战术机动中的永恒主题。运动中的安全保障包括作战单位所采取的自我保护措施——保持360°全方位的警戒。城市作战中的节奏不一定意味着速度。进攻作战需要在速度、安全和足够的火力间取得平衡。

（四）震撼原则

震撼是采取压倒性暴力的结果，这是采用高密度打击方式进行房间清理行动的原则之一。震撼能使敌人减慢速度并受到干扰，甚至能瘫痪敌人的战斗能力，或使敌人昏迷。突然性和速度都能增强震撼的效果。

（五）受控制的猛烈行动原则

受控制的猛烈行动可以在将敌人造成友军伤亡的可能性降到最小的同时，消灭或摧毁敌人。该原则并不局限于火力的应用方式，还包括以全面支配为特征的士兵思维模式，这是采用精确打击和外科手术式打击方式进行房间清理行动的原则之一。受控制的猛烈行动原则和速度原则叠加，能够增强突然性。

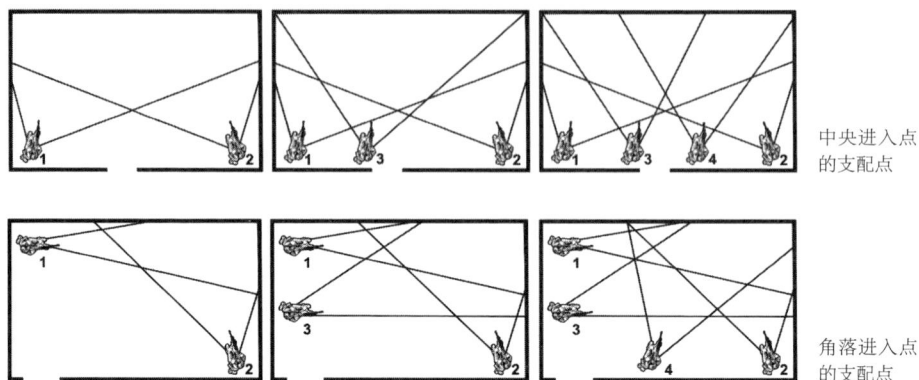

中央进入点
的支配点

角落进入点
的支配点

二、支配点

支配点是房间内特定的地点——当占据该点时，可以通过观察和射击有效地控制房间。房间内的角落是首选的支配点。在一个典型房间中，从四个角落中的任何一个角落，士兵都能获得覆盖整个房间的最小角度。然而房间布局、障碍物及清理组的规模都会影响到可以事实上提供最好火力区分的位置，因此也会影响到最佳支配点的选择。

支配点不应位于门口或窗口的前方，这样组员的轮廓就不会显现在房间外面。任何运动都不应遮挡分队其他成员的火力。大部分房间都有四个基于进入点的支配点——门两侧的两个角落，以及距离进入点左右两边至少一米的地方——这四个点都需靠墙。

如果进入点位于房间的角落，那么通常来说，使用该角落作为支配点是不实际的，因为它会阻碍小组其他人员的运动和射击。对于进入点在角落的房间，角落一侧的两个支配点位于边墙更靠里的位置，如上图所示。

三、通过进入点

清理组应该使用哪种方法通过进入点并进入房间通常由作战单位的标准作业程序、进入点的环境，以及清理组的经验决定，这几种进入方法的主要差别在于1号士兵的行动路线和他的火力区分。无论何种方法，接下来的士兵都要朝着前一名士兵的相反方向前进。清理组士兵之间的距离应当非常紧密，以便所有组员都能尽快进入房间。

当通过门口时，1 号士兵应当把门一直推到墙面，确保没有人躲在门后。他应该用他的脚，而不是身体推开门，因为设备可能会挂在门上，减慢小组通过门口的速度。

（一）动态式

在进入时，1 号士兵根据所观察到的敌人和障碍物来选择自己的方向。2 号士兵根据 1 号士兵的运动，前往相反方向。士兵应准备好在房间内的家具上方或周围移动，这样才能保持推进势头，并尽可能快地清理同时保障房间的安全。

（二）最小阻力路径

门是进入房间的一种阻碍。为了确保能以最快、最流畅的方式进入，清理组在进入时应当在门口运动阻力最小的一侧排队。如果门是向里打开的，清理组应在铰链一侧排队。如果门是向外打开的，该小组应在门把手一侧排队。通常来说，1 号士兵通过推开门、穿越门口、在运动至其支配点的过程中和敌人交战这三步，完成他进入房间的最小阻力路径。这能让他以最快速度清理"死亡漏斗"，从而让 2 号士兵尽快跟在他身后进来。

（三）门口有人

任何位于进入路线上，且没有明显武装的人员都必须离开该路线，这样小组人员才不会在进入时挤成一团。比较好的方式是迫使这些人来到房间中央，这样他们就能被置于火力覆盖范围内，而小组人员可以继续前往各自的支配点。如果这种方法行不通，这些人应被赶到一个不会挡着分队其他成员经过的位置，比如靠着墙。小组的首要任务是清理入口，控制房间，然后再来帮助正在对付这些人的小组成员。

四、火力与运动

无所作为或缓慢的执行速度，会给敌人留出反击的时间。除非受到限制或阻碍，否则清理组人员只应在他们清理完门口，并到达分配给各自的支配点后才停止运动。在房间清理过程中，士兵应采用敏捷的步伐保持运动，这可以使他们保持快速射击的能力，并瞄准正确的目标。除了控制房间以外，所有清理组成员还需要在天花板、墙面和地板上寻找射击孔和老鼠洞。进入房间后，要避免把自己的轮廓映在窗户或开着的门上，也不要从窗户或打开的门前经过。

每一名组员都必须清楚他们自己的火力区分和他们组其他成员的火力区分，也要搞清楚当他们进入房间时这些火力区分该如何变化，以及他们身处支配点时的最终火力区分范围。所有组员在运动到各自支配点的过程中，必须制服所有敌人。

五、控制房间

清理组通过消灭已知敌人和占据支配点这两种方式，从残存的敌人手中夺取主动权，并建立对房间的控制。清理组必须控制所有活着的非战斗人员、友军人员，或者丧失抵抗能力的敌人（指已投降或失去行动能力的敌人）。清理组长或指定的小组成员应当快速掌控局面，并通过洪亮的命令和夸张的手势信号，来向这些被控制的人员发布指令。首要任务是解除这些人的武装并让他们趴下。士兵们必须确认房间内所有人员的伤亡情况。需要注意的是，受爆炸物或者武器射击声音的影响，房间内人员的听力可能受到损害，仅通过言语控制成员可能会有些困难。

六、任务组织

一支四人建制的房间清理组是陆军在房间清理行动中采用的基本方式。根据 METT-TC 的不同，也可能会由两人或三人小组来执行房间清理行动。然而人数越少，成功的概率就越低。除非万不得已，否则任何士兵都不应尝试独自一人清理房间。

（一）四人建制的房间清理方法

四人建制的房间清理是一种战斗操练，它以标准的步兵步枪组为基础，由该火力组的班长全面控制。建筑物和房间典型的分隔性质，使任何比班大的作战单位都显得笨拙且难以管理。因此，火力组是作战单位适应具体情况的基本组织形式。

为了能更好地运用四人房间清理方法，需要突破一扇门，或在墙上制造一扇门大小的突入口。对于其他的进入点（比如一扇窗户，或比一扇门更小的突入口），采用其他的清理方法效果也许更好。下列步骤描述了一些有效的方法，可用于训练士兵面对他们可能面临的最艰苦环境。这些流程可以根据特定环境和任务需要进行培训、演练和修改。

1. 准备进入

识别并观察进入点，查看开口是否宽敞到能让人进入。如果开口太小，甚至

近距离起始位置

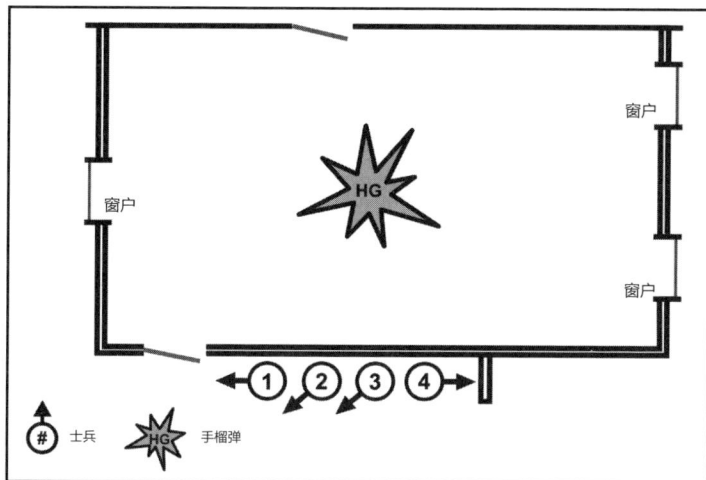

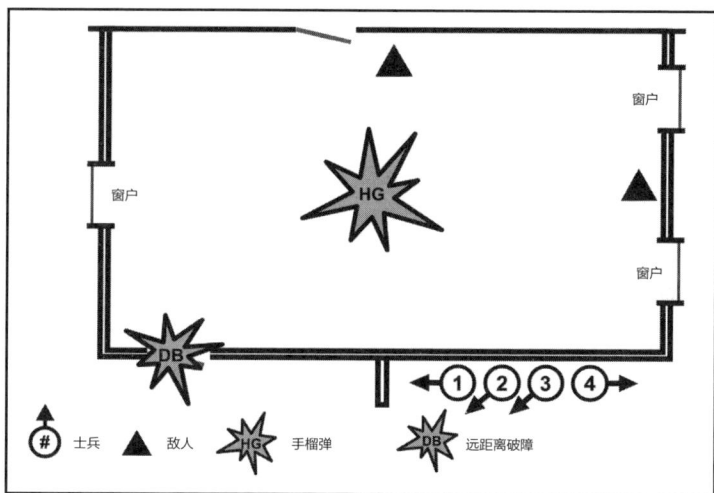

远距离起始位置

根本不存在，就需要决定突入方式。要将所有关着的门都视为"已上锁"状态，并假设必须破障才能进入。为了实施破障，所需的破障装备和人员都必须就位。然而基于 METT–TC，大多数近战破障方式都是从手动尝试开门开始的。清理组应该了解，转动门把手可能会失去突然性，并吸引火力。

　　在清理组进入房间之前，根据房间内可能的占据者和墙壁的特征，决定是否向房间内投掷手榴弹，以及投掷的手榴弹类型。一旦决定好突入方式，并确定要使用手榴弹，清理组和其他小组（破障组、监视组等）就可以运动到各自的位置上。对清理组来说，他们的起始位置有两种选择，一种是在进入点附近，一种是位于门附近合适的掩体后方。

2. 进入房间

是指打开或突破进入点所需的行动、在即将进入前使用致命或非致命手榴弹（如适用），以及实际进入房间的过程，应是一系列无缝连接的事件。下面描述了三种不同的进入条件，它们将决定清理组采取何种具体行动。

（1）通过打开的门或现有的类似门大小的开口进入

清理组运动到起始点，按照进入房间的顺序排队。该起始点应紧挨着进入点(门口)，位于能够实现最小阻力路径的那侧。如需投掷手榴弹，应由2号士兵来准备，并根据组长的非言语信号将手榴弹扔进房间。如果不需要采取秘密行动，当手榴弹被掷出时，投掷者应大声喊出"手榴弹掷出（FRAG OUT）"的口令；否则需使用视觉信号。

在组长发布进入房间的信号后（或在手榴弹爆炸后），清理组需快速通过门口。在运动过程中，他们需扫视自己的火力区分并制服所有敌人，直到他们抵达各自的支配点。在抵达各自的支配点时，他们应覆盖自己的火力区分并控制房间，直到清理组成员清理完门口并抵达各自的支配点。

（2）实施近距离破障后，通过关着的门进入

清理组运动到起始点，按照进入房间的顺序排队。该起始点应紧挨着进入点（门口），位于能够实现最小阻力路径的那侧。在组长的非言语信号示意下，小组应准备好实施近距离破障。如需使用手榴弹，应由2号士兵来准备。理想情况下，应由一名独立的破障人员来实施突破，否则由3号和4号士兵组成破障组。一旦破障组就位，组长发出非言语信号以实施突破。破障作业完成后，破障组需马上清理门口，如果事先认为有必要，向房间内投掷一枚手榴弹。由于不再需要保密，当手榴弹被掷出时，投掷者应大声喊出"手榴弹掷出"的口令。清理组需马上快速通过门口。他们需扫描自己的火力区分，并制服所有敌人，直到他们抵达各自的支配点。在抵达各自的支配点时，他们应覆盖自己的火力区分并控制房间。直到清理组成员抵达各自的支配点后，他们才能停下来。

（3）实施远距离破障后，通过关着的门或一扇门大小的开口进入

通过开着的门进入

实施近距离破障后进入

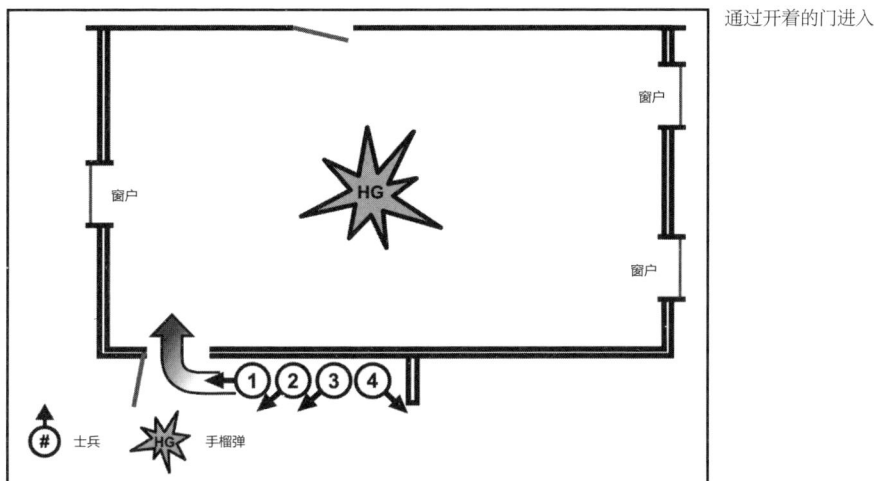

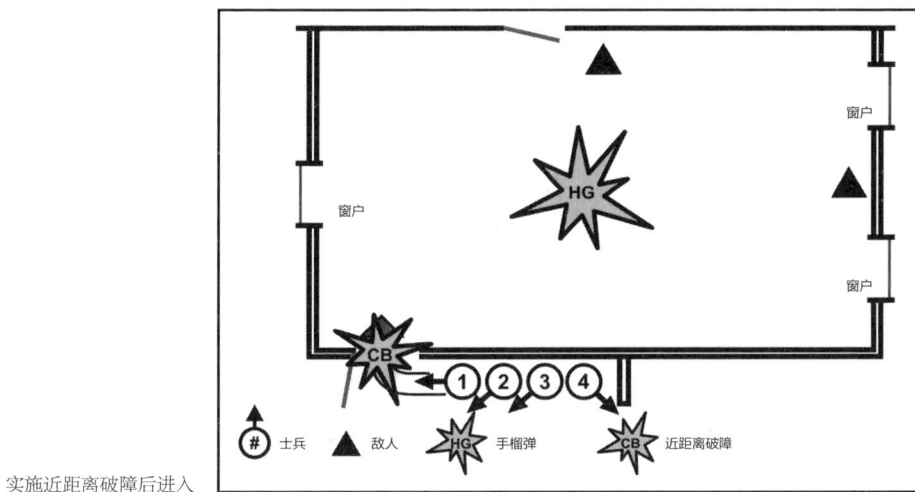

　　如果使用比霰弹枪更大的大型武器来实施爆破式或弹道式破障，通常需要由一个单独的破障分队来操作。清理组需占据一个靠近突入点的、带有掩体的位置，根据进入顺序排列，在那里待到破障作业结束为止，并且如有需要，清理组需为破障组提供监视和火力压制掩护。一旦远距离破障准备工作结束，清理组长需发出信号示意破障开始。一旦破障作业结束，清理组需马上从他们的掩蔽位置走出来，按照进入顺序前往并通过门或大小与门差不多的开口。在他们运动的过程中，他

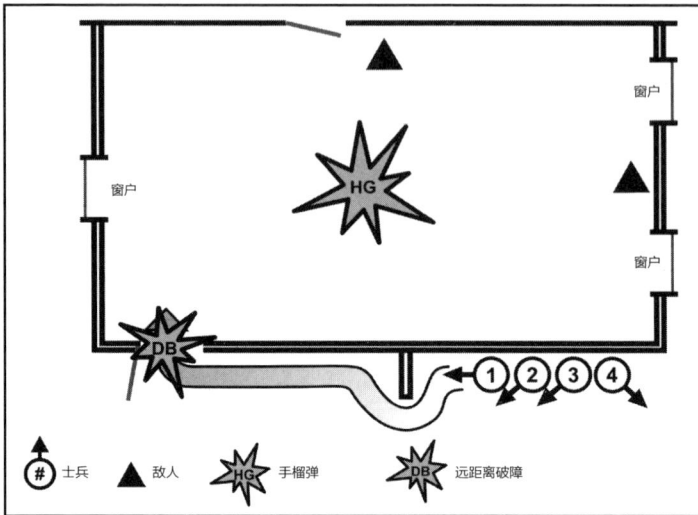

实施远距离破障后进入

图例：
- ▲(#) 士兵
- ▲ 敌人
- HG 手榴弹
- DB 远距离破障

们需扫描自己的火力区分，并制服所有敌人，直到他们抵达各自的支配点。在抵达各自的支配点时，他们应覆盖自己的火力区分并控制房间，直到清理组成员抵达各自的支配点。

如果因为需要排队或投掷手榴弹（如果事先认为有必要），导致小组必须在进入点外面停留，那他们也只应短暂停留，而且如果需要投掷手榴弹，他们必须保证自己有充分的掩护。如果投掷手榴弹，清理组需按照进入顺序，快速从他们的掩蔽位置运动到开口的能够实现最小阻力路径的那侧。然后全组人采取掩蔽措施（通常是靠着墙壁）。2号士兵准备好手榴弹，然后根据组长的信号，将手榴弹扔进房间。由于不再需要保密，当手榴弹被掷出时，投掷者应大声喊出"手榴弹掷出"或"震撼弹掷出（STUN OUT）"的口令。

手榴弹爆炸后（如果使用了手榴弹），清理组快速通过门口。全组人都需扫描他们的火力区分并制服所有敌人，直到他们抵达各自的支配点。在抵达各自的支配点时，他们应覆盖自己的火力区分并控制房间，直到清理组成员清理完门口并抵达各自的支配点。

3. 清理房间

为了能高效地清理房间，小组里的每个成员都必须清楚自己的火力区分，以及他自己的火力区分是如何与组内其他成员的火力区分相重叠和连接的。任何运动都不应遮挡组内其他成员的射击。

每一名清理组成员都应朝着他们的支配点运动，并在他们的火力区分内和所有敌人或敌对目标交战，还应引导所有非战斗人员朝着房间中央移动，以清理自己的路径。因此，当士兵们进入房间并朝着各自的支配点移动时，每名士兵的火力区分都在变化。

根据信号，小组通过进入点（或突入口）进入。当组员运动到他们的支配点时，他们和所有敌人或敌对目标在各自的火力区分中交战，并将没有与之交火的人员驱赶到房间中央，如此一来这些人员可被一名以上组员的火力区分覆盖。除非知道确切的房间布局，否则最好不要在事先严格限定每名士兵的运动方向。每名士兵都应朝着他前面一名士兵的相反方向前进。当组员运动时，他们和墙壁之间的距离应保持在一米以内。如果一名组员发现他的进程被某些物体阻碍，迫使他离墙超过一米，他应当要么跨过该物体（如果可以的话），要么停留在原地，从所处位置清理他余下的火力区分。如果该行为使房间内出现了射击死角，一旦清理组的其他组员抵达了各自的支配点，清理组长应发布指示，采取额外的清理行动。如果 1 号或 2 号士兵发现房间非常小，他们可以喊出"短房间（SHORT ROOM）"或"短（SHORT）"的口令，以告知 3 号或 4 号士兵（无论是谁跟在后面）应停留在房间外面。清理组成员必须进行火力控制，并区分房间内的敌对人员和非战斗人员（最实用的方法是辨别目标人员手上是否拿有武器）。士兵们应不停地射击，并采用近距离射击技巧。应将非战斗人员引导至房间中央，这样当他们变得敌对时，可以有多名组员将他们纳入自己的火力区分。

如果一名士兵开始进行肉搏战，其他士兵在提供支援以前，应继续自己前面的行动以控制房间。在对一名进行肉搏战的士兵提供援助时，务必要对更大范围内正在进行的战斗保持感知和警戒，这对全组人来说非常重要。

（1）对角法

当组内士兵经验丰富，且全组曾经合作过时，可采用对角法。每名士兵的行动如下所示：

1 号士兵进入房间，消除所有直接威胁。他可以朝左边或右边运动，沿着最小

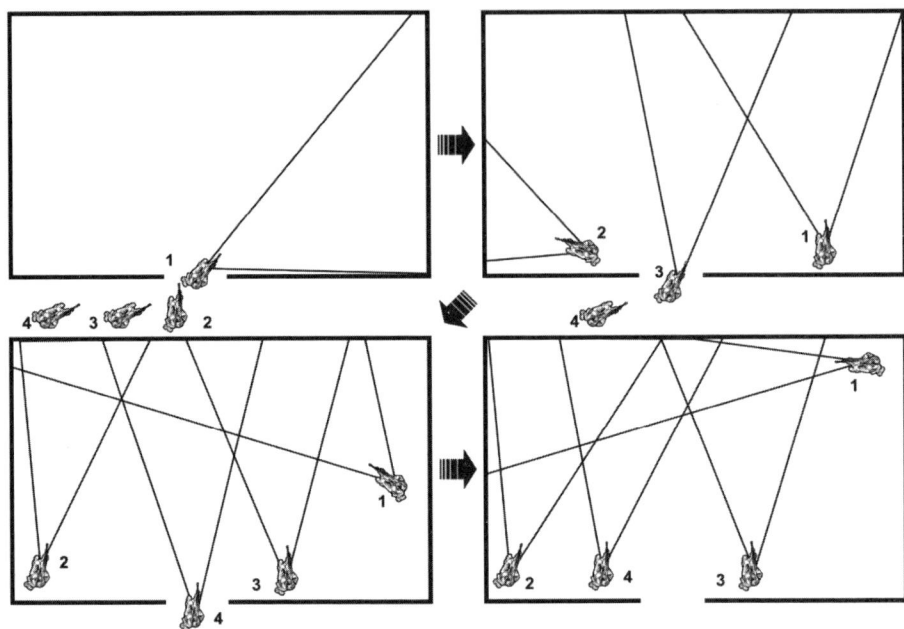

对角法

阻力路径运动到某一支配点——两个角落的其中一个，并继续朝着房间深处运动。

2号士兵几乎和1号士兵同时进入，并沿着墙朝相反方向运动。他必须清理进入点，清理紧邻的区域，并运动到他自己的支配点。

3号士兵在房间内朝着2号士兵的相反方向运动，至少离进入点一米远，并占据一个能支配其火力区分的位置。

4号士兵朝3号士兵的相反方向运动，离门口至少一米，并清理门口，然后运动到一个能支配其火力区分的位置。

（2）"强墙"法

当士兵经验不足、组内有新加入的成员，或者和非成熟的外国部队合作时，可使用"强墙"法。1号士兵可选择向左或向右前进，并且通常需要选择一条最小阻力路径，通往两个近角的其中一个。在本例中，1号士兵朝右方前进。如果1号士兵向左前进，所有的运动和支配点就变成图中所示运动路线和支配点的镜像。每名士兵的火力区分都直接覆盖他的前方。当某名士兵转身时，他的火力区分随着他一起转动，直到他抵达自己的支配点位置。

每名士兵的行动如下所示：

1号士兵快速通过进入点，并消除所有直接威胁。当他转向右侧的近角——他的支配点时，他需要清理远处的墙壁，然后是右侧远处的角落。

2号士兵紧跟在1号士兵后面，快速通过进入点，并压制所有直接威胁，然后朝1号士兵的相反方向转身。当他转身时，首先清理远处的墙壁，然后清理左侧远处的角落。

3号士兵紧跟在2号士兵后面，快速通过进入点，并压制所有直接威胁，然后朝2号士兵的相反方向转身。当他转身时，首先清理远处的墙壁，然后清理右侧远处的角落。

4号士兵紧跟在3号士兵后面，快速通过进入点，并压制所有直接威胁，然后朝3号士兵的相反方向转身。当他转身时，首先清理远处的墙壁，然后清理左侧远处的角落。

1号士兵继续转身，清理右侧的近角，也就是他的支配点，然后清理右侧近处的墙壁。

2号士兵继续转身，清理左侧的近角，也就是他的支配点，然后清理左侧近处的墙壁。

3号士兵继续转身，清理1号士兵面前的右侧墙壁。在朝着右侧墙壁开火时，3号士兵必须格外小心，以确保1号士兵不会被他的武器误射。

4号士兵继续转身，清理2号士兵面前的左侧墙壁。在朝着左侧墙壁开火时，4号士兵必须格外小心，以确保2号士兵不会被他的武器误射。

1号士兵抵达右侧的近角，也就是他的支配点，转身，然后将远处的墙壁和右侧远处的角落纳入自己的火力区分。

2号士兵抵达左侧的近角，也就是他的支配点，转身，然后将远处的墙壁和左侧远处的角落纳入自己的火力区分。

3号士兵抵达近处的墙壁（至少位于门右侧一米开外），也就是他的支配点，转身，然后将远处的墙壁纳入自己的火力区分。

4号士兵抵达近处的墙壁（至少位于门左侧一米开外），也就是他的支配点，转身，然后将远处的墙壁纳入自己的火力区分。

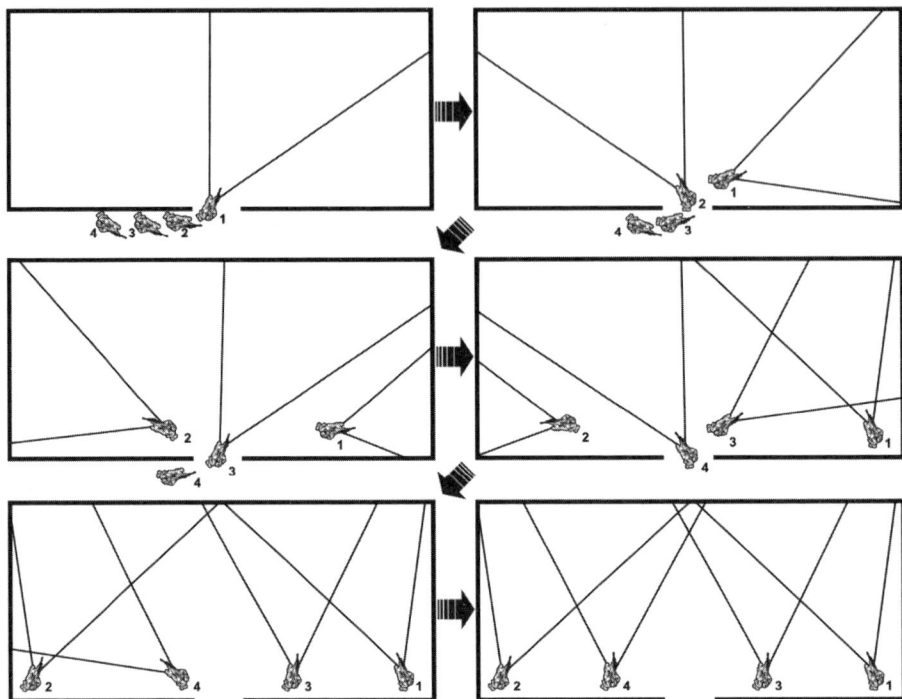

"强墙"法

（3）确保房间的安全

根据命令，清理组内任一组员
都可以在其他组员的监视下，朝着
房间深处运动。组长必须做好控制。
一旦房间被清理完，所有敌人或非
战斗人员都被控制，清理组长就向
班长发出信号，示意房间已被清理。
然后班长指挥对房间或房内人员进
行更深入的搜查，确保房间按照每
个作战单位的标准作业程序被打上
标记，向排长报告状态，必要时可
合并分队进行整顿，然后决定他的

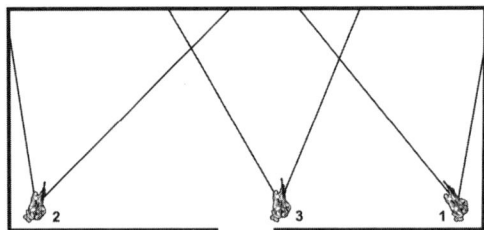

三人房间清理的最终位置

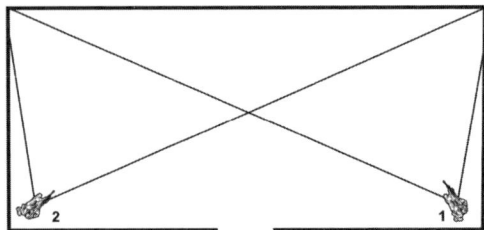

双人使用同步绊钩方法进行房间清理

班的下一步行动。

（二）三人建制的房间清理方法

三人建制的执行方式与四人建制的房间清理方法相同。在清理进入点后，第三名士兵应停留在进入点附近，并覆盖中央的火力区分。

（三）双人建制的房间清理方法

该方法的执行方式和四人建制的房间清理方法相同。

七、任务完成

当组长收到其他组员的报告，并对整个房间进行扫视后，如认定该房间已被清理好，则该房间清理完毕。接下来清理组根据作战单位的标准作业程序，将房间标记为"已清理"。往往在清理组长确认房间清理完毕之前，清理组成员就会开始他们的下一步行动。如果该房间有其他的门（尤其是敞开的门）或者窗户，士兵应当评估来自这些门窗另一侧的威胁。即使另一侧是已知的友军部队，士兵们也应避免将自己的轮廓映在其上。如果存在来自其他门窗以外的潜在或已知威胁，则应立即开始准备后续的任务，这可能包括后续的房间清理，加强观察，甚至是建立防御体系。清理组应保持对房间和进入点的控制，直到收到来自班长或后续部队配合进入房间的指示。

格斗

一旦身处房间之中，就意味着是一场战斗，而不是枪法比赛。如果仅用枪炮火力就能将一幢建筑里的每个房间都清理干净，需要让士兵进入其中的机会就很少。考虑到世界上许多地方的房间都很小，当士兵们通过进入点的那一刻，他们和敌人的距离可能近在咫尺。武器可能发生故障，非战斗人员并不总是顺服的，而敌人并不总带有明显武装，因此在城市作战中，格斗和近距离射击一样重要。

一、武器故障

如果士兵在清理房间时武器发生了故障，他接下来的行动应取决于他与敌人的距离。

在大型房间内，他可能距离敌人足够远，这时谨慎的做法是让出路来，让其他人处理敌人的威胁。该士兵应当使用跪姿并尝试清理自己的武器。这种做法既有助于让出火力线，也可以提示队友自己的武器发生了故障，并可以在最短的时间里带着武器重返战斗。

在小型房间内，由于与敌人的距离很近，因此不建议士兵采取跪姿——毕竟敌人的武器不太可能同时发生故障。等待队友清理完他们的区域再来帮助自己，所耗费的时间足以让敌人使用武器来对付他了。这名失去武装的士兵应当冲向敌人，并使用格斗技术制服他。如果敌人有武器，士兵必须阻止他使用自己的武器。该士兵的首要任务是确保自己一直活着，直到他的队友控制了房间并赶来帮助他。

二、滞后的战斗人员

在进入房间时，通常难以确认房间内的人员是否怀有敌意。在与看似非战斗人员打交道时要小心谨慎，并在他们变得不顺从或敌对时，保持对局面的控制。

正如一个战术单位应当尝试和尽可能少的人员保持接触，以保持战术灵活性一样，潜在的敌人应当被控制在尽可能远的范围内。最好是通过言语命令和手势，将敌人控制在武器射程范围内。如果一名士兵必须对潜在的敌人进行肢体控制，他应当尝试与敌人保持一臂的距离，这将使敌人难以夺取他的武器装备。

如果在士兵尝试控制敌人的过程中，敌人采取了敌对行为，该士兵应尝试保持尽可能远的距离，这能防止敌人夺取士兵的装备。在成功钳制住敌人，将他的双手反扭在身后之后，该士兵可有三种战术选择。

重新回到射程之内。该士兵可将敌人推开，让其转身或改变方向，重新回到武器射程之内。如有可能，应当引导敌人前往房间中央，这样子弹的火力就不会伤害到队友。

使用随身武器。该士兵可以拔出刺刀、战刀或者手枪。

拉近距离。通常来说，取得控制权的最佳方式是积极拉近距离。可将敌人逼至墙面或地板上。如果敌人抓住士兵，并试图使用隐藏的武器，该士兵将难以重新回到枪弹射程内来使用他的主要武器。此外，在敌人使用武器之前，他也将没有时间使用自己的辅助武器。首要目标是让自己活下来，等待队友赶来帮助你。

三、其他情况

士兵也可能受到来自后方或侧翼的攻击，被推到墙上，或被扑倒在地。

如果受到后方的攻击，该士兵应尝试保持站立。如果他能保持站立，他应当使用格斗技术转向敌人，努力进入压倒性的钳制姿势，然后执行上述三种战术选项的其中一种。

如果被按在墙上，墙面本身就是一种辅助工具。

如果一名士兵无法站立，并被扑倒在地，他必须通过获得压倒性的，或者强有力的防御姿势来保护自己的随身武器。一个好的姿势能为他提供以下几种战术选择。

恢复站立姿势。如果在缠斗时士兵成功取得了理想的防御姿势，在站起来的过程中，他也可以使用同样的技巧来控制周围，并通过摆脱臀部的控制站来。

使用随身武器。如果一名士兵可以采取压倒性的姿势控制敌人，他就可以使用自己的随身武器，例如刺刀、战刀或者手枪。

结束战斗。士兵可以使用窒息术和关节攻击技巧，使敌人失去战斗能力。

拖延战术。作为最后的手段，士兵可以先保证自己活下来，等待他的一个或多个队友赶来帮他。

清理建筑物

夺取或获得一幢建筑物的控制权，可能并不总是需要派遣部队进入建筑物并接近敌人。在发起一场直接突击以前，以及让清理组成员冒着伤亡危险直接与敌人接触之前，指挥官应当考虑致命和非致命的各种可用选项。致命行动包括使用间瞄火力、远程的车辆火力、压制火力和狙击火力。非致命行动包括战术呼叫、谈判、武力展示和军事信息支援作战。

指挥官和士兵应当考虑他们被赋予的任务和目的，以及他们为了达到预期结果应采取的方法。他们必须根据交战规则来作战，并且应当了解武器对建筑物的类型和结构所造成的影响。

一、注意事项

在城市作战中，作战单位会遇到必须进入和清理一幢建筑物的情况。以下因素将会影响清理部队的规模，以及进入并清理建筑物的作战条件。

· 当前交战规则。

· 建筑物的规模、情况和结构。

· 内部和外部敌人的优势、部署情况和他们的习惯。

· 非战斗人员的存在情况、数量和状态。

（一）作战条件

为了彻底清理一幢建筑物，该建筑的所有内部和外部空间都应得到清理。内部空间包括每一层楼的所有房间、楼梯、阁楼、地下结构，以及架空层。外部空间包括屋顶、外部楼梯，以及露台。然而清理程度和所使用武力的程度，应根据METT–TC而变化，尤其是根据预计存在的敌人，敌人已知的能力，以及占据该建筑物人员的行动来变化。

虽然在某些情况下，可能只需要对某单一房间进行外科手术式清理，但很多作战都要求使用精确和高密度方式，对整幢建筑物进行彻底清理。不过，即使在采取高密度方式的情况下，对整幢建筑物进行清理，也不意味着需要对每一个房间进行高密度清理。

1. 高密度式

在采取高密度式清理法的情况中，作战条件往往是常规的，敌人是强大且坚决抵抗的，非战斗人员很少会出现，并且现有的政治考量允许采用压倒性的火力。作战单位可以选择摧毁一整幢建筑物，而不是对它发起突击；也可以选择使用压倒性的压制或支援火力；实施爆破式破障；或者在进入之前，使用破片手榴弹来摧毁一片地域。

2. 精确式

在采取精确式清理的情形中，作战条件往往不那么常规，敌人没那么强大，并经常和非战斗人员混杂在一起，而且现有的政治考量对战力的使用有约束。如果有要求，友军部队会保留使用手榴弹的权力；或者在有需要的情况下（并且没有非战斗人员在场时），会保留采取压倒性战力的权力。在精确式作战中，清理组采取机械破障，或者其他破坏力更小的破障方式来进入房间。

3. 外科手术式

外科手术式方法最适用于特种部队、专门部队，或者（在特定情况下）所在国的特殊武器和战术组（SWAT）。在通常情况下，常规部队孤立出一幢建筑或一片地域，然后由一支特种部队实施外科手术式的房间清理作战行动。

（二）部队结构

　　通常来说，一个班大小的建制，是机动分队在一幢建筑物内的任何单层楼面中实施作战行动的理想规模。当在一幢建筑内的有限空间作战时，比班规模更大的作战单位将很快变得笨重而不灵便。额外的班可以提供支援火力，或者在更大的建筑内跟随并提供支援。在多层的大型建筑中，一个排可能甚至要负责一整层楼。如果有可能，为了简化控制，可通过物理方式，用房间将班和班分隔开，用楼层将排和排分隔开。由于手榴弹碎片和武器火力可以射穿墙壁、地板和天花板，因此所有在一幢建筑物内的友军人员都必须保持强烈的态势感知和良好的通信情况，以防友军误伤。

　　建筑内部的清理作战，最好由一个班的两个火力组通过紧密合作的方式来执行。通常来说，一个组清理一个房间的同时，另一个组提供监视和掩护火力，或者在进入点保持警戒。在某些情况下，第二个组可能需要同时清理附近的房间。一个常用的方法是让一个班的两个组采用掩护跃进方式穿过各房间。这就意味着在一个组清理完一个房间后，另一个组要快速向前，去清理下一个房间。直到整层楼都被清理完，或这个班的行动必须中止之前，要一直保持跃进。根据楼层的规模和布局，可以使用第二个突击班来同时清理额外的房间或者楼梯井。

　　最后，为了保证行动成功，在清理建筑物时，还要对该建筑物进行警戒，以防敌军回到已经清理过的地域。如果时间允许，也可能需要对关键地域进行二次清理，以及对可能的藏身地点进行二次检查。通常来说，突击队应专注于内部，而另一支部队应着重于对建筑物进行全面警戒。这支警戒分队应专注于建筑物的外部，特别是对所有地面楼层的进入点进行警戒。因此在理想情况下，突击行动的第一步是孤立建筑物；执行孤立任务的分队可以完成大部分警戒要求。如果无法孤立建筑，或者为了保证地面楼层的近距离警戒，警戒分队的任务应该是阻止敌方人员进入或离开建筑。常用的方法是，当支援分队完成了他们的支援任务后，将他们转移到能够对地面楼层进行警戒的位置。

（三）进入和清理建筑的方式

　　进入建筑的目标是获得一个立足点。虽然直接的正面突击可以达到此目标，但它的代价也可能相当大。因此永远需要寻找一个备用的进入点。如果这幢建筑物被敌人占据，尝试避免从明显的进入点进入，因为敌人很可能在守株待兔，而且已经做好了不同程度的准备。

在很多情况下，自上而下是清理一幢防守严密的建筑（尤其是一楼）的理想方式。这可以避免正面突击，并绕过一楼进入点。一楼进入点通常防守力量较强，而且可能安装了诱杀装置。然而从任何其他楼层进入建筑可能会很困难。要想成功进入一楼以上的楼层，安全性和速度至关重要。在进入较高楼层时，必须避免士兵暴露。要使用多种不同方式进入一楼以上的楼层，这些方式包括梯子、排水管、爬藤、士兵之间的协助、装甲车、附近的屋顶、窗户或墙壁等。此外，可考虑使用直升机来进入屋顶。

自上而下清理的优点包括：当向下清理时，作战单位的推进势头比向上清理更大；从楼梯井往下投掷手榴弹，比往上投掷更容易；和保障一楼的安全相比，保障更高楼层和屋顶的安全所需的人员数量更少。同时，也要考虑到被迫来到楼顶的敌人可能会走投无路，随后誓死抵抗或从屋顶逃跑。被迫下到一楼的敌人可能会选择从建筑物内撤出，从而把自己暴露在外面的友军火力之下。

从上方进入的缺点在于，从高层进入建筑物的方式可能不是现成的，或者即使是现成的，通常也需要花费额外的时间才能抵达，而且进入的方式往往会增加突击分队的暴露风险。这些缺点，再加上一楼是最容易进入的这一事实，意味着进入一幢建筑物最常用的方法仍然是从一楼进入。鉴此，可以通过支援、压制、警戒和遮蔽等方式，减少从一楼进入的风险。

（四）支援、压制、警戒，以及遮蔽需求

作战环境和敌情都会影响到所需的支援、压制、警戒和遮蔽的程度和类型。指挥官应弄清楚自身需求。

压倒性的火力可能要用在目标建筑物，甚至附近的建筑所有可见的孔洞上，来压制敌方人员。这种压制，可能不仅在突击分队进入建筑物时很有必要，在作战单位清理各个房间和楼层（包括屋顶）时，同样也是需要的。此外可能还需要遮蔽物来为突击队的运动提供隐蔽。

敌人和建筑物的布局可能会要求作战单位在清理时，同时对众多的一楼房间进行警戒。可能涉及的需求包括部署一些人员（例如一个狙击组）来监视关键的孔洞，并与出现的敌方人员交战。突入分队可能只需要采取外科手术式方法来清理单层楼面，甚至单个房间，同时一个警戒分队可能也只需要控制单个房间的入口。

（五）态势感知

指挥官应当知道他们的下属作战单位、附近的友军单位、非战斗人员和敌人的位置，以及敌人可能运动到的位置。这只能通过所有相关人员之间及时且准确的沟通来实现。然而，要把这些信息整合起来可能是个挑战。

部队分散成小分队后会出现这样一种情况，即每个分队都报告了同一个事件，但该事件可能会被误解成两个不同的事件。相反地，由两个或以上友军分队报告的两个或更多的独立事件，可能会被误解成单个事件。最好是通过使用在作战前就确定好且演练过的通用参考点，来完成一份准确的报告。

另外，建筑外部的友军作战单位必须了解建筑物内部的友军作战单位的当前位置。通常来说，一个作战单位越深入建筑物内部，无线电的信号就越弱。为了克服这一点，可在被清理过的窗口附近安排一名无线电话务员，这样既可以改善无线电通信的效果，还可以将其作为部队前进的标志。

保持作战单位态势感知的一个关键动作，就是对已清理过的房间、楼层和建筑物进行标记。这对确保建筑物内部的多个作战单位了解兄弟单位的进度，以及建筑物外部的作战单位了解建筑内部作战单位的进度来说至关重要。

（六）修改计划

虽然任务的结束状态保持一致，但达成结束状态的方式经常会发生变化。指挥官应当为这种潜在的变化做好计划和准备。在执行计划的过程中，经常会遇到修改计划的情况。常见的修改计划的原因包括敌人位置发生变化、外部环境出现变化、发现了意料之外的建筑物平面布局或建筑物特征、存在非战斗人员、友军伤亡情况，以及资源短缺等。

（七）转换状态

如果要防守建筑物，则作战单位要转入防御姿态。如果要从建筑物中撤离，指挥官首先需要确保敌人无法重新占据该建筑，并且友军人员全部撤出了建筑物。最好是通过一个单一的撤出点，从上至下完成撤离。作战单位必须做好撤出建筑的计划，以防止友军误伤，还要避免与建筑外部的敌人发生接触。要通过基于METT-TC的各种方法来持续确保建筑物的安全。这些方法包括但不限于找到监视建筑物的新位置，在建筑物周边建立一片已清理地域，或者使用当地安全部队来保障建筑的安全等。

二、清理楼层

通常来说，作战单位要清理至少一个独立房间——通常必须清理一整层楼并确保其安全。考虑到建筑物内空间有限，班建制的分队是比较适合在单个楼层中行动的部队规模。然而对于大型建筑来说，清理一层楼可能需要好几个班，由排长来控制整体进度。

在建筑物内建立立足点以后，班长需要在 METT–TC（尤其是可见的建筑物布局）的基础上确定清理楼层的最终方案。如果有可能，增援部队应将建筑物与外界隔离，并根据需要，为本班的前进提供支援火力。

下面几幅图呈现了清理一层楼的基本过程。增援部队正在孤立这幢建筑物。清理楼层是从成功建立立足点开始的。下文的例子显示的是一个班成功在建筑物内建立立足点后，准备开始清理楼层。

朝每个房间投掷一枚手榴弹并不现实，因此在进入房间时，保持出其不意就成为关键优势。实现这一目标的其中一种方法是战术欺骗。当清理组通过一扇门进入房间的同时，对另一扇门实施近距离破障，甚至是门把手的抖动都可以对敌人产生至关重要的干扰。在下面的例子中，一扇门的门锁和铰链被击中，对敌人造成了干扰，而清理组则进入了另一个房间。

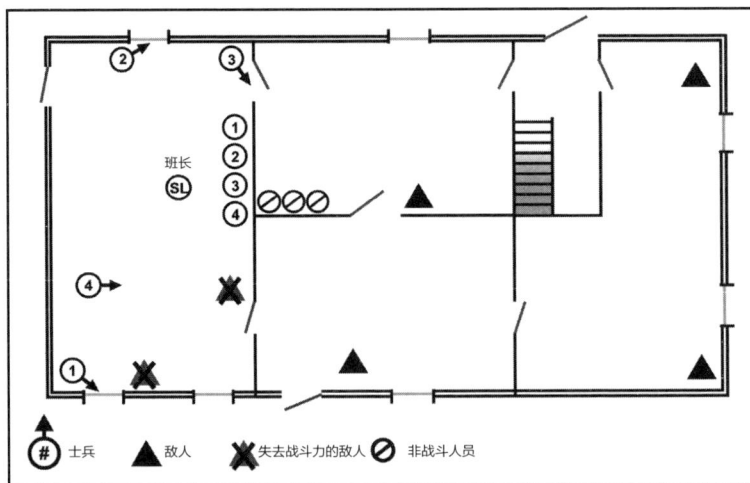

准备清理楼层

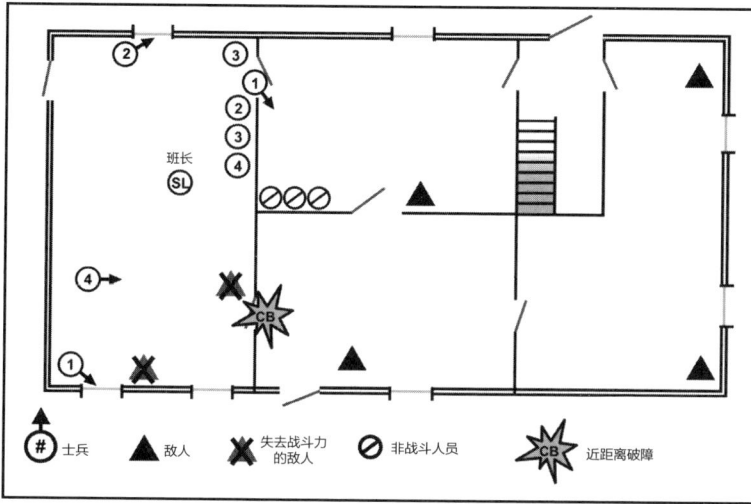

成功清理楼层的其中一个要求是灵活性。在进入房间时，可能会发现之前未知的情况，例如存在非战斗人员或障碍物等。这些情况应该立即被传达出去，而且可能需要根据作战单位的标准作业程序，对房间清理计划进行妥善的修改。此外，有些房间的布局可能不适用经典的四点控制战术。如上图所示，1 号士兵看见并发出"非战斗人员在角落附近"的口令；他和一名穿过开着的门溜走的敌人交战，发出"敌人在房间右侧"的口令，然后继续朝左边角落的控制点运动。考虑到门窗的位置，1 号士兵选择沿着墙稍稍前进，来到一个能为 3 号士兵提供空间，并且不会将 3 号士兵的轮廓映在门窗上的控制点；2 号士兵掩护非战斗人员，并保障他们的安全。

考虑到门和士兵们的位置，并不是所有情况都能让士兵们以单一队列进入。遇到这种情况，指挥官应当根据新情况修改原计划。进入顺序应当始终保持不变，但士兵可以根据 METT-TC 的影响来互相交换位置和号码。在下页图示中，4 号士兵仍然负责掩护敞开的门口；其他三名士兵为了不从敞开的门前穿过，在离他们最近的门旁边采取了准备措施。由于已知房间内有敌人，因此决定在进入房间之前先投掷一枚手榴弹。另一组需要保护自己房间的安全，并将非战斗人员从路径上移开。班长需要一直让两组人保持同步。

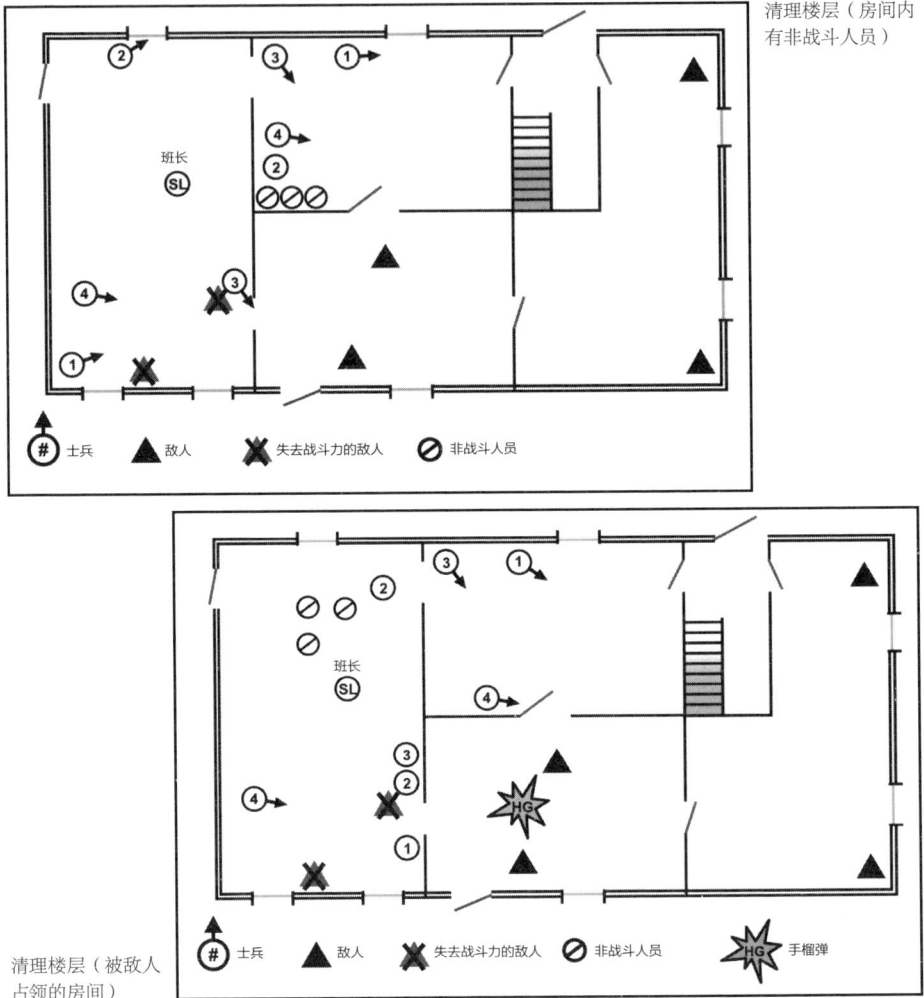

清理楼层（房间内有非战斗人员）

图例：
士兵　▲ 敌人　✖ 失去战斗力的敌人　⊘ 非战斗人员

清理楼层（被敌人占领的房间）

图例：
士兵　▲ 敌人　✖ 失去战斗力的敌人　⊘ 非战斗人员　※HG 手榴弹

　　手榴弹爆炸后，清理组要清理房间，报告情况并负责保卫房间的安全。班长需要评估情况，决定清理楼层的下一步工作，并将这一决定传达给他的组员。永远不要在无人负责看守房间或非战斗人员的情况下离开。如果有后续部队，可以让他们负责看守已清理的房间和非战斗人员。

　　有时班长会让他的火力组以跃进的方式清理房间。与所有的房间清理行动一样，这种跃进关系应当是灵活的，没有固定模式。一个组可以清理一个房间，而

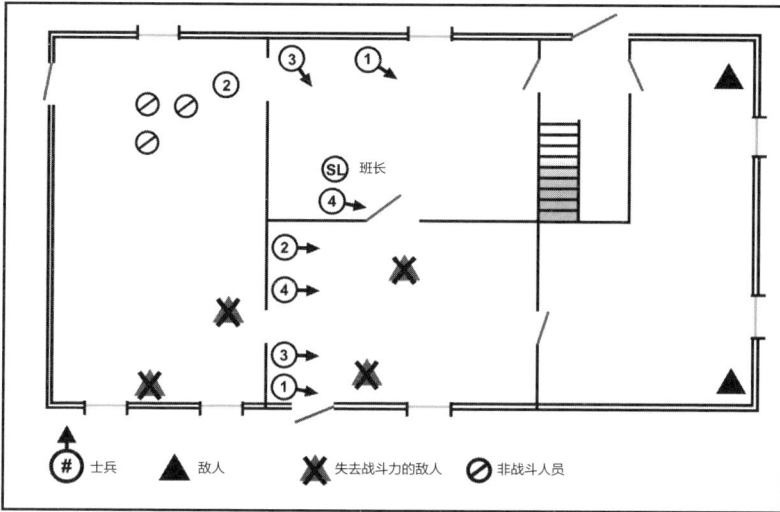

清理楼层（清理房间并评估情况）

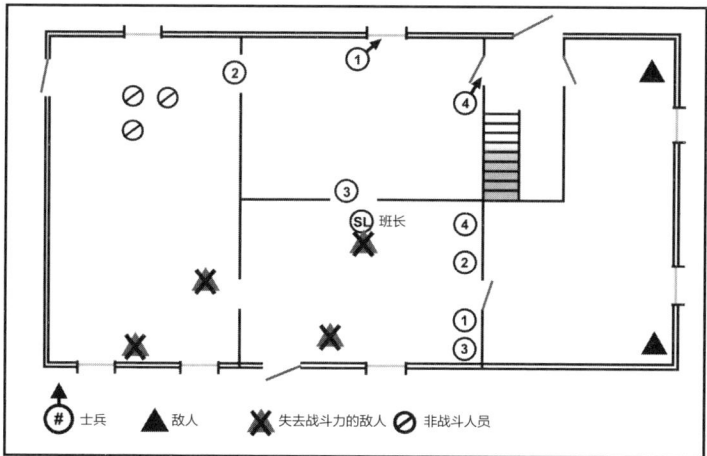

清理房间（跃进）

　　另一个组可以清理两个房间。起始位置也应当是可变的。在上图中，清理组完成了清理工作，并确定房间安全。在评估完情况后，组长要调整位置，并指挥该小组去清理下一个房间。

　　根据房间的形状或者房间内的障碍物情况，在进入房间并占据控制点的过程中，可能需要确定房间内是否仍然有需要清理的部分。然后清理组长需要决定清理房间剩余部分的方式。

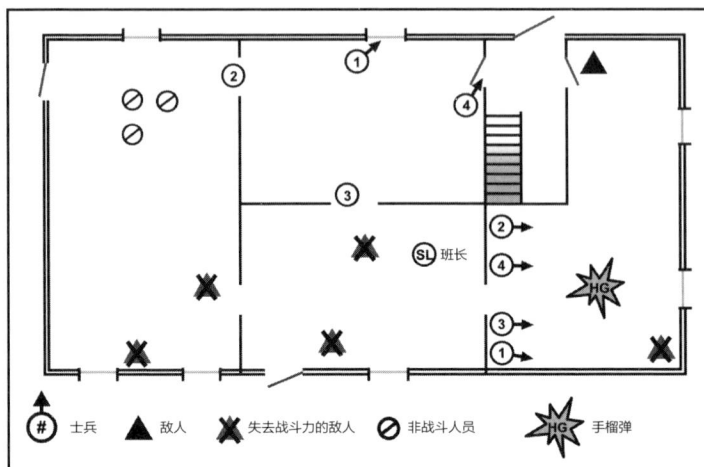

清理楼层（按房间形状）

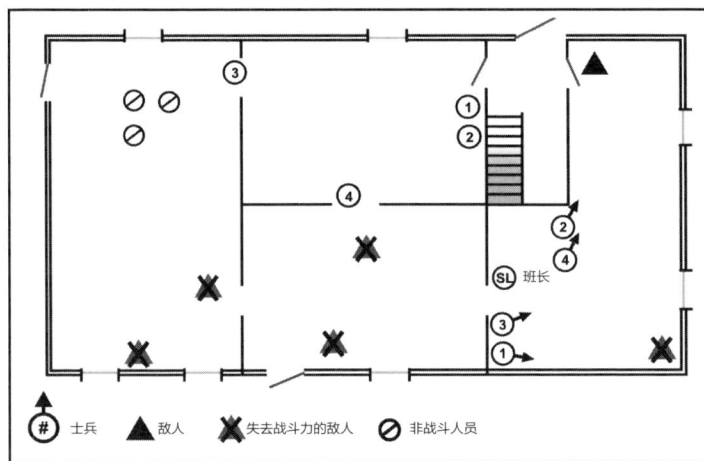

清理楼层（清理延展的房间）

当房间内有拐角时，需要额外的清理工作，通常可以使用清理室外拐角时使用的切角方法来清理。此外，有的房间对于四人建制的清理组来说可能太小，这时一个两人或三人建制的清理组会是最佳选择。

小房间和楼梯平台最好由小单位进行清理。清理一个完整的楼梯井，本身就是一项作战，后续会再详述。作战单位必须清理他们各自楼层的楼梯平台，并保障其安全。

整个楼层都安全后，要报告状态并确定下一楼层的计划。

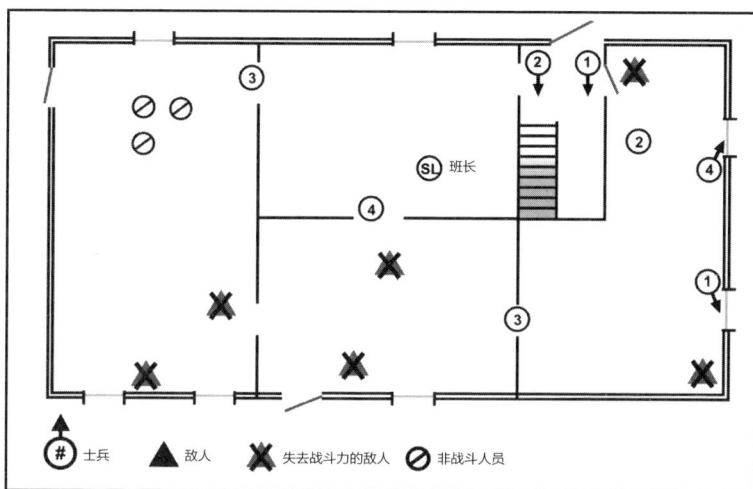

清理楼层（小房间和楼梯平台）

班长

#　士兵　　▲　敌人　　✖　失去战斗力的敌人　　⊘　非战斗人员

三、楼梯井及楼梯间清理

　　楼梯井和楼梯间的布局有非常多的变化，包括宽度、坡度、开放度、位置和进入通道等，因此指挥官必须分别评估每一组楼梯。在高层和多层式的公共建筑中，封闭式楼梯井是最常见的。封闭式楼梯井四周都有墙壁，并且每一个进入点都有关闭的门，使其与建筑物的剩余部分相隔离。

　　当楼梯井建在建筑物内部时，所有墙壁都是实心的；当建在建筑物外部时，外墙通常带有窗户。根据设计的不同，内部楼梯井中央的空隙距离也有所变化：

封闭式楼梯井（空隙很小）

封闭式楼梯井（空隙很大）

有的几乎没有空隙，有的则带有极大的开口。

绝大多数楼梯井、楼梯间都和房门过道类似，会创造一个"死亡漏斗"；然而在封闭式楼梯中，由于楼梯井在三维层面上继续向上和向下延伸，危险实际上加倍了——楼梯的布局和任何障碍物或碎片残骸都可能严重影响运动。

通过门进入一个封闭式楼梯井，应等同于进入一个小型房间。一旦进入楼梯井，应当对楼梯井的上下都保持警戒。通常情况下，清理楼梯井的工作应和清理楼层的工作相结合，要么从顶层开始向下清理，要么从底层开始向上清理。当其他作战单位清理相邻楼层时，需要保障楼梯井内的安全。

在清理楼梯井时有两个关键点——进入楼梯井和清理楼梯井。首先应掩护进入点来保障楼梯井的安全。只有在准备开始清理时，部队才可进入楼梯井。清理组应只从一个方向进行清理工作。如果两个方向都没有被清理，那么应由一个独立的警戒分队负责一个方向，另一个清理组清理另一个方向。

（一）进入并清理楼梯井

如果楼梯不是封闭式的，或者说楼梯可以不通过门进入，通常最好是修改计划，将楼梯当成房间的一个组成部分来清理。如果楼梯是封闭的，需要通过门进入，

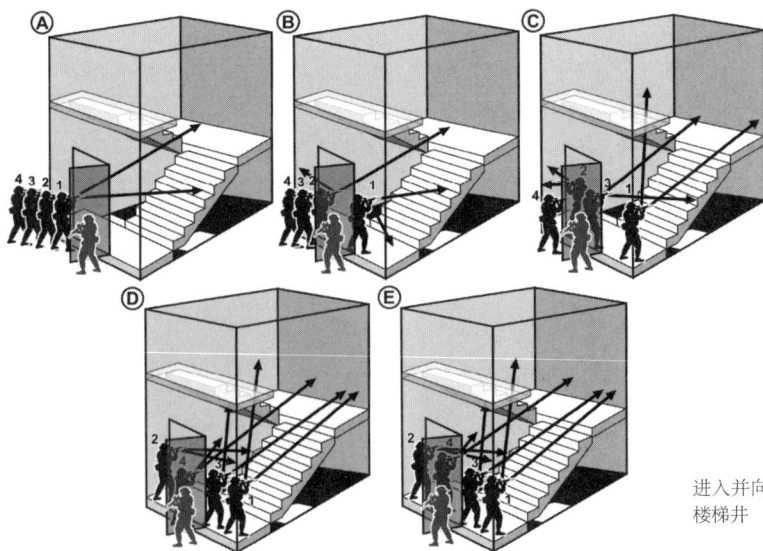

进入并向上清理
楼梯井

那么进入楼梯井会让士兵处于一个平台上，进入这个平台的方式和清理房间的方式相同。由于大多数楼梯井平台都很小，作战单位应当准备好在少于四名人员的情况下清理平台，确保安全。最重要的是，进入楼梯井的行动，要在确保楼梯平台安全，以及上下楼方向都能被火力覆盖后才能结束，然后再从一个或两个方向部署人员，支援清理行动。

对于封闭式楼梯井，特别是符合国际消防安全标准的楼梯井来说，所有楼梯井门都是钢制门，可以向外打开并自动关闭。这些门通常不能从建筑物内侧上锁，而是从楼梯侧自动锁门。这就意味着在任何一层楼都很容易打开楼梯井的门，但门会很重。而且如果不撑着门，它就会关上。因此需要有一名士兵专门负责开门，然后一直扶着门。如果需要对门进行破障，推荐使用门把手炸药。左页图片展示了一个进入并清理楼梯井的典型情况，一名非清理组士兵负责保障打开的门的安全。

（二）清理楼梯

起始位置根据楼梯的实际布局而异。然而由于多层建筑中通常会有一组封闭式楼梯，因此这里使用这类楼梯来描述基本的清理方法。楼梯的清理工作并不会和建筑物剩余部分的清理工作相孤立。通常情况下，一个作战单位要清理通往下一层楼的楼梯，部署警戒措施来掩护楼梯的延续部分，然后清理与楼梯井门口相邻的房间或走廊，从而在下一层楼建立立足点，然后他们清理本楼层的剩余部分，接着对该建筑物的其余楼层重复这一过程。

1. 最初的起始位置

通常在进入并清理楼梯井后，1号和2号士兵应位于两个近角的控制点处，3号和4号士兵位于临近门口的楼梯井内侧或外侧。从这些控制点出发，全组人运动到他们的起始位置，从而向上或向下进行清理楼梯的工作。一旦楼梯井清理组运动到他们的起始位置（见图中标记了数字的人员），另一组人（图中没有标记数字的人员）应当运动到可以保障安全的位置，或者可以从相反方向清理楼梯的位置。

· 1号士兵运动到第一级台阶的墙壁侧，负责掩护正前方的楼梯中段的平台。

· 2号士兵运动到第一级台阶的内侧，负责掩护通往下一层楼梯平台的相邻楼梯。

· 3号士兵跟在1号士兵身后，负责掩护平台上的所有门窗。

· 4号士兵运动至中央开口处，负责掩护上方空间。

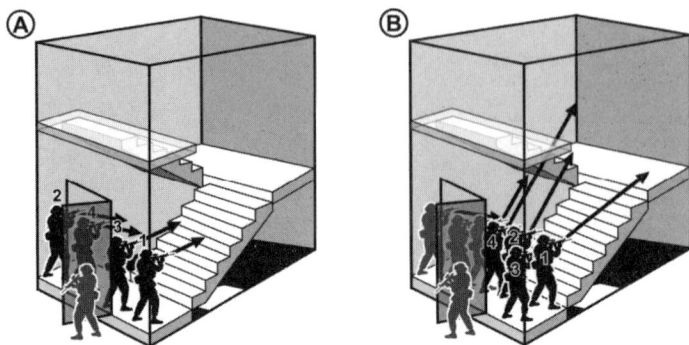

向上清理楼梯井
（起始位置）

2. 清理楼梯中段的平台

接下来清理楼梯中段的平台。

·1号和2号士兵应并排开始运动，3号士兵跟在1号士兵身后。

·1号士兵要将注意力放在清理楼梯中段的平台。

·2号士兵负责相邻的楼梯，直到他可以看见下一层楼的平台。一旦他能清楚看见平台，他应当转身停下，负责掩护下一个平台。

·1号士兵继续经过2号士兵身边，现在他有足够的空间，可以将他的掩护范围转移到下一段楼梯上。1号士兵继续登上楼梯中段的平台，占据一个面向下一平台的控制点。

·3号士兵跟随1号士兵走上平台，负责掩护平台上所有的门窗，或者占据面向下一平台的控制点。

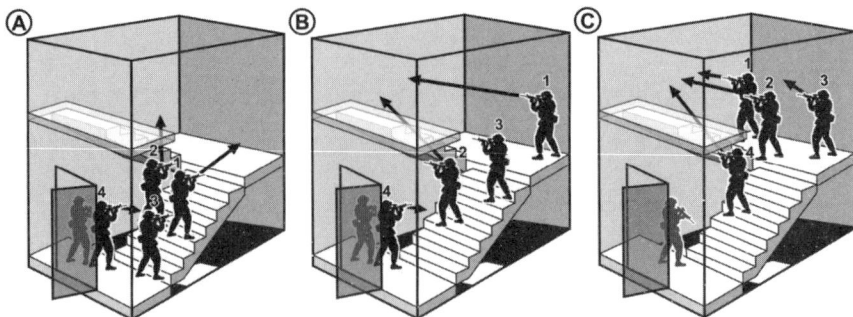

向上清理楼梯井（清理楼梯中段的平台）

·2号和4号士兵，从他们的起始位置，面朝下一段楼梯，向楼梯中段的平台移动。

3. 楼梯中段的起始位置

步骤3和步骤4通常分别是步骤1和步骤2的重复。

·1号士兵运动到第一级台阶的墙壁侧，负责掩护正前方的楼梯中段平台。

·2号士兵运动到第一级台阶的内侧，负责掩护通往下一层楼梯平台的相邻楼梯。

·3号士兵跟在1号士兵身后，负责掩护平台上的所有门窗。

·4号士兵运动至中央开口处，负责掩护上方空间。

4. 清理下一层楼的平台

参照步骤2清理下一层楼。完成后，火力组长向班长发出信号表明平台已经安全。

5. 评估下一层楼的平台情况

班长需要评估楼层平台、楼梯井，以及进入该楼层的门的情况。他需要向排长传达自己的评估结果。如果相邻的楼层是安全的，该班就可以继续清理下一层楼。如果相邻楼层不安全，这个班可以：

·在门口处留下警戒，继续清理楼梯井。

·清理相邻的空间（通常是走廊），并在该楼

向上清理楼梯井（楼梯中段平台的起始位置）

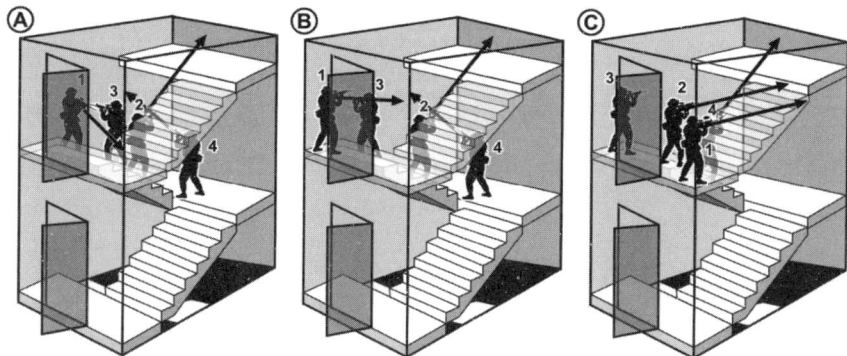

向上清理楼梯井（清理下一层楼的平台）

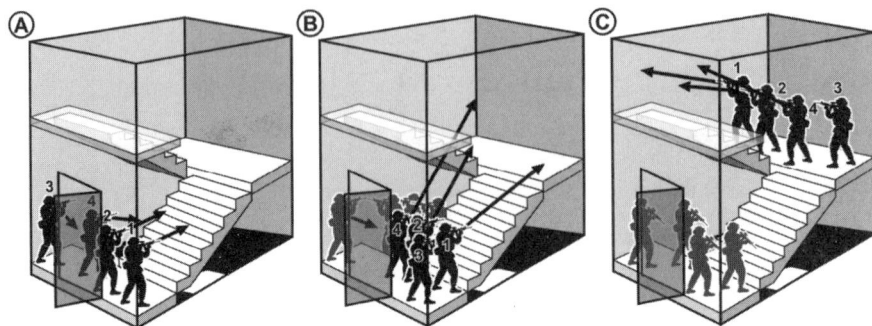

保障平台的安全（准备下一步行动）

层建立立足点。

·清理整个相邻楼层。

·从另一个将会清理该楼层的作战分队身边经过。

无论选择上述哪种做法，先头小组都应重复步骤1和步骤2，以保障下一段楼梯中段平台的安全，并为后续小组提供空间。随后，后续小组负责

第172斯特赖克旅级战斗队士兵在巡逻（2005年）

保障入口处的门的安全。该班可以从这个位置开始执行选定的选项。

通常来说，一个班无法独自在保障一个楼梯井安全的同时清理一整层楼。然而如果情况确实允许，一个可使用的方法是留下一个火力组的两名士兵来保障楼梯井的安全，然后让另两名士兵来保障本楼层关键位置的安全，同时另一个火力组负责清理整层楼。

（三）清理电梯及电梯井

无论是对友军还是对敌方人员来说，电梯和电梯井都是潜在的运动路线。因此电梯和电梯井的清理及警戒工作，应和建筑物内其他地方的工作同步进行。最好是首先保障所有已发现的电梯门的安全，然后保障电梯井其中一个终端的安全。

1.清理电梯

如果电梯正在运行（在维稳行动期间经常出现这种情况），最好能尽快清理电梯并保障其安全。通常来说，这包括确定电梯控制室所在位置（通常位于建筑物的顶楼），并保障其安全。如果电梯处于非运行状态，那么当电梯所停楼层的清理工作完成后，应当清理电梯并保障其安全。

四人火力组清理电梯并保障其安全最为合适。两名士兵清理电梯，一名士兵破开关闭的门（或按下电梯按钮），还有一名士兵放置大型物体来撑开电梯和电梯井的门。这个门撑也能帮助让电梯停留在原地。

清理电梯，两名士兵需要位于电梯对面的墙壁一侧，做清理电梯的对角。一旦门被打开（按下电梯按钮或者撬开门），清理组需要使用切角方法来清理电梯。清理完毕，就把电梯门撑开。如果情况需要友军使用正在运行的电梯，那么门撑需要留在电梯内，以便在需要阻止电梯发生不必要的运动时使用。

2. 清理电梯井

电梯井可以根据电梯的所在位置被一分为二，且每一半都应被分别清理。最好是从底端向上和从顶端向下同时进行，方法是从电梯井上下两端被撑开的门口，让两名士兵慢慢地向上或向下晃动他们的武器来视觉检查电梯井。由于电梯井往往是没有灯光的，因此通常需要使用手电筒。当然，打开不同楼层的门也可以提供光线。但要特别小心，以免士兵掉进电梯井，且在清理电梯井时尽量不要映出自己的轮廓。

生存力

以下是关于生存力的注意事项。

一、烟雾

烟雾的使用可以作为城市作战的辅助，也可以反过来妨碍城市作战。发烟罐、迫击炮和火炮烟雾，或者发烟作业单位可以在进攻和防御作战中发生烟雾。烟幕弹可以为人员在街道和小巷中的运动提供快速隐蔽。烟幕弹也可以用来发射信号。M203 发射的烟幕弹可以为攻击侦察直升机或战术空中支援标记目标。

在使用烟雾时，作战单位应当等到烟雾的效果达到最大时再运动或者进行突击、反击或破障作业。在进攻中，烟雾可提升部队的机动性，并帮助进行战术欺骗。在防御中使用烟雾可遮蔽敌人的空中和地面观察，限制敌人火力及目标情报的准确性。

火炮发射的白磷弹通过造成伤亡和引起火灾的方式对敌产生效果。指挥官应当考虑白磷和底座抛射弹药点燃城市地域的垃圾堆和残骸所造成的影响。如果烟雾会降低友军的战斗力，就不要使用。在城市地域中使用烟雾，会受到由建筑物引起的复杂风场的影响。遮蔽计划应尽可能多地隐蔽目标地域。如果无法遮蔽关键的建筑物，反而会为敌方观察员在目标地域内提供部署火力的参考点。在一个密闭的房间里，浓度极高的烟雾会取代室内的氧气，即使士兵戴着防毒面具，也会发生窒息的情况。

二、射击阵地

城市地形中的射击阵地与其他任何地形中的射击阵地并没有什么不同。单人有支撑散兵坑、卧姿无支撑、卧姿有支撑和跪姿无支撑四种基本射击阵地仍然有用。然而相比在地面挖掘单人有支撑散兵坑，现有的城市地形往往更适合构建起单人有支撑、跪姿有支撑，或者站立无支撑的射击阵地

三、战斗阵地

建筑、街道宽度、碎石、残骸以及非战斗人员都会影响城市地域的单兵/协同作战和关键武器的射击阵地和射击范围。战斗阵地要么是仓卒的，要么是预有准备的。士兵在两类战斗阵地中，都应让自己位于掩体后方足够远的地方，以最大限度减少次级碎片的伤害。

（一）仓卒式

在进攻阶段，或者防御的早期阶段，通常会占据一个仓卒战斗阵地。士兵可以从这个阵地中向敌人开火，同时利用身边的掩护来保护自己。士兵可能是主动占领该阵地，也可能是因敌火力被迫占领该点。无论哪种情况，该阵地在被占据之前都必然缺乏相应的准备工作。在选择和占据单兵战斗阵地时，需要考虑以下因素：

· 最大限度地利用可用的掩蔽和隐蔽。

· 避免从掩体上方射击。应尽量从掩体周围射击。

·避免将自己的轮廓映在浅色建筑物、天际线等地方。

·在离开旧阵地之前，要小心谨慎地挑选新的战斗阵地。

·避免形成固定模式。无论窗户是否做了封堵都可以射击。

·尽量减少暴露时间。

·占领阵地后，立刻开始改进仓卒战斗阵地。

·使用在城市地域容易获得的建筑材料。

·记住，能提供面向一楼的掩护的阵地，不一定能为你提供面向更高楼层的掩护。

从特定阵地射击时应注意：

·在拐角处射击时，应使用卧姿或跪姿射击。要使用外侧的肩膀射击，如果在左边角落附近射击，使用左肩来发射武器。

·当在墙壁后面射击时，应从墙壁周围射击，不要从墙的上方射击。

·从窗口中射击时应从窗户的侧边射击，这样士兵就可以受到墙壁的保护，不要直接对着窗户正前方射击。同时应确保枪口在墙的内侧。

·当通过墙上的洞射击时，也应保持枪口始终在墙内侧。

·从屋顶上射击时，应从烟囱或其他突出的物体一侧射击。避免映出自己的轮廓线。屋顶能提供理想的远程射击位置。

（二）预有准备式

预有准备的战斗阵地是经过搭建或改造的，它能让士兵在特定的地域，面向特定的接近路，或者与特定的敌军阵地交战，同时也可减少士兵暴露在敌人还击火力之下的机会。每个预有准备的战斗阵地都应该有一个不同类型的预备阵地，避免形成固定模式。一个士兵在建筑物中的阵地位置越靠后，保护效果越好，武器特征也就越不明显，然而火力区分也会受到更多限制。以下是城市地形中预有准备的阵地的几个示例。

1.被堵住的窗口或门口

可以将门窗形成的天然射击口封堵，只留下一个供士兵使用的小孔。建筑物内部墙面的材料，或任何其他可用材料，都可用于堵塞。除非一楼的门窗对友军的运动至关重要，否则应当全部封堵上。还要堵上足够数量的高楼层窗口，以创造垂直纵深，并防止敌人轻易辨别出所有作战单位的阵地。

不要只封堵可作为射击口使用的门窗，而且最好在每扇门窗上留下 2~3 个射击口。这能让士兵将其他射击口作为预备或辅助战斗阵地使用，并增加敌人定位实际战斗阵地的难度。从门窗的底部射击可以让士兵贴近墙面，且射击口对敌人来说没那么明显。

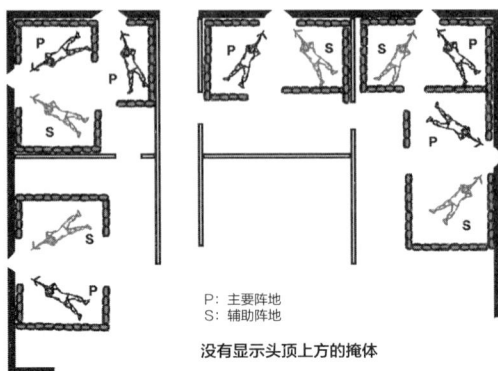

P: 主要阵地
S: 辅助阵地

没有显示头顶上方的掩体

带有主要和辅助阵地的射击孔

2. 经过加固的射击孔

可以通过在墙面上切割或炸出一个小洞，或是使用沙袋加固射击孔下方、周围和上方的墙面创造一个加固的射击孔。如果该阵地位于二楼或更高的楼层，可以在士兵下方的楼层放置两层沙袋，防止来自较低楼层的爆炸。在士兵所处阵地的后方，使用沙袋、碎石、家具等，修建一堵墙，可以保护士兵免受房间内爆炸的伤害。桌子、床架或其他的可用材料，可以为当下阵地提供过顶掩护，来避免阵地上方掉落的碎片或爆炸造成的伤害。

可以在墙面上凿出洞，并移开附近壁板的碎片来隐藏射击孔。要让射击孔的高度和位置各不相同，这样就难以精准定位和辨认。假的射击孔、被凿开的墙面板，或者不打算作为射击阵地使用的小洞，都有助于欺骗敌人。位于灌木丛后面、门柱下方，以及建筑物屋檐下的射击孔也很难被发现。

由于带角度的射击阵地和射击孔存在直接联系，应在使用射击孔时准备好预备和辅助阵地，以便士兵将他们的火力转移到之前没有被轻武器覆盖的地域。

3. 屋顶阵地

屋顶阵地通常是为狙击手保留的，因为射击的距离和角度会限制其作为标准阵地的价值。烟囱或其他突出的结构提供了准备阵地的基础。可以移除屋顶的部分材料，方便在烟囱附近射击。士兵可站在横梁或平台上，只让头部和肩膀高出屋顶，且部分受到烟囱的保护。也可在所在阵地的两侧放置沙袋，保护狙击手的侧翼。

如果屋顶上没有可以提供保护的突出结构，就要在敌人侧屋顶之下准备阵地。

要用沙袋加固阵地，并移除一小块屋顶材料或三角墙壁板材料，以便与目标交战。缺失的那块材料应该是该阵地存在的唯一外部标识。可以移除其他位置的材料以隐藏真正的阵地位置。士兵应当无法被从建筑物外面看见，枪口焰也应当隐藏在视线之外。

屋顶阵地很难有过顶掩护。通常来说，最好是在阁楼构筑阵地，然后将屋顶本身作为过顶掩护来使用。但这往往仍然需要额外的结构加固工作。如果位于屋顶的顶部，可以在反斜面上建造一片地域作为过顶掩护。需要注意的是，屋顶阵地是完全暴露在间瞄火力和空中火力下的。

4. 机枪阵地

机枪可以被安置在几乎任何地方。在进攻中，特别是对于仓卒战斗阵地，窗口和门口提供了现成的射击口。至于在防御时，以及在进攻中可行时，首选阵地通常是那些能让机枪放置在坚固地面上且经过加固的射击孔。无论使用何种开口，最好在建筑物内部使用机枪，这样能充分利用内部的阴影。

最好在一楼使用低伸火力，在更高的楼层使用俯射火力。通过将机枪放置在地窖、建筑物拐角，或者建筑物下方的沙袋上，可以增加火力区分的范围，并获得理想的低伸火力。如果被摧毁的车辆、碎石瓦砾，以及其他障碍物限制了低伸火力的射界，则可以将机枪抬起，越过障碍物进行射击。可在屋顶下方建造一个屋顶阵地或平台，加上一个经过加固的射击孔。射击孔不能太明显，要仔细谨慎地加以改进。

5. 反装甲阵地

反装甲武器会产生反冲击波和爆炸压力。炮手必须持续注意射击角度、开口大小，以及附近的碎片残骸和松散物体。一些反装甲武器在射角大于 20° 时效果较差，而另一些则需要有至少 10 英尺 ×15 英尺的宽敞开口。反装甲阵地必须为尾焰预留出空间，并有足够空间用于缓冲压力。

建筑物外的阵地，特别是利用拐角、碎石瓦砾地域或是被摧毁车辆建立的阵地，很容易达到这些标准，但

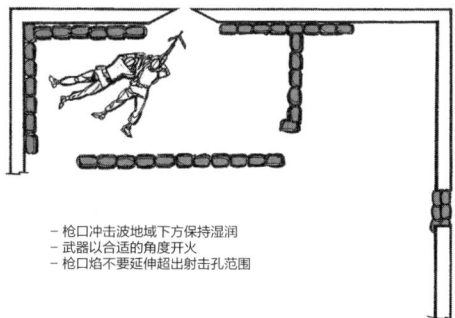

– 枪口冲击波地域下方保持湿润
– 武器以合适的角度开火
– 枪口焰不要延伸超出射击孔范围

带机枪的射击孔的使用

可能会使武器暴露在外。对于建筑物内部的阵地，在部署武器时要给尾焰留出足够的空间，这通常可以依靠在后方墙面上制造大型开口，或者将武器放在角落的窗户中射击，让尾焰从角落另一面墙上的窗户中穿过来实现。

另一种方法是使用屋顶阵地作为反装甲阵地。从屋顶射击可以让士兵向装甲车辆最脆弱的车顶开火。在所有情况下，建筑物的结构（特别是天花板）都必须足够结实，能够承受冲击压力。找到安全的阵地后，要参照"被堵住的窗口阵地"部分中的方法，对其进行加固和伪装。

四、伪装

为了在城市地域中生存并赢得战斗，作战单位应使用伪装来辅助掩蔽和隐蔽。大部分建筑都提供了许多天然的隐蔽位置。装甲车辆通常可以利用拱门下方，以及小型工业或商业建筑物内部的孤立位置。坚固的砖石建筑、石头或者砖墙，都能为直瞄火力提供理想的保护，并提供隐蔽路线。

为了正确伪装人员、车辆和装备，士兵应当研究周围地域，使阵地看起来像当地的地形。要坚持以下关于伪装和隐蔽的基本原则：

·避开不在阴影中的地域。在城市地域中的建筑物会投下清晰阴影，可以用来隐蔽车辆和装备。然而，由于阴影在白天会不停变换，阵地也必须周期性转移。位于建筑物内部的阵地能提供更好的隐蔽。

·避开会受到阳光反射的窗户、门口或射击孔周围的地域。如果士兵从房间内部有阴影的地方进行射击，他们的隐蔽性会更好。如果窗帘在该地域很常见的话，使用花边窗帘或者粗棉布能为士兵提供额外的隐蔽性。

·对建筑物进行欺骗性伪装，不要使用内部光源。

·持续改善阵地。使用沙袋或其他能够吸收碎片和冲击波的材料来加固战斗阵地。使用沙袋来加固窗口下方，以及邻近窗口或门口的墙面，增强对士兵的保护。覆盖在窗口或门口的铁丝网能阻碍敌人扔掷手榴弹。

·尽量不要为了清理射界而移除瓦砾，来保持阵地的隐蔽性。

·将射击口选在不引人注意的位置。避免单一、整齐的方形或矩形的射击口。一个单独的洞或一排整齐的形状更容易被敌人识别。

·使用假阵地来分散敌人的注意力，让其开火暴露他的阵地位置。

·在射击阵地中使用潮湿的材料，以防止武器射击时尘土飞扬。

·根据设备能力，在高层或相邻建筑物中放置天线，来实现远程无线电通信。可在电缆管道、下水道或建筑物中铺设战地电话线。如果位于地下，指挥所和物资部署都更容易伪装，并能得到更好的保护。

地表下作战

在大城市中，地下设施包括地下车库、地下通道、地铁线路、公共设施隧道、下水道和雨水管渠。其中大部分都能让部队在其中运动。即使是在较小的城镇里，下水道和雨水管渠也能允许士兵从战斗现场下方运动到敌人后方的地面。了解地下设施的性质和位置，对城市进攻者和防御者都具有重大价值。地下路线可以让攻击者同时使用地面和地下的通道，使其能够在敌人的防御工事后方部署一支小型作战力量。根据地面防御工事的强度和深度，沿地下通道发生的攻击行动可以成为主攻力量。即使地下作战的尝试没有马上成功，它也会迫使防御者在两个层面上同时战斗，并将其资源延伸到街头层面的战场之外。

地下通道的存在迫使防御者使用观察和射击等手段覆盖地面和地下的城市地域。相对于攻击者来说，地下通道对防御者更为不利。然而，考虑到这些通道空间有限且环境昏暗，当防御者对其进行了彻底的侦察和控制时，它们确实能为其提供一些优势。在准备好的防御阵地上，意志坚定的士兵可以击败数量上占据优势的敌军。

地下通道提供了掩蔽和隐蔽路线，能够帮助转移增援部队，或者发动反攻。也可用作运送补给品和疏散伤员的交通线，并为前线的连队存储物资。地下通道也为防御方的通信线路提供现成的管道，保护它免受履带式车辆和间瞄火力的破坏。地下通道除了黑暗和人为障碍物外，几乎不为攻击者提供任何掩蔽和隐蔽。

一、计划注意事项

地下地域包括天然洞穴、地下室、人造地下掩体、隧道、坑洞，以及下水道系统。敌方人员通常会在攻击目标的过程中使用下水道和地下隧道，并在攻击完成后将其作为撤离通道。指挥官为了探测或定位地下地域，应采取以下措施：

·首先应将相关的地理地域缩小，锁定一片较小的范围。

· 获取现成的蓝图、地图、图像、视频、航空照片，以及水文分析工具。俯拍图像可能会通过考察地标或植被的外观变化得出结果。

· 积极观察能标识出可能的地下通道位置的指示物。

· 询问当地居民是否存在任何地下地域。

多个视觉上的指示物有助于发现隧道的存在。但视觉检查通常只能揭示隧道的大致区域，而非精确位置。找到隧道系统的关键是分析地形，以及在相关地域的每一平方米上进行地面搜索。通常情况下，有许多征兆能表明或确定某一特定地域内的敌对方正在使用地下结构。这些征兆包括：

· 敌在特定方向上的运动。

· 关于地下结构或行动的情报。

· 封锁未能阻止敌人员撤退或渗透。

· 在远离居住地、日常劳动场所或花园的地方有翻动或整理土壤的情况。

· 敌人在没有与友军部队进行决定性交战的情况下撤退。

· 在无人居住的地域有燃烧木头或烹饪食物的情况。

· 下水道、雨水管渠，或公共设施格栅或井盖。

· 在居民房屋、商户，以及其他不处于施工状态的建筑物中，出现地板材料。

城市作战期间，最大限度地使用这些设施可能会成为一个决定性因素。计划实施地下作战的作战单位应当：

· 对所有地下系统进行彻底地侦察。无人看管的地面传感器在所有地下作战中都是有帮助的。

· 确定使用地下通道或占领地下区域是否有助于更好地完成任务。地下战斗对身体和心理都有很高的要求，在投入部队之前应当审慎思考。

· 考虑封锁通往地下通道的入口路线，并使用烟雾作为代替方案，将藏匿其中的所有人都驱赶出去。如果不使用隧道，则可以封锁进入点，并部署预警装置和障碍物。重物或点焊（如果有可能）可以堵住井盖。

· 制定通信冗余（包括通信员、电线和无线电）计划。

· 规划地下作战可能需要的额外武器和弹药（例如霰弹枪、手枪、干扰设备、预警装置）。

· 为部署在地下地域的人员制定计划，并提供地面支援。保持地面和地下的态势感知。

（一）下水道

下水道分为污水系统、雨水系统，或者组合系统。污水管道装的是废物，通常都太小，不适合部队运动或提供保护。雨水管道通常足够大，可以允许部队甚至某些汽车在其中运动并提供保护。除了地下水，这些下水道在非降水期间是干涸的。

然而在暴雨期间下水道很快就会灌满——虽然它们通常经由电泵排水，但可能会溢出。在冬季，融化的雪水也可能妨碍它们的使用。此外，下水道环境是疾病滋生的理想温床，这要求部队具备一定的卫生和防疫措施。

（二）地铁

地铁往往在主要道路下方运行。由于地铁有电气化轨道和电源线，可能会有潜在危险。其通道往往从地下商场或仓储区向外延伸，在城市的老城区有时还会遇到地下墓穴。在地铁中运动和清理地铁的方法，可以参照走廊相关方法进行。

（三）障碍物

在隧道交叉路口放置的障碍物会是绝佳的伏击地点，还可以将地下通道变成一个致命的迷宫。士兵可以使用栅栏、带刺铁丝网或蛇腹形铁丝网、碎石、家具，以及废弃车辆的部件，将它们和指令引爆式炸药或地雷混杂在一起，快速制造障碍物。将障碍物设置在通道网络的关键交叉路口，能将攻击方困在杀伤区，同时允许防御方自由运动。

（四）武器的使用

对火力的使用限制对防御方有利。地下通道提供了狭窄的射界，放大了弹药（如手榴弹）的效果。密闭空间将武器射击的声音放大到一个危险的程度。当地雷或炸药被引爆时，友军人员应当位于隧道外或是影响范围之外。

易燃气体的存在，可能使最轻微的火花都能引起一场大爆炸。在密闭空间内，烟幕弹可能会取代氧气。在隧道和下水道中，应使用轻武器作为主要的武器系统。在通风良好的地域，可使用任意类型的火焰武器或燃烧性武器。

二、威胁

以下是在地下作战中需要考虑的威胁。

（一）隧道中的敌人

敌人很可能会使用隧道，并可能拥有路线标记和详细侦察的优势。由于防御方可以选择伏击位置和撤退路线，通常能出其不意。位于地下设施中的防御阵地可以非常有效地对抗敌人的地下作战。理想的地下防御阵地应有良好的防护，并可将敌人引导至杀伤区，造成最大的伤害。

（二）诱杀装置

在隧道中运动时需要极度小心，避开诱杀装置。这些诱杀装置通常布置在交叉点附近，并且往往是绊线触发式。隧道中的积水能为散布在可能路线上的反步兵地雷和诱杀装置提供极佳的伪装。

（三）洪水和塌方

随着地上战斗持续进行，密集的炮火和爆炸很可能导致洪水和塌方，因此确定逃生路线至关重要。

（四）化学危害

进行地下作战的士兵需要时刻注意防化作业。在隧道中，士兵可能遭遇高浓度的化学战毒剂。由尖兵携带的毒剂警报器，可以为化学战毒剂的存在提供即时警报。M8 和 M9 侦毒纸也能检测化学战毒剂的存在。

在密闭空间内，大量使用任何一种毒气，都能取代空间中的氧气，而且有些毒气无法通过嗅觉检测出来。这种情况使得防毒面具毫无用处，并会危害在这种环境中作战的所有人的生命。作战单位指挥官应当时刻警惕毒气的存在，以及出现毒气接触症状士兵的情况。

保护士兵免受毒气毒害的唯一可靠方法，是强行输送新鲜空气进入现场，使通道内通风，移开井盖并不能使地下通道充分通风。在这种环境中作战时，拥有独立氧气供应的防毒面具是可接受的解决方案。在地下环境中，啮齿类动物和其他害虫的存在，表明此处具有足够的氧气。

三、挑战

以下是地下作战独有的限制因素，以及它们的应对方法。

（一）目标探测

在隧道的封闭范围内，需要依靠环境光的被动视觉装备几乎无法发挥作用。

为了快速识别敌方人员或其他威胁，需使用红外光源或白光。

（二）手榴弹的使用

震爆弹和破片手榴弹会产生巨大的冲击波，而且如果过量使用，可能会引起隧道塌陷。可考虑在密闭空间内使用眩晕手榴弹。这种手榴弹可以产生一定的震撼和干扰效果，并且不造成友军伤亡。

（三）机动性

隧道系统的有限空间阻碍了单兵在地下地域的机动能力。以下是一些可以帮助增加机动性的方法。

1. 标记绳索

标记绳索可以引导士兵沿路线前进，帮助士兵在能见度有限、方向感缺失的密闭空间内寻路。标记绳索可以由粗绳、细线、电缆、电线等制成。通信电线是一种可用作标记绳索的有效物品，也可作为和地面上的人员通信的主要方式。

2. 安全索

绳索也可作为安全索将组员连接在一起，避免人员走失。在给组员系上安全索时，每人之间要留出 5 米的间隔。

（四）心理方面的考量

许多人员不适合进行地下作战。地下作战与夜间作战类似，会降低士兵的信心，引起恐慌并增加孤独感。而且这些影响在隧道范围内会被进一步放大。隧道的布局可能会要求阵地与阵地之间保持更宽的间隔距离，这会进一步增强孤独感。

四、侦察

为了充分利用地下设施的优势，需要进行彻底的侦察。侦察行动的执行从进入开始，直到提交一份地下地图才算结束。应由班一级的作战分队执行侦察任务。一个班的士兵足以获取所需数据且不会在隧道范围内互相妨碍。只有在非常大型的地下设施中，才使用更大型的巡逻队。

（一）初始进入

班运动到隧道的入口（通常是一个井盖），将井盖移开后，等待 15 分钟让所有毒气消散后再进入。尖兵下降进入隧道（身上连着安全索），确定空气是否安全可供呼吸，以及运动是否受限。应当等尖兵在隧道中停留 10 分钟后，班内其余人员才跟上。如果尖兵感觉不适或暴露在危险中，可用安全绳将其救出。

（二）运动

当班在隧道中运动时，尖兵应在组长前方 10 米处运动。其他班内成员互相保持 5 米间隔。如果隧道中的水流速度超过每秒 2.5 米，或者下水道中有湿滑的障碍物，应增加彼此的间距，这样当班内有人滑倒时，其他成员能够做出反应。如果使用安全绳，所有班内成员都应系紧绳索，这样当他们遇到危险时，可以被绳子拉回。后方的警戒人员需要用标记绳索标记路线，这样其他士兵就可以找到这个班。

（三）绘制地图

班长应当记录他在隧道中经过每个转弯的方位和步数。当尖兵碰到通往地表的井盖时，他应该打开井盖并确认位置，然后由班长记录下来。使用识别信号可以防止友军部队在尖兵出现在井盖处时不小心射伤他。

（四）结束

返回后，该班应完成并提交它的侦察报告。一旦进行了侦察行动，就应构建警戒措施，确保敌方人员无法攻击或渗透己方。

10

步兵常用战斗操练

战斗操练是由一个排或更小的单位执行的集体行动。在执行这些行动时，单位无须再通过决策流程进行斟酌考虑。战斗操练对于制胜或是保护生命都至关重要。分队要依靠战斗操练打好的基础，来进行更为复杂的作战行动，避免因战术或意外风险造成人员伤亡。战斗操练是士兵必须不断演练的"基础知识"，要成为所有士兵的第二天性。下面是一些步兵常用的战斗操练。

一、应对敌直瞄火力接触

（一）情形（操练开始信号）：

作战单位正处于静止或运动的状态。敌人使用直瞄火力武器发生接触。本操练内容开始。

（二）任务标准：

接敌分队立刻还击并寻找掩护。接敌分队确定好敌人位置，用精准火力向已知敌阵地射击。此时指挥官应能够指出至少一半的敌人位置，并判明武器种类（如轻武器、轻机枪等）。指挥官向上级指挥部报告接敌情况。

（三）任务步骤和执行办法：

1.受到直瞄火力攻击的士兵马上使用精准火力向已知敌阵地还击。车辆撤离交火区。

2.士兵和车辆寻找最近的有掩蔽和隐蔽的位置。乘车士兵下车，做好直接警戒然后加入对敌阵地的压制。

3.分队指挥官定位并使用精准火力与已知敌阵地进行交战，并向作战单位指挥官和各士兵传递消息。

4.分队指挥官使用标准火力指挥口令[①]控制下属士兵的火力。

5.士兵和车辆指挥官与指挥官、左右相邻的士兵或车辆保持（视觉或听觉）联系。

6.士兵与火力组长保持联系，并指出敌阵地的位置。车辆指挥官要将所有指令转达给乘车的步兵班。

---

① 应包含以下元素：示警、武器或弹药（可选）、目标描述、方向、距离、方法、控制（可选）、执行、终止。详见第七章。

7. 单位指挥官（视觉或口头）检查各自人员的状态。

8. 分队指挥官与单位指挥官保持视觉联系。

9. 单位指挥官前出至接敌分队与分队指挥官会合。

（1）单位指挥官应与无线电话务员、前进观察员、邻近的分队指挥官，一个乘员操作武器组（一般是机枪组）一同前出。

（2）未接敌的分队指挥官前出至本分队前方。

（3）排军士带剩余的成员操作武器组与单位指挥官会合，接管支援分队的控制权。

10. 单位指挥官决定单位是否应当撤出交战地域。

11. 单位指挥官根据敌人与接敌分队交火的强度和准确度，判断单位能否依靠接敌分队夺取和保持压制火力。

12. 单位指挥官对态势进行评估，找出：

（1）敌阵地和障碍物的位置。

（2）与单位交火的敌部队规模（敌自动武器、车辆、间瞄火力都能作为指征）。

（3）薄弱侧翼。

（4）侧击敌阵地的有掩蔽

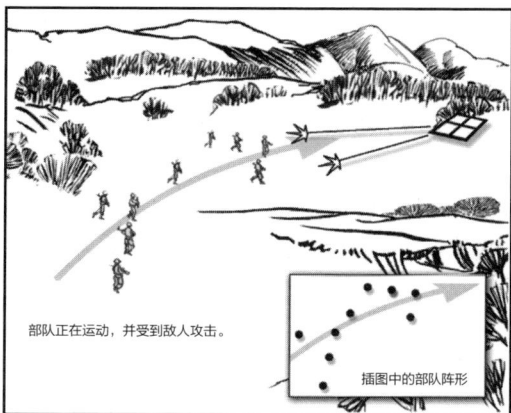

部队正在运动，并受到敌人攻击。

插图中的部队阵形

应对直瞄火力接触（ATP3-21.8《步兵排和班》）

作战单位使用射击和运动来占据最近的有掩蔽和隐蔽的位置。

应对直瞄火力接触（续）（ATP3-21.8《步兵排和班》）

作战单位在阵地上，使用精确瞄准火力和敌人交战。

应对直瞄火力接触（续）（ATP3-21.8《步兵排和班》）

和隐蔽的路线。

13. 单位指挥官决策是否实施突击、绕过（需请示连长）或是脱离接触。

14. 单位指挥官向更高级别指挥部报告态势，并开始让单位实施机动。

二、实施排突击

（一）情形（操练开始信号）：排作为更大编成的一部分开展接敌运动或攻击，敌人对先头班发起直瞄火力接触。本操练内容开始。

（二）任务标准：排先头班确定敌人位置并实施压制，建立支援火力并利用火力与机动对敌阵地实施突击。排消灭或迫使敌撤退，巩固阵地然后实施整顿。

（三）任务步骤和执行办法：

1. 第一步：排实施接敌动作

（1）接敌班或分队立刻用精准火力向已知的敌阵地还击。徒步的士兵前往最近的有掩蔽的位置。车辆离开敌杀伤区，然后士兵下车。接敌分队要努力实现火力压制。分队长要向排长报告敌规模、位置以及其他信息。

（2）排长发出下车指令，排军士接管车辆的指挥

（3）未与敌人接触的各班占据有掩蔽和隐蔽的位置，观察排侧翼和后方。排长、无线电话务员、前进观察员、与接敌班最近的班的班长，以及一个机枪组前出与接敌班班长会合。

（4）跟随班班长前出至本班先头火力组前。

（5）武器班班长和第二个机枪组前出与排长会合。如有指示，武器班班长可接管基准火力分队，部署机枪以加强对敌的压制火力。

（6）排军士按需重新安排车辆的位置，为部队提供观察和支援火力。

（7）排长对态势进行评估。

（8）接敌班如不能实现火力压制，班长应向排长报告。

① 接敌班要建立基准火力。班长让班展开，向敌阵地施加有效且持续的火力。班长向排长报告敌最后位置。

② 其余的班要占据有掩蔽和隐蔽的位置，观察排侧翼和后方。

③ 排长、无线电话务员、前进观察员、与接敌班最近的班的班长，以及一个机枪组前出与接敌班班长会合。

2. 第二步：先头班要确定敌人位置

（1）接敌班班长要向排长报告敌规模、位置以及其他信息。排长继续完善班长的态势评估。

（2）全班继续与敌阵地交战。

（3）武器班班长与第二个机枪组前出与排长会合。

（4）排军士按需重新安排车辆的位置，为部队提供观察和支援火力。

3. 第三步：压制敌人

（1）先头班对敌实施压制。排长应通过敌人的还击火力强度和准确度，评估接敌班是否已对敌人实现火力压制。

① 如果答案为"**是**"，那么排长指挥接敌班（连同一或两个机枪组）以及接敌的车辆分队继续压制敌人。接敌班和接敌的车辆分队消灭或压制敌最有效的武器，一般是需成员操作的武器。车辆分队还要消灭敌车辆。接敌班用榴弹发射器部署屏卫烟雾防止敌目视到机动分队。

② 如果答案为"**否**"，排长就要部署另外一个班和第二个车辆分队，以及第二个机枪组来压制敌阵地。（排长可以指示跟随班长部署他的班和车辆分队，武器班班长负责在更好的火力支援位置部署机枪组）

（2）排长再次评估排是否已经对敌实现火力压制。

① 如果答案为"**是**"，那么排长继续用两个班、两个机枪组，以及车载武器压制敌人。跟随班长接替指挥基准火力分队（接敌班、机枪组，以及排长指定的其他班）。排军士接替指挥车辆分队和基准火力分队。排前进观察员根据排长指示呼叫间瞄火力并校射（排长无须等待间瞄火力，可继续其他行动）。

② 如果答案为"**否**"，那么排长应部署最后一个班进行侧翼和后方警戒，按需引导连的其余部分向前，并向连指挥官报告态势。一般情况下，排将成为连战斗队的基准火力，排长可部署最后一个班加强压制火力。排继续用直瞄和间瞄火力压制或牵制敌人，执行连指挥官的命令。

4. 第四步：排突击敌位置

如果接敌班、机枪组、车辆分队能够压制敌人，排长要评估敌阵地和障碍物位置、敌部队规模（敌自动武器的数量，是否有车辆，以及是否使用了间瞄火力都可以指明敌人实力）；是否有脆弱的侧翼；是否存在通向敌侧翼的有掩蔽和隐蔽的路线等，依此决定是否让其余的班实施机动。

（1）如果答案为**"是"**，那么排长通过机动将班投入突击。

① 一旦排长确定基准火力分队就位且开始提供压制火力，他就可带领突击分队进入突击出发阵地。

② 如果车辆分队能有效压制敌分队，排长可以将武器班或机枪重新布置到就近的火力支援位置，为突击提供额外压制。

③ 就位后，排长给出预先安排好的信号，让基准火力分队停止开火，或者转移直瞄火力至敌军阵地另一侧翼。（突击分队必须继续并在突击全程发扬和保持有效的火力。火力分队向突击分队交接直瞄火力职责极为重要。）

④ 排前进观察员转移间瞄火力，孤立敌阵地。

⑤ 突击的各班通过火力和机动打穿敌阵地。排长要控制各班的运动，为每个班分配目标，明确基准火力或主攻角色。基准火力分队要能够辨认突击各班的近侧侧翼。

⑥ 在突击中，班长要根据敌火力的强度和精确度，以及地形能够提供的掩护，决定班各分队的运动方式。士兵要充分合理利用各种运动技巧。

A. 班长指定一个火力组以火力支援其他组的运动。

B. 班长为火力组指定运动的距离或方向，并随同火力组运动。

C. 士兵应与其他火力组成员和组长保持联系。

D. 士兵应适时开火和重新装弹，保证火力持续性。

E. 运动的火力组前出至下一个有掩蔽的位置。火力组在突击时要使用楔形编队。士兵要使用短冲刺，或匍匐前进。

F. 班长指示下一个火力组开始运动。

G. 必要时火力组长要指挥士兵以两人组为单位分别跃进。士兵各自协调两人组的另一名士兵的运动和火力，并与火力组长保持接触。

H. 士兵应从有掩蔽的位置射击。在运动和冲刺（不长于5秒）前要选好下一个有掩蔽的位置，或根据地形和敌火力使用高、低匍匐技巧。

（2）如果答案为**"否"**，或是突击各班受阻，不能继续前进，排长要展开其他部队压制敌人，并向连长报告。排继续压制敌阵地，并执行连长命令。

5. 第五步：巩固与整顿

（1）当突击各班夺占敌阵地后，排在目标实施巩固。

① 建立直接警戒。排长向基准火力分队发信号，让其前进到指定位置。

② 排长为每个班和车辆指定射界。

③ 排长布置关键武器和车辆，覆盖最危险的接近路。

④ 排军士开始协调补充弹药。

⑤ 士兵建立仓卒的防御阵地。

⑥ 排长和前进观察员指定简要火力计划。

⑦ 各班布置观察哨，对敌反击提供预警。

（2）排进行整顿。重新建立指挥链；重新分配和补充弹药，以及核生化辐、夜视仪等重要装备；对伤员进行救治并撤离；补充关键岗位；搜索、处置、分类俘虏并尽快送至收容点；收集报告敌信息材料。

（3）排向连长提交态势报告。

三、实施班突击

（一）情形（操练开始信号）：班作为上级编队的一部分开展接敌运动或攻击，敌发起直瞄火力接触，本操练内容开始。

（二）任务标准：班确定敌人位置并实施压制，建立支援火力并利用火力与机动对敌阵地实施突击。班消灭敌人或迫使敌人撤退，巩固阵地然后实施重整。

（三）任务步骤和执行办法：

1. 第一步：班实施接敌动作

（1）接敌火力组立刻用精准火力向已知的敌阵地还击。士兵前往最近的能够防护敌火力（掩蔽）阻挡敌观察（隐蔽）的位置。

（2）接敌的士兵占据最近的有掩蔽和隐蔽的位置。

① 同火力组的士兵以跃进或匍匐姿态运动至便于发扬火力的位置，采取合适姿势以便有良好的视野、射界，以及掩蔽和隐蔽。士兵继续开火，并向火力组长报告已知或疑似敌阵地位置。

② 火力组长使用曳光弹或标准火力指令指挥火力。

③ 未接敌的火力组占据有掩蔽和隐蔽的位置，观察班侧翼和后方。

④ 班长向排长报告接敌情况，并前出至接敌火力组位置。

2. 第二步：先头火力组确定敌人位置

（1）接敌火力组通过目视和声音确定已知或疑似敌阵地位置。

（2）接敌火力组向疑似敌阵地施加精准火力。

（3）班长运动至能够观察敌人的位置并评估态势。

（4）班长通过排长呼叫及时的间瞄火力压制（一般是60毫米迫击炮）。

（5）班长向排长报告敌规模和位置等信息。（排长在前出的过程中完善班长的态势评估。）

3. 第三步：接敌班压制敌人

班长通过敌人的还击火力强度和准确度，评估接敌火力组是否已对敌人实现火力压制。

（1）如果答案为"**是**"，火力组长继续压制敌人。火力组首先消灭或压制敌由成员操作的武器，用榴弹发射器向敌方阵地施加烟幕将其遮蔽。火力组长继续用曳光弹或标准火力指令控制火力。火力应尽量精准持续，避免空当。两人组要做好协调，避免两人同时重新装弹。

（2）如果答案为"**否**"，班长要部署未接敌火力组建立火力支援阵地，并向排长报告态势。班通常会转变为排的基准火力。班要继续压制敌人，并执行排长的命令。（排按照前述方式执行排突击）

4. 第四步：攻击

（1）单位指挥官通过机动将突击分队投入突击。

①班长根据突击分队的运动和武器系统的最小安全距离调整间瞄、直瞄火力。

② 就位后，班长给出预先安排的信号，让支援火力组将火力转移至敌阵地另一侧。

③实施突击的火力组在突击过程中接替并维持有效的火力。为避免友军误伤，从支援分队向突击分队交接直瞄火力职责极为重要。

④ 如有，单位指挥官可以指挥前进观察员转移间瞄火力（包括烟雾）以孤立敌人。

（2）突击分队通过火力与运动攻克敌阵地。

①火力组长控制火力组的运动。

②火力组长为每个双人组分配目标并确定一个基准机动分队。

③ 基准火力分队保持与突击分队近侧的视觉接触。

④ 突击分队基于敌对自身火力的总量和精准度，以及地形能够提供的掩蔽实施火力与运动。

A. 突击分队指挥官确定突击分队的方向和距离并与突击分队共同运动。

B. 士兵要与火力组其他士兵和火力组长保持接触。

C. 火力组长指挥士兵以单兵或双人组形式运动。

D. 士兵从有掩蔽的位置射击。士兵应使用 3~5 秒冲刺或高／低匍匐方式利用现有的掩蔽和隐蔽。

E. 士兵要算好装弹的时间保证火力持续性。

F. 火力组长与单位的指挥官保持接触，并将各类信号下达分队成员。

G. 如果突击分队突击受阻，不能继续前进，单位指挥官要展开其他部队压制敌人，并向更高一级报告。

5. 第五步：巩固与整顿

（1）班长建立直接警戒。

（2）班长向基准火力分队发信号，让其前进到指定位置。

（3）班长为每个分队指定射界。

（4）班长布置关键武器和车辆，覆盖最危险的接近路。

（5）班长开始协调补充弹药。

（6）士兵建立仓卒的防御阵地。

（7）班长制定简要火力计划。

（8）班长布置观察哨，对敌反击提供预警。

（9）重新建立指挥链。

（10）重新分配和补充弹药，以及核生化辐、夜视仪等重要装备。

（11）对伤员进行救治并撤离。

（12）补充需多人操作的武器的操作员。

（13）补充关键岗位人手。

（14）搜索、处置、分类俘虏并尽快送至收容点。

（15）单位指挥官完善弹药、伤亡、装备报告。

（16）班长向排长提交态势报告。

四、脱离接触

（一）**情形（操练开始信号）**：作战单位作为更大编成的一部分实施接敌运动或攻击，作战单位受到敌人的直瞄火力攻击。

作战单位指挥官通过下达"脱离接触"的指令，本操练内容开始。

（二）**任务标准**：作战单位运用火力与运动来脱离与敌人的接触。作战单位应继续运动，直到敌人无法观察到他们，或对他们进行有效射击。指挥官应向上级指挥部报告接敌情况。

（三）**任务步骤和执行办法**：

1. 指挥官指派一个作战分队担任基准火力分队，通过直瞄火力压制敌人。

2. 指挥官给接敌作战分队指定一个运动的距离和方向、地形特征，或是最近的目标集合点。

3. 指挥官呼叫并调整间瞄火力，压制敌人阵地。

4. 跃进班 / 组利用地形和/或烟雾隐蔽自己的运动，并跃进到掩护监视位置。

5. 基准火力分队继续压制敌人。

6. 运动的分队占据掩护监视位置，并通过精确瞄准的火力压制敌人。

7. 基准火力分队运动到它的下一个有掩蔽和隐蔽的位置。（根据地形，以及敌人的火力密度和精确度，

作战单位正在与敌人交战，且必须脱离接触。

脱离接触（徒步）（ATP3-21.8《步兵排和班》）

跃进组使用烟雾来隐蔽自己前往下一位置的运动。

脱离接触（徒步）（续）（ATP3-21.8《步兵排和班》）

运动中的作战分队可能需要使用火力与运动技术。)

8.作战单位继续压制敌人并跃进，直到它不再与敌人接触。

9.指挥官应向上级指挥部报告接敌情况。

五、应对近处的伏击

（一）情形（操练开始信号）：

作战单位在进行战术运动

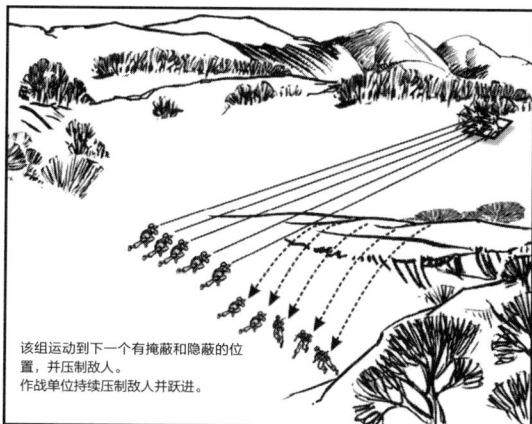

该组运动到下一个有掩蔽和隐蔽的位置，并压制敌人。
作战单位持续压制敌人并跃进。

脱离接触（徒步）（续）（ATP3-21.8《步兵排和班》）

遂行作战任务。敌人在手榴弹投掷范围内，以直瞄火力开始接触。作战单位全体或部分人员受到敌人的精确直瞄火力攻击。本操练内容开始。

（二）任务标准：

（徒步）位于杀伤区内的士兵，马上向已知或疑似敌军阵地还击，并穿越杀伤区进行突击。不在杀伤区的士兵确定敌人位置，并采用精准的压制火力射击敌人。作战单位穿越杀伤区进行突击，并摧毁敌人。

（乘车）车辆炮手马上向已知或疑似敌军阵地还击，同时作战部队继续离开杀伤区。在杀伤区内无法移动的车辆上的士兵，应下车占据有掩蔽的位置，并使用精准火力与敌人交战。杀伤区以外车辆的炮手和士兵压制敌人。作战单位穿越杀伤区突击并摧毁敌人。作战单位向上级指挥部报告接敌情况。

（三）任务步骤和执行办法：

1.徒步单位采取以下动作：

（1）位于杀伤区内的士兵，应执行以下两种行动中的其中一种：

① 马上还击。如果没有掩护，应无须命令或信号示意，立刻突击穿过杀伤区。

② 马上还击。如果有掩护，应无须命令或信号示意，占据最近的掩护位置并投掷烟幕弹。

（2）位于杀伤区内的士兵，使用火力与运动突击穿过伏击区。

（3）位于杀伤区外的士兵确认敌人位置,对敌人阵地使用精准瞄准的压制火力,

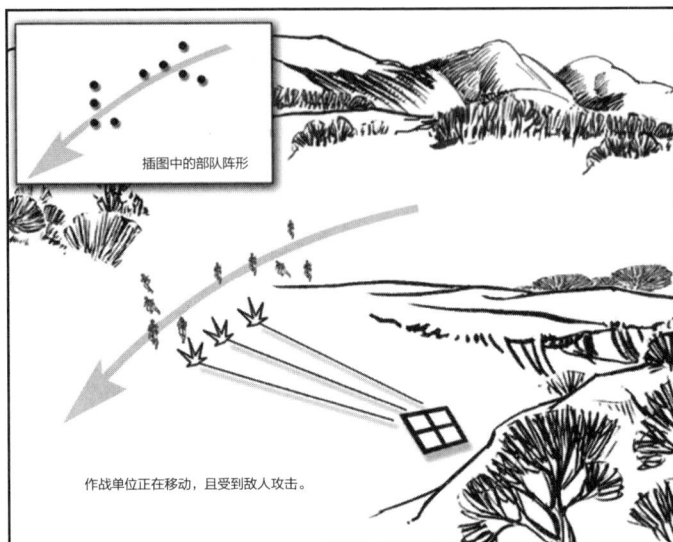

应对近处的伏击（徒步）
（ATP3-21.8《步兵排
和班》）

插图中的部队阵形

作战单位正在移动，且受到敌人攻击。

应对近处的伏击（徒步）
（续）（ATP3-21.8《步
兵排和班》）

位于杀伤区内的士兵马上还击。

并在士兵突击目标时转移火力。

（4）士兵突击并摧毁敌人阵地。

（5）作战单位指挥官向上级指挥部报告接敌情况。

2. 乘车单位采取以下动作：

（1）位于杀伤区的车辆炮手马上还击并使用车载烟雾，同时离开杀伤区。

（2）杀伤区内无法移动的车辆上的士兵，马上使用烟雾将自己从敌人的视野里遮蔽起来；如果可以，要下车寻找掩护位置，然后还击。

（3）杀伤区以外的车辆炮手和士兵定位敌人阵地，对敌人使用精确瞄准的压制火力，并且当士兵突击目标时转移火力。

当位于杀伤区的士兵突击敌人阵地时，位于支援阵地的士兵转移火力。

应对近处的伏击（徒步）（续）（ATP3-21.8《步兵排和班》）

（4）作战单位指挥官呼叫并调整间瞄火力，并根据 METT-TC 请求近距离空中支援。

（5）位于杀伤区的士兵突击穿过伏击区，摧毁敌人。

（6）作战单位指挥官向上级指挥部报告接敌情况。

六、突破布有地雷的铁丝网障碍

（一）情形（实施开始信号）：

排遇到了阻碍连运动的布有地雷的铁丝网障碍。该排的前向运动被有地雷加强的铁丝网障碍阻挡且无法绕开。敌人从障碍物远端的阵地处与该排交战。当作战单位的先头分队遭遇布有地雷的铁丝网障碍，且指挥官下令对该障碍物进行破障时，本操练内容开始。

（二）任务标准：

排破坏障碍物，并快速通过突破口将所有人员和装备转移。该排需要通过突破口转移支援分队和后续部队，同时保持足够的战斗力量，确保突破口远端的安全。

（三）任务步骤和执行办法：

1. 该排的一个班执行接敌动作，削弱来自障碍物远端的敌有效火力。

2. 接敌班应当采取以下动作：

（1）展开。还击并寻找掩体，然后建立火力优势和直接警戒。

（2）排军士重新部署其他班，集中支援火力并加强观察。

（3）单位指挥官报告：

① 班长需要从基准火力阵地处，使用 SALUTE 格式（规模、行动、位置、作战单位、时间、装备）向排长报告敌军火力位置。

② 排长向上级指挥官发出接敌报告，然后是 SALUTE 报告。

3. 评估并发展态势。

（1）排长需要迅速根据接敌班给出的态势报告，以及他个人的观察来评估态势。他的评估至少应当包括：

① 敌人武器数量或火力情况。

② 敌人是否保有车辆。

③ 敌人间瞄火力部署情况。

（2）排长快速发展态势，并采取以下动作：

① 发起一次快速侦察行动，确定敌人侧翼所在位置。

② 确定相互支援的阵地的位置。

③ 确定所有会阻碍突击行动的障碍物所在位置，以及可以提供某种类型掩护或隐蔽的障碍物所在位置。

④ 判断作战部队处于劣势还是优势。

⑤ 分析由班长、接敌组，或者邻近作战单位发来的报告。

4. 排长指挥接敌班和 / 或先头车辆支援另一个班前往破障点的运动。排长采取以下动作：

（1）指明通往基准火力阵地的路线。

（2）指明需要被压制的敌人阵地。

（3）指明破障点位置，以及该排其余人员的行进路线。

（4）对停止射击和转移火力的行动作出指示。

5. 根据排长的信号，基准火力班和 / 或先头车辆分队应当：

（1）摧毁或压制那些正在对本排射击的敌军武器。

（2）使用烟雾遮蔽敌军阵地。

（3）持续保持火力优势，同时节省弹药，并最大限度减少兵力接触。

6. 一旦决定破障，排长应指定一个班为破障班，其余班为突击班。（突击班可将其火力加入火力支援班。一般在破障成功后，该班应沿着破障班的有掩蔽和隐蔽的路线，马上发起突击。）

7. 基准火力班需运动到破障点并建立基准火力。

8. 排军士带着第二个机枪组，向前运动至基准火力班，并接管该班的控制权。

9. 排长带领破障班和突击班沿着有掩蔽和隐蔽的路线前进。

10. 排里的前进观察员根据排长的指示要求呼叫和调整间瞄火力，支援破障和突击行动。

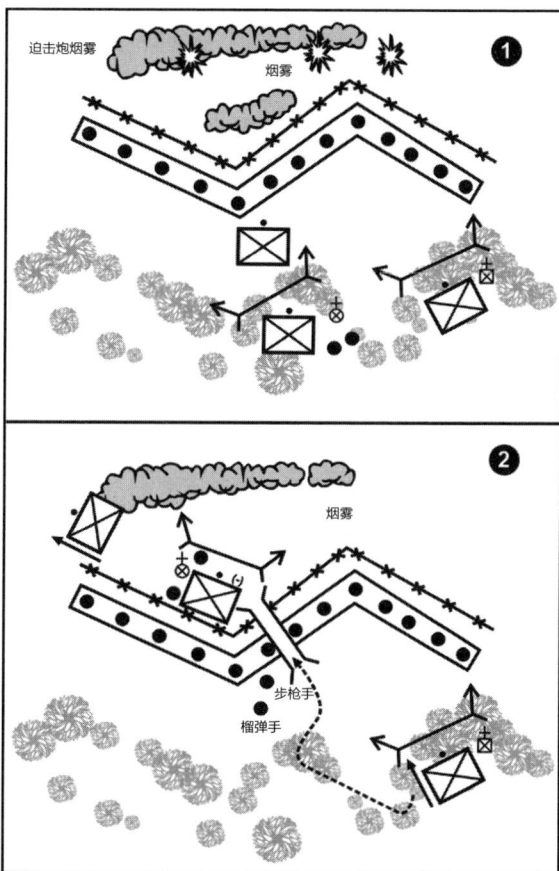

突破障碍物（ATP3-21.8《步兵排和班》）

11. 要破坏障碍物，破障班需执行以下行动：

（1）班长指挥一个火力组支援另一个火力组前往破障点的运动。

（2）班长需指定破障点的位置。

（3）基准火力组持续提供压制火力孤立破障点。

（4）负责破障的火力组，以及班长，使用有掩蔽和隐蔽的路线移动到破障点。

① 班长和负责破障的火力组长应使用烟幕弹遮蔽破障点。该排的基准火力分队应将他们的直瞄火力从破障点转移，并继续压制邻近的敌人阵地。

② 负责破障的火力组长应将他自己和机枪手部署在破障点的一侧，提供近距离警戒。

③ 破障火力组里的榴弹手和步枪手（或者反装甲射手和自动步枪手）应探测地雷位置，剪断铁丝网障碍，标记他们前进的路线。（如有，应首选爆破筒。）

④ 一旦障碍物被破坏，负责破障的火力组长和自动步枪手应利用有掩蔽和隐蔽的位置，运动至障碍物的远端。当他们就位并准备好提供支援时，应当向班长示意。

（5）班长向基准火力组长发信号，示意该组长的火力组前出穿过突破口。然后他应穿过障碍物，加入破障火力组，让支援火力组的榴弹手（或反装甲射手）和步枪手留在突破口的近端，以引导排里剩余的人通过突破口。

（6）基准火力组穿越突破口并运动至远端有掩蔽和隐蔽的阵地。他们应使用与破障火力组相同的有掩蔽和隐蔽的路线。

12. 破障班长向排长报告情况，并在破障点委派向导驻守。

13. 排长应带领突击班穿越障碍物的突破口，并将突击班部署在远端，以支援排里其余人员的运动，或者对火力可覆盖障碍物位置的敌军阵地进行突击。

14. 破障班应继续扩大突破口，以便让车辆通过。

15. 排长向连队指挥官提供态势报告，并指挥他的破障班穿越障碍物，排长指派向导来指引连队穿越破障点。

七、进入战壕，建立立足点

（一）情形（操练开始信号）：

该排正在进行战术运动，并受到来自敌人战壕的有效火力攻击。该排接到命令在战壕内建立立足点。该排可用的支援只有单位编制内武器。

在指挥官向突击分队给出"在战壕内建立立足点"的命令后，开始本操练内容。

（二）任务标准：

排长快速确认进入点。该排警戒进入点，进入战壕，清理出一片大到足够容纳后续作战单位的地域。该排应保持足够的战斗力量，能够击退敌人的反击并继续执行任务。

（三）任务步骤和执行办法：

1. 排执行应对直瞄火力接触相关战斗操练的内容。

2. 正在接敌的班应当：

（1）展开。还击并寻找掩体，然后建立火力优势和直接警戒。排军士应重新部署其他班，以集中支援火力，并加强观察。

（2）单位指挥官报告：

① 班长需要从基准火力阵地处，使用SALUTE格式向排长报告敌军火力的位置。

② 排长向指挥官发送接敌报告，然后是SALUTE报告。

3. 排长评估并发展态势，采取以下动作：

（1）排长需要迅速根据接敌班给出的态势报告，以及他个人的观察来评估态势。他的评估至少应当包括：

① 敌军武器的数量，或火力情况。

② 车辆存在情况。

③ 间瞄火力的部署情况。

（2）排长需要通过以下方式快速发展态势：

① 发起一次快速侦察，确定敌军的侧翼位置。

② 确定相互支援的阵地位置。

③ 确定所有会阻碍突击的障碍物位置，以及可以提供某种类型掩蔽或隐蔽的障碍物位置。

④ 判断作战部队处于劣势还是优势。

⑤ 分析由班长、接敌组，或者邻近作战单位发来的报告。

4. 排长选择行动流程，采取以下动作：

（1）排长决定进入战壕，并选择他的进入点。

（2）排长选择一条前往进入点的有掩蔽和隐蔽的路线。

（3）排长指挥他的机动分队确保进入点近端的安全，并移除障碍物寻求立足点。

（4）排军士重新部署剩余的班，提供额外的观察和支援火力。

5. 排长使用压制、遮蔽、警戒、削弱和突击原则（SOSRA）执行行动流程来为突击创造条件。排采取以下动作：

（1）压制和遮蔽。

① 排长或前进观察员呼叫并调整间瞄火力，对突击进行支援。

② 排军士指挥基准火力班来掩护机动班。

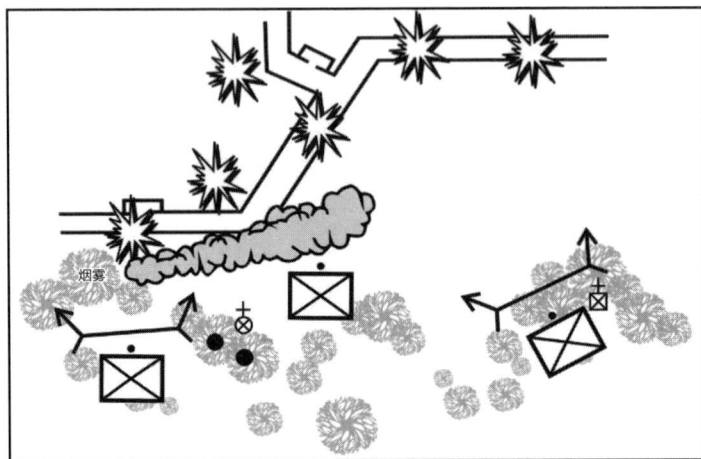

压制、遮蔽、警戒、削弱、突击（ATP3-21.8《步兵排和班》）

③ 使用烟雾（手持 /M203/M320）来遮蔽机动分队的运动。

（2）保障近端的安全并破除障碍物。机动班清理进入点，并采取以下动作。

① 班长将突击班运动至距离进入点最近的有掩蔽和隐蔽的位置。

② 班长指定进入点。

③ 基准火力班将火力从进入点转移，并继续压制邻近的敌人阵地。

④ 班长使用一个小组来压制进入点，并将突击组部署在进入点。

（3）排长指挥前进观察员转移间瞄火力孤立目标点；在突击班前进时，指挥基准火力班 / 分队转移射击火力。

（4）确保远端的安全，并建立立足点。

6. 突击火力组打头的两名士兵需要靠在战壕的边缘，向左右两侧翻滚，清理障碍物的远端并建立立足点。在班长指挥下，拉开手榴弹保险（最多持握两秒）高喊"投弹"，将手榴弹掷入堑壕。

（1）确保两枚手榴弹都爆炸后，士兵翻滚进入战壕面对相反方向站立。两人立即向战壕相反方向前进至第一个拐角或交叉口。

（2）两个士兵停下并占领阵地，阻止任何敌向进入点的运动。

7. 手榴弹爆炸的同时，突击火力组其他士兵进入战壕，增援第一个拐角或交叉口。

8. 小组为班清理出足够的空间，或者清理至战壕的第一个岔口，并发出"肃

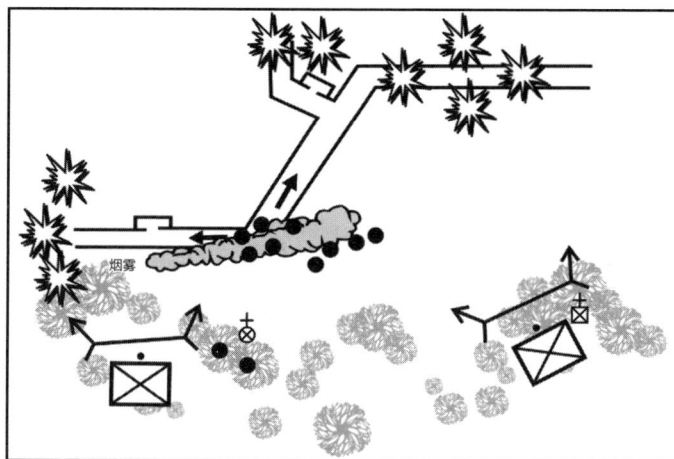

建立立足点（ATP3-21.8
《步兵排和班》）

清（CLEAR）"的口令。

9.班长根据该排的标准作业程序标记进入点，并通过发出"下一组进入（NEXT TEAM IN）"的口令，将下一组人员送入战壕，以扩大立足点规模。

10.下一个小组运动进入战壕，并警戒指定的地域。

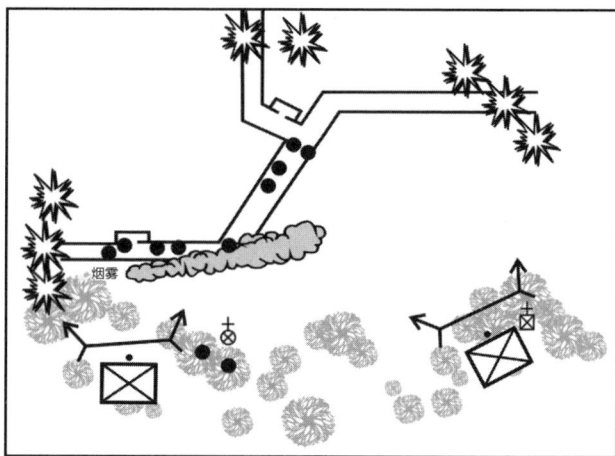

夺取指定地域（ATP3-21.8《步兵排和班》）

11.班长将立足点已安全的情况向排长报告。排剩余部分在成功夺取立足点后清理整个战壕。

八、驻止时建立警戒

（一）情形（操练开始信号）：

（徒步／乘车）作战单位在进行战术运动遂行作战任务。当作战单位必须原地驻止且存在接敌可能；或者指挥官给出"原地驻止"的口令时，开始本操练内容。

（二）任务标准：

（徒步）士兵停止运动，并根据作战单位的标准作业程序清理该地域。（示例方法为"5—25 米"原则：每一名士兵都需要马上扫视自己所处位置周围的 5 米范围，然后根据原地驻止的持续时间，将搜索范围扩大到 25 米。）士兵应占据有掩蔽和隐蔽的位置，保持分散和全方位的警戒。

（乘车）车辆指挥官利用可用的掩蔽和隐蔽，指挥车辆进入指定位置。士兵按照指定的顺序下车，并根据作战单位的标准作业程序清理该地域。排内人员 / 分队人员保持分散和全方位的警戒。

（三）任务步骤和执行办法：

1. 徒步时：

（1）指挥官用手和手臂发出原地驻止的信号。

（2）士兵建立直接警戒。利用现有的掩蔽和隐蔽，建立仓卒战斗阵地；检视并清理自己的当下地域（例如使用"5—25 米"原则）；为自己的武器建立火力区分（例如：使用 12 点作为自己面朝的方向，那么射界范围便是自己的 10 点到 2 点方向）。

（3）如有必要，分队的指挥官应调整部署情况；检视并清理分队所处地域；确保士兵的火力区分彼此重叠；与他左右两侧的人员做好火力区分协调。

（4）作战单位指挥官应向上级指挥部报告情况。

2. 乘车时：

（1）指挥官通过无线电发出停止运动的指令。

（2）作战单位根据标准作业程序，在原地呈鱼骨形或环形驻止。

（3）每辆车的指挥官应各自确保车辆位于正确的位置，能够有效利用掩蔽和隐蔽，且需成员操作的武器正常运作并扫视周边。

（4）车辆指挥官命令士兵下车，提供直接警戒。

① 士兵下车，并建立直接警戒。

② 运动到指挥官指定的有掩蔽和隐蔽的位置。

③ 检视并清理自己的当下地域（例如：使用"5—25 米"原则）

（5）为自己的武器建立火力区分。

（6）如有必要，下车人员的指挥官需调整部署位置。

（7）作战单位指挥官向上级指挥部报告情况。

九、疏散伤员（徒步及乘车）

（一）情形（操练开始信号）：

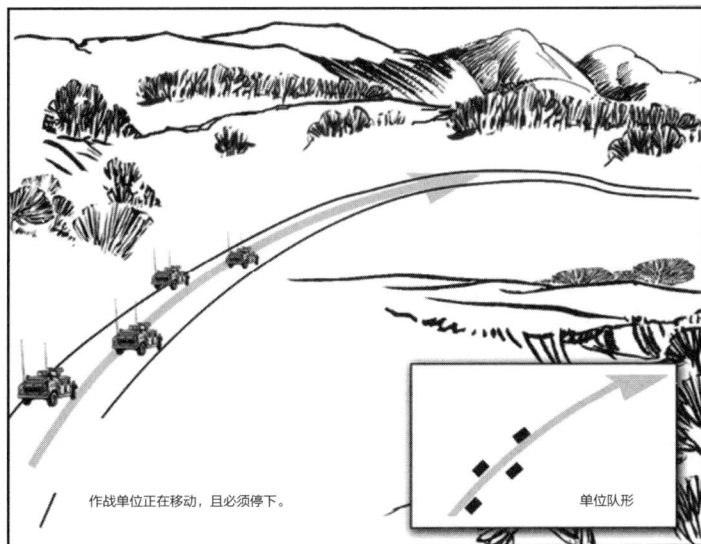

作战单位正在移动，且必须停下。

单位队形

乘车驻止时建立警戒
（ATP3-21.8《步兵排和班》）

车辆运动进入阵地，士兵下车提供警戒。

乘车驻止时建立警戒（鱼骨形）（ATP3-21.8《步兵排和班》）

乘车驻止时建立警戒（环形）（ATP3-21.8《步兵排和班》）

车辆运动进入阵地，士兵下车提供警戒。

作战单位在运动或静止的状态下，如正在进行作战。一名士兵受伤，必须将其撤离。该地域的所有敌人已被压制，失去战斗能力或被消灭，而且已经建立直接警戒。部分情形下，本具体任务应当在"四级任务导向防护姿态(MOPP4)[①]"下执行。

当单位中一名成员受伤，必须将其撤出，或指挥官指挥他手下成员执行本操练时，本操练内容开始。

（二）任务标准：

作战分队压制、摧毁敌人和 / 或威胁（如简易炸弹），或使其失去战斗力，并建立直接警戒。作战分队的成员进行急救，并在不加重伤员伤势，或不对其造成进一步伤害的情况下撤离伤员。必要时，指挥官、战斗医务兵，或任一士兵应请求医疗撤离（MEDEVAC），并向上级指挥部报告接敌情况。

（三）任务步骤和执行办法：

1. 作战单位在交战地域建立直接警戒，或者利用一切现有的掩蔽和隐蔽脱离交战状态。

2. 徒步时：

---

① MOPP4：人员要完全合上外衣，调整所有系带以尽量减少开口，并戴上防护手套，将自己完全包裹起来。

（1）任一作战单位成员提供初步急救措施（自救 / 互救）。

（2）任一作战单位的战斗救生员提供进一步急救，或者在必要时由战斗医务兵进行紧急医疗处理[①]。

（3）如有必要，由作战单位指挥官、战斗医务兵，或任一士兵使用9行医疗（9–Line MEDEVAC）撤离申请。

（4）作战单位的救护和担架组，或者指定成员将伤员疏散到伤员收容点或者患者集合点，并请求医疗撤离。

① 移除所有关键作战物品和设备（地图、简易密钥加载器 / 自动化网络控制装置，定位装置、激光指示器，以及所有其他敏感物品）。

② 根据作战单位的标准作业程序，清点伤员的武器和弹药。

③ 战斗医务兵填写 DD1380 战术战斗伤员救护卡；指挥官或任一成员填写陆军部的 DA1156 伤员输送卡。

④ 使用担架；由一人或两人抬着；或者让轻伤伤员步行，将伤员疏散至伤员收容中心、患者集合点或救护站。

3. 乘车时：

（1）车组人员 / 载员提供初步急救措施（自救 / 互救）。

（2）任一作战单位战斗救生员、战斗医务兵，或者指定的士兵运动到车辆处，提供急救或进一步急救（自救、互救，或是战斗救生员救治），以及紧急医疗处理（由战斗医务兵进行），然后疏散伤员。

（3）指定的士兵将伤员从车辆上转移，以免造成进一步伤害。

① 移除所有关键作战物品和设备（地图、简易密钥加载器 / 自动化网络控制装置，定位装置，以及所有其他敏感物品）。

② 根据作战单位的标准作业程序，清点伤员的武器和弹药。

③ 战斗医务兵填写 DD1380 战术战斗伤员救护卡；指挥官或任一成员填写陆军部的 DA1156 伤员输送卡。

④ 作战单位将伤员疏散至伤员收容点或患者集合点，并请求空运救护（9行

---

① 战斗救生员仅进行了40小时相关技能学习，且可能兼任其他职责。战斗医务兵需在专门机构进行16周的技能培训，专门负责医务。

医疗撤离申请），或者使用现有的车辆物资，将伤员直接送到救护站。

⑤ 作战单位指挥官根据标准作业程序，向上级指挥部报告接敌情况和伤亡情况。

十、摧毁掩体

（一）情形（操练开始信号）：

作战单位在进行战术运动遂行作战任务。敌人从隐蔽的掩体体系中开始与己方接触。作战单位整体或其中一部分，受到敌人的精确直瞄火力攻击。作战单位收到命令，摧毁敌人掩体。

部分情形下，本具体任务应当在"四级任务导向防护姿态"下执行。

（二）任务标准：

作战单位通过杀死、俘获，或者迫使掩体中的敌方人员撤退来摧毁指定的掩体。作战单位需保持充足的战斗力量，以击退敌人的反击并继续作战。

（三）任务步骤和执行办法：

1. 单位展开：

（1）接敌班 / 火力组建立基准火力。

（2）武器班班长部署机枪，增援正在接敌的步枪班。

（3）排军士应运动到火力支援阵地，并接管该位置的火力控制权。（如有需要，武器班班长可根据 METT-TC，重新部署另一挺机枪）

（4）接敌班可通过以下方式来获得并保持火力优势：

① 摧毁或压制敌人的成员操作的武器。

② 尽量持续使用最低限度的压制火力。

③ 压制掩体和任何的支援阵地。

④ 该班按照要求使用肩射式弹药。

（5）排前进观察员根据排长的指挥，呼叫并调整间瞄火力，包括使用烟雾遮蔽敌人阵地。

（6）在支援火力阵地的后方和侧翼建立警戒。

2. 单位报告：

（1）提交接敌报告。

（2）向指挥官提交 SALUTE 报告。

（3）如有需要，提交态势报告。

3. 评估并发展态势：

（1）排长和他的无线电话务员，以及排里的前进观察员前出与接敌班的班长会合。

（2）排长通过确认敌人的构成、部署和能力来评估态势：

① 确定敌人的部署情况，包括敌掩体的数量和位置、阵地之间的相互支援和重叠火力水平，以及相连接的战壕和防御障碍物等。

② 确定敌人的构成和实力：敌人的自动武器数量，是否有车辆，以及间瞄火力的部署，都是敌人实力的体现。

③ 确定敌人防御、增援、进攻和撤退能力。

（3）排长应通过决定他可以运动到哪个有利位置来发展态势。这些位置包括：

① 至少一个掩体的薄弱侧翼，或者视线盲区。

② 通往掩体侧翼的有掩蔽和隐蔽的侧击路线。

4. 制定行动流程：

（1）排长需决定：

① 哪个掩体构成了最大的威胁。

② 毗连的掩体位于何处。

③ 突破防御障碍物的要求。

（2）排长确定部署支援阵地的位置。

（3）排长确定突击班的规模和人员构成。

5. 执行行动流程：

（1）排长指挥支援分队压制掩体：

① 排军士重新部署一个班、火力组，或者一个机枪组，孤立该掩体并在必要时继续施加压制火力。

② 必要时，前进观察员应转移火力。

（2）排长指示突击班长对掩体发起攻击：

① 突击班、排长和无线电话务员应沿着有掩蔽和隐蔽的路线，在不遮挡射击人员的火力的前提下前往突击位置。

②士兵应时常观察其他掩体，或者支撑掩体中的敌人情况。

③根据排长的信号，支援分队转移或终止火力（包括直瞄火力和间瞄火力）。

④到达最后有掩蔽和隐蔽的位置时：

A.1号双人组（火力组长和自动步枪手）留在他们能掩护2号双人组（榴弹手和步枪手）的位置。

B.班长转移至最能控制火力组的位置。班长给出信号，基准火力分队终止火力或转移至突击火力组接近掩体方向的另一侧。

⑤2号双人组移动到掩体附近的视线盲区。

A.一名士兵占据靠近出口的掩护位置。

B.另一名士兵拉响一枚手榴弹，发出"手榴弹掷出（FRAG OUT）"的口令，并将其扔进掩体的缝隙中。

C.在手榴弹引爆后，负责掩护出口的士兵率先进入掩体，随后该组对掩体进行清理。

⑥1号双人组加入2号双人组。

⑦火力组长应：

A.检视掩体。

B.根据部队标准作业程序标记该掩体。

C.向班长发出信号，示意掩体已肃清。

（3）排长应：

①指挥支援班前进并摧毁下一个掩体，或者指挥突击班继续摧毁下一个掩体。

②如有必要，可在各班间轮替。

（4）单位指挥官清点士兵，向上级指挥部提供态势报告，必要时进行整顿，然后继续执行任务。

十一、从布雷德利步兵战车和步兵运载车下车

（一）情形（操练开始信号）：

排在遂行任务时乘坐布雷德利步兵战车和步兵运载车运动。排接到"下车"命令，本操练内容开始。

（二）任务标准：

BFV：排运动至有掩蔽和隐蔽的位置为下车班提供保护。当接到"下车"命令，各火力组按顺序下车。如使用尾部坡道则在 30 秒内下车，使用战斗舱门时则应在 45 秒内下车。排长或班长建立警戒，开始控制各班和各火力组。

ICV：排运动至有掩蔽和隐蔽的位置为下车班提供保护。当接到"下车"命令，各火力组按座位号下车。首先是 10 和 11 号，然后是 8 和 9 号，6 和 7 号，4 和 5 号，最后是 3 号。班下车后建立警戒。

（三）任务步骤和执行办法：

1. 排长选择下车点。

2. 排长命令人员下车。

（1）发出预先号令"准备下车"。

（2）制定下车后排的武器构成。例如"不要标枪""多带 AT4""全部 M240B"。

（3）为每辆车给出下车指示。例如，"右（左）侧"，距离"50 米"，并指出地形特征"小山丘后面"。车长也可能为车上的火力组给出下车指示。

3. 班长或火力组长要听清指令，向乘员舱内的士兵传达指令。

4. 驾驶员将车辆运动到指定的下车点，将车头朝向敌人。

5. 炮手将炮塔转向，提供掩护监视和必要的支援火力。

6. 排长给出"下车"指令。

7. 火力组成员将 M231 射孔枪从尾门坡道上取下来，在车里放好。

8. 驾驶员停车放下尾门坡道，或者车辆指挥官要求打开坡道上的通道门。

9. 火力组成员按顺序下车，运动至有掩蔽和隐蔽的位置

10. 各火力组与班会合，班长与排长建立联系。

11. 乘车分队占领合适的有掩蔽和隐蔽的阵地，使用主武器掩护下车分队或是进入隐藏位置。

12. 班长和火力组长按需布置或调整班成员的位置。

13. 排军士或分队长按照 METT–TC 情况重新布置车辆位置。

十二、应对间瞄火力

（一）情形（操练开始信号）：

BFV 1

驾驶员　3
候补炮手　4
炮手　2　　1　车长（排长）
二班，A 火力组，步枪手　6　　5　二班，A 火力组，榴弹手
一班，B 火力组，自动枪手　8　　7　二班，A 火力组，自动枪手
一班，B 火力组，火力组长　10　　二班，A 火力组，火力组长

下车顺序
一：10、9
二：8、7
三：6、5
四：1

BFV 3

三班，B 火力组，步枪手　3
炮手　2　　1　车长
三班，B 火力组，火力组长　6　　5　三班，B 火力组，榴弹手
三班，A 火力组，自动步枪手　8　　7　三班，A 火力组，自动枪手
三班，B 火力组，火力组长　10　　三班，B 火力组，火力组长

下车顺序
一：10、9
二：8、7
三：6、5
四：4

BFV 2

驾驶员　3
一班，B 火力组，榴弹手
炮手　2　　1　车长（排枪炮长）
一班，B 火力组，步枪手　6　　5　一班，A 火力组，榴弹手
一班，A 火力组，自动枪手　8　　7　一班，A 火力组，自动枪手
一班班长　10　　一班，A 火力组，火力组长

下车顺序
一：10、9
二：8、7
三：6、5
四：4

BFV 4

驾驶员　3
二班，B 火力组，步枪手
炮手　2　　1　排军士
二班，B 火力组，自动步枪手　6　　5　二班，B 火力组，榴弹手
二班，B 火力组，火力组长　8　　7　二班，B 火力组，榴弹手
二班班长　10　　9　二班，A 火力组，步枪手

下车顺序
一：10、9
二：8、7
三：6、5
四：4

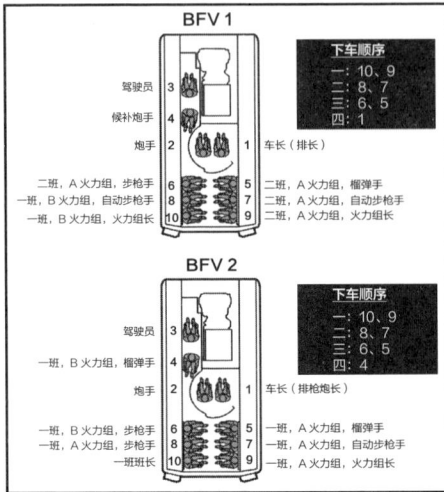

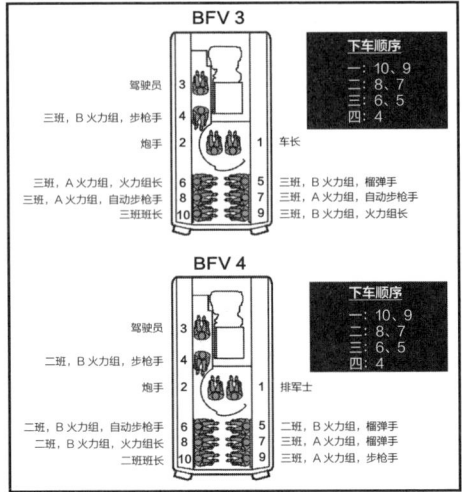

BFV 下车顺序（ATP3-21.8《步兵排和班》）　　　　BFV 下车顺序（续）（ATP3-21.8《步兵排和班》）

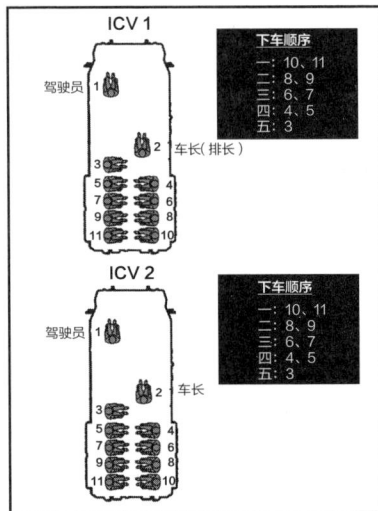

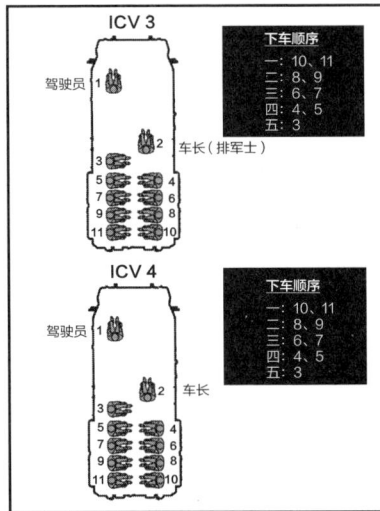

ICV 1

驾驶员　1
车长（排长）　2
3　　4
7　　6
9　　8
11　　10

下车顺序
一：10、11
二：8、9
三：6、7
四：4、5
五：3

ICV 3

驾驶员　1
车长（排军士）　2
3　　4
7　　6
9　　8
11　　10

下车顺序
一：10、11
二：8、9
三：6、7
四：4、5
五：3

ICV 2

驾驶员　1
车长　2
3　　4
7　　6
9　　8
11　　10

下车顺序
一：10、11
二：8、9
三：6、7
四：4、5
五：3

ICV 4

驾驶员　1
车长　2
3　　4
5　　6
9　　8
11　　10

下车顺序
一：10、11
二：8、9
三：6、7
四：4、5
五：3

ICV 下车顺序（ATP3-21.8《步兵排和班》）

ICV 下车顺序（续）（ATP3-21.8《步兵排和班》）

　　（徒步）作战单位在运动状态下执行作战任务。任一士兵发出"炮击（INCOMING）"的警报口令，或者附近有弹药爆炸，本操练内容开始。

　　（乘车）本排/分队在静止或运动的状态下执行作战任务。无线电或对讲机传出"炮击"的警报口令，或者附近有弹药爆炸，本操练内容开始。

　　（二）任务标准：

（徒步）士兵马上寻找身边的最佳掩蔽位置。打击结束后，作战单位离开该地域，前往指定的集合点。

（乘车）如果处于运动状态，司机应根据指示的方向和距离，马上将他们的车子驶离打击地域。如果处于静止状态，司机应发动车辆，根据指示的方向和距离进行运动。

作战单位指挥官应向上级指挥部报告接敌情况。

（三）任务步骤和执行办法：

1. 徒步时，单位人员采取以下动作：

（1）任一士兵发出"炮击"的口令。

（2）在最初几次打击时，士兵马上采取卧姿，或者运动到周围有掩蔽的地方。

（3）指挥官通过给出方向和距离，命令作战单位前往集合点。

（4）一轮打击结束后，士兵根据给出的方向和距离，快速运动到指定的集合点。

（5）作战单位指挥官向上级指挥部报告接敌情况。

2. 乘车时，单位人员采取以下动作：

（1）任一士兵发出"炮击"的口令。

（2）车辆指挥官通过无线电重复警报。

（3）指挥官通过无线电，给出有关方向及会合地点的指令。

（4）士兵应关闭所有舱口（如果该车辆类型适用这一条的话）；炮手应待在炮塔护盾下方，或者下到车里去。

（5）司机根据指挥官给出的方向指令，快速离开打击地域。

（6）作战单位指挥官向上级指挥部报告接敌情况。

十三、建立仓卒检查点

（一）情形（操练开始信号）：

作战分队从上级指挥部处收到命令，要立刻在其作战地域内的指定地点建立仓卒检查点。当地警察或安全部队可能会协助遂行该作战行动。作战单位应在交战规则、交互规则（ROI），以及武力升级规则（EOF）的指引下行动，并配属有翻译或东道国的工作人员。部分情形下，本具体任务应当在"四级任务导向防护姿态"下执行。

当作战分队指挥官从上级指挥部处收到快速在特定位置建立仓卒检查点的命令，并下发该命令给作战分队，或作战分队指挥官指挥其手下人员执行本操练时，本操练内容开始。

（二）任务标准：

根据上级指挥部的命令，该作战分队马上采取行动建立仓卒检查点。该检查点应通过限制进出特定地域来控制车辆和行人通行。任务开始前，作战分队应已接到交战规则、交互规则、武力升级规则、任务指令、上级指挥部命令，或其他特殊命令的简报。当处于"四级任务导向防护姿态"时，遂行该任务所需时间会相应增加。

（三）任务步骤和执行办法：

1. 分队指挥官收到并向其分队下达命令，马上在特定地点建立仓卒检查点。

注意：当检查点将使用一段特定时间（通常很短）时，要建立仓卒检查点。仓卒检查点应被设置于出其不意的位置，并且不能被接近的车辆过早看到；当它们看到时，也来不及掉头撤离。对仓卒检查点来说，理想位置是桥梁、隧路、高速公路交叉口、山丘的反斜坡，以及急转弯处。

（1）向人员分发指令和任务，立即建立建造仓卒检查点的关键部分。

① 建立警戒。

② 建立警戒阵地，或占据哨位。

③ 建立通信。

④ 建造一个进入点。

⑤ 建造车辆引道和防护栏。

⑥ 建造搜查和等待区。

⑦ 建立致命和非致命（武器）的监视阵地。

⑧ 张贴警示标志。

⑨ 进行最终的作战简报和指令说明（在检查点投入使用之前）。

（2）发布建立检查点的时间表。

2. 作战分队成员立即（根据作战分队指挥官的指示）执行分配给他们的任务，建立或建造仓卒检查点，为投入运作做准备。

注意：必须首先完成警戒、仓卒防御阵地，以及建立通信等方面的工作。建造仓卒检查点的其余任务和职责，不需要按顺序逐一执行，而可以同时由分队内不同人员来完成，以加快进度。

（1）在建造仓卒检查点时，建立警戒。

（2）（所有成员）建造仓卒防御阵地。

（3）在所有作战分队和上级指挥部之间建立通信。

（4）当任务规定或情况允许时，建立一个初始（且独立）视觉搜查地域或区域，该地域要用记号清晰地标记出来，让车辆／行人在接近真正的检查点入口前，在此处停下并等待进一步指令。

注意：初始搜查区是一个远距离视觉搜查区。在这里，车辆和行人在真正进入检查点前，首先通过视觉或听觉手段被要求在初始搜查区内一个有明确标记的地点停下，以便在安全距离内探测武器和爆炸物，或使某人暴露其意图。人员和车辆可以在一段距离（大约25~100米，或根据任务指示确定）外，由位于防护栏或车辆后的检查点操作人员进行视觉检查。人员将被命令下车，打开可从远处观察到的车厢（后备厢、引擎盖等），打开或取出车内的物品，解开或拉起外衣，按要求转身，并根据标准作业程序执行其他额外措施。这种视觉搜查应在让人员和车辆进入检查点进行详细搜查前完成。可使用本地支援机构来执行这一块的任务。初始搜查区更适用于预有准备的检查点；但如果任务允许，且面临的威胁要求使用，也可用于仓卒检查点中。

（5）建造可以限制和控制车辆／行人进入仓卒检查点的进入点。如有需要，进入点还应该为仓卒检查点的工作人员提供最低限度的保护。

注意：可以利用手边现有的材料（例如工程胶带、残骸碎片、树木、岩石、蛇腹型铁丝网、现有的建筑结构，以及所有其他可用设备／材料）来建造仓卒检查点的引道、进入点、防护栏、等待区，以及搜查区。作战分队还应该使用现有的沟渠、桥梁、深路堑、急弯，或道路起伏来建立仓卒检查点。确保夜间作战时有足够的照明（如适用）。

（6）创建或构造逐渐变窄的引道以及减速车道，迫使车辆减速，并指挥车辆和／或行人进入指定地域。这可以通过一系列车辆在接近仓卒检查点时必须绕过的弯道和障碍物系统来实现。

（7）在远离检查点入口的地方，为被扣留人员建立或分划等待区。

注意：等待区和搜查区是相对安全的地域，人员和车辆要在此被明确识别，并进行全面细致地搜查。现有的建筑结构、车辆或障碍物可帮助将车辆或个人与其他人隔离，并从武器阵地处提供监视保护。任务可能要求男性和女性人员来进行人员搜查（女性士兵应对进入检查点的女性人员进行搜查）。

（8）建立或建造面向人员及车辆的细致搜查区。

（9）建立可以观察所有地域和引道的致命及非致命监视阵地。班组武器将会被战略性地放置在这些地点。

（10）确保张贴了警告标志。

注意：应在检查点地域内，使用当地语言和英语张贴警告或指示标记。应在通往仓卒检查点的关键位置和距离上设置标记。如果（根据现有的标准作业程序、命令、交战规则、武力升级规则）已授权在不遵守张贴警告的情况下使用致命武力，则还应该在标识上说明这一情况。

3.在建立好仓卒检查点后，分队指挥官应主持进行最终的简报会，并向上级指挥部发出通知。

（1）向人员简要说明有关执行仓卒检查点作战任务的关键要素。

① 现有的交战规则、武力升级规则，以及交互规则。

② 有关搜查、拘留、对峙距离，以及武力使用的规则。

③ 接敌时的应对。

④ 根据上级指挥部的命令和指引，对通过检查点的人员及车辆进行清理和处理的程序。

⑤ 使用任务允许范围内的所有可用资产及程序，以安全地开展检查点行动（包括对峙距离、障碍物、护栏、警告标志等）。

⑥ 对高风险和违禁物品进行搜查（例如武器、爆炸物和禁运品）。

⑦ 维护仓卒检查点的安全和监视支援。

⑧ 确保根据当前指令和标准作业程序来处理车辆交通、运动和人员。

（2）告知上级指挥部，已建立仓卒检查点，并准备投入运作。

11

基本概念、控制手段与图示

为了使一些初次接触美军战术术语和军事符号的读者能够对本书的各类术语有更为准确的理解，本附录摘取了美军《术语和军事符号》（ADP 1-02/ADRP 1-02）手册中一些比较常见的军事词汇的官方解释，以及军事符号的含义与构成方式。读者如在阅读时对某个概念或符号感到困惑，可查看相应的定义。

基本概念

前卫：向主力前方派遣的分遣队，用以保证主力前进不会被打断；保护主力不被奇袭；移除前进路上障碍物修补道路桥梁，为主力前进提供便利；当主力准备行动时掩护其展开。

空中突击：友军突击力量通过旋翼航空器，与敌人交战并将其摧毁或是夺取关键地形的运动。

空降突击（Airborne Assault）：运用空降力量以伞降形式进入目标地域实施攻击并消灭武装抵抗和肃清指定目标。

空中运动（Air Movement）：单位、人员、补给、装备通过空投和空运等形式进行空中运输。（美国国防部定义）除空中突击以外涉及使用货运旋翼机的作业。（美国陆军定义）

接近行军：战斗单位以与敌进行直接接触为目的的推进。

利益相关地域（Area of Interest）：与指挥官的利益关切相关的地域，包括影响地域及其相邻地域，一直延伸至敌人地域，也包括可能会对完成任务产生影响的敌人占据的地域。

作战地域：由联合作战指挥官确定的海、陆军作战的区域。作战地域不仅包含联合作战指挥官进行作战的全部地域，而是应有足够的空间供下属单位完成任务并保护其部队。

地域警戒：在特定地域内用于保护友军部队、设施、路线和行动的警戒具体任务。

突击：1. 一次攻击的高潮，通过近战接近敌人。2. 对现地目标，比如火炮阵地、碉堡、机枪点，进行短暂、猛烈但有序的进攻。3. 空降作战的一个阶段，始于通过空中手段将部队的突击分队投送至目标区域，通过突击攻击目标延展和巩固初始空降场。

集结地域：单位占据的用来为作战进行准备的地域。

攻击：摧毁或击败敌军力量和 / 或占领和肃清地域的一次进攻行动。以在火力支援下行进为特点，以消灭或击败敌人为目标的进攻行动。

突入 / 破障：单位使用一切可用手段打破并穿过，或是建立通路穿过敌防线、障碍物、雷场、工事的战术任务。

清理：需要指挥官在被分配的地域内肃清一切敌力量和有组织抵抗的战术任务。

近距离战斗：由直瞄和间瞄火力等资产提供支援的在陆上进行的直瞄火力战斗。

室内近距离战斗：由经过严格训练的小型特种作战部队运用特殊武器、弹药、爆炸物实施的持续的战斗技战术和流程，用来寻回人员、装备或材料。

合同：通过武器的协调和同时运用，达到比单独或顺序运用更大的效果。

指挥官的意图：对作战目的和预期的最终军事状态的清楚简明的表达，有助于支持任务指挥，为参谋人员提供关注点，帮助下属和支援指挥官在无须命令的情况下，即可采取能够达到指挥官预期目的的行动，甚至是在作战未按计划展开时同样如此。

指挥官的可视化（Commander's Visualization）：制定态势理解，决定预期最终状态，以及部队实现最终状态的作战途径的心理过程。

隐蔽：免于被观察或监视的防护。

控制：1.使部队和战斗功能按指挥官意图完成任务的规则。2.需要指挥官对特定地域维持实际影响，阻止敌人使用，或为友军作战制胜创造必要条件的战术任务。3.消除风险或减少风险的一种行为。

作战构想：指挥官关于一次或一系列作战的假定和意图的概括性文字或图形说明。作战构想经常作为战役计划或作战计划的一部分，尤其是当作战计划涉及连续或同时进行的多个作战时。作战构想的目的是对作战全貌进行描绘，对目的进行额外说明。作战构想对指挥官选定的行动流程进行补充，阐释部队各单元将如何合作完成任务。

行动流程：1.个人或单位将要遵循的后续行动的序列。2.对个人或指挥官公开的可能完成任务或者与完成任务相关的可能计划。3.完成一项工作或任务所采用的方案。4. 在交战中的行为安排。5. 联合作战计划与执行系统中概念发展阶段的产物。

掩蔽：免于火力效果的防护。

决定性交战：单位被认为是全面投入，无法机动或撤出的交战。如无外部协助，现有部队必须战斗至最终分出胜负。

决定性作战：直接（与间接相对）完成任务的作战。

决胜点：采取措施后，可使指挥官获得对敌显著优势或极有助于制胜的一个地理位置，特定关键时间，关键因素或功能。

佯动：在军事欺骗中，一场向不寻求决战的某地域之敌展示力量，欺骗敌威胁的行动。与佯攻类似，但并不与敌威胁实际接触。

交战：通常由相敌对的两方基层梯队间发生的一次战术冲突。

佯攻：在军事欺骗中，一场以使敌方对实际进攻行动的位置和 / 或事件产生迷惑为目的，包含与敌接触的进攻性行动。

射界：武器或多个武器从某个位置能够有效覆盖的地域。

火力与运动：将运用一切来源的火力压制、消灭或摧毁敌人，以及战斗力量相对于敌人的战术运动（作为机动的组成部分，适用于各级单位）相结合的概念。在班一级，指一个火力组对敌施加压制火力，另一个火力组靠运动对抗或绕过敌人。

火力计划：为有效协同某单位或编队的武器的火力而使用的战术计划。

主观能动性 / 主动权：（单兵，主观能动性）在没有明确指示或当态势变化时主动行动的能力。（作战，主动权）在整个战斗或作战中设定或主导行动方式。

联合：指两个以上军事部门的分队参与的活动、作战、组织等。

联合部队：对于隶属单个联合部队指挥官的两个及以上的军事部门，以指派或加强等形式构成主要部分的部队的统称。

联合作战：由联合部队，以及未建立联合部队的有特定指挥关系的多军种共同实施的军事行动。

直接警戒：包括在单位附近实施的基层警戒活动在内的警戒具体任务，目的是避免被敌人突然袭击。

本队：战术指挥或编队的主要部分。不包括前卫、侧卫、掩护部队等分遣队。

机动：1. 舰船、航空器、陆上部队运动到有利于攻击敌人的位置。2. 为了完成任务，在战场上通过火力与运动获得有利于攻击敌人的位置的力量部署。（美国国防部和北约定义）战争九原则之一：通过灵活运用战斗力量将敌人置于不利位置。（美国陆军定义）

任务指挥：指挥官使用任务命令行使权力并做出指示，以在指挥官的意图范围内实现有纪律的主动性，从而在统一的陆上行动中赋予敏捷、适应性强的领导者更多权力。

指定利益相关地域：一个地理空间地域，或是系统中的节点（指代人、地、物）或链接，可依此收集符合特定信息需求的信息。选定指定利益相关地域一般是为了抓住反映敌行动的各种表征，但也可能与作战环境的条件有关。

目标：美国国防部、北约、美国陆军对目标的定义均有所区别。宏观概念指所有军事行动都应指向的定义明确的、决定性的、可实现的目的（Gogl）。微观概念一般指地面上的一个位置，用于为作战定向、切分阶段、帮助改变方向或是集中力量。

作战环境：会左右军事部署和指挥官决策的各类条件、情形、影响的综合。

掩护监视：一个单元位于能够为另一个单元提供及时的火力支援其运动的位置的战术运动方法。

阶段线：为控制和协调军事作战所采用的一条线，一般是作战地域内一个容易识别的特征。

机动计划：指挥官作战构想的集中表现，决定了描述已部署的兵力将如何完成任务的相关支援计划和附件的设计。

屏卫：1. 一个安全警戒分队，其主要任务是观察、识别、报告信息，只在自卫时交战。2. 保持监视；向主力提供预警；在其能力范围内阻碍、摧毁、骚扰敌人侦察，避免决定性交战的一种战术具体任务。

占领 / 保全（Secure）：1. 在作战语境下，指通过或不通过武力获得一个位置或地形，并采取尽可能的措施避免其因敌人的行动被毁或丧失。2. 一种战术具体任务，包括防止一个单位、设施、地理位置被敌行动损毁。

态势理解：将分析和判断应用到一般作战图景来决定 METT–TC 各因素之间关系后的产物。

节奏：军事行动的频率。军事作战在一定时间内相对敌人的速度和频率。

预先号令 :1.（北约定义）对后续即将到来的命令或行动的初步通知。2.一种描述了形势，分配部队和资源，建立指挥关系，提供其他初步计划指导，启动下属单位任务计划的计划指令。

控制手段

战术，即指导和进行战斗的方法。想要在复杂的战场环境下，更为高效准确地做好战术规划和指导，同时方便各下级单位在战斗时做好协同，就极有必要采取一些辅助手段。因此美军非常强调控制手段的概念。简单类比来看，控制手段类似做几何题时常采用的辅助线，通过虚拟的点、线、面，来帮助指挥官和士兵更好地理解战场态势和上级命令，并且依此采取行动。这些点、线、面落在地图上，就是图示。

无论是规划火力还是规划路线，无论是组织进攻还是组织防御，都离不开这些控制手段。了解这些控制手段对于理解战术安排极有帮助。下面就介绍一些步兵作战中经常使用的控制手段和相应的图示。本章所述控制手段的定义来自美军《术语和军事符号》手册。

控制手段的使用范例（《联合军事符号》MS-2525D）

一、控制手段符号

控制手段符号仅表现能够使用点、线、面等图形表现的控制手段，并与其他军事符号、主图标、放大器按一定方式组合，共同提供作战信息。友军控制手段符号可以是黑色或蓝色，敌对的符号则用红色表示。如果

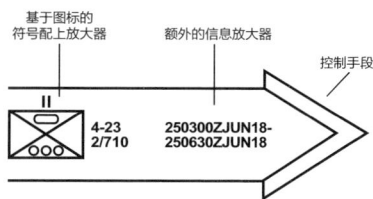

控制手段符号及其组成

是黑白文件，无法使用红色，那么敌对的符号应至少有两处加上"ENY"字样。一般用绿色表示障碍物，如是黑白文件，则用黑色表示。黄色用于表示核生化辐射沾染地域。

（一）点控制手段

有集结点、会合点、检查点等。区域 A 是该点的缩写，区域 T 用于表示与点相关的单位编号，附加信息可写在区域 H，区域 W 和 W1 用于表示时间和日期。

（二）线性控制手段

大多数线性控制手段为便于在通信或命令中指称，也可被称为阶段线。在线段两端上侧的区域 T1 中要写明阶段线的主要功能，区域 T2 处应写明负责火力支援协同控制措施的相应指挥部的单位名称。如果是敌人的控制手段，那么"ENY"字样要写在区域 N 中。

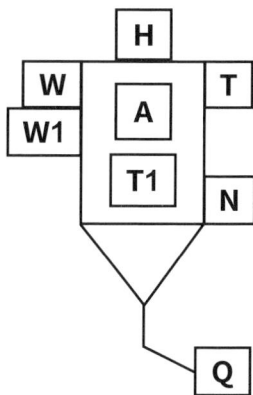

点控制手段各放大器的位置

（三）面控制手段

区域 A 一般是相关地域的缩写，跟着的是这个地域的名称，写在区域 T 中，并非每个区域都要填写内容。

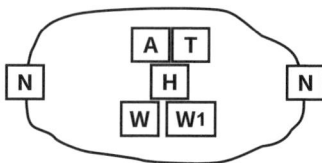

面控制手段各放大器的位置

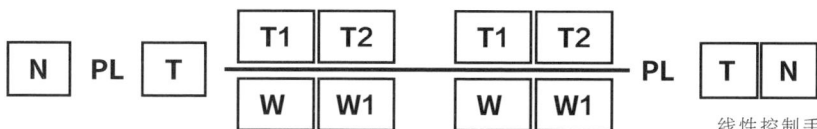

线性控制手段各放大器的位置

二、常见的控制手段

进攻中常见的控制手段

定义	图示
突击阵地： 距离目标不远的有掩护和隐蔽的阵地，是做好向目标发起突击所需最后准备的场所。美海军陆战队则额外解释称，理想情况下突击阵地是到达目标前的最后一个有掩护和隐蔽的阵地（主要用于下车步兵）。	ASLT ROCK
突击发起时间： 攻击时间确定了在整个行动地理范围内攻击初始目标的时刻。	
火力攻击阵地： 上级指定下级单位执行火力攻击任务的大致位置。火力攻击任务指的是指挥官运用直瞄火力，辅以间瞄火力消灭、压制、牵制，或欺骗敌人，而不与敌人近身的战术任务。	OAK
攻击阵地： 突击梯队在穿越出发线前占领的最后位置。	ATK FOX
前进轴线： 前进轴线决定了一个单位的主要战斗力量需要通过的区域。	（友军主要攻击/决定性作战轴线） （友军塑形/支援作战轴线）
战斗交接线： 一个指定的地面阶段线，在此静止单位将责任转移给移动单位（反之亦然）。	HL ——————— HL
攻击方向： 单位在进攻中，其主要攻击力量或部队重心需要跟随的特定方向或路线。主要用于反击，或确保支援攻击能够为主要攻击提供最大支持。	（友军主要攻击方向） （友军塑形攻击方向）

续表

定义	图示
最后协调线： 靠近敌方阵地的阶段线，用于在部署机动分队后协调支援火力的解除或转移。	FCL　　　　　FCL
最后拦阻线： 一条选定的火力线，敌人的突击越过这里后，部队要使用所有可用武器的交叉火力和障碍物来封堵。	
前进极限： 用于控制攻击向前发展的阶段线。攻击单位不能让任何下级分队或装备越过前进极限。海军陆战队则将前进极限定义为"攻击单位不得越过的容易辨识的地理特征"。	LOA　　　　　LOA
出发线： 单位在预定时间启动进攻行动时越过的阶段线。	LD　　　　　LD
出发点： 单位越过出发线开始沿攻击方向移动的位置。	
预计展开线： 指挥官指定的希望其下属单位在突击前完全展开成突击队形的位置。	PLD　 ― ― ― 　PLD
集结点： 对于地面部队，集结点指单位在分散后重组和重整的易于辨识的地面位置。	RLY　A1
火力支援阵地： 上级指定下级单位执行火力支援任务的大致位置。	MAPLE
攻击发起时间： 攻击将要发起的具体时刻，如果使用了出发线，攻击发起时间即攻击先头单元跨过出发线的时刻。	

防御中常见的控制手段

定义	图示
战斗阵地： 指一个朝向敌可能接近路的防御阵地，大到营级特遣队，小到班或分队都可以使用战斗阵地。部队可以占领山丘的拓扑山脊线、正斜面、反斜面，或各种地形的结合。指挥官根据地形、敌我能力来选定位置，也可为全部或者部分下属指定战斗阵地。战斗阵地有主要、预备、辅助、后续阵地，以及据点等。	GREEN II （已占领） (P) GREEN II （在计划中但未占领）
主要阵地： 覆盖敌最可能进入作战地域的接近路的阵地。	
预备阵地： 当主要阵地不可用或不适宜执行被指派的具体任务时，指挥官指定某单位或武器占据的防御阵地。	

续表

定义	图示
辅助阵地： 位于单位受指派的作战地域内的防御阵地，能够沿敌非主要接近路提供最佳火力射界与防御地形。	
后续阵地： 在战斗过程中单位拟运动至的阵地。	
战斗地域前缘（Forward Edge of the Battle Area）： 指地面战斗单位可部署地域的最前边缘，掩护或屏卫部队作战的区域不包括在内。其功能是协调火力支援，确定部队位置或安排部队机动。	FEBA ⊗———⊗ FEBA 实际走向 FEBA ⊗--‑--⊗ FEBA 提议的或在命令中的
主要战斗地域： 指挥官拟部署其大部分战斗力量以及实施决定性作战击败进攻之敌的地域。	
据点： 一个经过堡垒化的战斗阵地，与天然的或加强性的障碍物相联系，能够为防御提供一个支撑点或是拒止敌人进入关键地形。	ALPHA 友军据点 ENY　2　ENY 敌军据点

巡逻中常见的控制手段

定义	图示
检查点： 预先设定的陆上点位，用来控制运动、战术机动以及朝向。	VEHICLE 080700ZMAY08 120700ZMAY08 CKP 4 2MP
穿越点： 穿越友军部队防线的具体指定地点。	GOLD 120700ZMAY08 120900ZMAY08 PP 2 3BDE
会合点： 两个相同或不同渗透路线上的渗透分队按照计划碰头进行巩固，尔后继续其任务的位置。	NIGHT 060900ZFEB08 100300ZFEB08 LU 1 3BN

续表

定义	图示
目标集结点： 在容易识别的地面某点位建立的集结点，渗透单位的各分队在此集结并为攻击目标做准备。	
解散点： 路线上的一个位置，行军中的各分队在此恢复由各自指挥官指挥，分别运动至各自合适的目的地。	BDE 060900ZFEB08 - 100300ZFEB08　RP　5
起始点： 路线上的一个位置，各行军中的分队在此统一接受行军指挥官的控制。	3 080400ZOCT08 120300ZOCT08　SP　5 2BN

单位符号

除控制手段以及对应的符号，本书还用到北约制式的单位符号作为图示。这里根据《术语和军事符号》作简要介绍。

军事符号是与军事作战相关的单位、装备、设施、活动、控制措施或战术任务的图形表示，用于计划或在地图、显示器或透明覆图。军事符号分为无框符号和带框符号两类。无框符号包括控制手段和战术符号，也就是我们上一节谈到的那些；带框符号则包括单位、装备、设施和作战符号等，以下都略称为符号。

符号由边框、颜色填充、图标、修饰符和放大器组成。

一、边框

边框是一个符号的边界，它不与边界内外的相关信息产生联系。边框是其他添加到其中的符号组件的基础，其本身表明了所表示对象的标准身份、物理区域和状态。

标准身份反映了观察与被观察的作战客体之间的关系。标准身份分为未知、待定、假定友军、友军、中立、可疑、敌对七种。在地面作战符号中，用圆形或长方形边框表示友军或假定为友军的标准身份，菱形边框表示敌方或可疑方的标准身份，方形框表示中立的标准身份，四边凸起的边框表示未知和待定的标准身份。下表显示了地面及其他物理区域符号标准身份的边框形状。

物理区域定义了作战环境中目标的主要任务区域。目标作战地域可以在地表以上（空中或太空）、地表或地表以下（即陆上或海洋）。陆上包括地表或接近地表的任务区（如洞穴、矿井和地下掩体）。海面单位以海面维度表示。无论是归陆海空军还是海军陆战队管理的航空器，都可以用空中维度（飞行中）或陆上维度（地面）来表示；但是空军单位要以陆上单位表示，设施以陆上设施表示。陆上

标准身份	友军	敌军	中立	未知
	假定友军	疑似		待定
单位				
陆上 / 海面装备				
空中				
太空				
设施				
活动				

标准身份边框形状

设备以陆上维度表示。同样，以运送人员或设备往返海岸为主要任务的登陆艇在海面维度中表示。然而，以陆上作战为主要任务的登陆艇是一种地面资产，并以陆上维度表示。

状态用来描述目标是否存在于已经识别的位置（状态为"存在"或"已确认"），将来是否将驻留在该位置（状态为"计划"或"预期"），或被认为驻留在该位置（"疑似"）。

二、颜色填充

在符号中可额外提供关于标准身份的信息。符号边框以内的区域可以填充颜色。如果不使用颜色，则填充区域就是透明的。在使用无框符号表示装备时，颜色是除文本放大器外，标准身份的唯一提示。蓝色用来表示友军或假定的友军，红色表示敌方或可疑，绿色表示中立，黄色表示未知或待定。除了填充，颜色也可用于边框、主图标和修饰符。

三、八边形

作为一种参考，可以将符号边框中的区域分割为三个部分，以便放置主要图标和修饰符。这三个区域指定了主图标和修饰符的位置，以及有多少空间可用于调整主图标和修饰符的大小。垂直的八边形分割可以更有效利用垂直图标内部的空间。

四、带边框符号的主图标

主图标是符号最中心的部分。主图标用抽象图形或字母、数字来表示单位、装备、设施或行动。北约符号中有一些符号必须加边框，有一些可以选择性加边框。该标志在 A/AA 字段的中心区域表示。为了帮助识别，主图标可以放大扩展到任何未使用的修饰符区域。

一般来说，主图标不应大到超出八边形区域，也不应该接触边框的内部边界。但是这个规则也有例外。在这些情况下，主图标可以占据整个边框，超过八边形的尺寸并接触边框的内部边界。这些被称为全边框主图标，仅出现在地面维度的符号中，步兵单位就是典型的全边框主图标。

平行分割八边形示例

垂直分割八边形示例

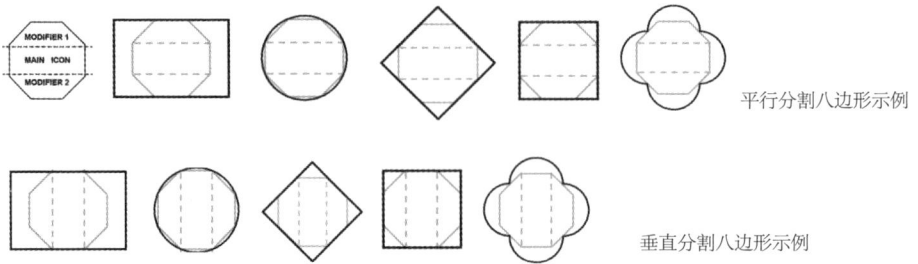

五、符号修饰符

修饰符用抽象的图形或字母数字表示，与主图标一起展示。修饰符为图标（单位、装备、设施或行动）提供附加信息。修饰符贴合八

全框主图标示例

边形并放置在主图标上方（区域1）或下方（区域2），也就是 A/AA 字段的上半部分和下半部分。

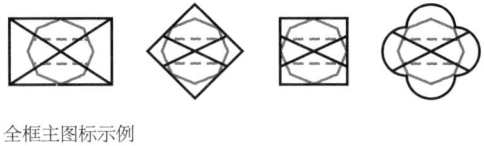

六、符号放大器

是边框外用来描述符号的附加信息。为避免展示混乱，应只使用必要的放大器。通常使用阿拉伯数字表示单位名称，但集团军级的单位要使用罗马数字表示。

放大器的放置规范了信息的位置，无论边框形状如何，放大器的位置都应该相同。下面是一些常见的放大器。

文字（AA, G, H, 和 T 区域）：尽管文本放大器通常显示在符号周围，但特殊的指挥和控制（C2）总部的指示符需要包含在边框内。参谋的注释和附加信息等特定内容可包含在 G 和 H 区域中，只要不超过每个字段中的最大字符数即可。航

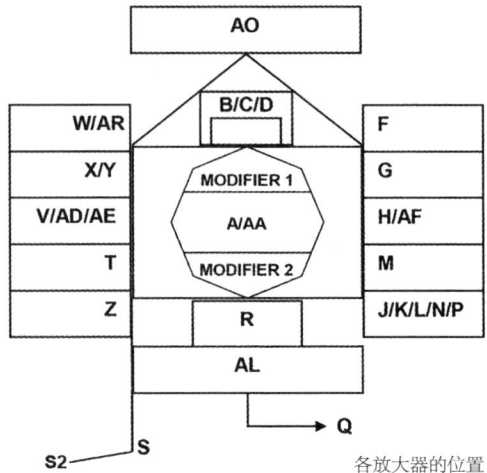

各放大器的位置

空和太空轨道编号也可包含在字段 T 中。

梯队（区域 B）：一个梯队就是一级独立的指挥。梯队放大器的高度应是边框的四分之一。下表是各级梯队的放大器符号。

梯队放大器

梯队	放大器	示例
火力组或成员组	Ø	
班	●	
分队	●●	
排或分遣队	●●●	
连、骑兵小队	I	
营、骑兵中队	II	
团或群	III	
旅	X	
师	XX	
军	XXX	
战区陆军	XXXX	
集团军群	XXXXX	
战区	XXXXXX	

移动方向放大器（Q 区域）：是表示客体移动方向或预期移动方向的箭头或标杆。对于陆上符号，放大器是一个从边框或图标底部中心向下延伸并指向移动方向的箭头。对于其他所有符号，放大器是从边框或图标中心延伸并指向移动方向的箭头。

机动性标记（R 区域）：该标记仅用于标注装备。这个标记体现设备本身固有的机动性之外的机动能力。例如，由火车运输的自行榴弹炮的符号会包括铁路机动性标记，而自行榴弹炮、坦克或其他履带式车辆的符号则没有机动性标记。

偏移精确位置标记（S 区域）：当符号不处于其图上应在的实际位置时，应使用偏移精确位置标记。它是从符号的定点延伸出的由三点相连形成的线段。点1是偏离符号的锚定点。点3是实际地理位置。点2是符号定点和实际地理位置之间的弯角。

　　速度（Z区域）: 这个区域用于显示单位或设备的速度。第一部分是0~99999的数值（数量），或者4位及更少数字和有效小数点的任意组合。此放大器的数字部分最多5个字符。第二部分是测量单位，有"KPH"（千米/小时）、"MPS"（米/秒）、"KTS"（节）或"MPH"（英里[①]/小时）三种,比如说220KPH=220千米/小时，974.5MPS=974.5米/秒，18.75KTS=18.75节，5MPH=5英里/小时。

各放大器的描述

区域	区域名称	描述
A	主要图标和修饰符	符号的最里面部分，代表军事客体及其能力（修饰符1和2）。
B	梯队	单位符号中用于表示指挥级别的放大器。
C	数量	设备符号中的文本放大器，用于表示装备数量。
D	特遣队标记	将单位或活动符号标记为特遣队的图形放大器。
F	加强或缺编	单位符号中的文本放大器，（＋）表示加强，（－）表示缺编，（±）表示既有加强也有缺编。
G	参谋注释	用于单位、设备和装备的文本放大器。内容根据具体实施情况而定。
H	其他额外信息	标记单位的唯一字母数字名称。 注：在标注团级战斗单位（防空炮兵、装甲兵、航空兵、骑兵、野战炮兵、步兵和特种部队）的唯一字母数字名称时，适用以下规则： 没有团指挥部的情况：在营和没有团指挥部的团号之间使用破折号（例如：A/6-37代表第37野战炮兵团6营A连）。 有团指挥部的情况：在营和团号之间使用斜线，以显示单位的连续性（例如：F/2/11表示第11装甲骑兵团2中队F连）。
J	评估等级	用于单位、设备和装备的文本放大器，由一个字母表示可靠性等级和一个数字表示可信度等级。可靠性等级从A-E逐次降低，F为无法判断可靠性；可信度等级则从1（通过其他渠道确认）至5（不可能是真的）逐次降低，6指难以判断可信度。
K	作战有效性	用于显示单位和装备作战效能的文本放大器。它们分别是： 全面运转（FO）； 基本运转（SO）； 勉强运转（MO）； 不可运转（NO）； 未知（UNK）。
L	信号装备	用于敌方装备的文本放大器。"！"表示可检测的电子特征。
M	上级标记	用于梯队的文本放大器，用于标记上级指挥部的编号或头衔（军团用罗马数字表示）。

---

① 1英里≈1609.344米。

续表

区域	区域名称	描述
N	敌方	装备的文本放大器。字母"ENY"是敌方标记。
P	敌我识别（IFF）；选择性识别特征①	显示敌我识别或选择性识别特征的模式和代码的文本放大器。显示优先级为模式 5、模式 S、模式 4、模式 2 和模式 3。
Q	移动方向符号	用于识别单位和装备移动方向或预期移动方向的图形放大器。
R	机动性符号	用于描述目标机动性的图形放大器。
S	指挥部标记杆	用于将单位、设备和维稳作战标记为指挥部的图形放大器。
S2	偏移位置符号	用于指示单点符号的偏移或精确位置的图形放大器。
T	独特标记（轨道号）	用于标记特定单位、设备和设施符号或轨道号的文本放大器，要有TN的前缀。示例：TN: 13579
V	种类	用于标记装备类型的文本放大器。
W	日期时间组	一串字母数字指示符，用于显示日期时间组（DDHHMMSSZMONYYYY）或表示待命的"O/O"。日期时间组由六位数字组成，然后是带有时区后缀和月份的标准化三字母缩写，后跟代表年份的四位数字。第一对数字代表日期；第二对为小时；第三对为分钟。对于自动化系统，可以在时区后缀之前、分钟之后添加两位数字以指定秒。
X	高度或深度	用于显示单位、装备和设施的海拔、飞行高度、水下物体的深度或地面上设备或结构的高度的文本放大器。测量单位应显示在字符串中。例子：1500MSL FL150
Y	位置	用于单位、装备和设施的文本放大器，以度、分钟和十进制分钟（或军用网格参考系、全球地域参考系统或其他适用的显示格式）显示符号的位置。
Z	速度	用于显示单位和装备速度的文本放大器。
AA	特别指挥部	单位专用的文本放大器。该符号包含在边框内。表示特殊的指挥部，例如盟军最高指挥部、欧洲、美国太平洋指挥部、美国中央指挥部，以及联合、多国或联合指挥部，例如多国联合特遣部队②。
AD	平台类型	电子情报符号或通信情报符号。
AE	通用标记	示例：霍克防空导弹系统的"霍克"。
AL	作战状态	用于标记装备或设施作战状态或能力的图形放大器。作战能力放大器在使用时仅使用一种颜色。示例：飞机：红色——损坏，绿色——可用 示例：导弹：红色——紧急威胁，绿色——没有威胁
AO	交战符号	符号上方的图形放大器。它可以表示（1）本地/远程状态，（2）交战状态，以及（3）武器类型。交战放大器安排如下：A: BBB-CC，其中 A（1 个字符）表示本地与远程交战，BBB（最多3个字符）表示交战状态，CC（最多2个字符）表示武器部署或装备控制。
AR	特殊指示符	特殊的指示符，例如非实时或战术意义等相关序列。

---

① 指当添加到基本敌我识别系统时，能够提供传输、接收和显示选定编码回复的方法的能力，包含12个脉冲，用以表示4个8进制数字。根据询问信号的不同，回应的模式也不同。

② 指由超过一个军种的单位组成的部队。

七、符号字母格式

所有军事符号的字母都是大写。所有点、线和面符号的字母都朝向顶部（北）。在某些情况下，字体可能会略微倾斜以跟随线条的轮廓，但不能倾斜到需要读者歪着头阅读。八边形的字母倾斜度需要和八边形的方向相同。水平八边形的字体从左到右是水平的，垂直八边形的字体从上到下是垂直的。

八、构建带外框符号的过程

下表展示了构建带外框符号的过程。

步骤	描述	范例	
1	选择合适的外框形状		
2	选择合适的主图标与外框结合		
3	选择合适的区域1修饰符号		
4	选择合适的区域2修饰符号		
5	选择最少且必要的放大器		

九、常见的单位符号

单位类型	未知	友军	中立	敌对
步兵				
空中突击步兵				
机械化步兵				
步兵战斗车辆				
装甲				
两栖轮式装甲				
侦察				
装甲侦察				
火炮				
火箭炮				
迫击炮				
防空				

续表

单位类型	未知	友军	中立	敌对
防空导弹				
工程兵				
无人机				
反装甲				
信号				
军事警察	MP	MP	MP	MP
旋翼航空器（升空）				
固定翼攻击机（未升空）	A	A	A	A